百書百冊

鹿島出版会の本と雑誌

伊藤公文 ITO Kobun 編

鹿島出版会

はじめに

鹿島昭一

鹿島研究所出版会は一九六三年に設立され、鹿島研究所（後の鹿島平和研究所）や鹿島建設の技術研究所で行われていた活動を引き継ぎつつ、本格的な出版事業を開始しました。その両輪となったのは、書籍の『ＳＤ選書』と月刊誌の『ＳＤ』でした。

『ＳＤ選書』は、海外の名著の翻訳や日本の研究者の気鋭の論考を中心とする、函も表紙も黒一色のハンディな体裁の叢書です。建築、都市、美術分野の書籍が少ない当時、この叢書は大きな啓蒙の役割を果たしました。『ＳＤ』は、建築家、美術評論家ほかの俊英を顧問に迎え、従来の専門誌とは一線を画する総合誌として編集され、新風をもたらしました。続いて月刊誌『都市住宅』の刊行など、順調に進展し、一九七五年には社名を鹿島出版会に改称、一九九〇年には日本建築学会文化賞を授与されました。

九〇年代以降、専門書の出版をとりまく状況が変化し、活動の範囲を狭めるなどの対応をせまられましたが、『ＳＤ選書』をはじめとする書籍の刊行、『ＳＤ』から派生した「ＳＤレビュー」の開催を継続し、現在にいたっています。

本書は、こうした鹿島出版会の出版活動を顧みるべく編まれました。掲載された二〇〇編の文章は、刊行された書籍と雑誌の一端を示すに過ぎませんが、そこには半世紀を超え、荒波をくぐって進んだ確かな航跡を認めることができると思います。（元鹿島出版会社長）

本書について

鹿島出版会の書籍は、土木、建築、都市、芸術の分野を中心とし、一九六三年三月以降、途切れなく刊行され、二〇一七年一二月の時点で総点数三〇〇〇を越えている。中軸をなす『ＳＤ選書』は、判型はそのままに体裁を少しずつ変えながら二六九点が刊行され、鹿島出版会の代名詞的な存在になっている。

月刊誌『ＳＤ』は、一九六五年一月号から二〇〇〇年一二月号までの三六年間に、計四三一号のほか、臨時増刊と別冊を合わせ三六号が刊行された。二〇〇一年以降は、後述する「ＳＤレビュー」を記録する役割を主とする年刊『ＳＤ』が発行され、現在にいたっている。

月刊誌『都市住宅』は、一九六八年五月号から一九八六年一二月号までの一八年余りの間に、計二二四号のほか、臨時増刊と別冊を合わせ一六号が刊行された。

「ＳＤレビュー」は実現を前提とした建築プロジェクトの公募形式の展覧会で、一九八二年以降、毎年秋に東京・代官山のヒルサイドテラスで開催され、大阪（一九八五‐二〇一一年）、金沢（一九八七‐一九九一年）、京都（二〇一二年‐現在）の各地で巡回展が開催されてきた。

本書は「百書」と「百冊」の二つのパートからなっている。

「百書」では、鹿島出版会刊行の書籍の書評を刊行年順に掲載している。『SD』、『都市住宅』、年刊『SD』に掲載された書評八四点と、他誌および新聞紙上に掲載された書評の転載五点は、文末に初出を記した。それ以外は二〇一六年末から二〇一七年初めの書き下ろしである。なお、各書評のタイトルにある書名の末尾に付された📕印は、二〇一七年末時点で版を重ねていることを示している。

「百冊」では、『SD』と『都市住宅』の各号、及び「SDレビュー」について、それぞれに関係した当事者（執筆者、撮影者、入選者、編集者など）が時を経て振り返り、その意義や思い出を記した文章を、原則として言及されている号の年代順に掲載している。ただし、「SDレビュー」についての文章は後ろにまとめている。他誌からの転載一点を含む既発表の文章三二点は文末に初出を記した。それ以外は二〇一六年末から二〇一七年初めの書き下ろしである。

表記は、固有名詞を含め原則として初出に準じ、括弧や小文字等の一部のみ改めている。そのため一部に異同がある。

百書百冊　目次

百書

謎にみちたイスラム文化への絶好の手引

高階秀爾

SDグラフィック『**アルハンブラ**』(一九六六)
川澄明男写真　平良敬一文　神吉敬三解説

すでに何冊かの既刊本を数えるSD選書に続いて、今度新たに、『SDグラフィック』と題する叢書が発刊された。「イスラム文化爛熟期・14世紀の赤い城」という副題を持つ本書『アルハンブラ』はその最初の一冊にあたる。

『SDグラフィック』は、その名の示す通り図版に大きな比重を与えている叢書で、〈読む〉ことと同時に〈見る〉ことに人びとを誘うための新しい試みである。もちろん、〈見る〉ことを主にした大型の豪華本は、これまでにしばしば刊行されていて、今ではもう珍しいものでなくなってしまったが、しかし、この叢書は、かならずしも原色版の豪華さや判型の大きさに頼ろうとするものではなく、むしろスマートでハンディな形式の中に、豊かな内容を盛りこもうとするのが狙いであるように思われる。そして、この『アルハンブラ』に関するかぎり、その狙いは大体において成功していると言える。

事実B判12取変形というその外観は、決していわゆる〈豪華本〉のように持ち運びに不便を感じさせるほどのものではなく、むしろ洒落たアクセサリーとして若い人びとのあいだに評判を呼ぶに違いないような形態を持っている。それでいて横開きのその体裁は、例えば見開き二ページを通して断ち落しの写真を載せると、ワイド・スクリーンのような迫力を持っている。新しい形の試みとしてこの叢書が成功している第一の理由は、この形式にあると言ってよいだろう。

本書の構成は、川澄明男氏の撮影写真によるカラー、および黒白の図版――いずれもグラビア版――を中心に、平良敬一氏のエッセイと神吉敬三氏の解説、さらに年譜と参考文献を添えて、アルハンブラ全体を紹介するようになっている。平良氏のエッセイは、現実にこの〈赤い城〉を訪れた時の空間体験をもととして、イスラム文化の粋としてのアルハンブラの造形的意味を探ろうとしたもので、現実に読者をこの夢の宮殿に誘いこむような新鮮な魅力と、例えば〈ライオン・パチオ〉は遊牧の民が見出した砂漠のオアシスのイメージであるとか、その内部空間の複雑な不連続性の持つ美しさは、コーランの文体の持つ妖しいリズムとあい通ずる等という指摘に見られる重要な洞察とを含んでいる。特に外部に対して自己を表現し、主張しようとしない閉鎖的性格と、それ故に部分的に目くるめくような華麗さを持ちながらおたがいに連続していない内部の空間構成をこのアルハンブラの大きな特質として、西欧一般のバロック建築と対比している点は、おそらくこの謎に満ちた美しい迷宮を理解する鍵と言ってよいだろう。

そして、その点において、このエッセイは、グラナダの詩人ペドロ・ソト・デ・ロハスの〈閉ざされた楽園〉という一句を引いて、この宮殿に代表されるイスラム文化を、歴史的に概観しようとする神吉氏の解説と見事に呼応する。西欧キリスト教文化には比較的馴染みの深いわれわれも、それだけにむしろイスラム文化の持つ特性にしばしば無知であることが多いが、神吉氏のこの〈アルハンブラ文化論〉は、同時に、今なおアフリカや中近東の大きな部分において支配的であるイスラム文化に対する絶好の手引であろう。

川澄氏の写真は、この〈閉ざされた楽園〉の妖しい魅力を、遺憾なくわれわれの前に繰り拡げて見せてくれる。欲を言えばカラー図版——特に全体の地形を示すもの——がもっと欲しかったとも思うが、ここに集められただけでも、われわれを快い陶酔に誘うに充分である。おそらくイスラムの造形性の魔力は、複雑きわまりない華麗さの奥にひそむ一種の拒否するような冷たさの中にあるのだが、人物のほとんど登場しないこれらの写真は、かぎりなく人を惹きつけながら、決して人間に同化しないイスラム文化の不思議な二重性をなまなましく伝えてくれるものである。

（初出＝SD6603）

造形における日本的発想

堀内正和

SD選書005『**日本デザイン論**』（一九六六）

伊藤ていじ著

形には性格がある。正方形や円のような規則正しい形は誰がかいても同じだが、これを二つ三つ組み合わせて何か図柄をつくると、もうその組み合わせ方に性格が出る。まして自由な曲線ともなれば、一本ひいただけで性格的差異があらわれる。抽象美術が自己表現の美術でありうるのはこのためだし、デザインがいい悪いと判断されるのもこのためだ。形はこれを作る者の個性を反映するが、それと同時に民族の性格も映しだす。日本の昔の建物や道具にあらわれている曲線と西洋の器物や建造物の曲線はあきらかにちがう。それは一目見ただけですぐにわかる。それはどこがどうちがうのか、何故そんな違いが出てきたのか、ということになると、どうもよく解らない。ただ漠然と感じているだけなのだ。これではいけない。われわれは自分たちの民族の文化の特質をはっきりとわきまえていなくてはならぬ。文化を未来に発展させていくためにも、それは肝要である。

日本の造形文化の特質を論じた書物は今までもなかったわけではない。しかしそれらはたいてい、日本人の精神構造を風土や食物や宗教や文学から推しはかって一つの概念につくりあげ、その論証のために具体的作例を取りあげる、という風であった。したがっていささか訓話めいたものになっているのが多い。ところがこの著者のやり方はちょうどその逆なのだ。

はじめの章で日本の曲線の特質を論じているが、その方法はきわめて具体的、即物的である。日本の古い建物の屋根や軒先は美しい曲線をえがき、僕らには大へんなつかしいものだが、あの曲線を割り出すのに、昔の大工は〈撓み尺〉や、〈縄だるみ〉という道具をつかったのだそうだ。この道具のくわしい説明がしてあるが、それは道具ともいえぬ実に簡単なものだ。そういう方法で割り出されたので、日本の曲線は西洋の曲線のように〈人間が体系だてた幾何学のなかにみつけだされた曲線ではなくして、天地の間に存在する自然の曲線を人間がひきだしたもの〉なのだ、と説くのである。

こんな風に造形美術の発想の仕方を、製作の道具や方法の詳細な理解から、つまり下から上へさかのぼって考えていくこと、これは一番大事なことなのだが、しかし哲学科出の美学者にはなかなか望みにくい。僕はこの著者の論文をはじめて雑誌でみたとき、これはよく実際の勉強をした美学者だと感心したが、実はこの学者、建築科の出だった。話が具体的で面白く、よく解るわけだ。

話がよく解るのは取り上げられている素材が具体的であるためだけではない。

論の進め方がはなはだ論理的で明快だからだ。著者はアメリカの大学でアメリカの学生に日本文化の講義をしていたそうだが、論理の明快はその経験から来ているらしい。理づめで押していかなければ納得しない西欧の人間に、情緒的で曖昧で陰影にとむ日本文化を理解させるには、筋道たてた丹念な論理の展開が必要である。この筋道がこの本のなかにも貫き通っているので、日本人のわれわれにもよく納得出来るのである。今日の日本人は、なるほど伝統文化にかこまれて暮らしてはいるが、うけた教育は幸か不幸か全く西欧式である。昔の人のように以心伝心という、まことに便利でまことに不確かな芸当をするわけにいかない。僕は若いころ仏教諸派の学説についてあれこれ読みあさったことがあるが、それは大へんむずかしくて訳のわからぬものであった。ところがルネ・グルセの『東洋哲学史』を読むにおよび、それまでの難問が一挙に氷解するような爽快な思いをしたことがある。東洋的修辞より西欧的論理の方が今やわれわれにはつき合いやすいのである。それに僕たちは日本の古文化にかこまれているといっても、もはや江戸時代の日本人のように直接の仕方でその中に生きているわけではない。古美術は僕らにとって、もはや一つのエグゾチスムなのだ。

〈見えがくれ〉の庭を説明するのに、西洋庭園のような明晰な論理によるのは逆説のようだが、かえって今日の日本人には適切なのである。

こういう著者であるから、伝統的日本建築の特質を論じたあとで、しからばその特質をいかに未来に発展させていくべきか、ということも説き忘れていない。

古い建物や古い庭を心から愛しているにちがいないのに、いたずらな詠嘆など一言ももらしていないのもいい。あとがきのなかには——どうも私には、日本人の頭の中はいっぺん針金たわしで洗って、合理主義の洗礼をあびせかけておく必要があるように思われてならない——と、大へん荒っぽいことが書いてある。針金たわしで洗い落したようなすがすがしさがたしかにこの古文化論にはある。

挿入の写真は内容にふさわしく、いずれもすぐれている。判がも少し大きく、印刷がも少し鮮明だと、もっとよかったろうと思うが、これは写真集ではないのだから仕方がない。表題の『日本デザイン論』は著者自身もてれているように、少し大げさで可笑しい。用語に細かな配慮をする著者なのだから、もっと内容にふさわしい表題があるはずだ。

こんな表題につられて、デザイナーたちがすぐ役に立つと思って読んだら大間違い。理解と創作は別のこと。ただし、すぐ役に立つ本しか読まぬデザイナーはすぐに行きづまる。これだけは間違いなし。

（初出＝ＳＤ6605）

美術をして語らしめる説話選集

高階秀爾

ＳＤ選書006 **『ギリシア神話と壺絵』**（一九六六）
澤柳大五郎著

ギリシア神話と聖書が西欧文化のふたつの大きな源泉であることはあらためて指摘するまでもない。美術の世界においても、数多くの作品が直接間接にこの文化遺産の伝統をその背後に持っている。このきわめて当然のことをここで事新しく強調するのも、それがわれわれにとって二重の意味で必要なことだからである。ひとつには、現代という時代が芸術作品の主題の持つ意味内容をほとんど造形表現から追放してしまった時代であり、したがってわれわれは、過去の美術作品に接する時でさえ多かれ少なかれその作品の〈造形性〉に眼を奪われてその〈意味内容〉を軽視しがちだからであり、もうひとつには、特にわれわれ日本人にとっては、西欧の伝統は日常生活から切り離されたところにあって、いっそう縁遠いものとなっているからである。

その意味で、主としてギリシアの陶器画を材料として、ギリシア神話のイコノグラフィ（図像学）を解り易く解説してくれた本書は、われわれにとってきわめて有意義な、貴重な啓蒙書と言ってよいであろう。

もっとも、本書は、著者自身はっきりと断っておられるように、ギリシア神話全体の図像学をあつかったものではない——そのためには、おそらく本書の何倍かの頁数を必要とすることであろう。ギリシア神話のなかでも、ペルセウス、ヘラクレス、アキレウス、オデュッセウス等、その名はわれわれにも親しい英雄たちの伝説を中心として、陶器画や浮彫りにあらわされたその事蹟を解説したもの——著者自身の言葉を借りるなら〈美術をして語らしめる説話選集〉——である。

ひと口に美術に表現された英雄伝説の解説といっても、それを一巻の書物に纏め上げるのは実は容易な業ではない。

第一にそのもととなるギリシアの神話伝説そのものが、時代により、地方により、作者によりさまざまの異説や異なった内容を持っており、造形表現もそれに応じていろいろに変わっているという事情がある。ギリシア美術にあらわれた図像を正しく理解するためには、それら複雑な神話伝説の内容に通暁している必要がある、第二に、同じ説話の表現にしてもモティーフの選定や表現の仕方に多くの種類がある。例えば《パリスの審判》にしても、時代により、作者によってどの場面をどのように描き出すかという問題があり、それを的確に理解するには、該博な知識の背景が必要である。

本書の著者が、その困難な仕事を果たすのに最も適した人のひとりであることは、おそらく衆目の一致するところであろう。本書は英雄伝説を中心にしているとはいえ、ギリシアにおいては英雄の物語にはほとんどつねに神が登場するので、オリンポスの神々についても基本的な概念を得ることができる。しかも説話の紹介が巧みであるので、読んでいてきわめて楽しく、さらに詳しく古典の文献に触れたいという衝動を読者に起こさせる。ギリシア精神が西欧のひとつの基本的流れである以上、西欧文化に関心を持つ者は是非とも一読したい本である。

なお、本書の性質上、多くの固有名詞が出て来るが、その表記に若干の誤植がある——例えば九五頁にペレウスがペリアスとなっている。またこの種の本では索引があったらいっそう便利であったろう。いずれにせよ、同じ著者によって、続篇が書かれることを望むのは私ばかりではあるまい。

（初出＝SD6606）

素材の正しい使い方への優れた思考法

伊藤ていじ

SD選書009『**素材と造形の歴史**』（一九六六）

山本学治著

近代的な感覚での素材の正しい使い方について考えたいと思う人は、この本をぜひお読みなさいと私はいいたい。著者の意見に賛成であろうと不賛成であろうと——多くの人は多分納得できて実感を数量的にもたしかめることになると思うのだが——それはどちらでもよい。ここには、素材——石、土、木、ガラス、鉄——の使い方への思考法がある。この歴史には未来への足がかりがある。

ここで直接に語られていることは、素材の特性を開発し自然で独自な形態をうみだしていった世界の建築の歴史である。今まで素材と造形の間を論じた論文や本がなかったわけではない。しかしそれらは、建築家を十分に満足させるものであったとはいえない。ひとつには美術的な素材観と科学的な素材観がお互いに無関係に存在していて、その間に断層があったからであり、また材料の力学的性質について理解に乏しい美術的なアプローチは建築関係の人にとってはあまりにも観念的なものであったからかもしれない。少なくともこの両者の断層をうめてくれているのが、この本である。材料力学の専門用語についてみなれない人にとっては、あるいは分かりにくいことがあるかもしれないが、建築関係の人にとってはこの方がずっと分かりいいし説得力がある。論理は明快である。時には詩的な描写もあって楽しい。

こういう本は素材の美を謳うモダニズム運動の初期において当然出されるべきであったと思われるが、それが出されなかったのは、多分材料力学や建築構造という科学的技術的側面と造形という芸術的側面の両者をマスターした人がいなかったからと思われる。この二刀流をこなすことは、人が想像するようにむずかしい。しかし幸いなことにこれにうってつけの人がいる。おそらく唯一の人だと思うけれど、その人がこの本の著者なのである。もちろんこれは一朝一夕にしてなったものでなく、大学卒業後二〇年余りの成果の一端にすぎない。

この本は、個々の素材の特性と自然な形態について論ずる五つの章と、素材を通じて機能と造形を論ずる一章とから成っている。後者は大分はしょってあるようにみえる。前の五章と同様に、具体的な例をあげてもっと説得してほしかったと思う。この章では形態は素材の特性の単なる抽出でないことを説いているわけであり、この本としてはかなり重要な部分を占めているはずであるから、もう少しのばして書いてあった方がよかったのではないか。

著者の論旨の本質を損なうものではないが、立証の仕方に若干疑問がないわけではない。東西建築文化の比較をしている場合、日本の住宅は開放的であるというのは正しいだろうけれど、〝であったと〟一般化することは正しくないようにみえる。開放的な住宅も閉鎖的な住宅も存在していたからである。おそらくここでぬけているのは、形態の階層性とか象徴性といったものであると思う。また素材と造形の歴史は西欧的な発展パターンでとらえているけれど、果たしてそのまま日本に適用していいのかどうか。なぜ日本では技術が停滞していたのか。著者の論理にしたがえば、新しい社会的機能が開発されなかったからということになるのであるが、果たしてそうであろうか。まったく違った次元の素材観なり、発展のパターンなりがあったのではないかという気がするのであるが。それはともかく私はふかくこの本に感銘をうけたし、考え方の整理ができた。

（初出＝SD6610）

コル理解に重要な手がかりとなる《告白》

生田 勉

SD選書010『**今日の装飾芸術**』（一九六六）

ル・コルビュジエ著 前川國男訳

ル・コルビュジエが機械美学のはじめての書『建築へ』*Vers une Architecture*を著わしたのは一九二三年のことであったが、つづいて今度邦訳のでた『今日の装飾芸術』*L'art décoratif d'aujourd'hui*の原書は一九二五年に出版された。前者がいろいろな機械——航空機、自動車、船舶、鉄橋、停車場、機関車、タービン、歯車・カム、工場・サイロなどの機械文明——の写真をふんだんに使った、機械美学の書物であり、彼はこの書物のなかで《機械の美》を高らかに宣言したのであった。これにつづく『今日の装飾芸術』はその定理を〈裏〉から証明したともいえる。つまりコルはここで伝統芸術や土俗芸術のもつ装飾性を真向から否定し、拒否してしまったのだ。すなわちあらゆる《装飾芸術》を現代の世界から追放しようとしたのだ。

しかし、この書物が前著『建築へ』ときわめて異なる特色のひとつは、若き日のコルの《告白》の章がついている点である。コンフェッション（告白）はルソー以来フランス文学の伝統でもある。この告白の部分はそれほど長くはないが、コルの生涯を理解する上の重要な手がかりを与えてくれる。なぜなら天才は若いときにすでに彼の一生の傾向と進路の大半が決定されているからだ。これは彼が一九一七年パリに落ち着くまでの——そのとき彼は三〇歳を迎えた——自伝なのである。

彼がこの告白を書く動機は〈君の設計した建築には装飾芸術の姿がまったく消え去っている。それは理論で固まって、心臓が乾いている。血も涙もない奴だと思われるといけない〉（大意）という。ポレミックで韜晦的なコルとしてはまことにしおらしい理由からで、このころはコルも若かったのだなと微笑ましい。

この《告白》のなかで注目すべき点は、彼の地中海圏の国々、多島海などへの旅行であり、その旅行中のおびただしいスケッチである。古建築や民家や広場、廃墟などのプランはもとより、壺、人形のような土器などの伝統的装飾品、土俗的装飾品のスケッチ。女人などの人物、馬牛や貝、鳥など有機体のスケッチ——それは抽象的で機械的、幾何学的な同書前半部の写真や図面と著しい対照を示している。

そして彼はこのような古い美の遍歴の末に、ただ幾何学的形と比例だけが美にとって関係があるのだといい、伝統的な古い美を口では否定する。しかしそれはまったく口先での表面的なことなのだ。彼はこの旅行によって、いかなる建築教育も及びえなかった自己修業を果たし、確固たる自信と信条をえてパリに定住することになった。この旅行はこれ以後のコルの作品の血となり肉となっていることはいまでは周知のとおりである。

多島海の民家、アヤソフィア寺院、ピサの広場、ヴェネチアのサン・マルコ広場——その総督邸のピロチ！　同じくカ・ドーロ。ルネッサンスの建築——なかんずくミケランジェロ！　ただゴシックへの拒否は注目に価しよう。ゴシックこそは構造の勝利と造形の敗北との記念塔であろう。

彼は伝統的な装飾芸術を否定しながら、じつはそれが彼の生涯を培ったのだ。彼はそれを新しい現代的で、未来的な形であらわしたのである。

彼は時計という近代機械のはしりの生産地として名高いスイス、ラ・ショウ＝ド＝フォンの生れであるのも奇しきめぐり合わせであるが、その時計の裏側を彫る彫刻師たる運命を自ら蹴って、機械の美学の旗手となったのも面白い。

しかし、彼をたんにそうした《テクノロジカル・アプローチ》だけから理解したのでは、彼の広汎な詩的作品、ことに第二次世界大戦以後の彼の建築の変貌——あえて変貌と呼ぶならば——を理解できないであろう。フランク・ロイド・ライトの《自伝》のような彼の晩年の《告白》があれば、いっそうコルの本音が理解しやすいのにと悔やまれるが、しかしこの若年の《告白》をよく読むならば、そうした彼の芸術の本質——それは彼の威勢のいい言葉の裏にひそむもの——がうかがわれるように思われる。

最後に、この翻訳の見事さと立派さについて一言しないわけにはいかない。《訳者あとがき》に「この本こそ私の人生にとって《稀有な人》に私をひき合わせてくれた《稀有な書》であった」と書かれているが、訳者前川國男もまた稀有の人であったからこそ、この天才ル・コルビュジエと出会うことができたのである。それは世界の建築史の流れのなかで劇的な〈出会い〉の瞬間であった。だから、この書、若き日のル・コルビュジエの書物が、コルに傾倒しきった青春の日の前川國男によって、いきいきと熱っぽく脈搏がうつように日本語に移しかえられている。それが単に語学的な正確さなどというナンセンス以上のなにものかであるのはいうをまたない。ぜひ大方の諸賢の熟読をすすめたい。


（初出＝SD6701）

住空間獲得のための都市の構造分析

槇 文彦

SD選書011『**コミュニティとプライバシイ**』
（一九六七）
S・シャマイエフ、C・アレキザンダー共著 岡田新一訳

私個人の知っているサージ・シャマイエフはきわめて教養のある、しかも皮肉屋である。そして素晴らしく議論がうまい。うますぎて議論に溺れることも往々ある。ソフィストとでもいうのであろうか。米国の建築学科における最大の儀式は一学期に何回かある学生のデザイン計画の発表にある。英語でJuryと呼ばれているが、ここではまさしく学生たちは被告であり、先生たちは検事である。そしてそれはシャマイエフの独壇場でもある。彼は素早くかつ的確に問題を把握し辛辣な批評をあびせるが、同時に可能性の発見も忘れない。

この本の命題である「コミュニティとプライバシイ」はシャマイエフが長年深い関心をもってきた問題であり、そ

の一つの解決として、この本の最後の章に解析の例としてあげられているコートハウスとその群構成は、彼がハーヴァード大学の教授に就任以来学生たちとともに手塩にかけて育ててきた研究でもある。多くの都市計画家、建築家たちが広場とかセンターとか、都市の社会性に問題点を集中している間に、彼はそれと対照的に都市社会において個人の尊厳と自由がいかにして守られるべきであるかというプライバシイに焦点をあわせていることは教養ある文化人であり、皮肉屋の彼の面目が躍如としている。この意味では、この本はアレキザンダーとの共著でありながらそこから発する体臭はシャマイエフのそれであるといってよかろう。しかしこの本の読みどころは、じつは「コミュニティとプライバシイ」という都市環境上の問題を例にとりながら試みた論理のすすめ方にあるといってよい。そしてそこにアレキザンダーの知性が大きく感じられるのである。

私はこのクリストファー・アレキザンダーに会ったことはない。しかし、もしも建築の計画に、科学的な論理の構成というものが可能であるとするならば、彼は現在世界において、それをやろうとしている、ごく数少ない計画家——アナリスト＋プログラマー＋プランナー——の一人である。彼の最近の「相関複合体論」——*Architectural Record* 六六年九月号——にしても、また「道路のパターン論」——『建築文化』六七年一月号——にしても問題の設定の独創性と、科学的な論理のすすめ方には他の追従を許さないものがある。

『コミュニティとプライバシイ』は一四章に分かれ、一章から八章までが現在の機械的都市文明にたいする批判であり、次の三章がこの本における論理の骨子について、そして最後の三章において、先に述べたコートハウスを例にして、コミュニティとプライバシイの関係についての分析が行なわれている。

彼らのこの本における主張はこうである。現代の機械文明は、自然も、都市も、そして中間地帯である郊外も含めて、それぞれの特質は失われ、崩壊する運命に直面している。とくに車と音はそこで都市の人間の最後のよりどころである私空間——住居の中まで容しゃなく侵入しつつある。そして真に都市的な住居空間の獲得のためにありうべき都市構造の原則を分析するにあたってこの著書における最も重要な二つの作業仮説が提出される。それは、

（一）　無数の体験は明瞭に分割され、適切に構成された実

体的な各領域に分解されねばならない。

（二）それらの分解された領域は相互の影響の強さに関連させて、またその性質と重要さによるハイラキーにしたがって構成されねばならない。――そしてその部分の集団化《グルーピング》によって構成された構造が独自な一つの型《パターン》を示しているとき、建築的な群が求め得る。

とする。

この作業仮説は、プライバシイを中心にした都市と住居の結合方式の中で実際に試みられる。いくつかの重要な基本条件が設定され、その相互関連性にしたがって、いくつかの構成要素に組み立てられ、それぞれの構成要素の要求する機能をもっともよく満足させうるプランがつくられ、その合成の結果として一つのコミュニティ・パターンが提案され、他のすでに存在する案と比較検討されるというプロセスがとられている。

そして

（一）明確な機能の分離を通して都市における六つの領域の設定

（二）分離された領域が、制御、技術、耐用年限そして接続の四つのハイラキーによってチェックされうるべきである

とする原則論の提出も興味深い部分であるといえるであろう。

もちろんここで使用されたプライバシイの軸は、都市住居の型をさぐる上の一つの軸にしかすぎない。もしもコストの軸、社会性の軸等、幾多の面においてプライバシイの軸と相反する評価の軸を導入したときに、果たしてどのようにoptimizationがその間に行なわれるか、またその結果としてどのような型が新しく生まれるかはこの本は明らかにしていない。

もちろん、無数の因子が含まれるとき、電子計算機の導入の必要性を説いてはいるが、いまだそれも実証される段階ではない。とくに最終章の各種のコートハウスの比較検討は、かつての建築性能論と同様に、やや我田引水的なところがないでもない。しかし、このような分析方法の提案は、都市、建築における新しい分野が開けていこうとしていることを強く示している。

今世紀、米国の自然・人文科学における最大の貢献は、分析方法の発展にあるといわれている。Kevin Lynch の都市の視覚構造体と同様に不完全のなかからも幾多の努力を

重ねながら、積重ね方式に方法論を発展させていく米国的思考方法の典型がここにみられる。この意味で一読に値する本であり、岡田新一氏の努力により、内容、装ていとも、原著のユニークな雰囲気がよく保たれていることは喜ばしい。

（初出＝ＳＤ6703）

写真でしか語れないもの

原 弘

『奈良原一高写真集——ヨーロッパ・静止した時間』（一九六七）

奈良原一高写真　江藤 淳文　杉浦康平構成

これは奈良原一高の最初の写真集だという。彼は一九六二年にヨーロッパを訪れ、約三年間滞在した後、アメリカを経て帰国した。その作品が、『アサヒカメラ』などに発表されはじめてから、ぼくも興味をもち注目していた。帰国すると彼は《偉大なる午後》、《静止した時間》というタイトルの二つの個展を開いた、当然ぼくもその展覧会を見るつもりでいたのだが、怱忙のうちに、その日を逸してしまった。

この写真集はその後者の展覧会で発表したものを主としている。ここにはフランス、イタリア、スペイン、イギリス、オーストリア、ポルトガル、オランダなどで撮影されたものが、それらの地域別には関係なく編集されたものである。その内容は、一・塔、二・窓、三・午後、四・樹、五・化石、六・秘密、七・夢、八・静止した時間、といったようなシンボリックなタイトルをつけた八つの部分に分けられている。

彼はこの写真集を、「いわゆる写真集としてではなく、一冊の本として冒頭から視覚的に読んでいただければ幸いです」と自身でいっている。写真が語るものを読みとってほしいということだろう。日本の写真界での分け方に従えば、映像派といわれる彼が、まずパリに着いた秋、「重く垂れたマロニエの並木路を恋人たちはだまって歩いていた。二〇代のあとを三〇代の男と女が……三〇代のあとを五〇代の二人がと……その姿は老年にいたるまで、まるでひとつの相似形の流れを見るように腕組みかわしたまま」彼の眼の前に現われては消えていくのを見た。「ぼくはわずか一〇分間のあいだに人間の一生の姿を見せられる思いがした。そして彼らが通りすぎた、その後に来る死の時間を思った」と彼はいう。

また「ヴェスピオスから降りそそいだ熱い灰はポンペイの街に死の瞬間を保存した。そこには死という行為によって切り取られた、生の断面が生き生きといきづいている」のを彼は見たのである。

たしかにこの本の中では、彼がつくり出した死ということばが、しばしば聞かれる。それはポンペイの美術館で見られる人間の終末の姿や、時間に滅び去ったポンペイ街頭の石だたみや、沈みかかった巨大な太陽を背にした柩をはこぶヴェニスの船や、ロンドンの口と鼻から血を出した蠟人形の女の顔ばかりではなく、黒い血管のようなパリの公園の巨木の枝も、くずれかかったローマの塔やアーチも、いやこの本の中ではそれほど多くない子どもや若い人さえもが、巻末に多くのページを割かれた老人たちの〈静止した時間〉に、つながって見えるのである。こうした話が、華麗なまでのカラー・グラビアをまじえて、奈良原一高のつくりだした映像言語として綴られてゆく。最後に近いスペイン、マラガの老婆のカラー写真を見るに及んで、ぼくはほんとうに息をのんだ。ひどく年とった老人が、ある時大あくびをしたら、それがショックで死んでしまったというような話が、そのまま信じられそうな、すばらしい写真である。奈良原の人物写真の傑作にはいるだろう。古典の名画にも擬せられるこの写真だけではないが、彼が在学中美術史を修めたということが、ところどころのページにうかがわれる。しかもこの本は写真でだけしか語れないものをもっている。あるいは彼はそれを印刷して本にするという考えから、印刷したカラー写真のための色までをここにつくり出したのではないかとも想像される。

レイアウト、造本とも杉浦康平のデザインになるもので、杉浦が国外にいるため勝井三雄が協力して完成したとのことである。とにかく三万枚の中から一三五枚が選ばれたのだから大へんなものである。白黒、カラーともにグラビヤで、SDに書くのでいうのではないが、三八〇〇円というのは安い。レイアウトもよく考えられているし、タイポグラフィにも神経が行きとどいて、英文に使ったギャラモンドのイタリックが、新鮮な効果を添えている。巻末をかざる江藤淳のエッセイ「ヨーロッパと東方」もすぐれたヨーロッパ文明論で読みごたえがあり、この写真集に適《かな》わしいものである。ただ表紙のカラ押しの効果が、材料の関係からちょっと弱まったのではないだろうか。とにかく石元泰博の『ある日ある所』以来の、好きな写真集である。

（初出＝SD6707）

超え得ざるものを超えようとする者の宇宙

原 広司

SD選書015『**ユルバニスム**』（一九六七）
ル・コルビュジエ著　樋口 清訳

われわれはいかなる場合にもまた、ほかの何にもまして西欧を信仰しようではないか！　これはハイゼンベルクが、戦後一〇年経た時に叫んだ言葉である。第一次大戦を終えて数年後、これは『ユルバニスム』のまえがきの最後の言葉であるが、ル・コルビュジエは言っている。「老いたヨーロッパを葬る理由はない」と。産業革命から機械文明へと時代は流れた。その潮流のなかで、多くの人びとは機械を不信し、そこまでゆかずとも警告者となった。ヨーロッパ不信のさなかにあって、〈機械は美しい〉と建築家たちは叫んだ。この現象は、今でも私の心をとらえてはなさない。私はここに建築家の楽天性ではなく、建設者の属性をみて感激するのである。機械が美しく見え、人間の友あるいは延長であると映ることは、ギリシア的な人間美の賞讃や労働の創造性を評価すると同様に人間的であるように思われる。ヨーロッパを生きようとする態度は、理性の輝きを信じる態度である。よし理性が人間のすべてを捉えるものではないにせよ、理性の信仰の持続は人間救済の唯一の道であろう。理性がとらえる領域は、存在のほんの一部分であり、しかもおよそ存在の全体性を覆いはしない。この不条理のなかで、理性を！と叫びつづけるためには、不断の決意を要する。理性的であることと、理性を信じるとでは、かなり様子がちがう。理性的であることが必ずしも理性の確信を導くとは限らない。理性的であるが故に、理性批判を行い、理性の限界を知って理性を放棄するといったプロセスを、私たちは歴史をつくってきた人びとにみることもできる。またあるいは理性的でありながら、理性の艶やうるおいにまったく気づかずにいる例も、身辺に見出される。逆に必ずしも理性的でなくとも、ひたすら理性の輝きをほとんど詩的に見れる人もいる。このような人びとが、真に近代を育ててゆける能力をもっている。彼らこそヨーロッパ文明の正統性を説けるからである。ル・コルビュジエやハイゼンベルクのような人びとは、言うまでもなく理性的ではあるが、未明な世界の構造をまえにして理性的である以前に理性の信奉者であると言える。表現をかえれば、理性が獲得してゆく世界の貧弱さを知りつつ、いや知るがゆえに、理性の射程距離をのばそうとする人びとなのだ。

ル・コルビュジエが戦後建てた詩的な建築は、理性の拡張をはかったものである。ハイゼンベルクが哲学にしないではいられないという事情と、ル・コルビュジエが詩的な建築をつくる事情とは、結局のところ同質な過程であると思われてならない。つまり彼らは理性をして存在の全体性の把握に駆りたてようとする絶望的な投企に志向する。もし理性が批判に終わるなら、そして批判することで理性に対する全責任が完了するなら、単に理性的であれば十分である。けれども理性の絶対性を確信し、それを理性的活動で証明しようとするとなれば、批判では十分でない。批判は次に来るべき一瞬の絶対性のあらわれのための準備であり、永遠に持続する理性の王国がいつかくるであろうという確信のうえにはじめて成立する行為であろう。彼岸の構えをみせている。現時点の不条理は〈待つ〉ことによって止揚されるのである。この〈待つ〉哲学、いいかえれば弁証法に満足出来ない人びとがいる。現時点の完結性を望んでやまない人、これは弁証法的な意味での批判を提出することでは満足しない。現在の理性的活動を未来に向けて設計図として電送するのでなく、ただちに理性の不落の城を築かずにはいられない。勝利はいま印刷されねばならない。だから、ハイゼンベルクは宇宙方程式を書き、ル・コルビュジエは都市の普遍的モデルを提案するのである。

一九二〇年代、ようやく都市は矛盾をあらわにしてきた。なににも増して都市の混乱こそ、理性の消滅のあらわれであるとル・コルビュジエは考える。理性の空間への写像が建築であり、都市である。本来都市と建築は秩序の体現である。秩序の再建はそのまま理性の再建を意味する。秩序は普遍的であらねばならない。すなわち原理こそ提示されるべきである。この態度はすでにル・コルビュジエがピューリズムにおいて明確にしていた姿勢である。周知のごとくなかんずくル・コルビュジエにとって幾何学は理性の開示であり建築に対すると同様に都市に幾何学をもってあたり、理性の再建をはかろうとする。『ユルバニスム』の書のなかで、やがてCIAMにおいて普遍化するさまざまの概念構成や、原理の確立がすでに行われている。

この書の原点で未提出な原理は、都市と集団についての原理である。コミュニティ思想、それを実現するための出合いの空間＝都市のコアというパターンはまだ十分に明らかにされない。この書の段階でとらえられる問題は、いかなる概念構成によって都市に秩序がもたらされるかである。具体的には、都市の機能の分析と類型化、人間的スケールの追求、都市の幾何学体系が示される。

少し細かに見てゆくと、ル・コルビュジエの思考でのプログラムが滲みでてくる。スケール論で、人間的スケールを都市にもちこむ樹木のはたらき、これはやがて標準化と結びついてモデュロールへと拡がる。実現論で、予定表の概念、これはチーム・テン（TEAM X）が批判するプログラムの欠如に関係づけるとおもしろい。統計学に寄せる信奉、つまり統計から普遍妥当性を導き、これを空間に写像するという思考のパターンなど。やはりこれもスケール論ではあるが、都市の空間構造の美学としてみなせる二つの公準がある。それは全体と部分の問題にかかわり、（一）全体における渾沌、喧騒。（二）細部における一様性、である。

これは、ルイ一四世時代のロージェ神父が示したそうであるが、この美学こそ、近代建築思潮のひとつの本流であるドイツ工作連盟（バウハウス）の課題すなわち建築の標準化思想と、ル・コルビュジエが完成する機能主義の思想とを矛盾することなく都市のスケールで一体化する基本原理なのである。この基本原理を空間化するにあたって、直線と直角——幾何学が示す絶対的形態——とをもってすれば、見えるものの秩序は保証されるのである。

ル・コルビュジエが定式化した機能主義の美学、つまり、見えざる秩序の原因であるファンクションの尊重は都市においても建築と同様であるが、これについての具体的記述は交通に関するものにとどまる。インフラストラクチャーについての解明不足は、その存在と効力についての体系化をしたル・コルビュジエにおいて皮肉にも最大の弱点になっている。この問題は現在依然として最大の難問である。先の公準（一）は、アナーキーの意味ではなくシンフォニー的調和の意味である。とすればそれはいかなる原理によって導かれるか。幾何学はそれ自体ファンクションにはなりえないではないか。
ル・コルビュジエの理性信奉が、彼の文筆活動を詩的にし、即物的にする。彼の書にはいつでも一種独特のポエジーがある。このポエジーがいますぐ理性の王国を実現しようとする意志のあらわれであると理解したい。彼が未解のままでおいたインフラストラクチャーを決定するファンクションの定式化が、ポエジーとなって表出する。ポエジーはまた彼が〈平面の推稿〉と呼んだ作業から生まれる。ポエジーは論理の代行者である。ハイゼンベルクが不確定性の理論にもとづいて因果性に疑問を提出し、認識論に反省をあたえたことと、ル・コルビュジエのポエジーとは同じ根をもち、やはり彼らが閉ざされた存在ではないことを説明しているのではないか。

（初出＝SD6708）

日本美への論理的アプローチ

小倉忠夫

SD選書020『**日本美の特質**』（一九六七）
吉村貞司著

ケストラーが日本に来たとき禅の高僧と問答し、グロピウスは桂離宮と禅の関係を日本の知識人にたずねたが、二人とも納得できる解答を得ることができなかった。「日本はいまだに世界にむかって自己を語る言葉を持たない。自己を語る言葉がないというのは思想がないことである。方法がなく、体系がなく、美学がない。つまりは世界的な次元で自己を表現することを知らないでいることである」。この本の〈あとがき〉によれば、以上のような反省から著者は、日本のオリジナリティを明確に論じる決意をした。

言あげしない、そして画論貧弱な伝統をもつ日本において、たんに西洋の体系的美学や美術史理論を機械的に適用するのでなく、豊かな美的遺産を充分に把握しながら、しかもその特質を論証することは困難な道ではあるが、絶対に必要な仕事にちがいない。この分野における私たちの知的怠慢は、どのような批判をも甘受せねばならぬくらい、はなはだしい。その意味でこの本の業績は貴重である。〈日本美術の特質〉については矢代幸雄氏の大著があるが、この本は〈日本美の特質〉と題しているように、より基礎的でしかも柔軟なアプローチを試みている。

吉村貞司氏はドイツ文学の出身であるが、芸術の様式のさらに奥まで遡り、かつ考察の取材範囲の幅広さと多様さ、西洋と中国と日本の比較によって、種々の興味ぶかい新視野を開拓している。ほんの一端にしか触れえないが、しばらく本の内容をたどってみよう。最初の章は、〈点が生きている、死んでいる〉だが、まず私たちの点観念はユークリッド幾何学のもので、日本絵画の点はまったく別物だと警告し、蕪村、雪舟、縄文土偶ほかを例として、生命をもつ点を論じている。また、湯川秀樹の言葉を引用して、科学者の発想においてすら東西の図形認識や空間認識がまったく異質であり、日本人の非論理性と柔軟さが、湯川理論を生んだごとく、芸術においても独自の可能性に富むことを示唆する。

〈反りの美学〉では、雪舟の山水長巻、信貴山縁起絵巻、日本刀の反り、城の石垣、鳥居などを引用し、日本の線は厳密な直線でなく、フリーハンド性の〈勢いとしての直線〉とみる。茶室の床柱のゆがみに、巧まずとり入れられている自然さと、マリー・アントワネットのトリアノン宮殿の人工性などの対比を試みている。そして〈平面と仮面〉の章にかけて、西洋の線には面積がないが、日本は太さや抑揚の生命のリズムをもち、また西洋の面は厚さのない無機的性格であるのに対し、日本では宗達の蔦の葉にみるように厚さと生命をもち、真実を追求する西洋美術に対しての、生命を追求する日本美術の伝統を明確にしている。

つぎの〈空間恐怖〉には興味ぶかい所論が展開されている。華道では、『枕草子』の頃は花を挿すといったが、吉野時代前後から花を立てるといわれるようになり立華が成立したが、これは造形的な立体的世界をつくることだとし、日本の造形意識に立体性が乏しいという通念に疑問を提出する。西洋の立体意識は量塊性にもとづき、日本のそれは空間意識に関連しており、やはり異質の認識に根ざすものなのであろう。

ついで空間にたいする意識を民族史的に検討し、北方の蛮族を防いだ中国の万里の長城、アテネの城壁などをあげて、日本はいずれかの全滅を賭けた異民族との戦いを持たなかったことを指摘し、この背景からヴォリンゲルの『抽象と感情移入』の諸論を、日本人の立場から再検討していく。そして縄文から中世、近世にかけて、平面性や立体性と時代の性格との関係についてヴォリンゲルとは逆の結論を引き出している。

また〈日本の遠近法〉では、狩野永徳の〈洛中洛外図屛風〉とフィレンツェやマンハイムの都市図を比較して、時間から切り離された西洋の純粋空間の観念性と窮屈さにたいし、日本の絵画はたえず時間や生活とともにある空間を描いてきたことを強調する。〈余白の構造〉では、茶道、飛石、俳句、木彫、華道、能などを引用し、余白は凝縮性をつきつめた究極の本質性に伴うものと規定している。〈イヴニングと鎧〉〈あまりにアシンメトリーな〉など終りの章は、生活の諸様相や住居に範囲をひろげて、西洋や中国にたいする日本の特性を興味ぶかく説くと同時に、現代日本の文明批評ともなっている。

さて、日本は雑種文化といわれる一方では、日本ほど純粋性を守りつづけた国はないともいわれ、文化・美術の様相ははなはだ多様複雑である。相矛盾する要素を同時代に同居させたり、美術史は内的必然性に欠けるほどの変移をも辿るので、私たちは今後ともそれらをカヴァーできる、独自の美学と史学を求めつづけねばなるまい。そして日本の近代百年は日本と西洋との直接の対決であり、幾多の混乱を生じたが、その一原因は日本美の特質にたいする無自覚と自信の欠如であったと思う。この本の刺戟によって、私たちはさらにアクチュアルな近代に、そして日本美の未来学の設計に積極的にとり組まねばなるまい。

（初出＝SD6712）

克明な史料の探究で貫ぬく庭園史

早川正夫

SD選書023『**日本の庭園**』（一九六七）
田中正大著

日本の庭の美しさとすぐれた技巧の伝統とは、誰しもが認め、深い愛着と関心をよせるところである。したがってその研究や著作もかなりの数が世に問われている。しかし、それにもかかわらず、庭園ほどその史的変遷、もしくは進歩発達の過程の不分明なものはない。理由は二つである。ひとつは、庭園の構成素材の性質上、長期にわたる維持保全がきわめて困難であることが考えられる。現在のこされている数々の名園といわれるものでも、それがつくられた当初のすがたをどれほど伝えているものかの判定はかなり困難である。そしてまた当初から現在に至る間の改造あるいは変容の過程を段階的にとらえようとしても不可能に近い。生成枯死する樹草はもちろん、磐石の永遠性を誇示する石組にしても長年の風雨に対して不動ではありえないからである。理由の第二は、作庭する人間の側の精神活動ないしは造形理念が、明確な具体性をもって記録されにくいという事情である。それはかならずしも作庭に限ったことではないが、庭の場合は他の芸術活動とちがってはっきりと作家といえる存在はむしろ例外的で、いわば素人が指図して作ることが多いのである。さらにいえば、ある時、誰かが、ふと庭の模様がえを思いたって、樹木を移し石組を動かしたとしても、少しもあやしむに足りない。そうした事情が庭園の史的解明をいよいよ困難なものにしているわけである。本来趣味的性格をもった庭作りとすれば、正確な図面が残されていないことは当然であって、近世になって小堀遠州などの活躍がはじまると設計図といえるものが作られるようになるが、建築の図面などと比較するまでもなく精度のあらい大まかなものである。以上のような理由から、建築や他の美術などとくらべて、庭園の歴史を探ることはきわめてむずかしいことというべきであろう。

本書は、その難事業に果敢に切りこんだ一つのかがやかしい成果である。著者は、わが国の造庭理論としてもっとも古くまたもっとも体系的ですぐれたものとされる『作庭記』と、近世初頭の茶の湯の世界に異色ある足跡をのこした芸術家〈古田織部〉の造形活動とを二つの着眼点として、一方に〈自然に従う〉日本庭園の基本的姿勢を明らかにし、一方に〈自然を造形する〉芸術家としての姿勢をとりあげて、その二つの姿勢の相克と共存の中で庭の歴史をとらえようとこころみている。著者はまず、『作庭記』に記された「生得の山水をおもはへて」と「乞はんにしたがう」という二つの主張を詳細に解明しながら、平安貴族の作庭理念でありひいては日本の庭の中心思想ともなっている〈自然に従う〉姿勢について綿密な考証を行なっている。第二章として、古田織部の露地——茶庭の造形的な特色を中心とした近世の作庭思想を説き明かそうとする。千利休から織部へ、さらに遠州へ、片桐石州へと承けつがれる茶の湯の美意識の推移を克明に追って、近世初期の芸術活動の一環として高まりを見せた作庭の理念を〈自然を造形する〉姿勢としてえがき出そうとしている。〈自然を造形する〉姿勢のおもむくところとして、織部の露地における〈敷松葉〉や〈切石〉の使用やさまざまの創意と技巧の反自然的で卓抜な例証をあげ、また、御所や仙洞御所などの庭における〈直線的手法の導入〉について多くの資料を示しながら入念な考証を行なっている。このあたりの、豊富な資料を駆使しての解明と論証の精密さは、著者の面目をもっともよく示すところであり、本書の史観のバックボーンをなすところである。

作庭の歴史を〈自然に従う〉〈自然を造形する〉という二つの対立する姿勢からとらえようとする著者の意図は、さきにのべたような庭園史の困難さを克明な史料の探求でのりこえようとする敬服すべき努力によってかなりの成功を見せている。しかし本来、庭を〈作る〉という行為が〈自然を造形する〉意志を含むものである以上、〈自然に従う〉姿勢とするどく対立するものとしての作意を他の極に置こうとすることには、そもそも無理があるように思われる。それはひとつの試論としてもとより意義あるものではあるが、ある意味ではかえって創造の微妙なニュアンスを不鮮明にしてしまいはしないかという不安がある。

（初出＝ＳＤ6803）

自動車に仮託して書かれた哲学と文明史

加藤秀俊

ＳＤ選書029『**移動空間論**』（一九六八）

川添 登著

〈自動車〉という題でなにか書け、といわれれば、誰もがなにかを書くことができるだろう。ごく陳腐で常識的な話題でいうと、公害の問題であるとか、事故であるとか、あるいは自動車の普及は経済繁栄の指標であるとか、とにかく、なにかを書くことができるだろう。しかし、さて、じっさいに書いてみると、まず原稿用紙一〇枚くらいで、そのさきがつづかなくなるにちがいない。

川添さんのこの本を読んで、まず感動するのに、かれが〈自動車〉という課題にこたえて、とにかく滔々と三〇〇枚の原稿を書き、まだ終わっていないぞ、と宣言している事実である。しかも、心憎いことに、かれは、事故だの公害だの、常識人の考えつきそうなことはひとことも筆にしていない。

いや、この本を〈自動車〉について書かれた本だと考えるのがまちがいなのである。この本は、〈自動車〉というものに仮託して書かれた哲学の書物であり、あるいは文明史の書物なのである。マイ・カー時代などという、軽佻浮薄なるはなしには、著者は一片の関心すらも示さない。

さて、この本の表題になっている〈移動空間〉だが、その条件のひとつはそれ自身としての自立性をもった有機体としての可能性をそなえた空間のことである。それは、著者がこのところ夢中になっているカプセルの観念とほぼ同義に考えていいだろう。そして、それに物理的意味での〈運動〉が加わるとき、それは〈移動空間〉になる。だから、それはかならずしも自動車にかぎられたものではなく、船であっても、エレベーターであってもよろしい。日常用語でいえば、要するに、のりもののことなのである。だが、とくに著者が自動車に着目するのは、この〈有機体としての可能性〉をもった特殊移動空間が騎馬の現代版ではないか、という仮説があるからだ。たしかに、馬と自動車のあいだには技術的にもイメージ的にも連続がある。ムスタングだのコルトだのと、馬そのものを商標名にした自動車もあるし、日本では〈愛馬〉に対応した〈愛車〉ということばもある。

川添さんのアナロジーは、あちこちに飛躍しながら、馬→自動車の連続性を自由に、また説得的にすすめられてゆく。わたしじしん、読みながら多くのことを連想した。ある〈目標物〉——たとえば塔のようなものにむかう〈進路〉のイメージ——の説などもおもしろいし、実感がある。

しかし、騎馬民族というのは、集団的にうごくものであった。それにたいしてマイカー族というのはおなじ〈族〉でも、集団編成をとることのない〈族〉である。騎馬時代にたとえていえばマイカー族はそれぞれに、いわば単騎行をしているのである。ちょうど、それは《シェーン》のようなものなのであって、アパッチ族のごとき集団性を欠いている。

著者は、かつて騎馬民族が都市文明のなかで馴化されたように、自動車もまた現代都市に馴化されなければならない、という。そのとおりだ、とわたしも思う。しかし、マイカー族という単騎行の集合体には残念ながらアパッチの酋長のごとき騎馬集団の統率者がいない。それぞれが、黒い手袋などはめて、西部の一匹狼のようなつもりで勝手に走りまわっているのが現実なのである。

それが都市に馴化してゆくための手つづきと環境は、単純なアナロジーではゆかないようにも思えるし、そのへんのところの構想をもうすこし教えてほしい、とわたしは思った。

この本を読みかけのある日、わたしは《2001年宇宙の旅》という映画をみた。宇宙船もカプセルだし、宇宙ステーションも〈移動空間〉だ。そして、茫洋たる宇宙を横切る宇宙船の窓のそとに、〈地球〉をみたとき、わたしは、気がついた。地球もまた、〈移動空間〉なのではないのか。川添さんのつくった、いくつかの新概念と新論理をうんと応用させてもらって、わたしもいろんなことを考えたくなった。

それだけの刺戟をあたえてくれる本は、そうたくさんはない。つまり、この本は傑作だ、ということである。

（初出＝SD6812）

形体を通して明示する貴重な証言

高階秀爾

『西欧の芸術1――ロマネスク』（一九六八）
SD選書114・115（一九七六）
H・フォシヨン著
神沢栄三、長谷川太郎、高田 勇、加藤邦男共訳

私は以前、『美の思索家たち』と題する本のなかで、まだ日本に翻訳紹介されていない西欧の優れた美術史家・美学者一四人を選んで、その代表的著作の解説・批評を試みたことがあった。その時はフォシヨンの著作はまだ一点も日本語に訳されていなかった頃であるから、私は躊躇することなくフォシヨンをそのひとりに加えたが、〈代表的著作〉を選ぶ段階になって、はたと当惑した。もちろん、〈代表的著作〉がないからではない。

フォシヨンの場合、あり過ぎるからである。事実、彼の

美術史学上の業績は、時代で言えば中世からルネッサンスを経て二〇世紀にいたるあらゆる主要な時代にわたっているし、主題は建築、絵画、彫刻、版画、工芸、図像学の広い範囲にまたがっている。それのみならず、地域的に、ヨーロッパだけにかぎらず、東洋美術、たとえば仏教彫刻や日本の版画家たちにまで及んでいる。しかも、それらの研究が、いずれもきわめて充実した見事な内容なのである。

結局私は、彼の著作のなかでもっとも広く知られている『形の生命』を選んだが、その時にも、〈代表作〉と言う以上、やはりこの『西欧の芸術』を挙げるべきではないかと随分迷ったものである。ほんとうなら、両方いっしょにして挙げるべきであったろう。というのは、『形の生命』はいわばフォシヨンの美学の理論的骨組であり、『西欧の芸術』はその実際の適用であり、肉づけであって、両者はおたがいに相補うものだからである。幸いにしてその後、『形の生命』のほうは、杉本秀太郎氏の訳で刊行された（岩波書店）。したがって、今回の『西欧の芸術』の上梓によって、われわれはようやくフォシヨンの文字通りの代表作をともに日本語で読むことができるようになったのであり、まことに喜ばしいことと言わねばならない。

今回刊行されたのは、原著の前半にあたる〈ロマネスク〉の部分で、九、一〇世紀のいわゆるプレロマネスクの時代から、一二世紀までの時期をあつかっている（なお、後半の部分にあたる〈ゴシック〉も、近く刊行される予定であるという）。ゴシック時代をも含めて、この中世という時代は、フォシヨン自身の言葉を借りるなら、「他のいかなる時代も、これ以上に数多く、これ以上に広大な建築物を築いてはいない」ほど、活発な教会堂造営活動が行なわれた時代であり、そこに「百科全書的」と呼んでよいような多彩な装飾が生み出された時代である。フォシヨンは、これら中世の建築や芸術の遺品を、単に中世の歴史を補足する資料としてではなく、そこにこそ「中世の人間が余すところなく現われている」ものとして、詳細にその発展や拡散の跡を辿り、ひとつの生きた全体的な中世の姿を甦らせるのに成功している。個々の建造物や作品については、フォシヨン自身が実際に調査したものも含めて、厳密に実証的にその成立や内容が語られているが、しかし本書の大きなメリットは、単にそのように多くのデーターを集めて整理したというだけでなく、そのデーターにもとづいて、芸術様式が歴史のなかでどのように変化し、どのように発展して行くか、また、それぞれの表現がどのような意味を持っているかを、明確に説明した点にある。たとえば、ロマネスクの教会堂のプランや空間構成は、一方でその目的や機能に規制されながら、他方では石という素材と、その素材をあつかう技術の発達によって、次第に変化して行く。――「……ギリシア人は重力をたんに垂直方向にしか考えなかった。中世の巨匠たちは、ほとんどの場合に斜応力や横圧力支持の問題を解決しなければならなかった。そして見事な論理操作をおこなって、各部材をその機能に応じて専門化させ、部材に最も適し、かつその機能を最もよく理解させる形体を与えるよう少しずつ努力を重ねていったのである。このことからして、彼らの建築はまさしく思考の芸術なのである……」（本文一三二頁）。

建築物のなかに中世の人間が余すところなく表現されているというのは、ここに引用した一節に端的にふされているように、中世の人びとの精神の働きが、物質とのぶつかりあいを通して、次第に物質にある決定的な〈形体〉を与えるように作用して行ったということである。つまり逆に言えば、中世の教会堂建築やその装飾には、中世の人びとの精神と手の働きが、貴重な証言のように定着させられている。フォシヨンは、〈形体〉を通して、その生きた証言をわれわれの前に明らかにしてくれるのである。

フォシヨンの文章は、フランス語として、決して易しいものではない。まして内容は、西欧全域の建築・芸術にわたる多彩なものである。このような大著を日本語に移すことは容易なわざではないであろう（その点、『形の生命』の日本語訳は、かならずしも満足すべきものとは言えなかった）。だが四人の訳者たちの共同作業による翻訳は、きわめて信頼のおける正確なものであるうえ、日本語としても解り易い立派なものである。それぞれ分担して翻訳したうえ、後で統一したものというが、全体のまとまりも良い。原書は、一九三八年に刊行されているが、その後の中世美術研究の目ざましい成果を取り入れたジャン・ボニ教授の英訳本補註を訳出して加えていることも、本書をアップ・トゥ・デイトなものにするため、適切な措置であろう。

さらに、原書に比べて格段と多くの図版がはいっていること、建築の専門用語のため、図解入りの解説をつけたこと、主要な建物の図面を特に新たに描き起こして収録したこと、教会堂の所在と巡礼路を示す地図を加えたこと、充実した参考文献と使い易い索引を附けたことなど、この種の著作の翻訳として、模範的なものと言ってよいであろう（ただし、索引だけは、二巻分あわせてひとつのものにしたほうがいっそう便利だったたであろう）。

（初出＝SD7004）

透徹した美しきストラテジー

奥山信一

SD選書049『**住宅論**』(一九七〇)

篠原一男著

二〇世紀後半期の日本の建築界を牽引し、二〇〇六年の他界後もなお国内外で高い評価が継続する篠原一男が、建築家としての活動をスタートした一九五〇年代後半から一九六七年までに、『新建築』誌を中心とした建築専門誌に発表した論文をまとめたのがこの『住宅論』である。周知のことであるが、篠原は自身の作品系列に第1から第4までの様式を自ら命名し、作品と論理を並走させた建築家である。その中でも『住宅論』に載録された一九六七年までの時期は、日本の伝統と真っ正面から向き合った第1の様式と符合する。

篠原はこの本に先立つ一九六四年に、『住宅建築』という書き下ろしの著作を紀伊國屋新書から上梓している。当時の篠原は博士学位論文執筆中であり、その思想的バックボーンを形成するかの如く、この『住宅建築』は、空間の分割と連結、正面性の問題など、日本建築の空間構成に関する洞察が精緻に綴られた名著であった。それに対して『住宅論』は、日常的な住まいの空間を建築の問題に昇華させるための壮大な言説空間の構築であることが、あとがきの一節「私のささやかな住宅の仕事を含んだ私の全存在を賭けて、その当時の建築の主流の考えや動向に立向っていった、今思えばほとんど無謀ともいえる行動の苦しかった記憶もそこに含まれている」といった件から読み取れる。

二一世紀初頭の現在からは想像しがたいが、日本の一九六〇年代は丹下健三やメタボリストに代表される都市的規模の空間構想が席巻し、住宅設計は建築の議論の周縁に漂う泡沫とみなされかねない時代であった。この状況下で木造の小さな戸建住宅を設計の対象として選んだ篠原にとって、住宅を建築としての大文脈に載せる言説空間の標榜が必須だったのである。

『住宅論』には「住宅は芸術である」「失われたのは空間の響きだ」「虚構を演出したまえ」といった一見自己完結的な発言が頻出するので、読者は篠原を自らの内側のみに眼差しを注ぐ耽美主義者と解する可能性がある。しかしこれらの発言が、当時の建築の主流を標的としたマニフェストであったことを念頭におけば、住宅設計と両輪をなす言説空間の必然性に自ずと理解が及ぶであろう。

さて「住宅論」という印象的な名称は、篠原が一九六〇年に『新建築』誌に発表した原稿用紙一〇〇枚を超える大部の論文の表題名であり、この本では「日本伝統論」と改題され冒頭を飾っている。再建された金閣寺を巡る情感たっぷりな書き出しで日本の伝統空間の本質に迫る洞察の見事さは、半世紀以上を経た今でも色褪せることはない。しかし篠原の真の意図は、その美しく綴られた言葉の連なりの背後に忍ばせた、住宅設計を建築的文脈に係留するレトリックにあった。

当時の篠原の手元には、僅か四つの小さな木造住宅の実績しかなかったので、大言壮語と一蹴されても致し方ない状況にあったが、現代の住宅設計と偉大な日本伝統との接触点を記すことで、たかだか一家族のための住まいの空間を次なる時代を担う建築表現の最前線へと繰り出す言説空間に自らの表現の可能性を賭けたのであろう。

「伝統論は創作の出発点でありえても、回帰点ではない」という末尾の言辞は、これから始まる長く苦しい自身の設計活動の軌跡を導く予言であった。それが日本の伝統と直球勝負を挑みつつある最中の決意であったことを思えば、自らも含めた建築的地平すべてに対する透徹した美しきストラテジーの表明以外の何物でもなかったことに頷けるであろう。

『住宅論』から五年後、同じSD選書のラインアップのひとつとして一九六八年から一九七五年までの論考をまとめた『続住宅論』が上梓されている。徹頭徹尾、住宅建築の空間と形の意味に焦点を当てた『住宅論』に対して、題材は同じ住宅であっても『続住宅論』の主題は〈都市〉であった。論考の配列も時系列ではなく、海外都市への訪問記的記述で始まる、当時最も新しい一九七五年の「非合理都市と空間機械」が冒頭に置かれている。篠原の後半期の主題は、計画対象ではなく、現象する都市と住宅の接点を探すことにあり、その深い洞察と日本伝統論との連関によってインターナショナル・アーキテクトとしての地位を確実にしたのである。したがって『続住宅論』は『住宅論』の続編ではなく、異種の環境と建築家の生身の肉体が触れ合う前方に、新種の建築空間の形姿を捕える狩猟者の旅の記録として読まれるべきであろう。言葉を手段に建築設計と真摯に対峙する姿勢は、四十余年を経た現在でも傾倒せずにはいられないものがある。『住宅論』とは一旦距離をおき、一読されることをお薦めする。

魅惑的なシティセンスの表情

長谷川 堯

『人間のための街路』（一九七三）
B・ルドフスキー著 平良敬一、岡野一宇共訳

何かの事情で添い遂げることができず、今遠くはなれている恋人のすばらしさを熱心に回想しながら、すぐそばのベッドでだらしなく寝ている太っちょの妻君の姿を憎悪をもってながめている初老の男がいる……といった設定は、ひと昔まえに流行したハリウッドの心理映画のなかに出てきそうな場面だが、ルドフスキーの『人間のための街路』を読んでいて、私はしきりにそんな光景を連想した。原題を直訳すれば「民衆のための街路——アメリカ人のための入門書」となるこの本の著者、ウィーン生れのアメリカ人、バーナード・ルドフスキーにとって、イタリアとその他の地中海をとりまく諸都市の街路は、その永遠の恋人たちである。ルドフスキーは彼女の横顔や躰体や秘所の魅力を、自分の年齢を忘れようとする男に特有のキビキビした口調で語る。他方アメリカの街路は、過去において「豚のための街路」であった素姓をもち、そこからくる汚れへの鈍感さと、犯罪への寛容とを自慢にする悪妻、といった構図でとらえられる。

夏の暑いさかりの午後、私はこの本をあらためて最初から読んで、ルドフスキーが解きあかす地中海の町の街路の多様な表情にひきこまれ、何度か深いため息をつかずにはいられなかった。おそろしく蠱惑的な本だ。つめたくておいしいたべものを一口ずつ舌にころがす度に呼吸をとめて、やがてフウーと息をはく、そんなリズムで読むような内容だ。

ヨーロッパの街路を訪れたことのない人は、きっと自分の足で歩いてみたくなるだろうし、一度でもその空間につつまれた経験のあるものは、再度それを味わいたくなる。現に私は、またイタリアへ行きたい、という衝動に急におそわれて困った。イタリア政府観光局は、この意表をつく旅のガイドブックの著者に勲章のひとつぐらい用意してもいいかもしれない。

簡単にいえば「アメリカの街路に対する強いアンチテーゼたるイタリアの街路」は、内容からみて、薄汚れた飯炊き女のむこうでほほえみかける濃艶な娼婦なのだ。「もちろんイタリアの街路は、あり得べきもっとも素晴らしい世界ではないかもしれないが、しかし偏見をもたぬアメリカの建築家ジェームズ・マーストン・フィッチの言う、『地球上のどの空間におけるよりも素晴しい抱擁と包囲の体験』を与えてくれるのだ」。それは手をひろげてむかえ、抱きしめ、しゃにむに奪い去る、よく締まった石の穴だ。ルドフスキーにしたがっていくつかの彼女たちのテクニックを解明してみよう。

まず〈キャノピーのある街路〉と題した章では、ボローニャの二〇マイルにもおよぶポルティチ（アーケードあるいはコロネードのある覆いのついた歩行路）がとりあげられる。「ボローニャにポルティチが豊富なのは、この町に最初に出来た学究の砦のお蔭なのだ。大学は土地も建物も所有しなかったので、教授たちは授業を自分の家や借し部屋で行っていた。そして一方、街路がこの移動大学の廊下の役割をも果したのだった」。おそらくダンテもペトラルカも、そのようにしてこの町の街路を歩きながら、さまざまな思惟をめぐらしたであろう。ポルティチは夏涼しく、冬は寒風をさえぎって歩行者たちをまもる。しかしそうした即物的な機能だけが、ポルティチの効果ではない。「ボローニャのポルティチは市民の団結の表現であり、それは実に、博愛主義のひとつのひな形である」。

このような断片的な記述にもすでに明らかなように、ルドフスキーは地中海諸都市のさまざまな姿態や空間をいわゆる「サーヴェイ」することにだけ自分の観察力を働かせているわけではない。つまり彼は街路を通して、都市に生活する者の間の緊密な交わりと、互助的な連帯の形跡と行途を探ろうとしているのだ。道は単に交通のための用具であるだけでなく、何かそれ以上の役割を背負わされて人間の歴史にからみついてきている。

たとえばそういった視点から見て、アメリカ人の偏狭なピューリタン気質から理解しにくいもののひとつに、イタリアの都市生活に欠くことのできない「古びた儀式」とでも呼ぶべき、コルソ（Corso）がある。ラテン系の地中海沿岸の町では、今でも一日のうちのあるきまった時間に、ほとんど全ての家から人が町へ出て、特に何の目的もなしにブラブラと逍遥する。これは春から秋にかけての散歩によい季節だけというのではなく、真冬の木枯し吹きぬける日々にも欠かすことなく行なわれる。私も数年前イタリアのシエナで、底冷えのする冬の夕暮にたくさんの市民が厚い外套に身をつつんで、三々五々、ほとんどたがいに言葉をかわすこともなく、ただ靴音だけを川のせせらぎの音のようにひびかせながら、黙々と歩いている光景に出会って、何かとても奇異な感じがしたのをよく記憶している。その時に私が最初に思ったのは、彼らは囚われの身だ、都市へ囚われながら生きているのだ、という生々しい実感であった。しかも彼らは囚われているかのようにみえるほど深く都市にかかわって生きていることを誇りにしている、という私などにはおよそ経験のない心理を文字通りコルソを通して踏みしめていたのだ。たしかに彼らが毎日街路を歩きまわるのは、自分たちの生活の基盤としての都市が、今日もちゃんと足の下に実在するかどうか、互いに確認しないと気がすまないからであり、それがはっきりしてないと飯も酒もうまくないし、またグッスリと安心して寝ることもできない、とでもいうように。

このことをいいかえれば、都市の街路はそこで生きるものにとっての最も基本的な根拠、彼らの生涯という一連のお芝居の舞台でもある。ルドフスキーは〈路上のドラマ〉という章において街路上での演劇や物売りの声や吟遊詩人たちの活躍を読者に思い出させ、また〈街路の個性〉と題した章では、芝居の場面転換と同じように移りかわりながら、いわゆる〝通りいっぺん〟ではなしに、たがいに異なる性格と雰囲気を競いあっている面白さと、その道の名称の関係についてふれている。このように西欧の街路はアメリカのそれとは違ってつねに変化と展開を心がけている。そのような方向のなかで屋外の階段が果たす役割が大きいことは誰でも想像できるであろう。たとえば〈階段を讃えて〉のなかで、ローマのスペイン階段を舞台にして二人のイタリア人がくりひろげるドラマは、ルドフスキーにしてはめずらしくフィクショナルで、同時にきわめてリアリスティックな情景を私たちに提供して楽しませる。さらに橋といった、私たちが今日散文的にしか考えない都市装置も、フランスのポン・メゾン〈家屋と橋が一体化した建物〉のような内容を持つと、きわめて詩的なロマンティックな相貌をおびるようになる。そのような指摘から、街路は必ずしも建物とは別に独立しているものとは限らず、また建物のレヴェルに合致しているものともいえないケースを教えられる。たとえばブリシゲラという小さなイタリアの町のヴィア・デリ・アシニは、街路が建物の二階を重々しく通りぬけている。

　ルドフスキーの街路についての博識と視点の豊富さは、この他にも多彩な観察を披瀝して止まない。街路のペイブメントの工芸的な美しさについての考察→〈ダイヤモンドの街路と水晶の舗道〉、街路と水のからみあいによる静止と動きの対比→〈青い噴水〉、街路における飲食の快楽→〈カフェと街路〉など。どれひとつをとりあげても、ほとんど一冊の本を書けるぐらいの重要さをもつテーマであるが、著者はあまり深入りしないように努めながら、要点をそつなく書き記している。このような一連の文章のなかで私を一番興奮させたのは、第一二章〈迷路〉と題した、南イタリアの「白い町々」の路についてのリポートである。イタリア半島のかかとの部分に近いプーリア地方の諸都市、たとえばマルティーナ・フランカや、ロコロトンドや、オストゥーニなどの美しい街路と都市空間の変化の面白さについては、ルドフスキーはすでに例の『建築家なしの建築』のなかで部分的にふれているけれども、この本におさめられた数葉の写真と図面もその魅力を伝えるのに十分な効果を発揮している。著名な旅行案内書であるミシュランもベデガーもそれについてふれていない、いわば忘れられた町々がルドフスキーの筆の下でよみがえる。

　最初にふれたように、この本の著者の地中海の都市、特にイタリアの都市についての傾倒ぶりの裏面は、アメリカの都市の街路の、さまざまな意味での貧困さへの批判によって構成されている。「わが国の都市は未来を心配することもなく、またコミュニティのあり方とか、あるいは無制限な開発がもたらすであろう恐るべき代償とかを考慮することもいっさいなく、勝手に成長してきたのだ。そして個々の土地所有者が勝手に計画して来たために、アメリカの都市というのは不便で汚く、そして魅力や美しさに欠けている。……われわれにはシティセンスというものがない。

愛情とか愛着とか興味とかを感じさせるものが何もないのだ。……都市が人びとをおろそかにし、そして人びとも都市をおろそかにしてきた」。ルドフスキーは政治学者F. C. Howeの文章を引用して自分の視点を代弁させているが、私たちもまたここに書かれている批判を他所事のように読むわけにはいかない。

「愛情とか愛着とか興味」といった面に欠けているのは日本の大都会の街路も同じであるし、「シティ・センス」とは伝統的に疎遠である。日本の場合さらに問題なのは、こうした街路がひきおこす心理的な抑揚の重要性についての認識が、都市生活者の日常的な意識から全く遠ざかり、そうした問題がいわゆる「都市問題」の重要な課題のひとつであることさえ忘れ去られようとしている点である。その深刻さはある意味でアメリカ以上であるかもしれない。

そのような環境のなかで私はこの本を読んで、ともすれば抽象的なものと考えられかねない「シティ・センス」を、どこまでも具体的な街路の相貌によって確認し、その具体性を手がかりに、アメリカ人の「入門書」としようと努めているルドフスキーの態度に同感しないではいられなかった。この数年続いている日本の建築家のカンネン遊びに食傷気味のせいか、ものの手応えを目のあたりにするような本にめぐりあうと、私は救われる思いがする。

もしこの本にあえて注文をつけるとするならば、次の点だけであろう。ルドフスキーが街路の魅力として語ったさまざまな姿は、どのようにして実現することができたか、逆にいえばアメリカ（や日本）の現代大都会に何故イタリアの諸都市のようなひとの心を魅了するような街路が実現してこないか、その点についての分析が聞きたい。それは単にラテン系とゲルマン系という血のちがいや気候風土の差違だけでもないであろうし、カソリックとプロテスタントといった宗教上の慣習だけに起因するわけでもないだろう。多分このことについてのルドフスキーの意見は充分に練られて用意されているにちがいない。ただこの本が「入門書」であるという性格から、あえてこの複雑な問題を正面にとりあげることが回避されたのかもしれない。考えようによればそれはきわめて賢明な選択である。

私は今、その問題を、都市の〈囲い地〉としての性格の成立の可否といった点において解いてみたいとしきりに考えている。

（初出＝SD7310）

視覚的・直観的技法による都市環境の創造

濱　惠介

SD選書098『**都市の景観**』（一九七五）
G・カレン著　北原理雄訳

ゴードン・カレン著*Townscape*の邦訳が、たとえその前半分のみを取り上げたコンサイス版であれ、出版されたことをまず喜びたい。

都市という人類の集合形式・生活環境を分析するには、さまざまな学問とアプローチがあることは言うまでもない。都市の在り方にかかわる制度や技術もかずかずある。しかし、直接視覚に訴える都市の実体、つまり都市空間ないし都市景観等については、制度はおろか構成の技法すら確立されているとは言い難い。

現代都市を混乱と窒息から解き放つため、つぎつぎと解決策が講じられる。道路を広く、建蔽率を低く、交通は、水は、そしてもっと緑を、日照を……全て大いに結構。数量的に把えられるものは、比較的救われ易い。しかし物質的な充足のあとに情緒的な空虚が残りはしないか。

都市を美学とデザインの対象とし、空間体験の場としてそこから喜びとドラマを生み出そうと語る本書は、空間デザイナーのみならず、都市に生活し都市に住む楽しさを享受しようとする全ての人にとって一読の価値ありと信じる。

タウンスケープと都市空間

タウンスケープとは、landscapeやseascapeからの造語で、都市を景観として把えた概念である。都市のながめに美を感じ取り、画布にそれを描き留めた芸術家は数多い。

都市は、時代を経てさまざまの主体が建設を積み重ねてできた構成物としても把えられる。ひとつひとつの単位には設計者の意図が存在したであろうが、その集合体が作り出す都市空間には、統一的な意図に欠けるのが一般的である。にもかかわらず、時折はっとするような素晴しい演出に出合うことがあるのは何故か。

景観は、空間を一視点からながめた映像である。ながめる主体と対象（都市空間）の関係から景観が生まれ、それは視点の移動につれさまざまに変化する。人間はまた、景観を静的な〈絵〉として把えるだけでなく、それらを再構成する能力を持っている。部分の積み重ね、主体と客体の相関関係、時間の経過等……それらが抽象され都市空間のイメージが作られて行く。都市の景観が幸いにしてこころよいものであれば、空間イメージも、そこに生活する気分も、快適なものとなろう。

本書の内容

原著『タウンスケープ』は、戦後G・カレンが*Architectural Review*誌に発表した論文等を整理したもので、出版は一九六一年に遡る。それは、Casebook、General Studies、Town Studies、Proposalsの四部から成っているが、本書は後の二部を削除し、「一九七一年版序」と「結び」を加えたコンサイス版の邦訳である。

書きためられた論文を整理したものであるうえ、原著に対し一部訳であることなどから、論文としての一貫性は欠けるにせよ、著者の言わんとするところを理解するには充分である。

最初の「環境の技法」においては、〈連続する視覚〉、〈場所〉、〈内容〉等の見出しの下に、視点の移動にともなう景観の展開と視覚的インパクト、環境の中での自分の身体の位置に対する反応、都市が持つ様式・素材・スケール等の特質をそれぞれ検討し、次の「景観のスタディ」では、都市の空間ないし景観を構成する要素や技法の各々について論じている。

いずれにおいても、都市をかたち作る具体的な〈部品〉の形態・機能・効果等、空間構成の技法、また感覚に訴える抽象概念などを小見出しに解説を加えており、まとめ方としては各論の並列という感じが強い。もとよりデザイン手法を大系化することは著者の意図ではあるまいし、本書を完成した論文として読むのではなく、自分の頭で都市景観・空間論を再構築する材料の一部として活用するならば、このことが本書の価値をそこなうことにはならない。

忘れてはならない本書の特質に、視覚的意思伝達の手段として興味溢れる多数の写真と美しいスケッチが、ページの過半を占めていることがある。論じられている空間の理解にそれらが大いに役立っていることは言うまでもない。

著者の意図

G・カレンが本書を通じて言いたかったことを要約すれば、おおよそ次の如くであろう。

＊都市は集積のメリットの一つとして、視覚的な喜びを与えることができる。すなわち、多数の建造物が作り出す都市空間からは、多くの楽しみと〈ドラマ〉を引き出すことができる。
＊そのためには、都市の空間・景観を作るさまざまなエレメントの特性と相関関係を理解し、構成の技法を明らかにする必要がある（その理論を図示しながら解説している）。
以上は初版の序に書かれたことであるが、現在もその意味は変わっていない。

著者はまた、近年の都市の実情を憂え、「変化が激し過ぎて、計画者と計画対象者間の正常なコミュニケーションができない」と訴えている。親しい環境を取りもどすために著者は、「環境の技法を普及すること」、「一般原理より特定原理について戦うことが早道」、「環境の変化は時間的に連続していることが望ましい」等について語り、結論として、客観的論理のほかに、個人的な感応と体験をよりどころとする方法を確立し、一方では民衆の支持を得ることが不可欠、とむすんでいる。

現実への対処

さて、都市の現状を考える時、その空間・景観を意図的に作り出す、という段階に至る道程は、若干の例外を除き遠くまた不連続なものである。一般的に現在の我国の都市景観を形づくる原理は、用途、斜線、容積等の法的規制の中における個々の建築主体の経済的理由・趣味等であり、何ら統一的な意志は働いていない、と言ってさしつかえない。ともかく、われわれを取りまく都市環境の相当な部分が、いかにも味気なく、形として醜く、感覚の麻痺していない人はそこで生活することに不快を感じていることは事実である。

G・カレンはデザイナーであり、彼の意図するところがどのようにして現実のものへと結びつくのか、それに関する行政的、制度的議論は本書に含まれていない。

現代都市をいかにして豊かな空間体験の場として取りもどすか、それは一冊の本が教えてくれるものでは無論ないし、一方的な法的規制によって導かれるものでもない。それを成し得るのは結局、個々のプランナー、デザイナーの地道な努力の積み重ねであり、都市の行政主体の意志であり、そこに生活する人びとのコンセンサスであるに違いない、と私は考える。

（初出＝SD7601）

共同体建築の人間性

中井紘一

集住体モノグラフィ2『**建築家なしの建築**』（一九七五）SD選書184（一九八四）
B・ルドフスキー著　渡辺武信訳

本書の目的は「これまで建築史の正系から外れていた建築の未知の世界を紹介することによって、建築芸術についての私たちの狭い概念を打ち破ること」にある。何故なら「これまでの建築史は、権力と富の記念碑を築いた建築家たちの紳士録みたいなもの」であり、「特権階級の、特権階級による、特権階級のための建築物」の「傑作選集」にすぎず、「貧しい人々の住居には一言も触れられてはいない」からである、とルドフスキーは言う。そして「原著の刊行以来一〇年を経た今日、その種の建築的偏見はかなり少なくなり、無名の風土的建築の中に価値や意味を見出すことはむしろ一種の風潮と化しつつある。その意味で本書は、既に原著刊行当時の啓蒙的役割を果たし終えたかのように思える」（訳者あとがき）のである。

五〇年代後半に顕著となった、インターナショナル・スタイルに対する反動は、建築における有機的形態や彫塑的傾向を復活させる。そして、機械建築の美的言語と符合しないが故に初期の近代建築家たちには見過ごされていた、ルーラルな建築、ヴァナキュラーな建築、アノニマスな建築に対しても、表現の源泉《デザイン・ソース》としての関心が寄せられるようになる。こうした傾向の頂点となるのが本書であった。無論、プリミティヴな社会、即自的な文化によって生み出される形態の価値や意味については、早くに、たとえばライトによって認識されてはいたものの、しかしそれを一五六枚の写真のコレクションという、きわめて平易で網羅的な形で展開してみせたのは、ルドフスキーという想像力豊かでしかもジャーナリスティックな個性であった。

「無名の工匠たちの哲学と知識が産業社会の人間に建築的霊感の豊かで未知の源泉を与える」という彼の指摘どおり、多くの建築家たちが、風土的《ヴァナキュラー》建築に関心を持つようになる。たとえば、そこに見られる集合の意識を追求し、さらに群形態の概念を集合住宅の問題に適用させている。建築家の造形語彙がそれだけ豊富になった訳である。だが本書は、「一九六〇年代後半から今日にいたる建築的状況の全てをおおうような大きな本ではない」（編集者のことば）。では、すでに風土的建築の〈原典〉としての歴史的使命を果たし終えたのであろうか。

五〇年代後半から六〇年以降にかけてのテクノロジーの高度化＝技術革新によって、巨大な建設需要とそれに見合う巨大な生産組織と技術が生み出される。そしてテクノクラートの主導の下、新しい建築機能や都市機能を実現する大規模で複合的な建設計画が押し進められることになる。一方、テクノクラートに与することを拒否する建築家《デザイナー》たちは〈テクノロジーを主題とする近代建築の解体〉の担い手として登場する。だがこの両者に共通するのは、意識的であれ無意識的であれ〈神に代わるデザイナー〉としての存在である。〈計画者〉の意識である。この点にこそ、けっして風化することのない『建築家なしの建築』の今日的意味がある。

「正統的建築史の中では、建築家個人の仕事に重点が置かれているが、ここでは共同体による事業が強調される」のであり、しかも「ここから得られるべき智は単に経済的あるいは美学的な思索の範囲にとどまるものではない」のである。すなわち、本書に取り上げられた個々の建築の豊かな造形性に感動するばかりでなく、それが「伝統を共有し、経験の共同性に基づいて働く、全住民の自発的継続的な作業によって生み出された共同作品」であるという事実、そして「なかでも特に私たちの感動を呼び起こしているのはこの種の建築のもっている人間性に違いない」というルドフスキーの指摘にこそ注目しなければならないのだ。

プリミティヴな文明、即自的な社会の環境と現代社会のそれを同列に論じるのは無理がある。しかし人間の共同存在性そのものは歴史を貫く不変の事実である。したがって徒らに過去に傾斜することを避け——現実の社会システムを動かす力として働きえない統合原理に傾斜するのは一種の幻想であり、安易な反知性主義に陥る危険をもつ——今日の社会的条件、そして生活様式や生活感情の中に（人間の身体的・精神的共同性に基礎を置く）新たな共同性を確立しうるような建築と都市＝人間環境を追求する、それが、本書が近代社会に提起した本来的なテーマに対する本来的な応えではなかろうか。しかし建築家が（自ら求めて）孤立した現状からすると、それはきわめて困難であろう。むしろ生活の実感に根差した住民＝市民の側からの行為と参加に期待すべきかもしれない。その意味で、本書は広く一般に読まれるべきであり、またそれが著者の願いでもあるだろう。

（初出＝SD7602）

構造―人間

湯澤正信

SD選書104『**構造と空間の感覚**』（一九七六）
F・ウィルソン著 山本学治、稲葉武司共訳

〈構造の感覚〉という言葉は、われわれデザインを仕事とする者にとって極めて魅力的である。デザイナーは、いわゆる構造力学が示す数式を全く理解しようとせずに、構造に対する一種の勘的なものをむやみに求める。著者フォレスト・ウィルソンは、訳者が紹介しているようにデザイナーであり、われわれの願望を要領よくまとめてくれる。しかしここでわれわれは、自分の立脚点のいいかげんさに図らずも気付かされてしまう。つまり著者が〈構造の感覚〉として述べるものは、日頃われわれが苦心惨憺している人間の知覚や行動パターンと構造形式との関係の中にあると言い当てるからである。確かに構造に対する勘あるいはセンスというものはあるといえるが、ただそれだけを求めるのは根無し草になることであるとわれわれは反省するのである。そして、生半可な合理主義から、構造には構造の論理があるなどと変な期待感をもって語ることも、著者が冷静に、ヒューマニズムに裏打ちされて語る〈建築の精神〉の前では逡巡せざるを得ない。

著者の語り口は簡潔である。そして本書の構成も単純であり、大きく二つの章に分れている。第一章で、著者は建築構造の機能を「建物を立たせておくこと」と定義し、われわれが近代以前まで獲得してきた諸構造を明快に解説していく。ヒューマン・スケールというものから始まり、構造のスケールに話が進められていくうちに、読者は自然に構造というものの核心につれていかれる。〈力〉〈釣合い〉〈変形に対する抵抗〉〈柱と梁〉〈圧縮の曲線〉〈ヴォールトとドーム〉……とわれわれは容易に歩を進めるわけである。

続く〈近代建築〉と題された第二章は、われわれが近代

建築というものを理解あるいは批判していく上での多大なヒントを与えてくれる。著者は、「重力の引張りによって立っている建物」としての〈古典建築〉に対して、〈近代建築〉を「重力に抗して立っている建物」だと述べる。われわれは、近代建築が何であるか、あるいは何を目指したのかと問うことなく、その終焉を肌で感じとってしまい、なすすべもなくオロオロしてしまうのであるが、著者の当を得た解説から浮かびあがってくるものは、近代建築のポジティヴな局面なのである。例えば、「近代の建築の新しい幾何学は、構造体全体に満遍なく応力を伝える強い材料と強い接合を用いることから生まれた」と著者は述べる。果たして、現代の建築家のうち何人がこの認識を実践に移しているのだろうか。われわれは〈空間〉というものをまずはじめに語ってしまう。しかしそれを保証しているハードな部分である構造体を身体化した建築家は少なかっただろう。単なる形態の遊びだと突っぱってみても、そこには厳然として構造体が存在しているのである。われわれは、このことを深く考えてみる必要がある。

しかし著者は、こうした状況と関わりなく論を進める。〈剛接骨組〉〈スラブ〉〈プレストレス〉〈シェル〉〈ケーブル〉〈皮膜構造〉……と近代建築の語法の構造的特性と、その心理的特性を短い言葉で要領よく説明していく。それらの論はまさに〈構造の感覚〉といえるものであり、実に単純明快なものなのである。例えば「スラブは、荷重に対して無限の対応能力を持った構造体である」とか、「ケーブルは、その上に建物の皮膜材料がとりつけられるべき筋肉のようなものである」とか含蓄深い指摘が多い。ともすれば読みすごしがちなこのような説明をゆっくり味わうことによって、近代建築というものの目指したものが明らかとなってゆく。例えばル・コルビュジエのドミノ方式は、スラブというものの理解なしには到底その画期的方法を理解できないであろう。

われわれは、近代建築というとテクノロジー一般との関係で論じやすい。一つひとつの構造部材の特性を述べていく著者の姿勢は、こうしたものと無縁である。そこには、一般論に限らない、モノに対する手ゴタエというものがある。しかし著者は、この手ゴタエというものを独占的に駆使はしない。それは本書の最後のいくつかのセクションを読むことによって示される。そして著者の考えの筋道を理解しないで勝手に脱線していた私は、本書にもどらされることとなる。著者は、人間の価値の自由なあり方を追求し、新しい人工環境を創り出そうとする〈反文明《カウンターカルチャー》〉に深く同意するのである。それは、発達しすぎたテクノロジーが描く未来図ではなく、人間が自らの手で描く将来を獲得したいという欲求なのである。著者の言葉は熱気をもってくる……「今日では、建築家がその製図板の上で考えたほとんどどんな形でも、技術者によって実現できるようになった。けれども、人間が使う構造物には限界がある。構造的最適化という点でなく、人間の感受性という点で」。……「もし建物が人間の経験を生気づけ、豊かにしないなら、またもしその構造が人間的空間を与えなかったなら、人間は自分自身の手で、それらを消し去るだろう」。こうした認識から著者が選び出した方策は、控え目な、それでいて現実的なものである。つまりわれわれの環境における唯一の不変なものは、〈変化〉というものであるという実感から、プロセスとしての人工環境〉という視点にたつことを提唱する。著者はいう、「デザイナーの仕事は、一定不変の人工物を創ることではなく、また人間の必要への最適な解決を提示することでもない。彼が立ち向かうべき問題は、技術的手段によって、人間の行動の目標と環境の変化との釣合いを達成することである」。

このように、本書は構造の解説書ではない（いや、なかったというのが私の実感であるが）。著者がヒューマン・スケールや人間の知覚・行動パターンから論を起こしてきた意味もここにきてはじめてわかるのである。著者は、構造という技術的手段の本質を理解することによって、それを人間の環境の諸問題へ立ち向かわせようとするのである。

しかし、ここで人間の知覚や行動パターンと構造形式との関係を述べることで事がおわるのであろうかという疑問を感じてしまうのである。著者が広く環境と呼び、ヒューマンな観点にたてばたつほど、彼が述べていないことが私には気にかかるのである。それは人間を突き動かしていく根本的なものと建築との関わりあいである。それらは理念とも情念とも、あるいは幻想ともいえるかもしれない。そういったものと感応しあう空間の創造は、単なる技術的手段の駆使ではできないものではなかろうか。そこでは建物を使う人（あるいは観る人）とデザイナー個人との建築を通した関係が問題となるのである。著者の論には、いわゆる民主的な委員会が決めたような色あいがある。それを塗りつぶしていくのは、本書を読んだわれわれなのであろうか。

（初出＝ＳＤ7606）

モノ自身を排して

林　昌二

『倉俣史朗の仕事』（一九七六）
倉俣史朗著

倉俣史朗が本になりました。正方形。適度の光沢。白黒で通して、カラーはぎりぎりの二ページだけ。無駄な余白一切なし。つまり〈デザインされた感じ〉なし。さらに、著者の駄文一切なし。小気味よく洗練された本で、倉俣史朗の仕事そのものという感じです。敬愛する作家の著作を小脇にかかえて、原宿の街を行こうとするデザイナーの卵たちにとって、ぴったりの本が生まれたと言いたいところですが、ここまで研ぎすまされるとその切れ味に堪える若者がどれだけいますか。原宿よりはニューヨークのほうが、若者よりは中年のほうがこの本のオーナーにふさわしく思われます。

この本が倉俣史朗そのものだとすれば、書評は作家評にならざるを得ません。彼の仕事は、なにしろ真正面から振り下した刃物の切れ味いかに、といった風情のものですから、受けて立つほうも一歩を誤ればひどい醜態を演ずることになってしまいます。実際、巻頭の多木浩二氏の一文も、「かれのデザインは……きわどい均衡の上に立っている……その裏に忽ちすべてを零度に追いやる意識を秘めている」の一項を除いては、みずから名づけておられるように（？）〈零への饒舌〉としか見えません。文など読むより作品をじっと見据えればすべては判ってしまうのですから、文学の世界と違って、造形の分野では文字は虚しく空転するばかり。この書評とてもちろん例外ではあり得ません。それなら文字はいっそエンターテイメントに徹するほうが気が利いているのかも知れないことは、巻末に添えられた横尾忠則氏演出による星占いと手相による倉俣史朗の紹介が示しています。一体、近ごろは作品と対峙する覚悟はないのに作家に近づこうとする輩が多いためか、作家の生いたちやら原体験とやらを追い廻して、頭の中を断ちわってのぞくに似た催しが流行しています。つい先日も倉俣史朗の会場設計により、篠山紀信が横尾忠則の去し方を写真で撮りまくった展示があり、若者の人気を集める始末でした。世の中よほど鈍くなってきたのです。

鈍い世の中であればモノは装飾に向かい、とめどなく走りはじめます。実際、今は元禄以来の装飾過多な時代への幕が開きはじめているのかも知れません。倉俣史朗はその流れを承知した上で、ひとり別の方向へ、モノを消し去る方向へ歩み続けて来ました。彼の手にかかってモノは消え続けてクロームの光沢となり、アクリルの透明となり、モノの影だけのデザインとなって、独自の世界が拓かれました。彼の世界は、その出身である桑沢デザイン研究所の、そのまた源であるバウハウスが目指した、無駄を排して機能主義に至る道にくらべると、微妙に違っていて、無駄を排するのではなく、彼はモノ自身を排するのであり、実用に至るのではなく、結局は純粋な装飾に至る道であったのです。だからこそこの装飾過多な時代にあって、倉俣史朗は異常な注目をあびてもいるのです。原宿の若者に彼の作品がふさわしくない理由は、両者とも非実用の点では共通していても、装飾過多を好む彼らにとって倉俣史朗は近寄り難く純粋だからであり、倉俣の作品が人気ほど売れないのは、装飾そのものであって装飾的でなく、非実用で切れ味が良過ぎるからなのです。

饒舌な作家（おかしな言葉です）が多い当節、寡作な上に寡黙に徹する倉俣史朗は、ときに職人的な男と誤解されます。実は全くそうではないのです。彼の作品は職人的というには余りに稚拙に過ぎます。プロフェッショナルな設計者が時として彼を評価しないのはこの点です。モノの世界の中に没入してしまうと見失う貴重なものを守ろうとして一歩身を引いている結果が、この稚拙さを生むのでしょう。他方では、鋭い発言と行動を惜しまない点でも彼は職人的ではありません。野坂昭如の東京都知事選応援に熱を入れた彼の姿勢を私は買いませんが、最高裁判所の建築を見てどこかおかしいと勇敢に疑問を呈示したり、建築の保存運動に一役買って出たりするところは、晦渋な理屈をふり回す饒舌の作家よりもはるかに思想的でもあり行動的でもあります。彼はこれらの行動を作家であるよりも以前の、市民としてのものと考えているのかもしれませんが、常にモノの世界のぎりぎりの境界を見極めようと精進する心が周辺のあやしげなものに対して敏感に反応する結果なのだろうと私は解釈しています。とはいえ、倉俣史朗は、多くの人気作家たちと同様の危険にさらされ始めたように見受けられます。彼の人気を支える若者たちが充分に聡明であるとは限らず、とすれば、彼が作家として大成するより前に、アイドルとしてその才能を浪費させ使い捨てさせられる脅威は、刻々増えているからです。（初出＝SD7607）

〈空間の建築術〉

中原佑介

『建築および建築外的思考――磯崎新対談』

（一九七六）

磯崎　新著

この対談集で磯崎新の話し相手として登場するのは、次の一四人である。シュトックハウゼン、東野芳明、原広司、丹下健三、篠原一男、吉本隆明、スターリング、大岡信、松岡正剛、草森紳一、高松次郎、李禹煥、関根伸夫、高階秀爾。もっとも対談ではあるけれども、その色合いは一様ではない。たとえば、シュトックハウゼン、丹下健三、スターリングの三人については、磯崎はインタヴューアーという役割をになっているし、逆に大岡信、松岡正剛の場合には、被インタヴューアーという立場で語っている。インタヴューアーの場合にもただ質問するというだけでなく、磯崎自身大いにしゃべってはいるが、それでも相手から話をひきだすという対談の性格は明瞭である。といった具合で、一四の対談にはいくつかの色合いの違いがうかがわれる。因みに、年代的にもっとも古いのは一九六六年のシュトックハウゼンとの対談であり、もっとも新しいのは一九七五年の高階秀爾とのそれであって、ほぼ一〇年間の幅をもっている。

さて一四の対談を通読して、私がもっとも興味を覚えたのは、〈空間の建築術〉という表題をもつ松岡正剛との対談だった。この対談は今も書いたように磯崎が被インタヴューアーとして語っているひとつだが、対談の内容が建築家磯崎新の思考の骨組にかかわっているという点で、他の対談とかなり趣きを異にしている。これは松岡が編集長をしている雑誌『遊』（工作舎）の編集部がインタヴューするという形式で一九七二年に発表されたもので、磯崎によれば、「この編集部には、松岡氏をさらに延長するような思考をする使徒のようなスタッフが何名もいて、夕刻から対談がはじまり、松岡氏が休息しても他のスタッフが私の書きちらした文書から断片や小さい言葉を拾いだして、徹底的に質問される有様で、ついに翌日の昼近くまで続いた」という。これだけの言葉からだと査問されている光景でも浮かび上がりそうだが、ともかく大対談であったらしい。その内容について磯崎はさらに説明を加えているが、簡にして要を得ていると思われるので引用しておく。「そこで話題がもっぱら自然学的諸概念を私がいかに解釈しかつ認識しているかに、集中している。私自身このような設問に直面したのははじめてであった。それに類似した問題を論じたことはあっても、いずれも建築のコンテクストのなかだけだった。場所・時間・模型・重力・人工物・感覚などそれを建築から外に向かって語ることの困難さは想像以上であった。しかし、対話の有効性はそんな状況に追いこまれることにある」。私が興味を覚えたのも、ここで磯崎が建築のコンテクストに拘束されずに、宇宙観・自然観などを語っているからである。

対談はまず形態論から始まっている。大学院で丹下健三の研究室にいた頃、磯崎はダーシー・トムソンの『生物のかたち』にかなり影響を受けたことを語っている。生物の時系列における形態の変化をアナローガスに把えるという考えがそこから生れた。しかし、設計という行為は時系列と背反するものであり、生物的形態学は建築のアナロジーになり得ないと思うようになったという。むしろ、建築や都市の形態の変化〈成長〉と、建築の形態の決定はジオメトリーに近いもので、その意味では自分の考えはネオ・プラトニズムに属するかもしれないという。生物的形態学への興味と離反の契機として、ここで磯崎が〈設計〉ということを指摘しているのが注目される。「成長、変化してゆくものをある瞬間で断ち割ると断面が見えますね。設計はこの断面しか扱えないんです。……設計に関わったということの記録、記憶は、瞬間の中に自分がはいりこんで切断面を造ったということにつきる」。

第二に、磯崎は〈整合性〉ということを語る。それは次のような言葉に示されている。「ひとつの絶対性ですべてが説明可能になるものが欲しいなという気はいつもしているんです。で、もしそういうものが出現したらそれは美しい決定的な事件だと思うんです」。あるいは「論理は一元的で、その存在状態は多元的だということ」という言葉。プラトンに対する関心もそこに根ざしているが、これも磯崎新の思想としてかなり重要視されていいことではないかと思う。「物質の論理を逆転して形態の論理の整合性を徹頭徹尾追いかけよう。例としては非常に初歩的な幾何学の論理に徹しようということですね」。一元的論理への希求をこれほどはっきり語っていることも、他の対談では見られない。他の対談ではむしろ一種の相対主義者として映るところがある。

第三に、〈重力にさからう〉という話題が登場する。これは建築によってわれわれの重力感覚を変えてしまいたいとする考えだが、それと関連して、磯崎は〈物質の非在化〉ということも語っている。それは「物質は物質として存在するんですけれども、知覚プロセスで物質の持っている実在性を消していこうということ」だと磯崎はいう。たとえば〈無影空間〉とか〈無響空間〉などというプラン。ここで特に興味深いのは、磯崎が「認識の世界というのは実像をとらえることだとみなしたい。感覚を通して知覚しうる世界というのは、正射影ではなくてフィルターをかけられたいびつな射影だ」というように語っていることであろう。このいびつな射影としての知覚を攪乱することに建築のデザインの目的があるというのである。

とまあ話はまだまだ続くのだが、これだけのことからも、磯崎の思考の骨組がはっきりと見えてくるのではないかと思う。彼の〈論理の一元性と存在状態の多様性〉ということと、〈物質の論理を逆転し形態の論理の整合性〉を追い求めるということと、認識と感覚的な知覚を分けて、後者に比重を置くということとはすべてつながっている。それは形態についてのネオ・プラトニズムというばかりでなく、むしろ建築そのものについてのネオ・プラトニズムといえるところがあるように思われる。

「建築独自の論理は反映論の筋をいくら追いかけても出てこないと思うんです。ぼくは逆に空間を造る手法の系の生みだすものとしての建築があると思っているわけです。ある社会的な必要条件が生まれた時に、この条件とこちらの枠とが衝突していくその間に介在するのが建築家だと思うんですよ。だから具体的な必要性が消えても建築は存在しているだろうということですね。建築を現実の反映として捉えるんじゃなくて、先験的に存在する形式とみなしている」。これはほとんどマニフェストといってもいい言葉である。これほど明快に語っているのも、この対談においてのみであろう。

他の対談にまったく触れないのは不公平のそしりをまぬがれないが、話題が多岐にわたり、到底ここではカヴァーしかねる。ただひとこと付記すれば、年代順に一四の対談を読めば、この一〇年間の磯崎の思想の変遷が浮かび上がってくるというのがこの本である。（初出＝ＳＤ7607）

モデュール三〇年の展開の中で ル・コルビュジエの〈モデュロール〉の価値は変っていない

池辺 陽

ＳＤ選書111・112『**モデュロール（Ⅰ・Ⅱ）**』
（一九七六）
ル・コルビュジエ著 吉阪隆正訳

　昨年『モデュラー・コオディネーション』という表題の本が刊行された。内容は、政府関係の委員会報告をもとにしているというが、ぼくはそれを見て大変残念に思っていた。この全体の委員会はぼくも関係していたものではあるが、それまでの前提条件がほとんど無視された形でこの出版がなされているということが第一。しかもその内容がモデュラー・コオディネーションという問題の意味を三〇年前に逆戻りさせているといってよいからである。あるいはもっと前かもしれない。

　こうした状況のところに、たまたま吉阪君の翻訳になる、ル・コルビュジエ著『モデュロール』の再版がＳＤ選書として出された。これは恐らく偶然のタイミングであろうが、ぼくから見ると、ちょうど『モデュロール』の中でコルビュジエが闘っている問題がそのまま現在の日本での問題としていまだに存在しているという意味で、大変タイムリーな再版であると思う。はっきり言えば、モデュラー・コオディネーションを考える人には、政府関係報告の『モデュラー・コオディネーション』はむしろ害があり、まず、三〇年前に出されたル・コルビュジエの『モデュロール』を読むことから始めるべきであるといってよい。

　ル・コルビュジエの『モデュロール』の中ではっきり指摘されているのは、Ⅰ巻でＡＦＮＯＲ（フランス工業標準局）との対立、またⅡ巻では英国のモデュラー・ソサエティー及びそれをもとにして組織されてきたＩＳＯである。モデュラー・ソサエティーについては、ル・コルビュジエはモデュールという言葉を使わなければ別に反対する理由もないという皮肉な発言に触れている。

この対立とは何であったか。はっきりした対立を知ったのは大分後であるが、ぼくがＩＳＯのヘルシンキ会議（一九六〇年）のＴＣ59モデュールに出たときであった。またそれが日本がＩＳＯへの参加を決定した時でもある。それ以前から日本でこの問題は大分進められており、一九六〇年に決定された日本のＪＩＳ原案が、ＩＳＯの考え方などとは全く違った、どちらかというとル・コルビュジエに近い、だがイコールではないというものに煮詰まっていた段階であった。そしてそれを持ってぼくはヘルシンキへ行った。ところがそれに対して多くの主な国の対応が意外と激しく、日本のような考え方はＩＳＯの考え方と全く相いれないという感覚であった。

当時のＩＳＯは一〇センチメートルをモデュールとするということにほとんど集中しており、それ以上は何も決めまいという立場をとっていたわけである。このことはすでに日本のＪＩＳを定める前からわかっていた条件であるが、それでは標準としての意味をなさないというのが当時のぼくらの考え方であり、そこに日本のＪＩＳが多くの紆余曲折を経ながらまとまったのであるが、当時としては先進国と思われるヨーロッパ各国が、いまだに一〇年以上前のものに低迷しているのかと驚いたわけである。

一九六〇年当時には、寸法をシリーズで決めることは絶対に間違いであるという（これはル・コルビュジエに対する反発であるが、ぼくらには、一九六〇年当時すでに一〇年以上前のことであり、いまさら問題にされるとは思われなかった）立場であった。日本の案はすでにル・コルビュジエの案も検討した上で練り上げたものであったのにもかかわらず、ＩＳＯの主なメンバーは、ル・コルビュジエ亜流という形で意識的に片づけようとしたわけである。当時日本の案に興味を示したのはソビエトであり、ソビエトは六メートルを基本にしてシリーズとしてのモデュール案をつくっていた。また気づかなかった点ではあるが、ドイツもＤＩＮ、ノイフェルトのオクタメーターをすでに採用していたのであるが、当時のＩＳＯに対するドイツの発言権は低かったのである。

だがこのＩＳＯにおいてもようやくここ五、六年、急速にモデュール問題が発展し出し、このところ寸法のシリーズ化に急速に進んでいる。そしてその裏には各国の国内規格が相当数すでにシリーズとしてつくられていることとも対応している。考えてみると、一九五〇年から六〇年当時のＩＳＯは、ただメートル法とフィート・インチ法の一致点としての一〇センチメートルを主張していた。そしてそれはアメリカとヨーロッパとの関係の一致点を見出すことに基本点があり、日本のとった立場とは全く違った観点からのものであった。このことは『モデュロール』のⅡ巻にも触れられていることである。そしてそれだけではモデュール、またモデュラー・コオディネーションの意味をなさないことは当時の関係者も個人的にはみな理解していたことであろう。

一〇センチメートル以外は認めないといっていた立場から、一〇センチメートルを足がかりとして各国の規格がその後展開したわけであるが、現在のＩＳＯの状況は、そういう意味でル・コルビュジエの『モデュロール』の中で指摘されている状況とは大きく異なっており、特にパフォーマンス（性能）問題をモデュールと結びつけて展開を始めた点は、これまでの単に寸法としての規格化、標準化の考え方を大きく脱皮したところへアプローチしているといってよい。

この文の一番初めに触れた日本の政府リポートも、その始まりの段階ではパフォーマンスとモデュールの関係を基本にしていた。その意味では世界的にも非常に早かったといえる。だがそれが途中の段階で消えていき、『モデュラー・コオディネーション』の本の内容が構成材に基準面を与えることの技術に終始していることは大変残念なことである。

パフォーマンスの問題は、ル・コルビュジエは、そのような言葉では言っていないが、初めからの彼のモデュロールに対する概念であった。彼にとって寸法とは、個々のものに与える寸法の問題ではなく、人間の空間全体を組織化する方法としてモデュロールを提案したわけである。彼は序文で、寸法とは百科事典的なものであってはならないということを明白に述べている。だが現在まだ寸法と建築空間について百科事典的な受け取り方は一般に強く行われている。『資料集成』はいまだにベストセラーであるらしいが、この百科事典的なものの代表であろう。

ル・コルビュジエがモデュロールで求めたものは、結果として寸法のシリーズであるが、その目的は寸法の有機的体系化にあった。そして彼がその原点として見出したものは、黄金比と人間の寸法であった。黄金比の問題については後で触れることにしたいが、彼が抽象的な比例にすぎない黄金比に人間の寸法を組み合わせることによって有機的なモデュロールをつくり出したことは、当時はもちろん、現在でもみごとなものであるといってよい。ただ、個々に組み合わせられたモデュロールの数系列（赤、青に分かれているが）だけを見て、乾いた寸法として論ずる場合には、多くの誤解が当時にも、現在に至ってもまだ生まれている。

ぼくがモデュロールを知ったのは、たぶん一九五〇年ごろだと思う。当時寸法の体系化を何らかの形で求めていた立場からすれば、このモデュロールは衝撃的なものであった。さっそく数学専門の連中にも集まってもらい、このような体系がほかに成立し得るかどうかということを一晩論じた。だが彼らの結論は、ほかには存在しないという大変残酷な（ぼくにとって）ものであった。だがぼくの当時の考えは、どうしても別の体系を探し出そう、ル・コルビュジエのまねはすまいという考えであったので、その結果、一九五六－五七年ごろにようやく2^nを基本とする体系をつくり出したのである。これは〈GMモデュール〉と名づけられている。

モデュロールの日本における当時の影響は、五〇年代から始まっていた。上野の西洋美術館はル・コルビュジエの基本設計によるものであるから、当然モデュロールそのものでできているが、それ以外にも何人かの日本の建築家がル・コルビュジエの理論を建築設計に取り入れようと努力した。最も代表的な当時の作品は、丹下健三の香川県庁舎などであろう。もっとも彼の場合は、人間の寸法をモデュロールの手を上げた高さ二メートル二六〇に置かず、身長の一メートル八〇〇に置いて展開したことに大きな違いがあり、それ以後の黄金比的展開は同一であるが、果たしてこれがル・コルビュジエのいうモデュロールであるかどうかは大きな疑問がある。

一九五〇年代は日本だけではなく、『モデュロールⅡ』にも触れられているように、世界的に多くの建築家が、このモデュロール及びモデュロールのシステム改訂版とも呼ぶべきものを建築設計に利用した。そしてそれが相当な効果をあげたことは、『モデュロールⅡ』にも書かれているとおりである。だが何といってもこのようにル・コルビュジエの方式は、他の建築家が取り入れた作品とは違って、ル・コルビュジエ自身の戦後最大の作品ともいえるユニテ・

ダビタシオン（マルセイユ）に結晶しており、それは現在に至るまでモデュロールの価値を検討するのに十分な内容を持っている。

彼がここで主張しているのは、単に天井高が二メートル二六〇であり、人間の個人単位がそれの立方体であるというだけではなく、人間の生活を大きな集合としてとらえ、その中に共用設備などを含めていった点にあった。ここにモデュロールのシリーズとしての展開が、単に寸法の問題ではなく、人間生活のシリーズ的展開と対応している点を明確に示している。そしてそれは『モデュロールⅠ』の序文で彼が音楽の音階に触れている問題とも対応しているといってよいだろう。

彼は寸法は外法ではかられなければならないということをⅠ巻でいっているが、それを空間の二メートル二六〇を基本にした意味に結びつけて考えてみたい。床から天井の高さは内法高のように見える。だが人間の空間からすれば、それは外法と見ていいわけである。この単純な論理が現在に至るまで日本のモデュールの議論を混乱させ、また世界のモデュールの展開をおくらせてきたともいっていい。その意味ではル・コルビュジエが示した原点は明確なものであった。

だがル・コルビュジエのモデュロールの現代的な意味での基本的な欠陥として指摘していいものは、前にも触れた黄金比であったかもしれない。黄金比が歴史時代を通じて多くの建築や工芸・美術を生み出すことに役立ってきたことはいうまでもないことであり、この黄金比をル・コルビュジエはモデュロールにまとめ上げるのに、フィボナッチ系列を組み合わせた。フィボナッチ系列とは、黄金比を足し算の関係に置きかえるみごとな体系であったといえる。

この発見はそれ自体みごとなものであったといえるが、建築を足し算や引き算の世界に追い込んでいくことは、一般的法則としてはすでに無理であった。ある特定の設計をそれに合わせることは可能であるが、建築が単に建築家によってつくられるだけではなく、多くのエンジニアによってつくられていく現在の段階では、この論理は建築の詳細部的な段階だけでとどまってしまったともいえる。

Ⅱ巻でもこの点に関する問題は多くの人たちがすでにル・コルビュジエに対しても提出している。だがそれを部分的に修正するには、モデュロールはあまりにも完成された形であったといえる。モデュロールについてル・コルビュジエ自身は工業的展開を望んでおり、すでにこの本でも触れている点であるが、残念ながら工業と建築との関係を解決する手段としては、黄金比を主体にしたモデュロールは弱かったものといえるだろう。

当時ＩＳＯが建築に対してではなく、工業全体に対して武器としていたものにルナール数がある。これは$\sqrt[5]{10}$、$\sqrt[10]{10}$などの対数的展開をもとにして工業に使う数値を統一しようとしたものであり、日本でもJIS Z8601として二〇年以上前から採用されており、多くの分野で使われているが、この方法も黄金比ではないが、ほとんど黄金比の含む内容をこれによって得ることもできる。またその他の方法、たとえばぼくのやっている2^nの展開なども、同様な結論を別な形で得ることが可能である。

この意味からすると、ル・コルビュジエがフィボナッチ系列に黄金比を結びつけたことは革命的発見であったともいえるが、同時にそれが限界であったといってもよいだろう。だがこのことはモデュロール全体の価値を現在でも失わせるものではない。黄金比自体が美学的意味、また技術的意味を失っていないし、同時にル・コルビュジエがその起点を人間の寸法に求めたこと自体、全く誤っているとはいえないことである。

書評としては少し長く書き過ぎたようである。だが初めにも触れたように、日本のモデュールの問題がむしろ数十年前に逆行してとらえられているような状況であるとき、この『モデュロール』の中で述べられている意味は、現在に至っても全く新しい意味を持っているといわなければならない。

『モデュロール』はフランスでは一九四八年に刊行されているが、日本では今回のものは一九五三年に出版されている。当時『国際建築』に書評として、モデュールという言葉がいつになったら日本の建築家の言葉になるだろうかということを書いた。だが言葉の定着だけは意外と早く進行したが、内容の理解は残念ながらある部分後退していることを『モデュロール』を改めて読み直すと理解することができよう。

（初出＝ＳＤ7703）

技と心をもとめつつ

梵　寿綱

『反合理主義者たち——建築とデザインにおけるアールヌーヴォー』(一九七六)
N・ペヴスナー、J・M・リチャーズ共編
香山壽夫、武沢秀一、日野水　信共編訳

『反合理主義者たち』の編者、ペブスナーのアールヌボーに対する〈歴史家としての好奇心〉は、*Pioneers of Modern Design*, 1936（『モダン・デザインの展開』一九五七、みすず書房）にはじまる。中世の芸術的職人芸の復活を意図し、アーツ・アンド・クラフツ運動を実践したが、工業化を拒否して挫折したモリスによって近代様式の基礎がおかれ、みずからラスキン、モリスの後継者を任じ、新しい生産技術の利用にもとづく手工芸の復権を意図し、バウハウスをおこし、国際様式建築へとすすんでゆくグロピウスによって、近代様式は終局的に決定された、との論旨を展開する全七章からなるこの著作の、ちょうど中央の第四章がアールヌボーの要約にあてられていた。しかし、現象論的記述によるこの小論は、当時の〈装飾的な病い〉について、歴史家の目によって要約された殆ど唯一のものであった。この著作は、その後二五年間にわたって重版されるごとにアールヌボーの評価を中心として訂正加筆されることになる。

一九三六年初版にはガウディに関する記述はないが、一九四八年第二版には脚注で「一九世紀の歴史主義から一九二〇年における表現主義までの間の全体に橋渡しするものであることは、今日となっては多分理解されるに違いない」とあり、一九五七年版の序文では「ガウディは脚注の中で僅かにふれるだけというのではなくて、本文中堂々たる地位に引きあげるべきだ。私は彼をますますアールヌボーの生んだ最も力強い天才であると思うようになってきた」とまで評価するようになる。

一九六〇年末に、パリ国立近代美術館で〈二〇世紀の源泉〉展が開かれ、*Les sources du vingtième siècle*, 1961でペヴスナーは建築及びデザインを担当した。この部門は独立改訂されて、*The Sources of Modern Architecture and Design*, 1968（『モダン・デザインの源泉』一九七六、美術出版社）として刊行された。全体構成は殆ど同じであるが、ペヴスナーのアールヌボーへの評価は、前著の改訂加筆修正の限界をはるかに超えていた。アールヌボーの部分は全体の三分の一をしめるにいたったのである。ガウディの評価は、歴史家の好奇心の目が、熱愛者の情熱のまなざしへ変わるとともに、さらに高められる。〈ガウディにおいてモリスの理想のひとつは真に具体的な形をとったのである〉とまで明言する。

アールヌボーは、個人の能力と感受性にまったく依存している。個人主義、手仕事の強調と効果の強い材料を使用することを好む趣向等は、その一九世紀的側面であるが、同時に歴史主義の継続の拒否、おのれ自身の創造力を信頼する勇気、そして絵画や彫刻よりもむしろ実用品に対する強い関心等は、その革新的側面であり、この両義性の故にアールヌボーは両世紀の架橋と評価されるのである。

ペヴスナーの関心は、バウハウスに至る開拓者たちへの現象的側面と、アールヌボーに至る源泉の深層的側面に向かってゆく。が、モリスによって復興された芸術的職人技術は、大衆的産業美術の復権としてバウハウスへ、個人的産業美術の復権としてアールヌボーへ受けつがれたが、世界戦争の時代の中で、前者は生産、機能、経済効率追求の単なる有効的手段と堕し、後者はその個人主義的基盤に基づく故に歴史の全体主義的傾向に抑圧されてゆく。しかしペヴスナーは第二次大戦後の新しい表現主義、個性の台頭に期待をかけつつ、われわれを再び反合理主義者たちを求めて旅立たせようと試みる。

本書『反合理主義者たち』は、一九五九－六三年の間に*Architectural Review*誌に掲載された筆者、意図、視点を異にする多くの論考から、編者によって二〇編を選別編集再構成したものである。本書は、一九七四年のSD誌上に連載された論考を中心に日本版編訳者によって再構成された。論考は作家論に近い形をとっているが、ペヴスナーの意図は、アールヌボーの平均的各論の集成を目指すものではなく、源泉の多様性そのものに光をあてようとしているのである。あれ程熱愛したガウディに関する論考は、すでに優れた数多くの著作があることを理由に割愛され、むしろ評価の定まった人々の別の側面、彼らの陰にかくれて埋もれていた、より土着的であったり、単独的で主流の外にあった人々に視点が向けられる。この一書によってアールヌボーの全体像を把握することは出来ないが、初めてそれに触れる人々には、鮮烈な好奇心を植えつけるに充分であろうし、すでに知識をもつ人々には、さらにひろがりをもって展開される多様性が編者と同じ感動を与えるであろう。

ペヴスナーの三つの著作が取りあげている時代は、一九世紀の後期から二〇世紀の初頭の間の三分の一世紀である。「複雑なものは、建築家の発展する様相であり、錯綜するものは、一世紀の三分の一の間におこるさまざまな流れの交錯する様相である」。本書の序文はこのように結ばれる。しかし彼の『モダン・デザインの展開』での確信は、『モダン・デザインの源泉』では希望にみちたものが間違いなく存在していたと述べるに留まり、『反合理主義者たち』では多様性を編集することによって提示する。彼は一九〇二年に生まれ、三四歳で〈開拓者〉を信じ、五九歳で〈源泉〉を確証し、七一歳で〈反合理主義者たち〉を求めて新しく旅立ってゆく。実はその多様に変化したのは、彼が書き換え続けた時代そのものではなくて、それを考察する彼の視点であった。又、彼の視点は目まぐるしく移り変る現代そのものの反映に外ならなかった。

ペヴスナーは、モリスからグロピウスまでをひとつの時代と考えていたが、私は、ヴィクトリアン、ネオラファエロから、ごく近い将来明確な様相をあらわし始めるであろうものまでをひとつの時代としてとらえる予感をもっている。ここにおいて初めて、近代国際建築の正当な評価がなされるであろう。その時、現代建築は果たして源流となり得るのであろうか。

伝統とは、形式を伝承することではなくて、技と心を残してゆくことである。技と心があれば、生産技術の変化に正しく対応出来るが、生産技術だけでは、技と心を伝えてゆくことは出来ない。かつて多くの文明が侵略等によって崩壊してきたが、伝統は絶えることなく、ある時は純粋に、ある時は異質の文明に融合しつつ伝承されてきた。しかし、現代産業にもとづくユートピア幻想は、世界戦争による、破壊、恐慌、復興の二つの急激な流れの中に消え去り、技と心の伝承も、全体主義的傾向、極端な効率の追求の結果絶え果てたかにみえる。ペヴスナーは、この技と心を求めつつ、それが失われつつある現実の中で、彼の昨夜みたあの鮮烈な夢を修正しつづけていたのである。

人間の心は、一個人の主観的世界にだけ現われるものではない。それをはるかに超えた集合的心的現象の中に姿を現わす。無意識は人間がどんな新しい生活に入ろうと、つねに意識に先行して存在している。人間の心は、いかに意識化され学習能力に秀でていようと、動物の心と同様一個の自然現象であって、生まれながらの本能にもとづいている。人々の意識の世界が、おのれの存在の未知の部分から来た見なれぬ現象、集合的無意識とふれ合うとき、新しい神話の時代が始まるのである。一九〇〇年はまさにその幕あけの時代であった。三分の二世紀の間に何度か閉ざされたかに見えたこの幕は、実はいまだに開かれたままなのである。そしてその舞台に立っているものこそ、われわれによって演じられている現代そのものの姿なのである。

（初出＝SD7704）

改善と改良の歴史から

桐敷真次郎

『機械化の文化史——ものいわぬものの歴史』
（一九七七、新装版＝二〇〇八）
S・ギーディオン著　GK研究所、榮久庵祥二共訳

二〇年余り昔のことになるが、イギリスに二年ほど留学していて、日用の生活用具について、ときどき「アッ」と驚かされることがあった。つまり、それまでは最近の発明品だとばかり思っていたものに、実は歴史的な先駆製品があったことに気づくからである。

たとえば、洗濯機であるが、百年前の洗濯桶というものがあり、これは木製の円板に柄をつけたものを、桶の中で上下させて洗濯物を洗うのである。初期の電気洗濯機はこれによく似ていて、円形水槽の底で円板が動き、洗濯物と水を揺り動かすようになっていた。また、回転するカゴが水槽につかっていて手でハンドルを使ってぐるぐる廻して洗うという古い洗濯機も見た。これも百年前という代物で

ある。当時、われわれは洗濯物を町の自動洗濯機屋にもってゆき、洗濯機の丸いガラス張りの扉を開けて洗濯物を突っ込み、コインを入れ、あとは自動的に洗濯が終るのを待つ、ということをやっていた。洗濯が進行していることは、丸い窓の中で洗濯物がぐるぐる廻っていることで確かめられた。最近の日本のクリーニング屋を覗いてみると、ドライクリーニングも乾燥も、みなこの方式の自動回転式になっている。百年前の二種の手動式洗濯機が、洗濯機械として現代の自動洗濯機と一直線につながっていることは明らかである。われわれは、それを途中から輸入して、新発明の機械だと思っている、ということになる。

次に、ちょっと異なった例をあげよう。それは、百年前の掃除機であって、カーペットの上を平たい木製の箱をころがしてゆくと、箱の中にローラー式のブラシがあり、これがカーペットのゴミを引っ掻き取って、箱の中に溜めこんでゆく。今日、日本で売られている〈ホーキイ〉という手押式掃除機と構造的には全く同じものである。このヴィクトリア朝のホーキイと電気掃除機の間には、ローラー・ブラシによる掻き取り式と電気モーターによる吸引式という根本的な差があって、洗濯機の場合のように歴史的に一直線上に並ばないように思われる。しかし、私はこのヴィクトリア朝式ホーキイを手にしたとたんに、これは電気掃除機の前身だと感じたのである。

この考えは、やがて歴史的にも正しいことが証明された。日本製ホーキイを使ってみたことのある方はすぐ納得されると思うが、このヴィクトリア朝式ホーキイは、大体においてよくゴミを取るのであるが、時として箱の中のゴミが逆行して、せっかくきれいにした床面にこぼれ出るという欠点がある。そして、これがはなはだ不愉快で、人をイライラさせる。ブラシを新しく取替えると、調子がよくなるが、しばらくすると、またこの欠点が現われてくる。いったん吸いこんだゴミが少しでも逆戻りするというのはおもしろくない。従って、吸いこんだものは、吸いこまれたままであってほしいと誰でも自然に考えるのである。つまり、吸いこんだゴミを、若干の力で吸引しておけば、ゴミは逆行しないだろうと考える。この点で吸引式というアイデアが、一見システムの異なるヴィクトリア朝ホーキイから一直線に出てくるのである。歴史的にも正しかったというのは、ヴィクトリア朝式ホーキイにフイゴを取りつけてゴミの逆流を防いだ掃除機が実際にあったからで、ここから電気モーターによる吸引式掃除機までの飛躍は、ただ電気モーターの進歩だけにかかっていたのである。

日本には、吸引式電気掃除機はもちろん、ヴィクトリア朝式ホーキイもなかった。われわれは掃除機というものを、いきなり吸引式電気掃除機の段階から知ったのである。そのため、これは最近代の画期的発明品だと思いこんでしまう。しかし、発明品としては、ヴィクトリア朝式ホーキイに電気モーターが加われば、すぐ吸引式電気掃除機が生まれるのである。別に特異な発明者というものは要らない。そういうものが出来てくるのは、ただ時間の問題だったのだという気がしてくる。

洗濯機と掃除機という身近な日用品を例にあげたが、ほとんどすべての近代の発明には、そうした先駆品が列をつくっていることをイギリスで学んだ。ヨーロッパ人のなかでも、特にイギリス人は古いものを大切にするので、イギリスに住むとそれがよく判る。なにしろ一八七〇年という年号を記した貨車が一九五五年になっても走っているというお国柄である。ロンドンにはまだガス燈があり、水力式エレベーターという、ヒモを引張ると上昇するエレベーターがあった。腰掛便器からガスレンジ、折畳み式ベッドからプレハブ住宅に至るまで、すべて古い型がどこかしらで見つかる。つまり、たいていの発明とは、改善か改良であって、真に画期的というようなものはめったにないということである。エジソンのような発明王はいわば空前絶後で、やはり歴史的なタイミングの産物であろう。たいていの発明は、無数の発明狂や偏執狂の努力の集積から生まれているようである。

このたび、榮久庵祥二氏のひじょうな努力によって訳出された『機械化の文化史――ものいわぬものの歴史』は、こうした知られざる発明物語、というより道具の発展プロセスの集積である。原著者ギーディオンは、『空間・時間・建築』（一九四一）という名著で建築界にはすでによく知られている人物であるが、『空間・時間・建築』の次に書かれたのが、この大著である。

『空間・時間・建築』は、一般に建築史書の形をとった近代運動のプロパガンダとして受けとられているが、ギーディオンの主題は、実は歴史の連続性を示すことにあった。『空間・時間・建築』では、この意図は必ずしも成功していないので、われわれは、この『機械化の文化史』の序文のはじめに、次のような彼の言葉を見出して、むしろ驚くのである。「私は、『空間・時間・建築』において、現代における思考と感情の間の亀裂を示そうとした。本書ではさらに一歩進めて、この断絶がどのような経過をとって生じたかを、現代生活の重要な側面である機械化の検討を通じて示したいと思う」。

ギーディオンがこのような動機から、これら二つの本を書いたとは、われわれにはとうてい信じられない。また、このような目的で書かれたとしたら、これらの本はいずれもその目的を達成していないといってもよいだろう。

『空間・時間・建築』が、近代建築の諸様相を豊かに意味づけて、近代運動を擁護したように、本書もその本質は、機械化の歴史的連続性を強調することにより、西欧文明における機械化の根強い傾向とその驚くべきエネルギーの持続性を確認することにあったように思われる。少くとも、この本はそのように読んだほうが、はるかにおもしろい。近代文明の欠陥に関する深刻な哲学的考察を求めるなら、よりすぐれた著作が他にいくらもあるからである。

『機械化の文化史』を書くにあたって、ギーディオンは膨大な資料を探索したが、そのなかでも各種機械のカタログ図版の収集が最も興味深い。本書の価値とおもしろさのほとんどは、ほとんど各ページを埋めている五〇〇枚の図版にあるのであって、その大半が各種機械の図面である。本文は七〇〇ページもあり、通読するだけでもかなりの努力を要するが、ただ図版を眺め、その説明を見てゆくだけでも、十分に楽しく、十分に考えさせてくれる。近代人が必ず書架に置くべき本のひとつといえるであろう。明快な訳文にも拍手をおくりたい。

（初出＝SD7706）

一九七七年の状況への直接な批評

富永 譲

SD選書120『**人間の家**』（一九七七）
ル・コルビュジエ、F・ド・ピエールフウ共著　西澤信彌訳

ル・コルビュジエのスケッチとF・ド・ピエールフウの文章によって構成された書物を読みながら、それらの内容が一九七七年の現在の日本の状況に対するあまりにも直接な批評であることに驚いた。現在ではもう誰もこのように希望に満ちて、直接に批評し、建設への意志を明確に表

明することはしないであろう。

　本書は一九四一年、第二次世界大戦中のフランスで書かれ、それらの文章やスケッチは、具体的なフランス再建という一連の建築的行動を予定し、それらの理論化として書かれたという体裁をとっている。しかしここで著者は、戦争により国力が衰弱し、制度にまつわる偏見が崩れ去ったそのことによって初めて、「この国家に自己の計画をはっきり見極め、その設計図を描くため」（一四頁）のまたとない天与の機会が得られたのだと観じ、「人間の住居に関する真の学説を、避難所の闇のなかで企て」（一六頁）ようとする。それらの学説は極めて広範囲にわたり、それは第一章〈建設の時〉から始まり、当時の最悪の住居環境を述べ、そこに文化的混乱の深い原因を読みとり、第二章〈誰のために建設するのか〉に至って自然資源の無駄使い、歴史的環境の破壊、その傾向を助長する資本主義の構造的な欠陥ともいえる不毛な生産と過剰な消費の悪を指摘するといった、相も変わらず現在も論じられている問題が提起されている。

　しかしこの本の個性的なところはそれらが無責任な批判ではなく、ある行為の決意を固める為に書かれたものであり、それ故、数々の批判は寄り集まってひとつのかくあるべき〈人間の家〉の像を提示する。それは何にも増して人間の家であり、資本主義の経済原則や機械文明のもたらす効率の思想をそのまま精神のすみかの具象化であるべき物の世界――すなわち人間の家――に連続的に接着させようとする志向に対して尖鋭に対立する。ル・コルビュジエとF・ド・ピエールフウは述べる。誰のために家を建てるのかという質問に、勿論人間の為に、と答えながらもやがて「あたかも問題の人間なるものが実体を少しずつ失ってしまい、〈優れた経済学者〉の考える不透明な靄のなかでおぼろになり、消えうせて」（三〇頁）しまう危険があると。これはそのまま現在の人間の家を構成する物の世界に一般的に見られる危機的状況であり、土地の権利形態、その利用効率、予算的制約、生産構法上の条件等つきつめればすべて経済的要因が圧倒的な力で物の全体的性格を規定し、それが人間と物の出合いに基礎づけられないまま経済的原則に従って多量に現実化してしまう現在の状況に対して、これは直接な批評として読むことができる。

　第一章、第二章がある行為の決意を固める為に書かれた批判とすれば、そうした行為の内容は第三章〈いかに建設するのか〉の文章とほとんど全頁に挿入されているル・コルビュジエのスケッチが雄弁に語っている。この部分は建築をつくるものにとっては最も興味深い部分であり、特に主題のエッセンスのみを切り取って提示する美しいル・コルビュジエのスケッチはおのずと見るものの感覚を刺激し、その時々に異なった想像を喚起し、繰り返し眺めて飽きることがない。ここでル・コルビュジエは実際のプロジェクト、概念図、自然界のスケッチ或いは抽象的な図式から漫画に至るまで多彩に使いながら、それに注釈をつけ発言しているのだが、私は、ここに集められたスケッチのほとんどが、人間と自然の在り方を主題《テーマ》としていることに興味を持った。その基本的な思想は、一言で要約するとすれば、建築的行為が自然と契約関係を調印することとして位置づけられていることであろう。それは自然物の形態の精妙さ、一枚の葉から蕾、樹木、岩や山や土地の形、あるいは空の光景を形作る雲の色彩と形の讃美に始まり、そうした自然形態との調和と保護のなかで、建築という人間的行為が一層輝きを増すのであり、自然は建築にとって不可欠な要素で、両者はまるごと保持しなければならないとする思想である。ここに見られる表現の示すところは、もはや都市のなかに公園を配置するといった計画の概念ではなく、公園のなかに都市を据えると言えるものであり、そこには人間存在さえも〈太陽エネルギーの変圧器《トランス》〉の比喩で語られるほど自然の体系《システム》に包含されるのである。

こうした著者の傾向は、この書物が書かれた一九四一年という年代にも関係がありそうに思われる。ル・コルビュジエの実際の設計作業の過程から見ると一九二〇年代の白の時代の作品の主眼がむしろ専ら建築そのものの構成に集中していたのに比べ、一九三〇年代に至って自然への再評価の時期があり、以後一五年ほどの間、作品においては地平に直立した形態から地平に引き伸ばされた形態に、また人工的素材ばかりでなく自然の材料も積極的に導入し、そうした世界に対する新しい解釈によって白の時代の建築的世界を豊富化しようとする時期がある。しかし根底的にル・コルビュジエの描く理想世界《ユートピア》は自然と人間、田園と都市、個人と共同体、単位と複合体といった異なった二者の牽引関係、明確な対立を主要な成分とし、特質としているから、こうした極めて古典的な理想に到達する為に、建築は自然との基本的な調和をこわさぬ程度の反対要素を含んでいなければならず、それは自然の諸条件を尊重しながら、一方で幾何学による完全に理想的な、隅々まで明晰な、論理的世界として提示されるのである。

第四章〈棟梁〉以下、第五章〈どれだけの耐久期間のために建設するのか〉、第六章〈建設者〉、第七章〈指令者〉に至るまでの章は、そうした精神のすみかを具体化する建設の場の社会的な体制づくりについて述べている。「理想の棟梁とは建築家およびエンジニアという二人の異なる行動者を自分のなかで和合させているユマニスト」（一二八頁）であり、ユマニストを定義するつもりはないと言いながら「全面的合理主義に捧げられたこの時代にあっては、大部分の人々の間ではまどろむか鈍っている感覚──即ち、形態の多様性を貫く存在の統一性の感覚を目覚めさせ続ける人」（一三二頁）と述べ、それは終局的には宗教的感情に接近し、「人間を超えた統一性の感情なしでは、ユマニストはもう意志か気質だけの博愛家か、さもなければ、人間という題材のたんなる好事家か蒐集家以外の何者でもなくなる危険に陥る」（一三二頁）と断定する。人間を超えて秩序を求めるもの、要求された厳しい技術的、精神的資格は、私にサン＝テグジュペリの『城砦』に描かれた建築家を想わせた。


こうした秩序立った全体としての世界を見据え、明確な見取図を構想する透視力のある精神、明るい建築に対する論理的な思考はすでに無力になってしまったのであろうか。私達は、一九四一年の物質的な飢えとは逆に精神の源泉から湧きあがる希望をすべて消耗してしまった時代に生きているのかも知れない。仮りに現代のひとつの住宅作品に光彩を放つ内的宇宙が見つかったとしても全体としての世界は見捨てられており、建築的行為に携わるものは誰しも当分の間はこうした魅力的な断片に耽るという誘惑に打ち勝つことができない状態なのである。

それにしても本書を一貫して流れる明るい建築的希望がつねに、現代のように物質的に飽和した時代ではなく、戦争によってすべての国力が衰弱し、建築の物質的条件がひとつひとつ裏切られてゆくような状況裡に、はじめて澄明な調子で語られ得るということに、私は人間精神の不思議なパラドックスを見るような気がした。（初出＝ＳＤ7709）

壮大な謎解きのドラマ

横山 正

SD選書122『**パルテノンの建築家たち**』（一九七七）
R・カーペンター著　松島道也訳

私はこの一冊を本当に息もつかずという思いで読み通した。カーペンターと言えばアメリカの古代研究の大御所であるが、彼が齢八〇を超えて書き下したこの本は、全篇さながら一巻の推理小説のごとき壮大な謎解きの物語として構成されている。これまで考えられることの無かったカリクラテスの設計になるパルテノンの存在を推定し、彼に代わって現在のパルテノンの作者となったイクティノスとの設計方法の比較からこの二人の建築家の生涯と作品、作風を明らかにしていくその過程は、なまじの推理小説などとうてい及びもつかない面白さである。そこでは建築史、美術史はもちろん、考古学、政治・社会史、宗教史などいっさいの学問分野の成果が綜合されて、ひとつの仮説の立証のために役立てられる。たしかにひとつひとつ論証のあとを辿っていくと、ここに書かれたことだけからは必ずしもそうとばかりも言いきれないように思われるところもあるが、しかしそもそも絶対的な決め手が不足しているのであれば、当然、ここは推論が先行して然るべきなのである。以前にもブラウンフェルスの新しい著作に同様な感銘を受けたことがあったが、こうした広い教養を背景にして論証をすすめる碩学の仕事にはつくづく感服せざるを得ない。

おおよその内容を記せば次の通りである。すなわち、今日アテナイのアクロポリスに残るパルテノン神殿はBC四四九年、ペリクレスが政権を握った以後に建てられ、四三八年ごろ完成を見たものであり、その建築家はイクティノスとカリクラテスの二人というのが通説である。この建築家の名はプルタルコスの記述をそのまま鵜飲みにしたものである。さらにB・H・ヒルの画期的な研究によって、この現在のパルテノンの建物に先立つ、いわば古パルテノンとも言うべきものの詳細が明らかになったが、これはおそらくBC四九〇年、アテナイがペルシアとの戦いに勝ったことを記念して建設されはじめたものであり、四八〇年のペルシアのアテナイ支配によって徹底的に破壊されている。従来の説に従えば、この時点以降、新パルテノンの建設までのあいだに三〇年あまりのブランクがある訳だが、カーペンターはこの期間にカリクラテスによる「もうひとつの」パルテノンの建設を想定するのである。

すなわち彼の仮説によれば、BC四七九年、アクロポリスが再びアテナイ人の手に戻って以来、貴族派のキモンの政権下にカリクラテスが起用され、この二度めの工事はかなりのところまで進捗していた。ところが父の代からキモンと対立する家柄であった平民派のペリクレスがキモンに代わって政権を執るやいなや、カリクラテスは斥けられ、その建物はまったく御破算になって新しくイクティノスが建築家として起用されるのである。イクティノスは平面を一新し、ただおそらくはペリクレスの命令によって、使用出来る材はすべて再使用してこの仕事にあたった、というのがその仮説の大要であって、カーペンターはおそらくはその最初のヒントをアクロポリスの丘の考古学的な発掘に得ている。すなわち発掘調査の結果明らかになった基礎工事の断面のうちに見られる擁壁や基礎の建造年代の確定から、この丘の上での工事の進捗の推察が行なわれるのである。論考はこの考古学上の事実の確認から、残された古い建物の痕跡を現存する建物の各部に求める建築史的な考察に移り、さらに現存するメトープのレリーフにむしろ古いキモン時代の造形の特徴を見出していく。また半ば出来上りつつあった建物を白紙に戻しての新しい建設については、当時の貴族派と平民派、すなわちキモンとペリクレスの二つの家柄の激しい対立の様相にその原因が求められる。ついで第三、第四の二つの章はカリクラテスとイクティノスという二人の大建築家の仕事の推定に充てられており、上記の仮説を下敷に、建物各部の比例やデザイン適用上の独特な性癖などを手掛りに、パルテノン以外の二人の作品についてもさらに論考が拡げられる。建築史的にはむしろこの部分がさらに面白く興味をひこう。いずれも相似たデザインをもつドリス式やイオニア式の神殿の設計のなかに、個々の建築家独特の性向を発見していくプロセスは、面白く示唆に富むものである。

たしかにこれまで多くの人々が眺め研究して来たパルテノンやその他のさまざまな神殿について、このような思いもかけぬテーゼが提出されたのはひとつの驚きであろう。事実、この本の九年まえに出たグルーベン教授の大著、『ギリシアの神殿と劇場』においても、パルテノンの建築家はイクティノスとカリクラテスという常識的な記述があるのみである。言ってみればこれはコロンブスの卵（ヴァザーリに従えばブルネルレスキの卵！）であって、誰しもが知っている既知の資料そのものから、ひとつの新しい結論が導き出されたのである。これはまったく著者の炯眼によるものであるけれども、しかし仔細にこの本を読むと、それがたんなる着想のみからの結論ではないことがよく分る。ごく近年の保存改修工事においてすでに溝彫りの付されている円柱の移動が容易に行なわれたといった事実の記憶が、たとえばこれまでの通説を否定し、イクティノスがカリクラテスの立てた円柱を移動させたという仮説を支えるための傍証に用いられている。これは文献や記録のみに縋りつくのでない、柔軟で囚われない眼があってはじめて可能となった冒険なのである。当時のオーダーにはドリス式とイオニア式しかなく、コリントスはイオニア式のオーダーの持つ方向性（このために隅部の柱のデザインがはなはだおさめにくくなっている）を消去するために編み出されたデザイン上の新形式（その発明者もイクティノスに擬せられている）とする説も、まさにそのような眼の所産である。

さらにもうひとつ、この著者の思考の背後にあるギリシア的な美のありかたについての明確な理解も見落すことが出来ない。彼はギリシアにおける比例は具体的・視覚的なものであって、ルネサンスが求めたような抽象性は存在しないとする。つねに経験的なものが全体を律するのである。

この前提に立っての現パルテノン（すなわちイクティノスによる）の各部の寸法や形態の解釈もまたユニークなものであり、彼はそこでドリス式の厳密な秩序にある種の微妙なずれが意識的に賦与されている事実を捉え、そこに当時の彫刻一般に見られる有機性を求める傾向との類似性を見る。このものに即しての考察は、さらに比例とモールディングのありかたにギリシア建築の設計者の個性を求めるところにまで進み、カリクラテスという個人に帰せられるべき設計上の特徴がさまざまな神殿に発見されていく。とりわけ、ルネサンス建築におけるモティーフとして重要な役割をはたすクラシックな台座の起源をカリクラテスに擬す考察は注目に値しよう。カーペンターがこれらの考察の結果つくりあげたカリクラテスの作品の一覧表は、彼とその配下の職人の一団が次々と工事現場を移動していく有様を思わせて感動的ですらある。

ここで提出された説の当否はやがて歴史の秤に掛けられることになるのであろうし、もちろん私にはこのカリクラテスのパルテノンの存在を云々する資格などもとよりない。しかし新しい展望を切りひらいていくうえに大事なのは、何よりもまずこうした広い視野に立脚した仮説の提唱であって、実はそれがあってはじめて逆にさまざまな事柄が〈見えて〉来るのだということを、この豊かな書物はゆくりなくも示しているように思われる。少なくともこれはギリシアの建築家たちの営為の核心にもっとも深く分け入った本であると言って差支えないであろう。

（初出＝ＳＤ7712）

鋭敏な魂の記録

香山壽夫

『サリヴァン自伝——若き建築家の肖像』
（一九七七、新装版＝二〇一二）
L・H・サリヴァン著　竹内 大、藤田延幸共訳

美しい詩的イメージに満ちた本である。これは通常の〈自伝〉のような叙事的な記録の書ではなく、豊かな感受性をもつ魂の、叙情的な記録なのである。それは建築家ルイス・サリヴァンが育ってきた外的諸条件の伝記ではなく、まさに原題が示すように、「ひとつの理念の伝記」The Autobiography of an Ideaなのである。訳文は流麗で読み易く、サリヴァンの流れるようなイメージの展開を見事に伝え、読みはじめるや否や、私は、幼いサリヴァンの魂と共に、母親の肩の上から、夕方の切れ切れの雲の中を走る月を見、雪どけのニュー・イングランドの林の中をさまよい、ヨーロッパでは「時間の深淵を越えて現代にまで連綿として続く」「巨大な妖怪」に魅せられ、そして「湖を友とする大草原」のまっただ中、「自尊心に満ちた人々」の建設の新しい町の騒がしい通りを興奮して歩きまわった。

ルイス・サリヴァンは、物の形態、色彩、あるいは光、変化に即座に反応し、深く自分の魂の中で熟成できる豊かな感受性を持った真の芸術家であった。しかし私がそのことを理解したのは、一九世紀アメリカの建築家のことを自分で調べるようになってから、特に昨年のアメリカの中西部の旅で、サリヴァン晩年の小さな銀行をいくつか実際に見る機会を持ってからのことである。それらの建物はまるで荒野の中に置かれた宝石箱のような、繊細で、完璧な造

形だった。それはまるで、開拓者達がこの草原にやってくる以前からそこに存在していたかのような永遠性を示すと共に、他の人達の関係を拒否した孤独な魂の、閉じた完結性をも示しているように思われた。それは、学生の頃歴史で習った、近代建築の創始者の闘争的な運動家の像とは正反対の、内気な夢想家、イメージと手仕事にのみ信頼を置くアルティザンの姿があった。私は、建築家の人間像や、社会的背景といったものには、基本的に関心がないのだが、このようなサリヴァンの建物についての個人的再発見の後に読んだ *The Autobiography of an Idea* は、この種の書物では、初めての興奮をおぼえた。それは、サリヴァンの建築に対する感動とも結びついてはいるが、それだけでなく、この自身のもつ「イメージの記録」としての性格によるものである。

美しい荒野がある。そしてそれに対して感動する鋭敏なひとつの魂がある。この本はそのような自然に対する感動の美しい言葉で満ちている。たとえばこうだ。「ここでは(三歳の夏を家族と共に過したニュー・イングランドの海岸、アン岬のこと)彼は長い時間を父と一緒に過した。二人の心は大いなる自然への愛を共有していた。彼にとってすべてはあるがままのものであった。花、草、樹木、牝牛や牡牛、日の光、雨、開かれた広い空、足下の固い土、男、女、子供、大洋、岩だらけの海岸……彼は見たままを受け取った。すべては彼のものだった」(一三頁)。あるいは少年時代を過した祖父の農園のあるサウス・レディング(訳者はこの地名をサウス・リーディングと読んでおられるが、これは誤りであろう。美しい叙述の中で繰り返される地名だけにその誤記は惜しまれる)で、彼は大きな楡の木に感動する。「目を上げると、牧草地の中にポツンと、他にぬきんでて美しい樹が立っていた。それが楡であることはすぐ分かったが、これほど高くすらっとした上品なのははじめてだった。幅広のきゃしゃな葉が高く繁り、美しいカーヴを描いて垂れ下っている様子はうっとりさせられる眺めであった……。この美しい楡には彼をうっとりさせるものがあった。一眼見てそれが自分のものであると感じ、そしてなお、これまで味わったことのない甘美な思いでじっと見つめ続けた。予言的な美の意識が彼をとらえ彼の内部に広がり、震憾させた」(五二頁)。

サリヴァンのイメージは、自然から発し、さまざまな思考を経た後再び常に自然に立ち返る。美や秩序の規範が、人間の作ったものや抽象的な思考にあるのではなく、自然の諸形態の中にあるということを、彼は観念で理解していただけでなく、その肉体で理解していた。*Kindergarten Chats and Other Writings*, 1901でも彼は「自然は力の源泉だ。都市は、それを消費するための見せ場にすぎぬ」と書いている。

またサリヴァンは、生来のロマンチストであり、過ぎ行くもの、移り行くものに絶えず心を奪われている人間であった。「春は、冬の足跡を追いかけては消していった。……都会で暮してきた彼は知らなかった。こんなことがあろうとは思ってみもしなかった。こんなつまらない裸の大地に——今ではその中に隠されていたのだとわかっているが——恍惚とさせられるような美が立ち現われてくるということが。雨ははげしくなり、時折太陽が輝いた。風がやわらかいそよ風に変わった。それからすべてを静穏と平和と、愛撫し勇気づけるような大気が包んだ。こうして春がやってきた。……すべてが動いていた。巨大な力で動いていた。彼はすべての中心にあって、この騒がしくも甘美な喜びを限りなく味わった。それはもう耐えられない程であった。……彼を魅了して九天の高みにまで舞い上らせたこの世界、新しい、春の戸外の驚くべき世界は、しだいに、この日ごと出歩く少年の一部と化して行き、生涯彼の心の内に生き続けることとなったのであった」（二九頁）。彼の文章の中に現われる樹木や日光、あるいは季節の推移においての描写は、そのまま彼の有機的装飾の形態、そこにたわむれる光、あるいは膨張し流動する空間そのものの描写として読まれることが可能なように、私には思えるのだ。

しかし鋭敏な感受性は、新たな刺激と反応してその対象を変え、持続しない。サリヴァンは、衝動的で飽きっぽい詩人であり、ねばり強い実務家、計画家ではなかった。少年の日、彼の勉強は「長続きはせず、じきに厭きてもとにもどってしまうのだった。そういうことはしょっちゅうあったが、それはほんのちょっとした道草、たとえば窓の近くの木の繁みでチョコマカしているリスとか、美しい空をおかしな具合に形を変えながら流れてゆく白い雲だとかいったもののせいであった」（二三頁）。

シカゴ万国博における、アメリカンボザールのアカデミシャン達に対する孤独な闘いとみじめな敗北、それに続く酒びたりの晩年という筋書は、これまでの歴史家好みのドラマティックな仕立てだが、もともとサリヴァンには、バーナムのような実務的才能も、マッキムやホワイトのような社交的才気もなく、都市計画や、社会的プログラムには何ら関心はなかったとしか考えられぬ。彼は自ら、孤独と破滅を望んだのだ。パリでのボザール教育に対しても、彼が反撥し拒否したように語られることが多いが、彼は短期間で充分に満足し、堪能していることがこの書においてはっきり読みとれる。鋭敏な彼にとって、一年間は充分な期間であり、それ以上留まる必要も根気もなかったのだ。

近代建築を先取りする予言者の姿を彼の上に求めるのは空しいことである。そうした像はこじつけられた虚像にすぎぬ。しかし、もし建築が、物の形式の美と秩序によって人と社会に働きかけることを本質と考えるなら、この書は、そうした建築家の任務に、美しい感受性を持って応えたひとつの卓越した理念の存在を示す。建築が、巨大な技術、実務として繁栄し、内側から腐敗しつつある今、この書の示す世界は鮮明で衝撃的である。

（初出＝SD7802）

都市政策としてのアーバン・デザイン

槇 文彦

『アーバン・デザインの手法』（一九七七）
J・バーネット著　六鹿正治訳

往々にして書評の書き方には、特に専門書の訳書であるときは——それが今度の『アーバン・デザインの手法』の場合であるが——一つのかたがあるようだ。書評の大部分は、まず本の内容が何であるかを逐次章毎に要約し、そして評者の感想をのべ、最後に訳の巧拙について二、三行言及するという仕組みである。何か、本を読まなくても、書評で大凡ダイジェストがわかる仕かけになっている。書評の対象の本が読むに足らない内容の場合は大変時間が節約になって、この忙しい世の中では便利な情報加工法であるといってもよい。しかし反対に本当に一読の価値があるような時は、それで読んだ気にさせてしまっては著者、訳者に申し訳ない。

結論からいうとこの本は、アーバン・デザイン、特に米国のアーバン・デザインについて何かと興味をもっている方には是非一読を奨めたい本である。実は二年程前、ニューヨークで友人からちょうど、出版されたばかりのこの本を貰い、帰りの飛行機の中で大凡読んであるのだが、この度書評を依頼され、訳書をもう一度読み直してみて、あらためてその感を深くした好著である。訳も読みやすく、特に多くの専門語、特殊な事物について、本文の中で丁寧な解説が訳者によって併記されているのがよい。

訳書では、大きな見出しが、『アーバン・デザインの手法』であり、その上に“Urban Design As Public Policy”と一見副題のように併記されている。原著は逆にそれが主題でその上に、日本語に直訳すれば「都市改善のための実際的な手法」といったような副題がそえられている。言うなれば、著者、バーネットは、都市はデザインされうるものであり、そのためには我々の住む現実の情況の中で、具体的に展開しうる手法が存在し、その手法は実は都市の政策の一つとして有効に駆使しうることをニューヨークを舞台として、彼及びその周辺の多くの人々の経験を通じて語りかけている。

この本の迫力は、彼等の実際の思考と、その思考の展開のプロセスと、途中ではあるがその結果と評価が逐次時間を軸にして述べられているところにある。プロジェクトが不成功に終った時は、彼は率直に不成功であったことを認め、それがどうしてであったかを反省して説明する。そして、その経験が次の別のケースにはどのように生かされたかが述べられていく。この意味で試行錯誤の蓄積が次第に説得力のある提案をうみ、有効な原則がより柔軟性のあるかたちで提案されると同時に、米国の都市のもつ、文化、社会、経済の一断面が鋭く浮彫りにされている。しかも多くの人々が登場することによって、本は専門書のように数章にわかれているものの、特に私のように、著者を含めてそのうちの何人かを個人的に知っているものにとっては、ちょうど物語を読むような楽しさがあった。

アーバン・デザインをこのように都市政策の側の立場からのべたもので代表的なのに、もう一〇年も前になると思うが、フィラデルフィアの都市計画委員会の実質的なリーダーであったエドモンド・ベーコンによる、*Design of Cities,* 1967がある。この二つを比較してみると、訳者のあとがきにもあるように、新しい時代のアーバン・デザイナーの姿が極めて対照的に浮出されてきて興味深い。ベーコンの本では、ベーコン自身という一人の主役とその周辺に何人かの著名建築家達が、フィラデルフィアを舞台に、どのような視覚秩序を生みだそうとしたかが、彼の信ずる都市デザインの歴史的展開の中で語られる。つまり、手法はあくまで、彼個人の一つの歴史的認識に基づくものである。それに比べてバーネットは、この本の著者であっても唯一人の主役ではない。勿論時の市長、リンゼイ・グループのコアー・メンバーの一人であった彼は、ダイナミックに展開する情況を、鋭い思考の裏づけによって分析するが、提案はあくまで、複数の意志、思考形態、利害関係がぶつかる中で次第に結晶化されるものとしてとりあつかわれている。ベーコンの場合も、実際の提案の具体化には、様々なかけひき、説得、妥協が行われたとしても、彼の本ではそれが主題ではない。この本ではそうしたプロセスを必然的なものとしてまず理解することによって、より具体的に実現しうるアーバン・デザインの方法を模索する人々の行動が語られている。

最近、カリフォルニア大学バークレイ校のクリストファー・アレキザンダーによって彼の研究所の三部作の一つ『オレゴン大学の実験』が同じ鹿島出版会から出版された。本の内容は彼の研究所を中心とするグループがオレゴン大学の委嘱によって同大学のキャンパスのマスター・プランづくりにあたった際の経験をのべたものである。その中で、彼が多数の意見の参加によるプログラムの作成と計画の進行の必要性、はやすぎるよりもむしろ漸進的な計画の遂行と部分的開発の妥当性、一方的な建築のイメージの展開の否定と、パターン・ランゲージの有効性をのべているが、このような考え方は、殆どバーネットが提案している手法とその背後にある思想と相通じるものがある。たとえばアレキザンダーのいうパターン・ランゲージの考え方は、この本では、いくつかのデザイン言語をいかに様々な法規、たとえばゾーニングとか建築基準の中にとりいれるかという形で提案されている。また、近隣地区計画の中にコミュニティ計画評議会を設け、これを軸にして計画を進めていくことは、とりもなおさずアレキザンダーのいう参加の仕組みに外ならない。このようにバーネット及びそれをとりまく若い計画家、デザイナー達は、アレキザンダーと共に、ベーコンと違った新しいアーバン・デザインを推進しようとするジェネレーションとみなしてよいだろう。

私のあったバーネットは極めて物静かな一見学者風の人

であった。彼の後、アーバン・デザイン・グループのヘッドになり最近までニューヨーク市にいた最後のメンバーの一人、アリス・クーパーも、いかにも同じように好感のもてる人であった。それにくらべ、ロンドンをベースにして今中近東、特にテヘランで活躍しているジャクリン・ロバートソンは、大変洗練されたマディソン・アヴェニュータイプである。しかし、こうした、当時二〇代の後半から三〇代のはじめになったばかりの若い人達をリンゼイが抜擢し、この本にのべられるさまざまな提案を数年のうちに実際にみのりのあるものへ結ばせようとしたのをみるとき、私のように長年米国社会のもつダイナミズムを知っていると思っているものでもあらためて目をみはらせられるものがある。

ニューヨークは東京と同じように多くの問題を——恐らく財政、犯罪、貧困の面では東京以上に——はらみながら、しかし一方興味つきない都市である。この本では、都市の美観、アーバニティの新しい秩序をつくりだしていくための数々の提案が、ゾーニング、交通網、不動産の動き、その他都市の姿を決定していく多くの要因を考慮し利用しながら、巧みに展開されていくが、その背後には、こうした何人かの若いジェネレーションのデザイナーのニューヨークに対する、そして都市社会に対する限りなき愛情がある。この本はその愛情を、どのようにしてより多数の人とわかちあい、語れるようになるかの具体的な指針でもある。

しかし同時にそのようなレベルで都市を語り、都市をつくっていくために、いかに多くの説得とスタディがなされなければならないかをも明らかにしている。つまり民主主義社会における計画の達成には多くの人の善意と理解が必要であり、しかも多数の善意を得るためには、計画というものが実は大変お金がかかるものだという一つのアイロニーを含みながら。

(初出＝SD7803)

計画のための実践的マニュアルあるいは理想主義的バイブルか

押野見邦英

SD選書128『**オレゴン大学の実験**』(一九七七)
C・アレグザンダー他著 宮本雅明訳 西川幸治解説

本書はC・アレグザンダーが沈黙を破ってひさびさに

世に問う、環境構造センター［＊1］の一〇年にわたる成果であり、彼自身がかつて破産宣告をつきつけた近代建築や都市計画理念にとって代わる新たな計画理念の宣言であり伝道の書である。これらは第三巻にあたる本書 *The Oregon Experiment*, 1975 の他に、第一巻の *The Timeless Way of Building*, 1979 と第二巻の *A Pattern Language*, 1977 に分かれて三部作となるが、現在のところ第一巻は未刊で第二、三巻が刊行され、いずれすべて邦訳紹介される予定という。

ここで彼の本書に至るまでの足跡を辿りつつその今日的意味を反芻してみたい。

近代建築の破産宣告

今から一〇年余り前C・アレグザンダーは「都市はツリーではない」（一九六五）［＊2］という論文のなかで、自然の都市と人工の都市を比較し、近代都市計画理念の所産である人工の都市には、本質的なものが欠落しているとして、それを集合論を基礎とした平明な数学的手法を用いてあっさりと証明してみせた。人工の都市に本質的なものが欠落した原因は、〈現代の都市デザイナーが過去の都市に具わっていて現代の都市概念からは把握できない抽象的秩序を研究せずに、事象的具体的なものばかり求めようとして、過去の都市を模倣しその実体となる背後の本質を発見できなかったためである〉と指摘した。さらに自然の都市が〈セミラティス構造〉なのに比べて人工の都市は〈ツリー構造〉として誤って計画されていると述べた。この論文でトニー・ガルニエの〈工業都市〉（一九〇一）以来のクラレンス・スタインの〈グリーン・ベルト計画〉（一九三五）をはじめル・コルビュジエの〈チャンディーガル計画〉（一九五一）、丹下健三の〈東京計画〉（一九六〇）までのすべての計画を俎上にあげ、その構造を解析し、ツリー構造であるとしてその欠陥を指摘し、近代建築と都市計画理念の破産を宣告してしまった。彼はこの論文で一躍有名になり一九六五年のカウフマン国際デザイン賞を受賞し、ハーバード大学に提出したドクター論文『形の合成についてのノート』（一九六四）［＊3］も同時に注目されるようになった。当時出版元のトラブルで届かなかった『アーキテクチュラル・フォーラム』をアメリカ文化センターで読み、そのスマートな数学的センスに新鮮な印象をうけると同時に、MITのマーヴィン・L・マンハイムと協同した「高速道路計画におけるグラフィックテクニックに関するスタディ」（一九六二）［＊4］を読んで、彼が単なる分析にとどまらずデザイン・プロセスを理論化する面にも関心をもっていることを知り余計に感激したことを覚えている。こうした彼のデザイン・プロセスへの小気味よいアプローチの姿勢は「形の理論と合成」（一九六五）［＊5］、「力の集合から形の生成へ」（一九六六）［＊6］からもよくうかがわれたものである。

計画は実学である

バークレーを本拠として環境構造センターを一九六七年に設立した彼は、自身が破産宣告をつきつけた近代建築や都市計画理念に代わる新たな理念の提案というパイオニア的研究を本格的に開始した。その手はじめがハリイ・F・ハーロウ等の社会心理学の成果を引用し、〈人間には複数以上の親密な接触が必要である〉という仮説をたて、この抽象的な設計条件を充たす都市住居のパターンを分析した「ヒューマンコンタクトを育てる都市」（一九六七）［＊7］の発表であった。これは、かつてサージュ・シャマイエフと協同した『コミュニティとプライバシイ』［＊8］と一脈通じるもので、その具体的提案は生硬なものであったが、問題の抽象性と具体性を結びつける〈パターン〉と呼ぶ計画原理の登場は以後の方向を決定づけたように思われる。その後ケネス・シモンズ設計のブロンクス多目的集会場にコンサルタントとして参加した際の成果を『マルチサービスセンターをつくるパターンランゲージ』（一九六八）［＊9］として発表し、さらにリマ市低所得者用住宅計画コンペに参加した際『パターンによってつくられた住居』（一九六九）［＊10］という報告書を出し、そのなかで〈パターン〉とは広範なフィールドワークから観察採集されるべきものであることを示した。実際、彼の案はプランにしろ構法にしろすべて数ヵ月の現地での生活体験に裏付けられたもので、特にセルフエイドのために竹の梁やモルタルを使用しないブロックを自ら実験したりしたが、このあたりは計画は実学であるとする彼の面目躍如といったところであった。また、このときの〈パターン〉は繰り返し活用されるべきであるという立場から、ペルーの建築関係者にその利用を呼びかけていたが、以後の〈パターン〉のマニュアル化の萌芽として感じられたものであった。

計画のための実践的マニュアル

ところで本書は以上のような延長線上に成果の集大成として位置づけられるわけであるが、オレゴン大学のマスタープランの作成という現実のプロセスに基づいているために、〈パターン〉はもとより、その使い方すなわち〈パターン・ランゲージ〉の具体的な例が紹介され、わかりやすい構成になっている。さらに三部作揃って広範に応用されることが意図されているため、新たな計画のための実践的マニュアルになると思われる。そうした姿勢はあたかも一九六八年にスチュアート・ブランドを中心としたアメリカの若人たちが既成の権威や体制からの呪縛を解いて自分自身を教育する知的道具として『全地球カタログ』［＊11］を編纂し、一九七一年まであらゆるジャンルの知識を網羅してマニュアル化を図ったのと同じ精神風土にたつような気がする。さて「オレゴン大学の実験」では「中央集中化予算という半理想的状況において、人びとが自ら環境を管理し、自らの生活を制御することを可能にするようなプロセス」を、「現在から二〇年後の環境がどうあるべきかを現在決定すること、そしてその定められた想像上の世界に向けて、漸進的な発展の過程を操作することは、不可能なのである」という視座に立ち、「都市はツリーではない」で否定したような物理的なマスタープランを退け、（一）有機的秩序の原理、を提案し「計画や施工は、全体を個別的な行為から徐々に生み出してゆくようなプロセスによって導かれること」と定めている。そのために利用者を含めた「コミュニティを代表する一〇人以下のメンバーからなるひとつの計画評議会によって管理されること」を主張している。さらに「建築家やプランナーは、いかに適切に計画しようと、またいかに入念に設計しようとも、私たちの求めるような多様性と秩序を備えた環境を生みだすことはできない」として、（二）参加の原理、をあげ、「何を建設すべきか、そしてそれをいかに建設すべきか、に関するすべての決定権は利用者の側にあること」と述べている。そして専門家は利用者が混乱をさけるために「利用者が設計に当たって必要とするパターン、診断など可能な限りの援助を、設計チームのメンバーに与えること」が必要とされると強調し、具体的なオレゴン大学音楽学部の例を紹介している。この「パターンは、伝統的文化の中で伝統が演じたような役割を果たす」ともつけ加えている。このほか「環境においては、成長と補修という有機的過程とは、一連の変化を逐次的に生み出してゆくものでなければならない」として（三）漸進的成長の原理、をあげ、大規模集中開発を退けるよう勧めている。（四）パターンの原理、では第三巻の『パタン・ランゲージ』から大学に適用可能なパターンが選びだされているほか、オレゴン大学の計画事務局のファイルからも選ばれていて、〈パターン〉にもスケールがあることを指摘している。最後に（五）診断の原理、（六）調整の原理、について述べ、従来のマスタープランに代わるマップのつくり方を先のマンハイムと協同したスタディと同様の手法で解説しているが、そこで「パターンのマップの単純な重ね合わせから合成マップを抽出しようとするなら、環境の補修に対する洞察というものを欠く」と論理操作の穴におちこまないよう戒めている。このあたりは読者に先達のありがたいアドバイスを聞くような感じを与え、まさに伝道書といった感じである。

理想主義的バイブル

本書に示された彼の考え方の骨子、すなわち施設利用者の尊重と個から全体への積み上げ等について異議を唱える計画者はいないだろう。しかし一度でもキャンパスなどの施設の計画を手がけたものであれば、本書をマニュアルとして現実に活用する困難さも否定しないであろう。まずわれわれの周囲では未だ環境とは都市からインテリアまで上から与えられるという意識が強く、利用者の中程度の参加すら望み薄であり、大方の建設投資は経済効率から大規模開発が優先され漸進的成長など望み薄の現状である。私自身の乏しい経験でも工期・面積・建設費などはしかじかの規準から予め決められていて、われわれは本当の計画者ではなく、そうした不条理の枠内でなんとか造形的つじつまを合わせざるを得ない状況におちいったことが多かったように思われる。そうした修羅場では彼の意に反して本書はバイブルの役割しか果たさないであろうことは想像にかたくない。そうだとすればこのバイブルは実際にわれわれではなく陰の計画者たちによって広く読まれ、その精神が理解されることが必要かもしれない。彼が巻頭で述べているように、本当の計画は中央集中化予算などという体制では限界があることだろう。だからといって悲観論ばかり存在するわけでなく、アレグザンダーとは別にアメリカ各地で最近顕著に見られるようになった学校やコミュニティセンターの住民参加の傾向、あるいは意味あいは異なるものの、わが国の宇井純や宮本憲一たちの住民主導による「反地域開発運動」［＊12］などが徐々に成果を上げつつある現在では、この理想主義的バイブルがマニュアルとして真に機能する日も意外に近いのだろうか。

＊1 Center for Environmental Structure.
＊2 "A city is not a tree," *Architectural Forum*, 122:1–2, April, May 1965. 拙訳、『デザイン』一九六七年七月号・八月号。
＊3 *Note on the Synthesis of Form*, Harvard University Press, 1964.
＊4 "The Use of Diagrams in Highway Route Location," Massachusetts Institute of Technology, Civil Engineering System Laboratory, Reserch report, 1962.
＊5 "The Theory and Invention of Form," *Architectural Record*, April 1965. 渋谷盛和訳、『SD』一九六八年一〇月号。
＊6 "From a set of Forces of a Form," in Gyorgy Kepes (ed.), *The Man-Made Object*, New York: Gorge Braziller, 1966, pp.96–107. SD編集部＋拙訳、『SD』一九六八年一〇月号。
＊7 "The City as a Mechanism for Sustaining Human Contact," California University, Institute of Urban & Regional Development Center for Planning and Development Reserch, Working paper, 1966. 瀬底恒子訳、『都市と人間』川添登編、日本生産性本部、一九六七年所収。
＊8 *Community and Privacy: Toward a New Architecture of Humanism*, New York: Anchor, 1963. 岡田新一訳、鹿島出版会、一九六七年。
＊9 *A Pattern Language which Generates Multi-service Center*, Berkely: Center for Environmental Structure, 1968.
＊10 *Houses Generated by a Pattern*, Berkely: Center for Environmental Structure, 1969.
＊11 *Whole Earth Catalog*, 1968–1972.
＊12 宇井純『公害原論Ⅰ－Ⅲ』亜紀書房、一九七一年。宮本憲一『地域開発はこれでよいか』岩波新書、一九七三年。

（初出＝都市住宅7805）

ラスベガスの発見まで

植田 実

SD選書143 **『ラスベガス』**（一九七八）
R・ヴェンチューリ、D・S・ブラウン、S・アイゼナウアー著 石井和紘、伊藤公文共訳

『ラスベガス』を読みながら思い出すことがあった。もう二〇年ぐらい前のはなしになってしまうが、その頃ぼくにアメリカのイメージをもっとも強く伝えてくれた写真家と画家がいて、つまりアンドレアス・ファイニンガー

とソウル・スタインベルグなのだが、ずいぶん長い間この二人に夢中になっていた。ファイニンガーが超望遠レンズでとったマンハッタンの摩天楼群や人と車で溢れるストリート、郊外の建売住宅地の眺め、また逆に超広角を使ったマンハッタン島の鳥瞰写真などは、顕微鏡をのぞいているような感じで、均一のパターンで構成されている生物の組織と都市の光景が同一のものであるかのように見えたのだった。事実彼の作品集には、都市の写真と隣り合って、貝殻や木の葉の接写写真がのっている。一方、スタインベルグという、文字をそのまま絵のモティーフにすることにかけては天才としかいいようのない画家が、アメリカの都市や郊外を描くとき、映画館のイルミネーション、ドライブ・インやモーテルの看板だけですべてを説明することは簡単だったにちがいない。ふかふかの毛皮と仮面のような眼鏡で象徴化された女や男がばかでかいアメ車にのって、光り輝き絶叫している巨大な文字のまちを通りすぎていく光景は、ファイニンガーの光景と同様に、日本にはないものだったのだ。

世界のどこにも、なかっただろう。こうしたアメリカの発見は、つねに一種の異邦を通りぬけた後になされたにちがいないような気がする。ル・コルビュジエの弟子だったファイニンガーは父のライオネルの描いた幻想的な都市《マンハッタン》を、超望遠レンズによって写真に再現した。スタインベルグはルーマニアに生まれて、建築家になるためにミラノ大学で学び、アメリカに渡ると漫画家になっていた。その経歴のうちに、彼のアメリカが発見された瞬間を想像したくなる。もうひとつの、全く別の世界が下敷きとしてあるときに、アメリカの都市光景の本質が解読されるのではないかと思われるのだ。

ファイニンガーの世界をミースの時代に重ね、スタインベルグの世界をヴェンチューリに重ねてみるというのは図式的にすぎるかもしれないが、スタインベルグの作品に見られるような高度に洗練されたイメージがすでに確立していたにもかかわらず、ラスベガスがミースの立体格子よりずっと遅れて建築家の頭のなかにやってきたのは、近代建築が辿った必然的な時代の法則によることはもちろんだが、建築家としての人間の内的問題としてもラスベガスの発見は困難だったにちがいない。

『ラスベガス』は、近代建築を批判しつつコマーシャル・ヴァナキュラリズムを評価したものとして名高いが、ただそれだけならば、この本に先行する研究や論評は決して少なくないようだし、たとえばぼく自身が関係していた『都市住宅』も、これの初版が出た一九七二年以前からすでに、こうしたサーヴェイやキャンペーンの渦中にあったといえる。学ぶべき既存のランドスケープをコマーシャルなものに限らなければこのような作業はさらに世界的な規模でなされていたといえるし、それを軸としての反近代建築的態度があらゆるレベルで許容される状況に、ひと息で続いている。例えばチャールズ・ジェンクスの「ポスト・モダン・アーキテクチュアの台頭」［＊1］という論文を読むと、近代建築に対する攻撃的な多様な動きを、（一）社会的現実主義、（二）推進される計画案と対計画案、（三）修復、復元、保存、（四）アドホック主義と不調和都市、（五）代用品あるいは人工的都市、（六）記号学と急進的折衷主義、（七）急進的伝統主義と断片的な修繕、（八）政治的な再編成、といった八項目に整理して実にうまく展望しているので感心してしまう。しかしこれらの意識化は、まだ、より本質的な建築の姿を十分にとり出す段階にはいたってはいないようだ。

　ヴェンチューリにすごみを感じるのは［＊2］、結局彼が自分の建築をつくる原理を、この本で示しているからだろう。大きくは二つの章に分けて、前半をラスベガスの都市構造と建築の分析にあてているが、後半では一挙に自分の建築を持ち出して、それを基底におきつつ、近代建築の構造を原理的に解剖していく。そして〈あひる《ダック》と装飾された《デコレイテッド》・小屋《シェッド》〉という対立概念がそこから引き出されてくるのだが、この単純な概念が最後まで、地球をも動かすてこの支点のように、ヴェンチューリの論理をしっかりと支えている。近代建築全体が〈あひる〉の構造のなかに追いこまれていく過程には本当に驚かされる。彼はラスベガスを近代建築批判の有力な証拠物件として、しかし気楽には扱わなかった。イタリアから移民してきた家系の建築家として、多分彼の内的存在としてのイタリアのパラッツォと重ね合わせてラスベガスを透視したときに、はじめてその本質が、建築のレベルで、解読できたのではないだろうか。逆にいえば、ヨーロッパの伝統的な建築文化が、ラスベガスいやヴェンチューリの眼を通して、実にわかり易く見えてくるのである。建築家がラスベガスを発見したシーンは、ここにしかない。

　ヴェンチューリは自分自身の道を通って、〈装飾された《デコレイテッド》・

小屋《シェッド》〉に辿りついたわけで、この原理をすべての建築家におしつけているのではないだろうけれど、別の道を探すことは意外に困難なのではないだろうか。彼の建築作品が、やはりイタリア系の人は、と思わせるほどに、どうしようもなくうまいせいもあるのだろうけれど、現在のように多様な立場が許容されているようにみえる状況のなかでは、逆にヴェンチューリのラスベガス発見までの深いパースペクティヴは見失われがちで、反近代建築の陽気な身振りだけが表面にあらわれてくるような気がする。「私たちは近代建築を批評してきているのだから、時代に敏感なその創立者たちが正当な革命を宣言した近代建築の初期に対し、私たちが非常な賛美の念をもっているのも当然であろう。私たちの議論は主として、その昔ながらの革命の、今日に至るまでの、まとはずれで歪められた引き伸ばしに当てられている」(本書一五頁)。これは、本当の前衛が口をそろえて言おうとしていることだろう。

ヴェンチューリの使用するキー・ワードの訳語を、英語を片仮名で併記する方法を採用したことについて、訳者はその理由のひとつは〈近代建築そのものが〈スカリーの指摘するように〉西欧文明の所産である以上、恣意的な日本語訳はかえって困惑を招いてしまう場合が多い〉からと説明しているが、正しい配慮だと思う。それにしてもラスベガスのサーヴェイの方法は、日本の商店街や下町の構造の解読に大きな影響を与えたが、そこで日本は発見されたのだろうか。京都などはずいぶん事情が違うと思うけれど、東京のまちが分析され、再構成されて示される過程で浮かびあがってくる〈かいわい〉〈ハレとケ〉〈みちとひろば〉というような日本語がぼく個人としては最後までどうにもなじめなかった。どこかにアメリカナイズされたものがひそんでいるような気もした。それはルドフスキーやゴールドフィンガーが自分の求めているものをより素朴で自然なランドスケープのなかに見出していったというようなことも関係があるのかもしれない。

ランドスケープが、都市の光景が、その固有言語を発見する過程そのものが、今後はもっと問題になっていくような気がする。

＊1　『新建築』一九七七年一二月臨時増刊〈現代世界建築の潮流〉所載、小川守之訳。

＊2　『ラスベガス』は三人の共著になっているが、ここではこの本のヴェンチューリ的側面と思える部分について感想を書かせてもらう。

日本の伝統的な建築装置を見る眼

（初出＝都市住宅7901）

富永 讓

『書院造りと数寄屋造りの研究』（一九七八）
堀口捨己著

堀口捨己の、日本建築に関する莫大な、しかも幾分のゆるみもない記述の集積であるこの本の価値やその真の性格について語ることは私にはできないように思われる。文章の格調の高さ、その明晰さ、本の体裁等は充分魅力的だ。しかし、その取り扱う主題に関して実にしっかりした教養が前提になっており、私を寄せつけない。著者は少しも容赦せずに論を進めてゆく。だが、おそらくそうした建築に関する素養を積み丹念に論考を辿っていった果てに、或る、建築をつくることの本質的な部分に接触するのだという、文章が喚起してくる感覚は直感的だ。私にとってこの依頼された書評をその直感の内容を記述することに費す以外に方法がないように思われる。この綿密で周到な書物の輪郭については著者自身による序説、研究史における位置づけについては稲垣栄三氏によるあとがきに明快に述べられている。私は一九七九年という幾分雑多で消費的な文化状況のなかで、建築をつくろうとしている一人の人間としてこの本を読んだ。そして日本の伝統、特に日常あまり知ることもない中世住宅のさまざまな事実と理解を学んだ。いま伝統的な建築を検討しようとする気持はあったとしてもこの内容を身にひき寄せて日本の住宅なり建築なりを語るには時間を要する。しかしほぼ五〇年も生きる時代を異にする単なる一読者にすぎぬ私を著者へとつなぐ感覚の糸は何か。しかもこうした多様な建築の現在に堀口捨己の著作が何かを秘めているように常に感じられるとしたらそれは一体何だろうか。

堀口捨己への一読者としてのごく私的な触れあいは、ほぼ一〇年程前、ある設計事務所に勤務していた頃、その図書室の棚にあった一二集の桐の箱におさめられた美しい『茶室おこし絵図集』を開いた時から始まっている。五〇ほどの茶室の組み立て模型が色とりどりの絹の帙におさめられており、そこには和紙に印刷された解説が付せられていた。もちろん製図や調べもののあい間のことであり、そこでゆっくり模型を組み立て解説を読むなどということはできなかったが（大体油を売っていた都合上、畳み込むのに時間がかかるというのは大きな欠点であった）、何かそこに古めかしい日本建築を見る時の非常に清新で直接的な接近を感じ、装幀や印刷にも文化の本格的なものの香りといったものが漂っているように思われた。内容を殆ど読まなかったのに覚えているというのは当時、〈模型〉と〈日本建築〉という一見結びつかない言葉の強引な組合せ、つまり建築を具体的に記述しようとする姿勢に対する驚きであったように思う。いまもってその内容である日本建築には無知であるが、その時感受した、すべての歴史的な建築を等しなみに即物的に眺めようとする眼、いわば建築を見るつめたい眼の存在は、今ではそれが私が現実感を持って日本建築に接近しうる唯一の通路であるようにさえ思われてくるのである。

例えば全集のこの巻に収められている「書院造りと数寄屋造りについて」という論文においても寝殿造りと書院造りという様式として形式的な特徴を一三の項目にわたって即物的に記述し、それらの理想的な模型を比較し、それぞれの項目の組合せ方式によって個々の時代、個々の建築を位置づけようとする。そこにも私たちはすべての様式、すべての建築を見るつめたい眼を感じるだろう。それは建築を、人間に効果を与えてくるひとつの装置として等しく眺めようとする姿勢である。組立て部品の特徴を数え上げてゆき、日本建築をこのように即物的に分解し、その結合関係を追ってゆこうとする眼、これは明らかに今世紀初頭の機能主義を通過した現代人の眼である。それは「美しい顔、醜い顔、強い顔、弱い顔等々を目と鼻と口とが作り出すのであるごとく、美しい建築、記念的な建築、雄大な建築、その反対の建築、等々を柱と壁と窓と屋根とが作り出すのである」（「様式なき様式」『家と庭の空間構成』所収）といった近代の一作家としての堀口捨己の表明に素直につながってゆくだろう。そこにはひとつの建築に特殊な個性のあらわれを見ようとするよりも、要素の結合関係が或る固有な作品を生むに至る過程《プロセス》に対する関心、いわば様式という一定の文法の枠のなかで、形態が言語のように運用されるその方式に対する関心が見られることだといってもよい。それが以前に述べた建築を見る〈つめたい眼〉といった言葉と対応するものであり、堀口のさまざまの論述のキイの概念となっている〈構成〉という言葉の内容でもあろう。あの建築的な想像力が縦横に働き極めて興味深い論文「茶室の思想的背景とその構成」（『茶室研究』所収）では構成という言葉は例えば次のように使用される。彫刻や絵画で飾られた建築、パルテノンを「永遠なる美の規範」としているすべての建築を茶室と対比しながら、「茶室は建築的要素のみで、その用途に応ずる立体、あるいは平面の容積や、質量や、面や、線や、色調や、明暗で、その比例や、布局や、節奏で、空間的構成の美が常に茶の湯の事物的要素と不離に追求され、その結果独立した建築性の完全な相を顕現するに至ったのである」。この論文では、茶室という建築が効果を与えつづける機械としてどのように組み立てられ作動したかをつきとめようとする完全に醒めた近代の建築家としての論理が徹底している。その時、〈構成〉という概念は、一貫して日本建築の研究に適用された西欧的な意味での方法の概念である。一連の茶室研究は今世紀初頭の国際様式《インターナショナルスタイル》に見られる機能と表現の問題の一元的な完成を日本の伝統的な建築のなかに論理的に確認しようとする執拗な試みであったようにさえ思われる。ここには単なる歴史的な考証者であるというばかりではなく、現代の建築家としての構想力が働いている。そこから堀口捨己が日本建築との間に交した独特の対話の方法が浮び上ってくる。対話に費された限りない時間と莫大な作業の量が圧倒する。

堀口捨己の世界が必ずしも現実の創作のなかで充分に開花したという風に私には思われない。もっとつややかな感覚が日本建築の研究にむかっては開かれているからだ。たしかに実現した建築作品のなかにもつねに規則性の高い全体のなかに感覚的な、鮮かでキラリとした要素が挿入されはする。しかしそれが全体の理知的な構成のなかでしばしば浮き上って感じられるのはどうしてだろうか。時代の様式の限界なのか。しかし日本建築を復元する時に働く精神の想像力はもっと自由であり、感覚性がすみずみまでゆき渡る。桂離宮（『建築論叢』所収）の松琴亭の襖の張紙の大胆な藍色の市松模様に対応して、池にかかる朱塗の大橋を想像し、論証する過程にもそれは見られるだろう。建築家としての想像力は古典の世界に滑らかにしっとりと溶けこんでゆく。

私にとってやはり興味深いのは、日本の古い建築であれ、何であれ、堀口捨己にとって説明するということが作る一つの方法を、それも思考のみによって示すこと以外の何物でもなかったということだ。一人の研究者は現実の事態に対する時と同じように全力を挙げてその建築的な想像力を働かせることによって、まさにそれが構想される最初の瞬間にまで遡ろうとする。つまりそれは逆さまの創造ではないか。

建築の設計行為を決して芸談に還元することがなく、この世代の日本の建築家としては珍しく、極めて禁欲的に逆さまの創造と現実の創造との間の相互の変換過程を吟味し、繰り返し続けた人間として堀口捨己は私の注意を惹きつけて止まない。

（初出＝SD7903）

保存
——世界が直面している共通のテーマ

木原啓吉

SD選書147『**イタリア都市再生の論理**』（一九七八）
陣内秀信著

歴史的町並みを保存し、再生させようという機運が全国的に高まってきた。長野県の妻籠宿をはじめ京都、高山、萩など早くからこの問題に取り組んできた地域の住民運動と自治体活動は遂に一九七五年一〇月、文化財保護法の改正をもたらすにいたった。ここにはじめて歴史的町並みが、国の文化財として選定され、保存策が講じられることになった。以来、すでに全国で一四ヵ所の町並みが選定され、保存行政もようやく軌道にのってきた。

一方、文化財保護法の改正が、逆に住民や自治体の町並み保存に対する関心をかきたてたことも事実である。人々はあらためて歴史的環境の破壊が公害や自然破壊と並んで現代の環境問題の重要な課題であり、ひとたびそれが失なわれたあとの欠落感は、その人が地域に誇りを抱いておればおるほど深刻であることを自覚した。こうした環境観の変革のなかで人々は、これまで「見れども見えぬ」状態にあった身近な歴史的町並みの存在にあらためて気づき、その保存策を考えるようになった。

このような状況のなかで陣内秀信著『イタリア都市再生の論理』が出版された。古代以来の持続する都市文明を誇るイタリアで、都市の歴史地区がどのようにして保存、再生されてきたか、ということを知ることは、そのこと自体、読者の知的興味を十分に満足させるものがある。と同時に、今日のアクチュアルな状況のなかで、本書はわが国における歴史的環境保存の運動に貴重な指針を与えるものであることに違いない。私はこうした期待感をもって読み始め、そして息つく間もなく読み進んでいった。

イタリアは第二次世界大戦が始まるといち早く、ローマとフィレンツェとベチネアを「無防備都市」として世界に宣言し、軍事施設や軍隊の移動を禁じ、その結果、人類共通の遺産であるこれらの都市の歴史地区を守り通した。この伝統は戦後もひきつがれ、ユネスコを中心にする文化財保護の国際協力運動へと拡大した。「戦火から文化財を守るハーグ条約」も、イタリアの体験がもとになって締結された。歴史的環境の保存についての理念と方策を世界に示した「ベニス憲章」（記念物および遺跡の保全と修復のための国際憲章）も、その名の示す通り、一九六四年ベネチアで開かれたユネスコの会議で採択された。文化財保存技術者の世界的研修機関である「文化財保存修復研究国際センター」（通称ローマ・センター）もユネスコとイタリア政府の協力のもとに設けられ、各国の保存技術者にとって、まさに道は、ローマに通ずるの観がある。

このようにイタリアは歴史的環境保存の歴史のうえで、さらに国際協力という、世界的舞台の上で、常に中心的存在でありつづけた。そのイタリアに著者は一九七三年、イタリア政府給費留学生として渡った。東大工学部建築学科で建築史を学んだ氏は、ベネチア大学でムラトーリ学派の都市研究の方法を体得し、さらにローマ・センターで研修を受けた。そのかたわら国内の各都市を精力的に訪ね、保存・再生の仕事と取り組んでいる行政責任者、都市計画家などと直接、接触している。またポンペイの古代都市遺跡の発掘調査にも従事している。このように多方面にわたって勉学した成果が、この著書にふんだんに盛り込まれているのである。しかも単にイタリアの状況を紹介するだけでなく、常に日本の現状をふりかえり、わが国の直面している問題解決の方策を模索しつづけているところに本書の特徴があるといえよう。

第一章「保存再生理論の展開史」では「点」としての文化財から「面」としての歴史的環境へ、さらに生き生きとした生活の場である「歴史地区」へと、保存・再生の対象が拡大してゆくさまが述べられている。「今イタリアのどの大学の建築学部を訪ねても、そこにみなぎる一種独特の熱気にまず圧倒される。（中略）それぞれの専門のワクを越え、今や大きな社会問題となりつつある共通のテーマに正面から取り組もうとする大学人の真摯な態度なのである。同じような新鮮な驚きは、どの自治体の都市計画局を訪ねても体験できる。色どりも鮮やかな数多くの都市図面に囲われた大きな部屋には製図板に向かう若手の建築家たちの意欲的な姿が見られる。ここでいう共通のテーマとは、一般に〝歴史地区（チェントロ・ストリコ）問題〟と呼ばれている歴史的都市の保存・再生の問題である。そこには過去の建築・都市文化を継承しながら、人間の生活を包みこむ豊かな都市環境をいかに形成していくかという問題の全体が含まれているのだ」という。こうした著者の体験から本書は書き出されている。

もっとも、そのイタリアの都市も過去に、たびたび歴史的環境の破壊の危機に見舞われている。一八六〇年代にイタリアは王国が形成され、それまで独立してきた都市国家が統一された。一方、ちょうどそのころから産業革命が始まり、都市は近代化の波を受けて、城壁はこわされ、郊外へと拡大していった。また、既存の都市内部でも、新たな都市活動に見合った都市改造が進行した。さらに一九二〇年、三〇年代のファシズムの時代になると、社会的ヒエラルキーの確立をめざして中心の歴史地区に近代的都市改造が試みられた。あたりは権威的に飾り立てられる一方、そこに住んでいた町の文化の担い手である庶民は郊外へ追い出された。その際、為政者は、新しい建設を誇らしげに推進する条件として、単体のモニュメントを周辺の環境から切り離す形で保存した。それを「文化的アリバイ（言訳）」とイタリアではいっている。つづいて第二次世界大戦後、六〇年代の「奇跡の成長」のなかで、この国も、わが国同様、環境破壊の危機に見舞われた。本書ではそれに正面から立ち向ったA・チェデルナ、G・サモナの理論的業績が紹介されている。さらに六〇年代後半から七〇年代にかけて歴史地区に取り組む人々の姿勢が文化的価値から社会・経済的価値へ、歴史的・芸術的価値から生活の質、環境的価値へと転換されるプロセスが克明に書かれている。そこで著者は〝建築類型学（ティポロジア）〟という手法を紹介しているが、この手法はわが国の歴史的環境保存の運動にたずさわる人たちに対して有効な武器を提供するものと思われる。ここではあえてその内容にふれないので、保存・再生の運動に切実な関心をもっておられる読者は、ぜひ本書を読まれることによって体得されることを期待したい。

こうした展望のうえに立って第二章以下はナポリのヴィットリーニ、ベネチアのトリンカナート、ローマのモンタナーリ、ボローニアのチェルヴェッラーティなど保存・再生の第一線で活躍する都市計画家たちの活動を、その理論と実践の両面から描写している。読者はそこにイタリア社会の文化的レベルの高さと自治体活動の典型をみるだろう。私は本書が学界はもちろん、わが国の各地で保存運動にたずさわっている人々に広く読まれることを期待したい。自分たちが取り組んでいる課題が、現在、世界が直面している共通のテーマであり、イタリアをはじめ各国でそれぞれ真剣な模索がなされていることを知ることによって、運動への情熱を鼓舞されると考えるからだ。

(初出＝SD7905)

建築・コンテクスト・都市
──「建築」概念の拡がりの中で

長尾重武

『近代建築の歴史(上・下)』
(上巻＝一九七八、下巻＝一九七九、新装版＝二〇〇四)
L・ベネヴォロ著　武藤　章訳

レオナルド・ベネヴォロ著『近代建築の歴史』がこのたび完訳された。上下二巻、全部で約九〇〇ページにもおよぶこの訳業に敬意を表する。

近代建築史の「通史」として、本書は現段階で最良のものではないかと思われる。

私たちが建築史の研究を始めた一九六〇年代後半、すでにN・ペヴスナーの *Pioneer of Modern Design*, 1936［＊1］とS・ギーディオンの *Space, Time and Architecture*, 1941［＊2］の邦訳があったが、両者に対してにわかに賛同しかねた。それというのも、いずれも近代運動にたずさわった人々のいわば成功の物語であり、そのプロパガンダ的性格が顕著だったからである。彼らの情熱は伝わるものの、そこからはかなり遠くにいる、というのが私たちの実感だった。また通史とはいえないが、H. R. Hitchcock, P. Johnson, *The International Style*, 1932［＊3］や、これらといわば対決する形のBruno Zevi, *Verso un'architettura organica*, 1945などが、論争的には興味深いと思われた。

しかしながら、さらにのちの著作、特に一九五〇年代後半から六〇年代にかけてのいくつかの研究書には、あきらかに以上のものとは異なる視点を見てとれる。H. R. Hitchcock, *Architecture Nineteenth and Twentieth Centuries*, 1958、V. Scully, *Modern Architecture*, 1961［＊4］、それに一九六〇年の本書がそれらであり、同じ頃出されたR. Banham, *Theory and Design in the First Machine Age*, 1960［＊5］は、前三著とくらべてより限定された時期を扱ったものであるが、いずれも近代建築を対象化し、距離を置いた上で評価を行なうという立場が共通している。V. Scullyの前掲書をかつて私が訳出したのも、そうした時期のひとつの例を示したかったからに他ならない。ここにあげた三冊は、Hitchcockのほかは皆日本語で読むことができるわけである。これ以外で、近代建築に関する通史はJ. Joedickeをはじめとする若干のものがあるにすぎず、前述のものにくらべれば重要度は落ちるように思われる。それゆえ、ここでは以上のものと比較した上で、ベネヴォロの本書の特質を簡単に見てみよう。

Hitchcockの前掲書が、近代に建てられた優れた建築を網羅し、それらを設計した建築家の作家論を中心とした叙述を行なっているのは、あるいはそれが収められた『ペリカン美術史叢書』のとくに一五世紀以後の叙述と合わせることを意図したのかもしれないが、その限りにおいて、いわば百科事典的性格をそなえるものである。またScullyは、産業革命と市民革命にはじまる近代世界の建築を、それをつくりあげた建築家の構想の展開に主眼をおきながら、その近代的特質を規定しようと試みた。Banhamの場合は、表題通り、中心になるのが「理論とデザイン」であり、近代の形態とそれを生み出した理論を解明しようとした。時期を限定した上で行なわれた深く詳細な論及はすでに定評がある。ところで、これらは、乱暴な括り方をすることが許されるなら、いずれも近代建築の「形態」とそれをつくりあげた建築家の歴史と言い得るのではないだろうか。

「形態」の問題が重要なことは言うまでもないことだが、もし、歴史がそれのみに限定されるとすれば、建築の広範囲な問題を脱落させてしまうことになりかねない。ベネヴォロが回避しようとしたことこそ、まさしくこの点である。「建築は、人間の生活を取り巻くすべての環境についての考慮を意味している」というウィリアム・モリスの言葉を引きながら、彼は「建築」という言葉をその最も広い意味で用いてみようと言う（上巻八頁）。事実、近代の建築活動は従来の安定した関係から脱け出て、多様化し、拡大していることは確かである。

本書の序章と終章の書き出しは、訳者も記しているように、きわめて印象的である。すなわち前者にはフランス革命後の建設労働者の争議、後者にはAIA一九四九年大会における新規約、建築家と建設請負業の分離に関する論議がなされ、建築をめぐる政治・経済的側面が大きくクローズアップされている。さらに注目すべきことは、ベネヴォロが建築を都市というコンテクストの中において把握するという一貫した姿勢を保持していることである。たしかにScullyもアーバニズムに重要な関心を寄せているが、ベネヴォロの考える都市は、いっそう政治・経済・社会的観点に彩られている。全部で五部からなる本書のはじめの二部は「産業都市」という点から立論しており、その部分が他にも増して生彩を放っているようにみえる。

さらに、建築の評価を都市への貢献という点からしようとしていることを見逃すわけにはいかないだろう。トニー・ガルニエに関して、「彼は建物を孤立した物体とは考えず……窮極の目的は都市自身の利益であること、そして建物は都市の生活に役立った時にのみ重要であることを念頭においていた」（上巻二七〇頁）と述べる時、これはまさにベネヴォロ自身の考えだと思われる。そして、この点から彼はガルニエを高く評価するのである。またル・コルビュジエのユニテ・ダビタシオンをめぐる評価を同様の都市的観点から行なっているのもそうした姿勢を明確に表わしたものである。

一昨年の秋、イタリア留学のためローマに到着して、最初に購入した本がベネヴォロの*Roma oggi*, 1977（『ローマ、今日』）だった。永遠の都ローマに関して出版される本は実に夥しい。そうした中にあって、ベネヴォロの本は、過去の栄光に対する歴史的な追想や感傷をやめ、現に人々が生き、今なおダイナミックな変貌を遂げつつあるローマを、この一〇〇年の間に行なわれた都市改造の点から見て、その問題点を鋭く抉り出した。その記述は、ローマ旧市街を中心として、郊外の開発を含み、彼自身によるかなりラジカルな提案で終っている。ローマに関する書物のほとんどすべてが、特殊なローマの事柄について書かれているのに対して、ベネヴォロの本は、近代都市が、いかに旧市街、周辺を破壊しつつ成立してきたかを明らかにしている。それゆえに、ローマについて読みながら、私自身の都市東京に思いを馳せていた。

すでにベネヴォロの『近代都市計画の起源』［＊6］が訳されているので、彼の都市論は知られているにちがいない。ベネヴォロは、建築を形態的価値に限定することなく、都市に対する問題意識を常に中心にすえつつ、建築について論及してきた。『近代建築の歴史』下巻において近代運動について言及する際にもそれは変わらない。近代運動は決して全般的な運動ではなく、限定された多様な実験であって、それらは最善のものというわけにはいかず、せいぜいのところ、より良いというべきだと考える。そこに描かれているのは近代運動の栄光の歴史ではなく、むしろその限界である。また近代運動が達成した都市的試みを多く書き込んでいるのも本書の特長となっている。様々な実験のあとで、彼はさらに近代運動を大きく発展させるべきであること、その場合、芸術的伝統の断絶ではなく、逆に文化遺産の継承を重視することが肝要であるとして本書を終えている。

一九六〇年に初版が出て以来、各国語に訳され、四度にわたる改訂、特に大幅な書き直しがなされた一九七一年版が、すでに一九七八年には八版を重ねている。今後また改訂されるにちがいない。それに応じて、本訳書もまた改訂されていくことを期待したい。

（初出＝SD7909）

＊1　『モダン・デザインの展開』白石博三訳、みすず書房。
＊2　『空間・時間・建築』太田實訳、丸善。
＊3　『インターナショナル・スタイル』武沢秀一訳、鹿島出版会。
＊4　『近代建築』長尾重武訳、鹿島出版会。
＊5　『第一機械時代の理論とデザイン』石原達二・増成隆士訳、原広司校閲、鹿島出版会。
＊6　『近代都市計画の起源』SD選書、横山正訳、鹿島出版会。

浮揚し流動するバロック空間

井上充夫

『建築史の基礎概念』(一九七九)
SD選書240(二〇〇五)
P・フランクル著　香山壽夫監訳

一九七〇年の夏、私はアメリカの建築史家協会(SAH)のバヴァリアン・バロック研究旅行に参加して、西ドイツ南部のバロック建築を見てまわった。そのとき訪ねた数々の教会堂や修道院や宮殿建築の印象は、私にとって忘れ難いものである。とくにそれらの建築の内部空間の造形的効果は驚嘆すべきものであった。大洋の波濤にも似たダイナミックな空間のうねり、キラキラ光る飛沫をあげながら殺到する波頭のような形象の大群、あちこちから轟音の響きわたるような騒然たる空間。これらのものが私たちの眼をくらませ、心を陶酔させるのであった。本書の原著者パウル・フランクルは、このような中央ヨーロッパのバロック建築を核心に据えて、構想をまとめている。プラーハで生まれ、ミュンヘンで学んだ筆者の青年時代の著作として、これは当然のことのように思われる。

パウル・フランクルはハインリヒ・ヴェルフリンの弟子である。本書の内容が「様式論」であり、「人名なき美術史」である点、正しくヴェルフリンの継承である。しかし、フランクルがヴェルフリンと大きく異なる点がふたつある。その第一は、ヴェルフェリンが建築を彫塑と同じく、実体形式すなわちマスとしてとらえ、主として建築の外観について論じたのに対し、フランクルは「内部空間」を建築の最も重要な造形的要素としてとり上げた点である。

第二は、ヴェルフリンが近代美術史を「ルネッサンス対バロック」という二元的対立としてまとめたのに対し、フランクルはこれを四段階に分けたことである。ただしこのうち、一九世紀を扱った第四期は、アッカーマンも英語版序文で指摘しているとおり、無くてもよい部分である。したがってフランクルの時代区分の特色は、バロックを二期に分けて、第二期(一七世紀、狭義のバロック)と第三期(一八世紀、いわゆるロココ)とし、これらを第一期(ルネッサンス)に対立させた点にあるといえる。つまり、フランクルはヴェルフリンよりも、バロックに大きな比重を与えたといえる。このことは、二人の価値観の相違を反映するものであろう。

本書のなかには、読者をハッとさせるような、著者の鋭い観察力と感受性を示す叙述が少なくない。それらを二、三拾ってみよう。

たとえば、ルネッサンス建築の理想型を示すものとして挙げられたレオナルドの建築スケッチやブラマンテのサン・ピエトロ計画図について、フランクルは、それらの内部空間が外界とは独立し完結した宇宙を構成するものであることを主張するが、これらの建物に穿《うが》たれた「入口」に関しては、つぎのように説明する。

……すべての入口は必要悪として存在するのである。このような教会堂にゆっくり進入し、その中心に一歩一歩近づいてゆくということは考えられない。おそらく、あたかも魔術によったかのように、ひと跳びにその中心点に達し、そのような幾何学的構成において具現されているかにみえる独特な静かさ、すなわち隔離されて落ち着いた独立性を体験することになるのである。……確かに、そこには、動線のための連続的な通路は存在しているが、それらは美学的には存在していない。……（七三頁）

また、バロック教会堂の内部空間の重要な構成要素として、ギャラリー（階上桟敷）やコレッティ（劇場の貴賓席のような小ギャラリー）やブリッジ（以上のものなどを継ぐ橋）等をとり上げ、その発展を詳細に跡づけているのも本書の特色である。これらのギャラリーやブリッジは、いわば空中に浮遊し棚引《たなび》く雲であり、虹であって、それぞれに固有の高さの水平層を形成しながら、内部空間を上方に向かって展開させてゆく。このような効果が徹底的に追求され、かつ実現されたのは第三期であり、ドレスデンのフラウエンキルヘや、ハンブルクのミハイルキルヘはその代表作である。フラウエンキルヘでは、数多くのギャラリーが五重の層をなし、

それぞれのギャラリーの手摺は幾分か異なった形を描く。このために、この教会堂の空間的核《コア》は、各レヴェルで異なる平面《プラン》をもつことになる。……空間の核は、各レヴェルでの形の変化にともない不確定である。そ

のさまざまな突出は、空間全体を連続的で任意に分割可能な流体として理解したときにはじめて統一される。……（一五二頁）

また、ミハイルキルへでは、二階桟敷が発育して連続した一枚の床面《ゆか》を形成し、そのため一階座席の上部が吹き抜きになったような効果を示す。しかも、二階桟敷の縁《ふち》は手摺とともに彎曲して波状にうねる。このことをフランクルは、「一階レヴェルとヴォールトの中間には、どちらにもはっきり属さない凸状の空間の核が浮遊している……」（一五四頁）と記す。

また他方、「世俗建築」の章で最も興味をひくのは「階段」の発達に関する考察である。ルネッサンス時代の階段室は一般に、ひとつの階を他の階に結びつけるための、壁とバレル・ヴォールトで包まれた暗く細いチューブのようなトンネルにすぎなかった。ところがバロック期になると、フィレンツェのラウレンチアーナ図書館のように、入口ホールの中央に独立的に置かれた階段が出現する。第三期にはこれがさらに発展し、ブルッフザール城の大階段室にみるような壮大なものに到達した。この階段室は、建物の中軸線上の最も重要な位置を占める独立した楕円形の一室をなす。階段はこの室の両側に沿って上昇し、中央部には上階と同じレヴェルの楕円形の踊り場が、中空に浮かんだ円盤のようにとり残される。フランクルによれば、この階段室は、空間の分割の完璧な実例である。その楕円形の踊り場は、二本の半楕円形のフライトによって形成されている空間の核を水平方向に切っている。それを昇りながら、われわれは空間の断片を見るが、われわれはそれを全体の中に投影するように仕向けられる。……（一七九頁）

ここで、空間の「分割」という言葉が用いられているが、これはフランクルがバロック時代（第二期・第三期）建築空間の特色を言い表すために用いた重要概念である。すなわち、ルネッサンスの構成原理は「空間付加《ラウムアディチオン》」であるのに対し、バロックのそれは「空間分割《ラウムディヴィジオン》」であると規定する。ただし、ここで注意しておきたいのは、フランクルの用いた「分割」の概念は、日本人が用いる場合の「分割」の意味と、かなり趣が違う点である。たとえば、われわれは日本の民家にみるような単一の長方形プランを幾つかの室に区切ることを「分割」とよぶが、フランクルの「分割」には、そのような分節的な意味合いはない。それはむしろヴェルフリンの五対《つい》の対《つい》概念のうちの「統一性《アインハイト》」に近い概念で、「部分よりも全体が優先すること」というふうに理解する必要がある。

同様の注意は「リズミカル《リュトミッシュ》」という用語についても必要である。この言葉は、たとえば初期キリスト教会堂のネイヴとアイルの境の円柱列のように単純で一様な反復形態に対しては用いられない。そうではなくて、単位の小形態が幾つかの中心のまわりに凝結し、系列全体が幾つかのグループに分裂した場合にのみ用いられる。したがって、ある長軸型教会堂の内部空間が「リズミカルである」と言われる場合は、それがルネッサンス建築の理想型である中心型教会堂と同様の構成原理から成っている、という意味である（六一頁以下）。

またフランクルの用いる「凸《コンヴェックス》」と「凹《コンカーフ》」という言葉も、われわれの用語法からいえば逆である。「突状の空間」というのは、たとえばギャラリーなどがネイヴに向かって内側に突出した場合のことを指しているが、これは、内部空間を主体として見れば明らかに「凹状の空間」でなければならない。ところがフランクルでは、ヴァイオリンケースのように中ほどのくびれたプランの教会堂が、「凸状の空間」の部類に入るのである（一三一頁）。このことは窓やコーニスの形を記述する場合も同じで、たとえば「『くられたカーテン』のように凸状」の形というのは、実は日本の寺社建築の反《そ》り屋根のように上方に対して凹曲線を描く形をさしている。これを誤解すると文章の意味がわからなくなる（二四八頁以下）。

以上、本書について思いつくままを記したが、とにかく、本書の日本語訳が出たことは何よりも嬉しい。第二次世界大戦直後ごろまでの日本では、「バロック」とか「ロココ」といえば、そのまま直ちに「罪悪」を意味した。これは日本の建築界の異常体質からきていたのであろう。これが正常化するためには大変に永い歳月が必要であった。このたびようやく本書のような内容の著作の日本語訳が出版される機運を迎えたのは、まことに感慨無量である。翻訳にあたられた諸氏の骨折りは並大ていのものではなかったと思う。とくに日本語訳を見て感ぜられることは、翻訳者の諸氏が心からフランクルの所説に共鳴し、感動し、情熱を傾けてこの仕事に尽力されていることである。その結果として、図版は原著の五倍にもふえ、頁数も倍近くになっている。そのお陰で大変読み易い本となった。ただし本書は内容の性質上、本文と図版をたえず対照しながら読んでゆく必要があり、またつぎつぎと出てくる術語に対しても多少の予備知識があった方がよい。このため読者は、本書を全部通読するのにある程度の努力を払わねばならないであろう。しかし、本書を通読することによって得られる収穫は、費やされた努力とは比較にならないほど大きいはずである。

（初出＝ＳＤ8001）

都市を見て クリエイティブ・リープ

六鹿正治

ＳＤ選書162『**見えがくれする都市**』（一九八〇）
槇 文彦、若月幸敏、大野秀敏、高谷時彦著

「ものをつくる」建築家がやるべき研究というものは、こういうものだというひとつのモデルである。

世の中にある科学的に厳密な多くの分析的研究の成果を総合して、一貫性のあるコンテクストを与えるには、ある種の洞察力や勘の冴えと同時に、一種の大胆さと楽天性が要求される。ひとつひとつ絶対にゆるぎないものを積み重ねて何度も足もとを確かめ、振り返りながら、おずおずと這い上がっていくのとは違う能力、いわば、ある地点から先を信じて、パッと思い切りよく飛び上がってみる能力。そうすると、世界の全貌が一望できるほどの見晴らしのよさに驚く。こういうものをcreative leapクリエイティヴ・リープという。そして「ものをつくる」建築家の誇っていい能力のひとつ、文化に貢献できる能力のひとつは、まさに、このcreative leapができることにあると、私は思う。

この本は、関係諸分野の大量の文献の地道な読みこなしと、実際の都市・建築の観察作業を重ねた上で、優れた頭脳たちの見事なcreative leap（それも、複数の人々のもつ異なる性質のcreative leapの相乗効果）で花開いたものと言うことができる。このcreative leapでは見晴らしがよくなっただけではない。「ものをつくる」ときの目標が見えはじめてきたため、「つくる」建築家にとって、次の創造への契機をはらむものが生まれたと言える。この意味でも、

冒頭に述べたごとく、「建築家のやるべき研究のモデル」ということができるものである。

第一章〈都市をみる〉は、以後の各章のエッセンスをふまえた総括的な議論である。そして同時に、広くは都市を見るまたは都市のかたちを理解するということの意味について、狭くは、この研究そのものに対する基本的姿勢について述べられている。

都市の構造とは、「地域社会特有の文化の中に存在する集団意志によって規定されていく構図」であり、都市を理解するには、このような「都市形態の背後にある下図の読み取り」からはじめるべきであるとの主張が行なわれる。ところが、その「背後にある下図」は、いつも明白に姿をさらしているわけではない。たえず、「見えかくれ」しているのである。その「見えかくれする都市」から形態の原則を抽出し、仮説として積み上げ、形態背後の高次の文化的コンテクストを認識していこうとしているのが、まさに本書である。そして、都市を「見る」、「識る」ということは、すなわち、「文化のオペレーション」として都市を理解することでなければならず、都市づくりに携わる建築家にとって、「つくる」ことへの有力な手がかりとしたいという意図が表明される。

この総括的議論を受けて、続く各章で視点をいくつかの事象に絞って、具体的な議論が展開される。

第二章の〈道の構図〉では、江戸・東京の街路の観察を通じて、街路パターンの特性を発見しようとしている。ここでは、「つなぐ」道と「区画する」道、「ポジティブ」な道と「ネガティブ」な道という分類が行われているほか、道の交差のしかたや格子状パターンにおける日本的特性についても述べられている。

第三章〈微地形と場所性〉においては、江戸の地形が現代東京人が漠然と思っているほど平たくはなく、「六十尺のコンター（等高線）に代表される丘陵群と、堀を含めた水系がつくりだす微地形のしわに対応した二十八の領域から成り立っていた」とし、さらに、江戸の町が、実は、この微地形を下絵とし、場所のもつ潜在力を生かしながら形作られていったとしている。そして、場所の固有性、すなわち、場所性を強める微地形の扱われ方を、江戸の町づくりの中に読みとりながら、ビルの林立で混乱でしかなくなってしまった現代東京の町の背後に見えかくれする、西欧や近代の都市づくりの原理とは全く相貌を異にする文化的原理に、光をあてようとしている。

坂のもつ意味。微地形に従ってできた江戸の坂と、幾何学的グリッドが地形に一方的にかぶせられてできた桑港《サンフランシスコ》の坂との意味の違い。同じ幾何学的グリッド・パターンでも、江戸下町に見る町割には、微地形や自然のアイストップに応じて、軸線がズレあっていること。領域の閾として、微地形や特異点を際立たせること。等々が次々に述べられる。そして最後に、山や丘、あるいは緑生い茂る盛り上がった地形の宿す信仰的意味と、町または集落の構成との関係について述べられる。さらに、それから発展して、日本の集落においては、「中心」の概念や同心円的ヒエラルキーが欠除し、むしろ、自然の深さの中に消え入る「奥」という概念や、それへの方向性をもつ経路的ヒエラルキーが存在すると論じている。

第四章〈まちの表層〉の関心は都市の街路風景である。なかでも、焦点を住宅地に絞り、住宅地の表層を四つの型に類型化して説明する。四つの型とは、「お屋敷型」「町屋型」「郊外住宅型」「裏長屋型」であり、それぞれの空間構成の特色が、適切な図を散りばめながら論じられる。その中から、各型における住居と自然とのかかわりあいの違い、道空間のあり方の違いについても明らかにされる。

次いで、日本の街路風景をつくる表層が「薄い平面」あるいはその重ね合わせでつくられていく特徴があること、そして、「すき間」の存在が日本のまちの表層の質を決定していることが述べられる。

第五章〈奥の思想〉は、すでに各所で暗示された「奥」という概念を発展させて統一的に論じた、空間概念の文化論であり、全体のしめくくりとなっている。ここでは、西欧その他の世界にある「中心」という思想と比較しながら、「奥」の思想が日本独特の空間概念であることが明らかにされる。

都市づくりが、茫漠たる空間からある一点を聖化することからはじまり、その場所の聖化が、象徴としての宇宙軸を文字通り住む世界の中心に据えることによって保証されるという世界。そういう世界において歴史的に培われてきた、「中心」という顕在化した空間概念。そして一方で、空間のひだの重層、そして屈折した道行きの先の闇の中に深く横たわる「奥」という、日本特有の空間概念。そしてその諸相。

日本人という集団の深層意識に根ざした文化特有のイ

マージュである「奥」。この「奥」の概念を、日本の都市を「識る」鍵とした上で、著者は、現代都市の構築にかかわる建築家として、「つくる」ことへの有力な手がかりを得たと結んでいる。

いや、この本は「つくる」ことへの手がかりはもちろん、これからもっと「識ろう」とする人々にとっても、一層深い研究への無数の手がかりを与えてくれるものである。しかもこれは、いま本格的にはじまったばかりの、きわめてチャレンジングな新しい研究分野である。

最後に、私事にわたるが、本書の序の中で槇文彦氏が述べておられるように、実は私も、この本の前身である、東レ科学振興会に提出された「望ましき住環境」報告書『場所性とその日本的特性』（一九七八）の作成のための研究グループに参加させていただき、場所性という見地から、Genius Lociという言葉をたよりに、土地の守護霊、場所の聖化、宇宙軸、山、中心、囲郭、格子状街路等々について考え、グローバルな空間概念の比較論を執筆させていただくという幸を授かった。今回出版されたこの本の中にも、当時考え話し合った事柄が諸所に散りばめられていることに、遥かな感慨を禁じえない。

（初出＝ＳＤ8010）

名著との再会

向 秀男

『口紅から機関車まで——インダストリアル・デザイナーの個人的記録』

（一九八一、初版＝学風書院、一九五三）

R・ローウイ著　藤山愛一郎訳

なんとも懐しい名著との再会である。本書の復刊によせて榮久庵憲司氏は「わが青春のローウイ」と呼んだ。まさに、初版が発刊された昭和二八年は、底抜けに明るく、未来への可能性をまったく疑わせないアメリカ文明が滔々と日本に流れ込み、移植を始めた頃で、いま先達と呼ぶにふさわしい日本の第一線のデザイナーたちの青春の時代に符合していた。

それまで、敗戦にうちひしがれて飢えに耐えるだけが精一杯の日常に閉塞していた日本人にとって、鮮烈でシンプルな風貌のラッキーストライクや、コカコーラ、見事にコンパクトされたレーション（食後のタバコまで詰められた軍隊用携行食〉や、ジッポーのライターなどは文明の証明のような羨望の的であった。その耐乏のトンネルを抜け出して、光に立ち向かった時代だった。あらゆるジャンルのデザインが目を覚ました。『口紅から機関車まで』は、未来を啓示してくれる福音書として迎えられたのは当然だった。

もうひとつ、訳者の藤山愛一郎氏が、後の外務大臣、当時の商工会議所会頭であったことも画期的な出来事でもあった。経済界の指導的立場にあった氏が、デザインを凝視し、評価し、愛情を注いで翻訳するという行為は、産業界が深くデザインに関わる可能性を暗示しているように思えた。デザイナーたちにとっては、なにもかも夢に満ちた時代でもあった。

榮久庵氏は推薦文中で「ローウイは言う『製品をもっと美しくしなければならず、また美しくすることによってコストも下げられる』。私たちが金科玉条としてきたこの教養、この信念には、近代デザインの思想と方法とがドイツで理論化され、フランスでいろづけられ、アメリカで開化した、インダストリアル・デザイン展開の経緯がこめられている。ちかごろ文化の〈事業〉化、文化所産を商売にすることがさかんである。文化の事業化と、事業の〈文化〉とはまったく意味がちがう。ローウイは事業の、商工業の〈文化〉化に挑戦してこれを成しとげた最初の人、近代産業に文化をになう役割を与えた、という意味でまさに巨人である」と評しているが、けだし名言であり、本書はその実証の日記である。

フランスのめぐまれた環境に生まれ育ったローウイの、ラテン系の血が、アメリカの産業土壌との出合いで開花した記録であり、ドイツのストイックなまでの自己規制をした鋭くて、端正な合理性とはやや異なった、感性の機能主義を嗅ぎとれるというと独断だろうか。

内容は二六の項目が三つの章にまとめられている。小見出しだけでシズルを感じると思うので、その幾つかを紹介すると、「伍長ローウイ」「青春」「性と機関車」「ファッション挿絵画家」「摩天楼の事務所」「アメリカの料理」「爪楊枝から機関車まで」「ヴァイオラ・エリクスン」「保健法」「何処へ」などがある。この見出しは、あえてデザイン発想や、理論、方法論と必ずしもダイレクトには関わらない部分を選んだのだが、ローウイという人物の人間性、人生観などを髣髴とさせる興味深い項である。

それらのエピソードはこうしてはじまる。第一次大戦に参戦し、復員後、アメリカ行きを思い立ったローウイ大尉が、胸に十字勲章を下げて大西洋を渡るのだが、その船中で戦争遺族援護のためのオークションが行われる。提供する持ちもののない彼は、甲板を散歩する魅惑的な女性をペンとインクでスケッチして提供するのだが、一五〇フランの高価で競り落とされる。その競り主がニューヨーク駐在の英国領事で、この出合いが雑誌『ヴォーグ』のイラストレーターになるきっかけだった。

フランスで学んだ環境、通学の列車の一等コンパートメントでの人妻との間で起こった口づけの初体験から、小見出しにあるとおり、愛妻ヴァイオラ・エリクスン物語や、カリフォルニアの砂漠に、リビングルームにプールのある別荘をつくり、朝起きるとフランネルのバスローブに身を包んで、車を駆って近くの温泉で汗を流すといった生活。そこでのパーティにはハリウッドの俳優たちがやってくる。そして「ヴァイオラと私は、夏はフランスで過ごす。しばらくはラ・サンスで、残りを地中海の沿岸のサントロペの漁村で過ごすのが常だ。私たちはそこに、水際の低い崖の中腹に建てた夏の家を持っている。家の一部は海中に立てた柱の上にのっている」と。海はコバルトに光り、二五年もいる料理女のアンナは南仏料理の名人であり、自家用の桟橋には快速艇が係留されている、となる。こうした生活描写は、鼻もちならぬ成功者のスノビズムを感じそうだが、色や、香りや、音や、手触りなど、ローウイのデザイナーとしての繊細な感性がキラめいて、臭気は消しとんでしまう。

私はあえて私生活の部分を先行させたが、実は、八ポイントの活字でびっしりと組込まれた杉浦康平タイポグラフィーによる四三〇ページにもおよぶ大著の他の大部分が「物語デザイン論」なのである。胸を躍らせて上陸したニューヨークの摩天楼や、四〇階行き急行エレベーターとの出合いの感動は、あらためて周囲を見まわしたとき、「残忍な衝撃」に変わる。「あらゆるもののべらぼうな尺度、その粗野さ、その厖大さは威嚇的だった。むき出しの電光は目を昏まし、地下鉄は轟々と響きわたる凶悪な力の塊りで、路面電車は化け物のようなそして騒々しく突走る鋳物の塊りだった」と気がつく。この居たたまらないクリティックがローウイのデザインの世界を生み出してゆく。

「機能と美の関係について近年大いに論じられている。

通説は、機能的に正しいものは当然その姿態も正しい筈であるとか、機能のよいものは外見もよいというのである。こういういい方は、しかし、必ずしも真実でないのだからもう少し説明を要する——デザイナーの万能の試練は、彼がよく秩序のうちに単純さを確立し得るか否かにある」として、資材の節約への最大の考慮、重複が混乱の本質だから、部品や支持物、贅物を除去して結合するといった「本質への還元」を説く。

一方、「外殻（シェル）テクニック」を擁護して、醜さに簡素で単純な覆いを施すことは美的に妥当だと考え、「覆い自体何事かを成就しているのである。つまり、それ自身機能的になる。混乱の抹消」という。

ローウイ自身が〈インダストリアル・デザイナーの生涯の得意な日〉とタイトルをつけた時速一二〇マイルのペンシルバニア鉄道の機関車の上に立つ写真が挿入されているが、幼少の頃から熱愛し続けてきた機関車のデザインの仕事が、駅の屑籠の注文がアプローチになった挿話、第二次世界大戦後の労働力の吸収を予見し、自動車に着目してデザインしたスチュードベーカーの開発、それらがスケッチから粘土で四分の一に造型され、原寸大の粘土、そしてその石膏塑型や木製木型に移されてゆく経過が軽妙に語られる。あらゆるデザイン領域にわたり厖大な量を手がけたケーススタディのサクセス・ストーリーの観がなくもないが「迷惑そうな聞き手を次から次へと訪問して回る暗澹たる日の連続」「小さな町工場のベルを次から次へと押してまわった中西部州への仕事探し」「スケッチを一杯詰めた鞄を抱えて厭な臭いのする電車に揺られながらほっつき歩いたシカゴ」など「早く忘れ去ってしまいたい」回想も正直に告白する。

それらの行間に、デザイン・プロダクションのシステム、運営の実際、スタッフの協働、受注から完成への進行など、具象的な姿が浮彫りにされてくる。

初版からざっと三〇年の歳月を経た今日、ローウイのデザイン哲学は普遍化され、もっと進化していると思う。しかも生産物は当時の比でないほど拡がっている。しかし実証的に具現化されている作例は乏しいといわざるを得ないのではなかろうか。この本は自社の製品にNever Leave Well Enough Aloneと考える実業人の増殖に役立てたいものである。

（初出＝ＳＤ8107）

文化史的市民権を得た風土建築

八木幸二

『驚異の工匠たち——知られざる建築の博物誌』

（一九八一）

B・ルドフスキー著　渡辺武信訳

系譜なき建築

著者は『建築家なしの建築』『人間のための街路』『キモノ・マインド』『みっともない人体』など既に多くの訳書が出ているルドフスキーである。その視野の広さと、視点のユニークさは建築評論家というより文明評論家と呼ぶにふさわしい。著者も述べているようにこの本は『建築家なしの建築』の延長線上にあり、主に写真集であった前著に対し、ヴァナキュラー建築論を展開している。アカデミックな建築史では無視され続けてきた、正統《インフォーマル》でない、系譜から外れた《ノンペディグリード》、いわゆる風土建築《ヴァナキュラー》に文化史的市民権を与えようとする著者の努力は、四〇年以上前から続けられていた。

この本の原書は一九七七年にロンドンとニューヨークで出版されたが、その一部は一九六七年と一九七一年にアメリカの雑誌*HORIZON*に掲載されたものである。また、構想と図版の多くは一九六四年ニューヨーク近代美術館で催された〈建築家なしの建築〉展に負っていて、この展覧会は実にその二三年前の一九四一年にルドフスキーが一度企画立案したものだったという。その時は、近代と称する美術館には不向きな企画だということで没になったのだが、二三年後に実現してみると大成功を収め、一一年間に亘って世界の八四ヵ所で展示された。

歴史に名をとどめない工匠《ビルダー》たちが、世代から世代へと受け継ぐことによって完成させて来た造形美が人々の心を捉えたのであろうが、その素地として、合理主義、機能主義に走りすぎた近代建築への不満がくすぶり続けていたと考えられる。

ルドフスキーの視点は単なる回顧趣味ではなく、文化の相違を認識した上で多様な例をあげて、一見軌道に乗っているかに見える現代建築の動きに対し、他にもまだこんなに沢山の軌道があるのだということを示している。それは必ずしも合理主義を否定するものではないが、効率の良さのみがすべてを律する現代社会への批判である。

合理主義、効率主義の結果としての近代建築を語るのに、フランスの建築家ギィ・ロッチェは単位面積を架構する建築軀体の重量をあげている。彼の計算によれば、エジプトの神殿は三〇〇〇kg/m²、ギリシア二〇〇〇kg/m²、ローマ一五〇〇kg/m²、ビザンチン一〇〇〇kg/m²、ゴシック三〇〇kg/m²、現代四・五kg/m²、フライ・オットー二・五kg/m²であり、ニューマチックではマイナスとなる。数値については異論があるかも知れないが、洞窟に始まるヨーロッパ建築の系譜が、このようなオーダーでの軽量化の系譜であったことは確かであり、軽量化の過程で何か大切なものを置き去りにしてきたのであろう。

このように軽量化してきた石の文化圏に育った著者は、マッシブな重量感に傾倒している。それは第一章〈洞窟を讃えて〉のみでなく全体を通じて見られる顕著な傾向である。と同時に、石の呪縛から解放されたいという潜在意識が有るのか、極端に軽い架構にも魅惑を感じているようだ。樹上住居や動物界の野生の建築テント、そして建築とは言い難い凧までも例に出している。

風土建築を、洞窟、野生、遊戯、移動、倉、城塞というキーワードで論じた後、消えゆく風土性が正当に評価されていない点を嘆く。観光資源、博物館などとして新しい価値が出てきている風土建築も、果たしてそれが正当な評価なのか。全く消え去ってしまうよりは存続した方がよいだけなのか。生活様式の変化は無視出来ないものであるし、風土建築の生まれた基盤と現在の状況とは大きく異なっているのだから当然住み方の変化はある。ルドフスキーはイタリアに六年住んでいたし、ヨーロッパ、中近東などにおいて、歴史の遺産が現在どのように使われているかを見ている。神殿や城塞などの系譜正しき建築が観光化しているのに較べて、アノニマスな住居は今も歴史を背負って人々の生活の場として生き続けているのを見、〈不法占拠への讃歌〉と言いたくなるのがよく分かる。

由緒ある城、宮殿、教会、コロセアムなどが、ある時期に廃墟と化し、住民がそこに住みついて活性化している例は枚挙に暇がないが、こうした昔日の不法占拠者を、歴史的記念建築の修復保存という名の下に立ち退かせることが果たして良いことなのか。ギリシア神殿の上にオマイアド朝のモスクが建ち、ローマ時代のグリッド道路とアラブ的袋小路が混在するダマスカスの旧市街など、一体いつの時代に戻せば歴史保存と言えるのか。

環境適応

風土建築はその土地の気候に適した環境調節装置であった。風、雨、日射などの自然事象を受容するか否かは、地域のエコロジカルな条件によって決まっていたのであり、プライバシーの確保、共同防衛などの人為的事象や、土地の起伏、ローカルな素材、技術などが総合されて自然の原理と人間の恣意の間に一種の平衡状態が保たれていた。科学技術万能主義の結果始まった新たな平衡状態は、完全空調システムに見られるように、自然の一部を切り取ってその限られた空間内における人間と人工環境の間の平衡状態である。これは見かけの平衡であって、自然系全体としては徐々に付けが累積している。

見かけの平衡状態を謳歌している近代建築の基本的思想が問い直されているのは、それが本当に人間のためなのではなく、労働効率、経済効率の向上のためであって、エネルギーの無駄使いだけでなく、自然と人工の環境変化に適応出来ない人々にとってはむしろ害になっているからである。

〈ささやかな部分の重要性〉としてルドフスキーが指摘している気候適応の例は、いわゆるパッシブな手法であり、日本の伝統的住居における風通しの良さをはじめ、今日でも十分考慮されなければならない点である。建築家や工匠たちがこうした手法を心得ているのが当然であった時代は、それほど昔ではない。建築学が学問として完成して来た過程は丁度近代の工業化と軌を一にしており、その効率至上主義ゆえに、パッシブな考え方は置き去りにされてきた。幸か不幸か、エネルギー危機がもたらした今日の状況は、かつての自然と人間の平衡状態をもう一度見直し、そこから何かを学び取ろうという機運を生み出した。

ルドフスキーは、今の建築教育においてこうした風土建築の意味を学ぶ機会が少ない点を指摘していると同時に、それ以前の、子供の頃から遊び心も畏縮してしまっていると嘆く。確かに、商業主義の囚人となっている子供が大きくなって〈驚異の工匠たち〉になれるだろうか。レゴLEGOに似た積木風プレファブ建築の建築家にはなれるであろうが。

最後に、訳者の渡辺武信氏は建築家であり詩人でもある。さすがに訳文が滑らかで、いわゆる訳文調の読み辛さがない。『SD』で連載されていた時より読み易くなったような気がするのは気のせいか、本の体裁のためか、それとも訳文に手が加えられたのだろうか。（初出＝SD8108）

環境技術と建築
——歴史への正当な位置付け

小玉祐一郎

『環境としての建築——建築デザインと環境技術』
（一九八一）SD選書260（二〇一三）
R・バンハム著　堀江悟郎訳

原著は一九六九年に出版され、名著のひとつとされている本である。六九年といえば大阪万博の前年であり、読者もあの高度成長時代の熱狂を頭の片隅に思い浮べておく必要があろう。本書の主たる目的は、著者が述べているように空気調和や人工照明といった新しいテクノロジーの出現、進歩に正当に対応できない建築家、正当に歴史の上に位置づけられないでいる建築史家に対して認識の変更を迫る挑戦であるといってよいと思うが、他方、そのために著者が行なったこのテクノロジーが成立するまでの史実の渉猟・分析は、それ自体貴重な労作となっている。

今日の〈居住環境〉もしくは〈環境調整技術〉について多少とも関心を持つならば、現状に対して肯定的であるか否定的であるかに拘らず、現在の建築環境（もっと狭い意味で室内気候と限定してもよい）が、何故このようになってしまったのか、あるいは、ならざるを得なかったのか、その経緯を知りたいと思う。そして、そのことに関する資料がきわめて少ないのに驚くのである。本書は、このような時に、格好の資料となる。私もいわゆるユニバーサルスペースと今日の空間の均質化というつまらぬ現象との関連に興味を待ち、その成立に際して空調技術の果たした役割の大きさを思い、今日的な視座からその功罪をあらためて問う必要を感じて環境調整技術の歴史に関する資料を探していた折に原著に出合い、早速、同好の士と読書会をもった記憶がある。

惧るべき博覧強記を誇るバンハムの歯に衣きせぬエネルギッシュな語り口は、目下、直面している状況に鋭く切りこんで行く時に最も魅力的であり迫力に富むのであるが、惜しいことに一二年の時間の経過がその魅力をやや減じてしまっている。もっと重要なことは〈環境〉の問題自体がこの間に大きく変貌してしまったことである。バンハムが本書の中でも予測していたように、建築家は実にさまざまの形でこの問題に巻きこまれているのであり、このような状況を踏まえた上で、本書以後沈黙を守っているかのように見えるあのバンハムがどのようなコメントを加えるか興味引かれるのである。

本書で幾度となく引き合いに出され、またバンハムが強く影響を受けていると思われるコロンビア大学教授のJ・M・フィッチが昨年我国をも訪れ、国際環境計画会議が主催した二回にわたるシンポジウム〈二〇世紀における環境とデザイン〉に出席し、〈豊かさの美学〉と題する逆説的なテーマで、現代の建築の〈豊かさ〉を糾弾しながら環境に対するラジカルの姿勢を表明していった後だけに、なおさらのことである。なぜなら、現代アメリカを代表する建築評論家のひとりが一九八〇年の時点で批判の対象とした空気調和に代表される歯止めのない〈機械的手法〉の駆使について、もうひとりは一九六九年の時点でその正当な認識を世の建築家に強く促しているからである。一九六九年以前のバンハムの活動を特徴づけているのは、アーキグラムとの関係であろう。最終的には、パリのポンピドー・センターで現実のものとなったようなアーキグラムのさまざまな提案は、テクノロジーを意識的に肥大化させた大胆な主張であったことはいうまでもないが、本書の文脈を探る上で参考になる。アーキグラムについては、例えばC・ジェンクスや磯崎新の優れた分析があるし、『都市住宅』にも本書の抄訳や、バンハムとアーキグラムの特集がある。

さて、近代以後の建築が環境技術を不当にも評価していないというバンハムの論点だが、その理由として歴史主義の惰性があると喝破する。構造技術と美学を重んずる歴史家の立場は全く古典的なものであり、古代以来の建築の歴史の大半に対しては、そのような古典的アプローチが可能であったとしても、今日においてもなお維持しようとするのは歴史家の、そして建築家の思考の惰性だとするのである。

本書の中でル・コルビュジエをはじめとするヨーロッパの近代建築家に向けられている痛烈な批判は、ヨーロッパの建築家が、その歴史の重みゆえに前述した思考の惰性に拘束され、環境技術という新しい技術の出現が近代建築の鍵を握っていることを見逃してしまった過誤に対して向けられている。「機能主義美学」、「機械美学」の犯した誤ちは、新しい技術をかつての技術（構造）に対してとった方法と同じ方法でシンボル化し、美学に還元しようとしたことであり、「技術の文明化」という観念先行・現実遊離の教条主義がそれに拍車をかけたとする。L・カーンは、その延長にあるものとして、リチャーズ医学研究所が一般に設備に対する理解を示している例とされているにも拘らず、手ひどい批判を受けることになる。

それに対して、アメリカでは、歴史の重圧がなかったこと、生活を享受するというプラグマティズムが支配的であったことが、新しい技術への対応を柔軟にさせたと、バンハムは続ける。その例として、まずライトの一連の作品をとりあげて分析を加え、最後に、全く新しい視環境を人工的に造出したラスベガスに触れて筆を置いている。このようなバンハムの指摘した現象が、その後のヴェンチューリのラスベガス分析やチャールズ・ムーアのエクレクティシズム、さらにはキッチュの美学に影響をおよぼしていることは疑いもないと思うが、もちろん、このような出来事は、本書が書かれた後のことである。

それはともかく、ここで明らかにされていることは、環境の技術というものが強く日常性に関わっているということである。寒い、暑い、明るいなどということは日常性そのものであって、建築家にとってはいわずもがな、建築のテーマにもならないという態度が、建築家の環境技術に対する無関心を招くことになっていたということと、技術者や研究者は、その技術の革新が建築におよぼすであろうインパクトには全く無関心で、近視眼的な企業ベースで（ユーザーがさしあたって求めているものを供給するという意味で）当座の技術的ブレーク・スルーに没頭するということが、実は同じコインの裏表の現象であったこと、言い換えれば、建築家の「文化《ハイ・ブロー》」志向と技術者の「ビジネス」志向が噛みあうことなく進行してきた経過が、本書で参照される豊富な資料の積み重ねの上に次第に明らかにされてゆく。

古典的な建築家（Arch-tect）像では、技術を受けいれるも拒否するも建築家自身の判断に依るのであろうが、この図式は既に虚構であって、逆に、技術の大きなインパクトを受けた社会で、受身に立たされているのが現状であろう。本書に限らず、その歴史的な経過を常に照射しているのが、R・バンハムなのである。

バンハムは、環境調整技術を原理的に〈保存型〉〈選択型〉〈再生型〉に区別した。もっと聞き慣れた言葉でいえば、前のふたつは寒冷地、温暖地における「建築的手法」であり最後のものは「機械的手法」である。間断のない外からのエネルギー補給を前提とした「機械的手法」に基づく建築はその後の状勢の変化によって軌道修正を迫られることになるが、もちろん本書にそのような視点はまだない。しかし、それゆえにというべきであろうか、賢明にも表向きのエネルギー論義の背後に潜む本質的な問題についての示唆がされていることは注目すべきである。それは、「建築的手法」によって構成される空間のシンボル作用である。

居住環境という「場」を構成する建築のエレメントは、もしかしたらバンハムの意図以上に建築の領域で強く認識されるようになってきたが、環境技術についても重要な視点である。

繰り返すことになるが、今日の居住環境の成立の背景を知ることは、これからの居住環境を考えるためである。たとえエネルギー的に最も効率的であったとしても、バンパムが他の所で示した寓話〈エンバイラメンタル・バブル〉が次代の住居とは考えられないのである。

最後に、バンハムの絶妙なニュアンスを楽しみたい人にはぜひ原著の一読をお勧めしたい。

（初出＝SD8108）

ヴェンチューリの新しい読み方

小川守之

SD選書174 **『建築の多様性と対立性』**（一九八二）
R・ヴェンチューリ著　伊藤公文訳

『a＋u』誌の最初のヴェンチューリ特集号は一九七一年一〇月号で、非常に印象的な号であった。ピンクがかった表紙の色、見開きのオプティカル・アート風のヴェンチューリの顔、ページ一杯の〈醜悪と陳腐について〉というタイトルの大きな活字、教会の宙を走るネオン管の写真、そして紙質を変えた黄色っぽい紙に赤い色で印刷されたフラッグ・ハウスやリーブ・ハウス、歯切れのよいヴェンチューリ独特の図面やパース、すべてが新鮮で素敵な号だった。このころのヴェンチューリの新しさ、勢いが、雑誌をつくる側の姿勢にまで影響を及ぼしているように見える。

これより前、『都市住宅』の六八年一〇月号の〈アメリカの草の根〉特集号の『建築における多様性と矛盾的対立』の紹介、そして松下一之訳で美術出版社からの、正方形で黄色いハード・カバーの『建築の複合と対立』の出版は六九年八月、さらに磯崎新が『美術手帖』に連載していた〈建築の解体〉の六番目として、七一年二月号に「現代マニエリスムとしての混成品建築《ハイブリッド・アーキテクチュア》」という副題で紹介されている。従って『a+u』の特集号は、時期的には丁度、ヴェンチューリからの衝撃がある程度行き渡って落ち着いた頃に出たもののようで、建築家達のヴェンチューリに対する姿勢も固まってきた頃のようである。つまり、この特集号の最後尾には、所謂第一線の建築家の態度表明である、「ぼくらにとってヴェンチューリとはどういう存在か?」という項目があって、それぞれ生々しい発言をしている。今読んでみると七〇年前後の状況が浮かんできてとても面白い。そしてヴェンチューリという人の出現が、どれほど大きかったかが、うかがえる。

その中でも渡辺武信のコメントが、そのころ一番印象に残った。その一部をここに引用する。「〝Less is a bore〟というアリタレーションを巧妙に含んだコピーの、否定的、かつ嘲笑的な不敵さは、ぼくの心を〝Less is more〟の美学の呪縛から一気に解放します。それはたんに過度の純粋化からの解放であるだけでなく、それへのこわばった反抗からの解放です。これは作品化されなくてもぼく自身の中に潜在していた意識への反省も籠めて、（一般的状況へも狙いをつけつつ）いうのですが、この名台詞のささやかな笑い以前には純粋さの美学に対抗するために、どうしても過剰と思われるものにしかるべき根拠を与えようとして、表現主義的な自己主張におちいりやすい傾向がありました。それがヴェンチューリのおかげで、風通しがよくなり、たとえ様式なき時代においても建築というものは自我表現ではないのだという古典的命題が逆説的に確認されたような実感があります」。もちろん、このころはすでにモダニズムへの批判、とくに建築家のヒロイックな姿勢やメガ・ストラクチュアへの疑問は、多くの人々が感じていて、ヴェンチューリはそれを論理的に非常に明解に打ち出したので、その点で大きな支持を受け、その受け取られ方は、この渡辺武信のコメントのようにどちらかと言えば、ル・コルビュジエの『建築をめざして』と同様にマニフェストの書としての色彩が圧倒的に強かったように思う。あまりに包括的で、実質的な規定範囲も失ったかにみえたり、逆に局部的な概念規定にしか過ぎないような曖昧な概念である、〈ポスト・モダニズム〉の理論づけの出発点のひとつにこのヴェンチューリの本はなった感じもなきにしもあらずで、ある意味では誤解のまじった解釈もされている。

　この点については訳者があとがきで触れているように、「その結論の一部を安易に普遍化したり、コンテクストをみだりに移しかえて勝手に解釈することは慎まなければならないということである。本書は決して支離滅裂な設計行為に逃げ口上を与えるものでもなければ、安易な折衷主義者の方便の手引き書でもなく、ましてや汚らしく乱れた環境とか酷く不格好な建物だってそれなりに良いんじゃないかと公認マークを与えるものでもない」。こうしたせっかちな読み違い、あるいは逃げの口実に、実際問題としてこの本はなってきた。

　そして十数年を経た今日、このわかりやすい新訳を手にして、改めて落ち着いて読んでみると、この本のマニフェストの部分は、もはや難解でも、目新しいものではなく、ひどく自然でぼくらはすでにヴェンチューリの言っていることが自分達の考えていることとほとんど同じなのに驚く。それほどに、この本のマニフェストは一般に浸透しているのだと思う。現在のぼくらにあらためて新鮮に感じられるのは、マニフェスト的な部分より、むしろ形態論の部分である。ヴェンチューリは、再版に際してのノートの中で「私は……本書の題名を『建築形態における多様性《コンプレキシティ》と対立性《コントラディクション》』とした方がよかったと考えている」と述べている。歴史家の情緒的な表現ではなく、冷徹な建築家のつくる立場からの本書の形態分析は、ゆっくりと詳細に読めば読むほど、説得力をもって迫ってくる。建築史の本は数多くあるが、個々の建築をこれほどまでに、強い主題で形態論的視点から俎上にのせ、知的に分析した本は、ほとんど類例がない。

　この新訳には、図版の脇に訳者による補足説明が加えられており、読み流していた本文の意味を改めて、なるほどそういう事だったのかと納得させてくれる部分が多くあって、こうした形態論の書として読むにあたっての手助けをしてくれる。例えば五七図のラッチェンスのグレッドストーン・ホールの階段のところでは、本文の意味するところをぼくは初めて理解した。六九図のカーンのジューイッシュ・コミュニティ・センターの柱の形状についての訳者の説明も思い切った意訳で、極めてわかりやすい。

また、ヴェンチューリの独特の言葉使いにも、この新訳では苦心の跡がみられる。たとえばaccommodationが「つじつま合わせ」と訳されたことで、何回も出てくる重要なキーワードである、この言葉による説明が格段にわかりやすくなった。その他の例をあげればliningに対する「内周面」、inflectionに対する「屈曲」(これらについては、どうしてこう訳したかの説明がされている)、あるいはsuperadjacencyに対する「脈略なしの隣接」、both andを「両者共存」といった具合である。

イギリスにいた頃、僕はこの本を案内書にして、ジョン・ソーン卿やホークスムーア、ヴァンブラ、バターフィルドなどを見て歩いた。特にロンドンにあるソーンの自邸や、クライストチャーチをはじめとするホークスムーアの教会群からは、強い印象を受けた。つまり、歴史書の平坦な記述では得られない、建築の個性的な読み方を教えてもらった。これにラッチェンスやレンを加えると、この本の中にイギリスの建築家の出てくる頻度はかなりのものである。モダン・ムーヴメントにイギリスは大した貢献はしなかったが、それ以前のイギリスには、これらの特異な建築家達がいて、それ以後にもスターリングという大きな存在がいる。その他、本書におけるJ・サマーソン卿からの明らかに原点的な影響などを考えると、本書とイギリス、あるいはモダン・ムーヴメントとイギリスとの背反する関係のことを余談ながらちょっと考えてしまう。

十数年前からそうだったのが、ヴェンチューリの建てる作品については、いつも理論と実際がかけはなれているのではないか、ということが言われ続けてきた。しかし今、久し振りに、本書後半に収められた作品を見ると、理論と実践の剝離云々の検討は別にして、ぼくには今なお魅力的に見えるし、初期の作品を見る限りヴェンチューリは、形態授与者としても、決して小さな存在ではなかったと思える。石井和紘著『イエール　建築　通勤留学』(鹿島出版会)の中で、著者の「あなたは、ルドルフの建築を指してダックと呼んだが、あなたの建築の、パラッツォ・マッシモのようなカーブは、また今日ひとつのダックとなりつつあるのではないか」という質問に対し、顔を赤くして、「何事もそう言葉どおりには行かない」と答えたというエピソードが出てくるが、とても象徴的である。ダックとデコレイテッド・シェッドの対立は、理論としては明解だが、実作の問題となると不明確とならざるを得ず、建築家によってデザインされた建築は多かれ少なかれダック的にならざるを得ないような気がする。作品について言えば自分で設定したこうした論理をヴェンチューリが超える時を僕らは期待しているのだが。

　ともあれ、本書『建築の多様性と対立性』の再刊は、七〇年頃とは違った読み方が出来るだけでなく、過ぎ去った十数年のヴェンチューリを、あるいはアメリカの建築を、日本の建築を、そしてまたぼくらの歩いてきた道、そして今いる位置を考え、再確認するのに恰好の機会を与えてくれる。再読をおすすめしたい。

（初出＝SD8304）

時間的な悠久の流れの中で建築を考える

三井所清典

SD選書179『**風土に生きる建築**』（一九八三）
若山　滋著

若山滋著『風土に生きる建築』を読んだ。実に爽やかな読後の気分である。

　それは、混迷している今日の建築状況の中にいて、一筋の光を見出すような示唆に富む内容であると同時に、著者の実にいい文章表現によるものである。建築の本は一般に読みづらく、難解でもある。それは、論の生硬さのためばかりでなく、文章のまずさによることも多い。文章による表現のまずさは、ほとんど、私たちの世代に共通する欠点であるが、著者の文章は実にうまい。めりはりがあるし、語彙も豊富で、しかも解りやすい。適度に気取った文体も、楽しく心地よい。豊かな才能の所為であろうが、論を組み立てる視野の広さから推して、日頃の精進も相当なものであろう。

　読者にとって、論、説の押しつけが強かったり、みだりに私語的表現が目立ったりすると後味が悪く、内容以外の部分で反発を感じるものである。著者は、調査・資料に基づく限りでの説であることを節度をもって述べており、それがかえって説得力強く響いてくる。先輩たちの文献や論説の引用も少なくないが、適切な箇所で巧みに引用されており、その原典にまでつい興味を引かれるのも、著者の考察の確かさによるものだろう。

建築の書に、このような一冊が加わったことはうれしいことである。そして、建築の中でもまだ十分に確立したとはいえない分野、包括的に建築を取り扱う〈構法〉の分野から上梓されたことは意義深い。

著者はこの書で、構法と風土との関係を世界地理的に考察し、〈構法地理学〉ともいうべきものをあらわしている、と〈あとがき〉の中で述べている。しかしそれは、むしろ研究者としてそうした領域の研究を行なっているためについ出た表現であって、究極この書で著者は、現代日本の建築を語っていると私は思う。なるほど、世界各地の気候的・素材的自然環境の中から、湧くようにして生まれた諸々の初源的建築が、それぞれの文明的・技術的環境条件の中で今日の建築にまで育ってきたことを、風土とともに語ってみせている。しかしその上で、現代の建築について鋭く、かつ丁寧に考察し、現代日本の建築に対して、正鵠を射た提言を行なっている。現代の縺れた糸のほぐし方は、当然ひと通りではないと思っているが、風土に絡む構法から建築を見る方法は有効な解のひとつである。

本書は、四章一〇節から構成されている。

序章〈風土からの素材〉は起の章であり、問題の所在を明らかにしている。建築をつくる素材と人との関わりについて地球的な捉え方を示す。気候、地質、植生の異なる各地で、人びとは同じように素材に親しみながら、建築をつくり文化をつくってきた。すなわちそれは〈土の文化〉であり、〈石の文化〉であり、〈木の文化〉である。そして人びとは幾多の交流を重ねながら、近代すなわち〈鉄の文化〉を迎えている。建築を設計する立場にある著者は、各地域の人びとの生き方に、深くその尊厳を認め、各地で人びとに与えられた異なる素材、土、石、草、木に心を通わせながら、それぞれがつくる建築の構法の概略を述べている。著者がここで述べたいのは、〈構法論〉を通じた〈文化論〉である。

近代建築を象徴する材料を鉄として、鉄以前の材料を〈風土材料〉と命名する。そして、風土材料による近代以前の建築を、〈風土の中に、風土に対して、風土によって建てられ築かれるもの〉と言い、近代の建築と区分する。これは、現代の建築を語ろうとする時、どうしても一度は整理しておかねばならない区分であり、区分された近代以前の理解を深めることにより、近代を解く鍵を探すことができよう。〈石の文化〉の西洋が産業革命をなしとげ、〈鉄の文化〉に突入して間もなく、日本は鎖国を解き西洋との接触を始める。著者はさらに、〈木の文化〉の国であった日本に西洋化と近代化が混沌として襲いかかった現代日本の文化状況を、地球上のどの地域とも違うものにしていることを指摘して序章を締め括り、以降の展開に興味をそそらせて、読者を風土からの考察に引き込んでいく。

第二章〈構法の条件〉は承の章である。この章は著者の研究者としての立場からは本論の核となるものであるが、一般の読者に対しては、風土への理解と認識を深めるための章である。少々学問的・研究的に、構法の種類と素材、気候区分と植生などの資料《データ》が説明され分析されていくので、普段この種の資料を読み慣れていない読者には幾分骨である。私は、この資料と分析をひとつひとつ記憶する必要は必ずしもなく、地球上に多様な風土があり、多様な人びとがそれぞれ確実に生を営み、文化圏をつくっていることを理解すれば十分と思っている。もちろん、ひとつひとつゆっくりと、気候的条件、地質的条件、植生的条件と建築の構法とを比べながら読み進んでいくことを楽しめれば、それに越したことはない。ただここでもまた、日本の風土の特性と日本建築の問題を考える伏線として読まれるならば、著者も満足ではなかろうか。

この章の構法の伝播に関する説は興味深い。構法が風土性を離れて普遍化する契機が宗教にあるといい、宗教の〈感化力〉に物質的な宗教建築の果たす役割が大きいことを指摘している。この〈感化〉という、構法様式の〈拡散〉の動機には、宗教のほかに、政治的権威、経済的繁栄、学問、芸術、思想、生活文化全般などがある。また征服による構法の〈転移〉は、転移先で時に変種や新種を生み出す。このように自然風土の中で成立した構法が、文明の中で様式化し、文明間の接触を繰り返しながら技術が展開していく過程をおもしろく解き明かしている。

第三章〈風土と建築の旅〉は転の章である。著者がヨーロッパ諸国、アフリカのタンザニア、アジアのビルマを、自由な一人旅あるいは仕事での出張に際して、観察し感じとったものの紀行文的な構法文化論である。

有名建築を見るよりも、なんでもない街、なんでもない建築から何かを感じようとする著者の態度が、ヨーロッパには気候環境、素材環境、技術環境、そして宗教や芸術を含む人間社会の文化的背景の異なる多様な地域があり、土、石、木、鉄の多様な構法が民族の存在の証しのように個性化してあることを見出した。ヨーロッパの建築は歴史を偲ばせると同時に、風土もよく感じさせる。風土が変わらないように、人間の生活もそう簡単に変わるものではなく、建築のあり方も案外変わらないことに気づく。そしてそれに比べ、あまりにも移り変わっていく日本の建築から、わが国が急速に文化遺産を失いつつあることに不安は拡がっていく。

南緯三度のタンザニアの体験からは、環境制限における〈近代〉建築のエネルギー上のジレンマに想いを巡らせているが、省エネルギーは経済停滞に繫がるというジレンマを打ち破る、政治、経済、哲学、文化のあり方を希求する点において、私も著者と共同の戦線を組みたいと思う。

英国の植民地であったビルマの紀行では、風土のレンガ構法と転移した西洋のレンガ構法の邂逅について、転移した構法の風土への修正定着の姿を発見している。

第四章〈近代化と伝統・風土〉は、いよいよ結の章である。著者が最も訴えたいのはこの章であり、その意味で第三章までは、それぞれ独立しているものの、すべてこの章への伏線であったと見てよい。前にも述べたように、著者は現代日本の建築状況に対して発言をしているのであるが、それは〈近代〉と〈伝統〉を対峙させながら、だんだんと論を絞っていく。そして〈近代〉〈洋化〉〈伝統〉の三つ巴の構造から、種々に変遷してきた伝統の概念を、風土によって解釈してみせる。

そしてついに、日本の建築の様式概念は、西洋の様式概念が物体的であるのに対して、方法的であり、物体としての建築そのものではなく建築するための方法、システム、規格性といったところに様式性があるという。そういう様式性が、日本の地理的条件のほかに〈木の文化〉を育んできた風土によって性格づけられていることに気づいている。

日本では世界のどこよりも顕著に、国際的な近代建築様式が圧倒的な力をもって、伝統的技術を押し流してきた。そして押し流し切るかと思われる二〇世紀も終末に近づいて、流されゆく伝統に何かを求めて、それを維持回生させようとする思潮が力を持ち始めている。近代に対する疑問が建築に現われたのは、他分野に比べむしろ遅すぎるほどではあるが。

さっそく、建築科の学生にこの本の読後のレポートを提出させることにした。最近の傾向として、デザインも含め、建築技術を建築の周辺から切り離し、手段であるべき〈技術〉それ自体を目的のように思う性急な学習傾向が強くなっている。この一冊の本により、広い視野、空間的には文字通り地球的視野で、時間的には過去から現在そして未来にわたる悠久の流れの中で、建築を考えるゆとりを体得する契機となりはしないかと期待したためである。

（初出＝都市住宅8311）

環境デザインとしての庭園

片木 篤

『庭のたのしみ――西洋の庭園二千年』（一九八四）
A・スコット＝ジェイムズ著 O・ランカスター絵
横山 正、増田能子共訳

イギリス庭園史の手頃な入門書が翻訳された。本書『庭のたのしみ』は、『絵で見る建築様式史』で既におなじみのオズバート・ランカスターの楽しい挿絵に、ランカスター夫人であるアンヌ・スコット＝ジェイムズが一般読者にもわかるように解説を加えるという形式で、イギリス庭園史の連続した変化の過程を手際よくまとめている。

ここでは、まず古代ローマ領ブリタニアの庭から始まり、中世修道院の庭、中世から近世への架け渡しであるチューダー朝・ジェイムズ朝の壁で囲まれた矩形の庭が述べられ、イングリッシュ・ルネサンスの庭における壮大なフランス庭園や園芸を主体としたオランダ庭園の影響が語られる。そして一八世紀に入ると、〈英国美術の英国性〉（ペヴスナー）を最も良く示す例、風景式庭園の時代となるが、ここではそれを三つの段階に分けて考えている。まず第一に、〈ハーハー ha-hah〉が発明され、中世からチューダー・ジェイムズ朝の庭園を囲んでいた壁が取り払われ、ウォーポールの言葉を借りて言えば「全ての自然を見做す」ことを始めた段階があり、ブリッジマンやケントの庭園がそれを代表する。が、ブリッジマンやケントの庭園では、軸構成された道や水路が残存しており、蛇行し回遊する道（circuit）、不定形の池、不規則に配置された木々の群（clumps）等の風景式庭園独特のヴォキャブラリーが完成されるには、ケイパビリティ・ブラウンを待つ必要があった。最後に、ユーヴディル・プライスやリチャーズ・ペイン・ナイトのブラウン批判と彼らの〈ピクチャレクス〉理論の影響を受けて、ハンフリー・レプトンの庭園が登場することになる。彼はブラウン風景式庭園の構成を継承しつつも、その中に花壇やテラスといった人工と自然の緩衝領域を復活させて、建築と庭園の一体化を図ろうとしたのである。一九世紀以降の庭園については軽視されがちであるが、ここでは、それについてきちんと紹介されているのがうれしい。ヴィクトリア朝では、後期レプトンからルードンに継承されていったガーデネスクの庭園と、ウィリアム・ネスフィールドやパクストンに代表されるイタリア風花壇庭園とのふたつの流れがあり、それがロビンソンの提唱するワイルド・ガーデンとブロムフィールドのフォーマル・ガーデンとの対立にまで高まっていく（formal garden という語が使われたのは、ブロムフィールドの本が最初だとされている点に留意しておく必要があろう）。そして、この対立がラッチェンスとジーキルの協同によって見事に止揚されることになる。このエドワード朝中産階級の庭の延長上に、田園郊外の小庭園や現代のパティオを置いて見ることも可能だろうし、終章のパティオに至って、中庭に始まり中庭に終る本書の旅は完結するのである。

庭園は自然と人工の接点であり、そのするどく対立する両極を合わせ持つところに庭園の魅力があるといってもよい。庭園は自然を要素として用いた人工物であるし、人の手によって飼いならされた自然でもある。庭園は自然の縮図であると同時に、建築の拡張でもある。ある時には、建築を構成する軸線が自然に投射され、人工と自然を幾何学で統禦しようとする庭園が作られたり、又ある時には、庭園からの見えがかりから、庭園内のひとつの点景として建築のマスが決定されたりもする。このように庭園は、一方でいかに自然を把握するかという自然観、世界観の反映であり、他方そうした自然に対していかなる建築が可能かという建築観の投影である。我国では、建築と自然の間の庭園の位置は、より自然に近い所に置くのが伝統であったようである。庭園や庭園史は、従来から農学部造園学の一分野であったし、建築界での研究は西澤文隆氏や横山正氏の活躍を除いてはほとんど無きに等しい状況である。庭園を建築の側に引き戻す視点、つまり庭園を環境デザインのひとつの広汎な分野としてとらえる視点が、今こそ必要なのではなかろうか。イギリスでは本書でも紹介されている様に、建築家ヴァンブラ、ケントが造園の新しい方向を切りひらいたり、逆にブラウンやレプトンといった庭園家が建築の設計にたずさわったりもした。又、パクストンは庭園家としてよりも、あのクリスタルパレスの設計者としての方が有名な程である。そして、この建築と庭園を総括する地平に都市計画への道が開かれている。ナッシュのリージェント・ストリートとリージェンツ・パークは、庭園でつちかわれた〈ピクチャレスク〉理論の都市への応用であるし、庭園家オルムステッドは、ニューヨークの碁盤目模様に、レプトンの流れをくむ風景式庭園を挿入し、街に焦点と変化を与えることに成功した。従来の現代建築家の庭園への無関心は、地面から切り離された自律したオブジェとしての建築というイマージュに呪縛されていた為であろうか。或いは又、劣悪なる都市環境と厳しい経済的制約の中で、庭園を含めた環境づくりを考える暇と金が、建築家には許されていなかった為であろうか。いずれにせよ、庭園への眼差しから、建築とそれを取りまく外部環境デザインの新しい道が開ける様に思われる。

もう一度、本書に戻ろう。この本はイギリス庭園史の概説書であって、詳論は他の個別的な研究書をひもとく必要があろう。例えば、バーク、ギルピン、プライス、ナイト等による〈ピクチャレスク〉理論の展開や、イギリス庭園の海外への波及とその変形——ヨーロッパ大陸におけるJardin Anglaisの流行、アメリカの庭園家オルムステッドやファランドの動向——は本書ではほとんど取り上げられていないが、非常に面白い所ではある。更に、本書の図版はランカスターという画家の眼を通して再構成されたもので、実際の庭園のスケッチではない。従って、設計者の平面図や当時の彫版が見たければ、他をあたるしかない。が、これも挿絵の本という本書の性格からすれば、無いものねだりと言うことになるだろう。

翻訳にあたって固有名詞のカタカナ表記程やっかいなものはない。例えば庭園家Jekyllは、かの有名な〈ジキル博士とハイド氏〉と同じスペルで英米人でも〈ジキル〉と発音する人が多いが、この場合は'e'にアクセントを置き'treacle'のリズムで発音することとあるから、本書で訳出された〈ジーキル〉が正しい。同様のことがLoudonについても言えるが、これは訳出されている〈ラウドン〉よりも〈ルードン〉と表記するのが正しいように思う。カタカナの慣用表記はこうした瑣細な指摘の積み重ねで定着していくように思えるので、敢えてあら捜しを記した次第である。

最近は日本でも、恐らくラ・ヴィレットの競技設計あたりから建築家の庭園に対する関心が徐々に高まりつつあると聞く。昔から庭園は奇想を内に含むものであったが、庭園に対する関心は、根なし草の奇想だけに終らせたくないものである。

（初出＝SD8404）

建築論の力

片木　篤

『建築の七つの力』（一九八四）

鈴木博之著

鈴木博之著『建築の七つの力』は、建築における意味をめぐっての七つの断章である。モダニズムの純粋建築が、古来、建築に込められてきた豊饒な意味を排除してしまったという認識が、ポストモダニズムの拠って立つところであり、記号論が建築における意味の読解を試行する中で、本書の出版はまさに時宜に適ったものであると言えよう。

しかしながら、建築史家である著者は、記号論を外から建築に当てはめようとするのではなく、むしろ建築史の深い学識を背景にして、建築の内からその意味を考えていこうとする。

著者はまず、建築における意味の伝達手段である〈連想の力〉に着目する。連想（観念連合 association of ideas）は、一八世紀イギリスの経験主義哲学から生まれ、世紀後半ピクチュアレスク美学において展開された概念であった。特にリチャード・ペイン・ナイトの〈連想論〉は、ハンフリー・レプトンによって庭園へ、ジョン・ナッシュによって建築へと応用されてゆく。そこでは、建築の各様式は、さまざまな連想を誘発する一種の仕掛けとして用いられることになろう。これが、〈ピクチュアレスク折衷主義〉と呼ばれるものである。が、そうすると元来〈数の力〉によって支えられていた古典主義建築の中に、ギリシャ・ローマの古代文明の面影を偲んだり、暗黒の時代の遺物として顧みられなかったゴシック建築の中に、北方ゲルマン民族独自の文明を読み取ったりすることが可能となる。一九世紀のグリーク・リヴァイヴァル、ゴシック・リヴァイヴァルの生まれる所以である。

〈ゴシックの力〉の中で、著者はゴシック・リヴァイヴァルを三つの段階に分けている。まず、ゴシック様式を、連想を喚起するための仕掛けと見なし、その虚構を虚構として享受していた段階（ピクチュアレスク・ゴシック）があり、次にロマン主義的狂気がその虚構を誇大化した段階〈ロマン主義的ゴシック〉が続き、最後にゴシック様式を〈真実〉という倫理的価値に結びつけたピュージンによって、前者が否定される段階が来る。

〈真実〉という倫理的価値の下では、ゴシック様式の細部は考古学的に正確に模倣されることになろう。中世ゴシック教会は、すべての細部に意味が込められていた一冊の本であったのだが、その本、すなわち図像学的体系が崩壊した後には、細部は全体の枠組から切り離され、アイロニーやパロディと化してゆく。アイロニーやパロディといった〈細部の力〉は、引用という〈模倣の力〉に拠るのは言うまでもない。が、引用としての模倣は、自己の文脈の中に、断片化された連想を込めようとするものであったのに対し、ひとつの世界観を理想化し、その世界観を具現化したものである建築様式を、まるごと模倣する場合もある。これがピュージンのゴシック・リヴァイヴァルだったのである。

〈模倣の力〉の中で、フランスにおけるミメーシス〈自然模倣mimesis〉の展開に著者が触れていないのは、いささか物足りない。アカデミーにおける新旧論争、ロージェやブレーの建築論、ド・クウィンシーのタイポロジーは、すべてミメーシス概念の変化を物語るものであったからだ。

新旧論争の論客ペローは、建築美を〈positive〉と〈arbitary〉との二つに分けたが、その考え方はイギリス・ルネサンスの建築家レンに受け継がれた。レンは建築美を〈natural〉と〈customary〉とに分け、〈natural〉を幾何学の秩序とし、それ以外は〈customary〉、すなわち慣習によって定められた二義的なものと見なした。実はこうした対概念は、リチャード・ペイン・ナイトの美学では逆倒して現われるのだ。ナイトによると、ピクチュアレスクとは絵画的なる客体ではなく、絵画的にモノを見る主体の問題であって、ピクチュアレスクな美とは、主体にあって感覚によって与えられる美と、連想によって与えられる美の二つから成るという。今や、自然美の認識とは、その幾何学的秩序を知性によって認識することではなく、その多様な変化を感性によって認識することになる。自然は、絵画を見るようにして見られるようになり、そこから〈自然は芸術を模倣する〉(オスカー・ワイルド)としたロマン主義が生まれてゆく。こうした、絵画的にモノを見る見方によってこそ、〈地霊の力〉すなわち、土地の〈性格〉や土地に堆積された〈歴史の層〉を連想することができるのである。

著者は、このような連想がランドスケープやタウンスケープに応用されるべきであり、また建築の保存問題にも考慮されるべきだと言う。何故なら、保存問題は、連想によって喚起される建築の〈過去の力〉を、いかに評価するかという作業に関わるからである。

最後に、〈建築のなかに過去を埋蔵せよ〉と著者は言う。建築に歴史を埋め込み、それを読み取ることが、建築の豊かな意味の世界を開ける鍵であることを説いて、本書は終わっている。

以上の〈連想〉〈数〉〈ゴシック〉〈細部〉〈模倣〉〈地霊〉〈過去〉という七つの力は、しかしながら、建築全体をカヴァーするものではなく、同一レベルに設定されたものでもない。これら七つのカテゴリーは、任意に選ばれたものである。たとえば、ここに〈素材の力〉という章を挿入することもできよう。

素材をめぐっての議論は、一九世紀以降の建築のメイン・テーマであった。ラスキンからアーツ・アンド・クラフツ運動へ連なる系譜は、素材の処理を〈真実〉という倫理的価値に結びつけたが、その一方で、ピクチュアレスクの流れを汲むディヴィー、ノーマン・ショウ、ラッチェンス等は、ピクチュアレスクな効果をあげるための道具として素材を取り扱った。彼らにとっては、中世建築のパッチワーク的な表面仕上げは、中世工人の〈真実〉を表現するものではなく、むしろ、建築に虚構の歴史をつくり出す仕掛けにすぎなかったのである。

あるいはまた、〈趣味(taste)の力〉という章も想定されよう。一八世紀後半からの折衷主義やリヴァイヴァリズムの中で、建築の価値は趣味によって判断されていた。カントは美的判断を趣味判断とし、趣味は主観的普遍性に拠ると言う。主観的普遍性とは、私的な連想が万人に訴えかける普遍性を持ち得るかという問題であり、それは今日の言葉で言うと、特定の共同体内での文化的コードの問題、あるいは〈共同幻想〉の問題である。今、われわれが、ピュージンから近代建築に受け継がれた建築の倫理的判断に異を唱えようとするのであれば、われわれは美的判断、すなわち趣味判断の問題に立ち返らざるを得ない。そして、この

〈趣味の力〉が与えられてこそ、本書に挙げられた〈七つの力〉は、初めてその基盤を勝ち得るように思われる。

著者が繰り返し説くように、建築は抽象芸術である。にもかかわらず、いや、それだからこそ、建築における意味の問題は重要なのだというのが著者の考えであった。その点に関して、ジェフリー・スコットの『ヒューマニズムの建築』（一九一四）は、著者と正反対の立場をとる。

スコットは、建築の一義的な価値は感覚による形態の認識にあって、連想による意味の把握は二義的であるとし、ロマン主義の誤りは、この二義的な価値を建築の最終目標にしたところであると言う。そこから、スコットはルネサンス建築を首肯するのだが、こうしたスコットの純粋建築への志向は、近代建築のイデオロギーにも相通ずるだろう。リチャード・ペイン・ナイトの感覚—連想の対概念は、形式（形態）—内容（意味）の対、統辞論—意味論の対と読み換えることができるが、いずれの極が一義的であれ、建築論とはそれらの両極のダイナミックな関係性を説くものでなければならない。

本書は、建築における意味を重視することによって、純粋建築を標榜する近代建築のイデオロギーに反駁を加えることに成功した。が、建築論としては未完のままである。もとよりこの点は、著者がまえがきで明記するところであった。著者が思い描く、形態と意味の〈両極の間でゆらめく建築論〉が完成された時初めて、著者の〈建築論の力〉が正しく評価されることになるだろう。

（初出＝都市住宅8502）

刺激的な劇場空間論

扇田昭彦

SD選書195『**劇場の構図**』（一九八五）
清水裕之著

劇場ブームということばを使ってもおかしくないくらい、東京をはじめとして各地で新しい劇場の建設が盛んである。自治体がつくるホールも数多い。にもかかわらず、それらを使う演劇関係者に評判のいい劇場というのは、意外に数が限られる。

日本では、劇場をつくるのは企業や公的機関で自治体が多く、演劇人自身が発注する例はまだ少ない。そのためもあって、いざ使う段になると、「どうして舞台をつくる者の声をもっととり入れてくれなかったのか」という演劇人の不満が出ることにもなる。

こうした状態にあって、劇場建設に専門的にたずさわる気鋭の建築家、清水裕之氏が書きおろした『劇場の構図』は、演劇のつくり手と劇場のつくり手との不幸な溝を埋めるための刺激的な試みである。なによりもこの本が、建築家の視点から、「芸能と建築の創造的交流のための共通言語を見いだすこと」(「はじめに」)をめざしているのが、貴重である。〈創造的交流〉と〈共通言語〉が欠けていることが、いまの劇場をめぐる不幸な状態を生み出している一番の原因だからだ。

しかも一読して、私がうれしい驚きを味わったのは、清水氏が、演劇を収める容器としての効果的な劇場づくりという立場から踏み込んで、芸能・演劇の最も創造的で刺激的なあり方は一体何か、という地点にまで入りこんで、その根本的なところから劇場空間を考え直そうとしていることだった。こうした姿勢は当然、筆者自身が最も魅力を覚える演劇上演の姿を明らかにしなければありえないわけだが、清水氏はそれを周到で奥行きのある論述の仕方でやってのけた。ありうべき劇のあり方と空間のあり方を探ろうとする若々しい情熱が、この本を劇場空間をめぐる通史以上のものにしている。

第一章の「芸能空間論序説」は、そのための構造分析であり、原理論である。ここで筆者は、芸能空間の基本的なあり方を包囲型、対向型など五つの型に分類した上で、演技者と観客を結ぶ視線の力学を意味する〈視軸〉という新しい概念や、〈二重の正面性〉という興味深い考え方を示している。

第二章の「劇場形態の歴史的展開」では、ギリシア時代から現代までの劇場の変遷を通史的につぶさにたどりつつ、そこに第一章の概念を適用する。

こうして浮かびあがるのは、近代演劇の均質で単層的な演劇空間を批判して、より豊かで重層的な、いわばコスモロジカルな演劇空間をめざそうとする筆者の思いである。筆者自身の用語でいえば、〈同化〉と〈異化〉の志向をともに含み、演劇の多面的な魅力を全開にして観客の想像力を活発に刺激する〈みごとな視軸の三角形〉を形成するような演劇空間への志向である。近代劇を乗り超えようとする〈小劇場運動〉に共感する立場から、劇評という形で演劇にかかわってきた私にとっても、これは十分に共感できる、心強い論考である。

ただし、ないものねだりをいえば、現代の新しい演劇空間、とくに日本のそれについて、もっと多くのページを費してほしかった。できれば、それを新しい本として結実させることを著者に望みたいと思う。

（初出＝SD8602）

読者の精神を分裂させる感性豊かな本

西澤文隆

『さあ横になって食べよう』（一九八五）
SD選書234（一九九九）
B・ルドフスキー著　多田道太郎監修　奥野卓司訳

ルドフスキーは私が偏愛する一人である。私が最初彼の作品に接したのは大学時代、『新建築』に載っていたコート・ハウスである。どのようなプランだったかはさっぱり覚えていないが四角い中庭の真中に浴槽が切ってあって、これから入浴しようとする女性が片足を水の中へつけているスケッチ、周囲に列柱があって天幕はそこから中央に向けて張られており、慰楽の雰囲気が中庭全体に漂っていた。それがルドフスキーのスケッチだったかどうかも今になっては心もとない。コート・ハウス論を書く時調べて貰ったが遂に出てこなかった。正にまぼろしのスケッチである。戦後、『国際建築』でDr. Virgllio Flontini邸とJoad Arnstein邸が載った。至るところに植物と人間との相互交歓があって人間の温かい生活がにじみ出ているではないか。これに引き続き掲載されたロング・アイランドの週末住宅では家が何処にあるかさえわからない。絵画と植物が織りなす外部空間構成は光に満ち満ちていてこれにもまた魅了された。こんな次第で、彼の著書が出ると直ぐ買って読むよう運命づけられたようだ。*Architecture without Architects*（『建築家なしの建築』）をはじめとして次から次とその著作が発表されているが、あふれんばかりの見事な造形性のある写真で埋められたこの本たちは何れも失われつつある人間性をもう一度取り戻したいという念願の心を通して謳い続けられている。造形に対する限りない愛情が芯になっていて、斜に構えたシニカルな見方がチクリチクリと読者を刺激し華麗極まりない興奮の渦の中へ引き込んでいくのだ。よくもまあ集めたものだと舌を捲くばかりの執念である。世界広しといえども彼程の猛烈なコレクション・マニアは他にあるまい。本文にぴったりでない写真も含めて混然と集められている所がよい。読者の自由裁量でどうにでも料理出来る余地を残しておいてくれるのが又一つの魅力でもある。正面切って理論的に自説を展開するのではなく、感性の赴くままに游泳していく。本というものは本来本文があって写真はそれをわかり易くするための手だてであり、証據物件でもあるのだが、ここでは写真と本文はそれぞれ自立して見える。写真が豊富で本文を意図的に切り縮めているから本文は写真やその説明の間にまぎれ込んでしまって続きは何処かと探しているうちに写真を飛ばしてしまうといった工合で、真面目な読者の精神は分裂に陥るのではなかろうか。精神をバラバラにされながら著者の感性の中へ引き込まれていくようにこの本は出来ているのだ。正に稀有の名著と言うべきか。

ローマ時代は食事は寝そべって食べていたからテーブルを囲んで椅子に腰掛けて食べている最後の晩餐の絵は皆ミスを犯している。「イエスの胸に寄り添って横になっている」という聖書の叙述は若し腰掛けて食べていたとするとこの重要な時にヨハネだけが行儀が悪かったように聞こえるではないか。論より証據、ポンペイの屋外食堂やアトスの修道院の食堂の写真の通り皆寝ころんで食べていたのだ。彼の言うように「人殺しの凶器のようなナイフやフォークは使わず」手づかみで食べていたとしても体を支える肘と食物を口へ運ぶ手の関係は杳としてわからない。

椅子に始まり、床机、ブランコ、ロッキング・チェア、ハンモック、便器、ビデ、風呂、ベッド、枕と起居の家具、習慣は何でも出てくる。ブランコは主人不在の時に妻が性的刺戟を得るためにやるもんだとか、アメリカではビデが何かわからず辞書に「身体の背後部を洗うための、低くせまい台にのせられた容器」と書かれているとか虚々実々の話が正に玩具箱をひっくり返したように満艦飾の世界を展開する。実はこういった家具は何もなくて東洋のように坐って暮らすのが一番人間らしいと言いたいようだ。

この本のやり方を他の誰が真似ても失敗する。然し好奇心に燃えて何かをつくろうという程の人は是非手に入れておかれることだ。

（初出＝SD8603）

都市あるいは居住環境を問うにあたって、民の声に耳傾ける、ということ

竹山 聖

『パタン・ランゲージ――環境設計の手引』
（一九八四）
C・アレグザンダー他著 平田翰那訳

民の声に耳を傾けること、これが古来、政《まつりごと》の理想とされ続け、また、あくまでも理想であり続けたテーゼだった。このテーゼをめぐって、さまざまな国家形態が現われ、また滅びていった。だからといって、このテーゼが決して到達し得ぬ、いわば絵に描いた餅だ、というわけではない。それどころか、たとえどれほどの大衆批判が吹き荒れようと、この、〈民〉から、という原則は忽《ゆるが》せにはできないのである。ただし、である。ただしこのテーゼをもって金科玉条、水戸黄門の印籠よろしくタンカを切ってもらっては、やはり困るのである。少なくとも、現在のところは。つまり〈民〉からの発想、これを何より重視する姿勢に基本的な誤りはない。ただ、その〈民〉を目下のところ過信してはならぬ、と思うのである。〈民〉を重んずる時、それと同等の注意深さでもって、〈民〉の限界をも見据えねばならないのである。この注意深さを損なってただタンカを切るなら、おそらくは決して〈民〉の声にそぐわぬ、むしろまるで似ても似つかぬ代物が築き上げられて、泣きを見るのはほかの誰でもない、あなたであり私であり、すなわち〈民〉自身である。ここのところを安易な勇み足で踏み違えてはならない。とりわけ現代のごとくに価値観の相対化が進み、何らかのよすがとなるものの喪失が著しい時代は、かつてないのであるから。

何より、誰にも発信を許すという構えの内に潜んだ巧妙なる罠を、その裏に隠れた機構《からくり》こそを看過してはならないのである。いずれ〈権力〉というものの所在に、事は抜き差しならぬ関わりを有することになるからである。価値観の相対化、多元化が、図らずも〈権力〉の遍在なる事態を招聘しないとも限らない、ということだ。〈主題〉を不在化することは、あるいは可能かもしれない。ただ、〈権力〉なるものは決して不在とはなし得ぬものなのであって、こうした機構《からくり》に無知であれば、知らぬうちに片棒かつぐはめ

に陥らぬとも限らない。いわば〈民〉の声とは、それが〈権力〉から免れている限りにおいて〈民の声〉である、そういった巧妙なる罠が、これは人間社会のほとんど宿痾として仕掛けられていると見て間違いない。だから尊ばれるべきは、〈権力〉から自由であるところの民の声なのであって、この〈権力〉から自由である、ということは、制度の問題であるというより、個々人の心の問題であるのだ。それは、個々人の心の内に平和の砦を築くことなしに、平和の実現があり得ぬことと同相である。

ただその実現にあたって、現代においてはもはや宗教にその責を預くるわけにはいかず、ただ制度を問うより道がない、という逆説的なる事態がある。制度はこの時、十分条件ではなく必要条件として問われている。個々人の心の問いであることは、まさに困難なる自明としてあるのである。ここをはずして〈制度〉の問題は語れず、〈権力〉の所在も問えず、〈民の声〉も見出し得ない、そういうことである。

都市という問題をめぐって、現代における民の声のあり方、そしてまたその限界を考えるのにまたとないテクストを二冊、われわれは手にすることができた。ひとつは『近代都市から人間都市へ』と題された、これは〈都市を考える法律家と建築家の会〉なる〈学際的であり、かつ実践的な〉研究会（自治体研究会）が母体となってまとめられた書物である。この会の問題意識およびその目指す方向は明快であって、具体的にはさまざまな都市をめぐる紛争ないしは政策のはらむ問題をひとつひとつ浮き彫りにしながら、〈民の声〉をすくい上げる方法論を模索することであり、この時、同時に〈近代〉を総括し、〈近代法〉〈近代建築〉〈近代都市〉の位相と限界を見定める、という指針が示されるのである。

いまひとつは、クリストファー・アレグザンダーの名著『パタン・ランゲージ』の翻訳ついになって出たもので、「形の合成についてのノート」（一九六四）において全く新しい理論的アプローチの可能性を示唆したアレグザンダーの、その後の実践的アプローチを最も明らかなものとした、アレグザンダーの歩みをたどる時にマイル・ストーンの意味を持つ著作である。原書は一九七七年の刊であるから、あしかけ八年を経てようやくその全貌が広く一般に示される運びとなった。翻訳の労をとられた平田翰那氏に感謝したい。というのも、かつてとうに英語で読んで大づかみに理解していたつもりのものが、細やかなディテールへのすみやかな目配りが可能となって、新たに啓発されるところが少なくなかったからである。居住環境を考えるきっかけを得るのには、またとない好著と言うべきだろう。

さて、何ゆえにこの二冊を同時に取り上げるかというに、それはひとえに〈民の声〉の現代における位相を描き出そうとする作業に、共通点を見出し得るからである。むろん、方法は異にするものの、ちなみに『近代都市から人間都市へ』のはしがきには、研究会にクリストファー・アレグザンダーを招いたことに触れている。おそらくは現代における〈民〉の側からの都市論・建築論を語るにあたって、アレグザンダーの作業を抜きにしてはあり得ないとの考えからであろう。

『近代都市から人間都市へ』は、研究会参加者個々人のてんでにバラバラな論文の集合であって、問題意識の共有は見てとれるものの、論の扱う素材はさまざまである。分析において鋭い論考を散見するとはいえ、建築ないしは都市を身近な環境として捉えるには、具体的な指針に欠ける憾《うら》みがある。〈民からの〉というシュプレヒコールは聞こえるものの、〈民の姿〉が未だ見定め難いのである。それをある意味で補完するものとして、『パタン・ランゲージ』を読む、という行為が成立する。こちらは文字どおり、身辺雑記的な目配りから発して広く地域の問題に至るまで、具体的な指針に満ちている。つまりは、身近な環境を考える契機に溢れているのである。おそらくは、民の声の組織化という問題において、両者はその限界を熟知している。〈組織化〉されたとたんに民の声はその位相を転換してしまうのであって、とりあえず現代のこの時点にあって、そのモメントの支点をいずこに置くかで、こうした二著のアプローチとなるのである。すなわち、ひとつは法律家としてあえて〈権力〉への視座を固定することによって、いまひとつは建築家としてあえて〈デザイン〉への視座を固定することによって。ただし、こうした固定によって取りこぼされる問題は、多く指摘されるに違いない。とはいえ、現時点で得られる成果はそれにも増して大きいのである。ここに、この二著の端倪すべからざる意義を認むることができる。こうした果敢な試みなくしては、民の声をすくい上げる道筋の展望の開ける可能性もまた、狭まるばかりであるのだから。

『近代都市から人間都市へ』は、未だ十分に成熟しきらぬ民の声の〈組織化〉にあたって、〈権力〉の所在を固定化するという問題点をはらむ。『パタン・ランゲージ』の場合は、〈デザイン〉の所在を固定化するという問題点をはらむ。こうした固定点の解放は未来の課題である。少なくとも現時点において、この固定をはずすならば、おそらくはとりとめもない議論に終始したあげくに、いたずらに〈権力〉を強化するばかりの結果を招いたり、あるいは勝手きままなデザインの遊戯の繰り返しを招いたり、そうした危惧の念を払拭し得ぬのである。ただし逆さまに言えば、この二著を通してつくづく感じられるのは、〈権力〉からそして〈デザイン〉から自由であることのいかに困難であることか、という古くて新しい課題なのである。とりもなおさず、このことこそが、民の声に耳を傾けるにあたって、必須とされる条件であり、また姿勢でもあるのだから。

（初出＝都市住宅8504）

混沌としたポスト・モダンにゲルマンのメス

今川憲英

SD選書201『**自然な構造体——自然と技術における形と構造、そしてその発生プロセス**』（一九八六）

F・オットー他著　岩村和夫訳

『自然な構造体』、日本の建築技術者にとって、待ちに待った本である。

日本人と自然とのつながりは、欧米のどの国よりも融合した関係を保って来た。建築界においてその傾向は著しく、特に構造技術と計画は、欧米には見られない、春・夏・秋・冬の四季が創り出す苛酷な状態と密接な関係を保ちながら、欧米の建築技術の助けを得て育まれて来た。

四季の織り成す自然環境が年間を通じて存在する国は世界に例を見ない。重力・磁力はもとより、雪・台風・地震・津波などから人間のみを守る事、社会的要求を満足する技術がアップ・テンポに展開する流れの中で、日本の建築界は、その予想を上まわる成果を、〈安全と経済性〉の面でのみ獲得して来た。

一方では、高度な技術による成果とは逆にその変化のテンポがあまりに急激な為、人も自然の構成員である事を忘れ、本来自然の防人でもあるべき姿から、自然の破壊者の役割を演じている。

この現象は、日本のみならず、地球上の至るところで進行し、自然の回復が不可能な場所さえ存在するのが現状である。その事態にいち早く気づき、建築を、様式・技術の面からでは無く、生物学を基に、自然適応建築の模索をする中で、「自然に建築を建てる」事を究極の命題に置き、建築界のリフレッシュに取り組んでいるのがＦ・オットーを中心とする、西ドイツ・シュトゥットガルト大学の軽量膜構造研究所（通称ＩＬ）である。

Ｆ・オットーは理解に苦しむ自然に対し独得な分類を行っている。即ち、生命のない自然、生きている自然、死んだ自然に分類する事により自然を理解する糸口としている。建築空間の創造は、自然と適応して生活している動物達の建築を、生物学的観点と、科学技術的追求の結果、自然に適応する建築のための軽量構造の追求であると位置づけ、様式・技術が無秩序に混沌とした建築界にメスを入れた。

本書は、自然に適応する建築を創り出すプロセスが何故必要であるかというアプローチから、動物達の建築を基にした自然との対話、構造体の再認識、力の流れと形、そして建築を形造る素材が克明に説明され、理解しやすく書かれている、近来にない書物であろう。

また、彼自身の創作活動の中でその成果は十分に表現されている。ミュンヘンのオリンピック会場を覆う七万五〇〇〇平方メートルの吊り屋根、マンハイムの木造格子シェルなどを目の当りにする時、彼の心、自然に適応した空間を感じる事が出来る。

期せずして、日本も膜構造を軸に軽量構造が世にはばたこうとしているのは何かの因縁であろう。その格好の指標ともなるべく出版されたことは、日本における軽量構造の実現を目指している私達にとって、ここちよい思いである。

（初出＝ＳＤ8610）

歴史家によるコンペ再考への熱意

松葉一清

『建築設計競技――コンペティションの系譜と展望』
（一九八六）
近江 榮著

昨年は文字通りコンペに明け暮れた一年であった。東京都庁舎、第二国立劇場、そして湘南台文化センターと注目のコンペが相次ぎ、選考結果も話題を呼んだ。都庁と二国に審査員として関わり、またコンペ史の研究者として知られる近江氏の著作だけに、時宜を得た出版といえるだろう。

一読して、資料の精緻さに頭が下がった。明治中期から始まる我が国のコンペの歴史を、二国に至るまで、さまざまな文献史料を着実に渉猟しながら綴っていく。氏自身は〈序〉のなかで「いささかジャーナリスティックな語り口になっている」とコメントしているが、決してそのようなことはなく、豊富な資料を駆使した冷厳な記述は、ヒストリアンならではのものだ。

氏は、古くは伊東忠太から近くは村野藤吾まで、大家とあがめ奉られた建築家が、コンペの選考結果を尊重せず、自らの作品をもって一位作品に代える結果を招来したことに悲憤慷慨する。正しいコンペのあり方を追求する氏の真摯な姿勢が、大家に臆することなく、筆を走らせしめたと考えられる。これもまた権威に阿らず、真理を尊重するヒストリアンのあり方を示しており、私は深い感銘を受けた。そして、また、そのような無理で道理をひっこませるような大建築家の行動に、モノ造りが同輩に抱く、ほとんど〈業《ごう》〉と呼べそうな嫉妬を感じ興味深かった。コンペを巡る数々の人間ドラマの葛藤は、本書を冷厳な歴史書の範疇にのみとどめおかず、ドラマティックな読物に仕立てあげている。

豊富な資料からの引用に満ちた著作だけに、さりげない一句に深い意味を読み取る部分も少なくない。例えば、コンペの第一期の隆盛は、一九一〇年代で、それは大正デモクラシーの流行を受けてのもの、と氏は記述する。そこに現状を是とするか非とするかの立場を問わず、今日のコンペの存在意義と無力感の元凶の双方を考える手がかりが存在しているのだ。

コンペは確かに〈平等〉——直接には設計への参加機会としての——を具現する手段である。しかし、〈平等〉が、〈突出した〉作品を生み出す手段として本当に適しているか否かには議論がある。氏が審査員として誠心誠意をつくして選考に臨んでいることを誰もが認めたうえで、なおかつ選考結果が議論を呼ぶのは、〈平等〉の達成が、秀でた作品への王道とは限らないという一点にかかっている。

社会の各局面で戦後民主主義の風化がなかば露悪的に喧伝される折、〈平等〉の御旗を掲げるコンペを、歴史的に再検討し、論理的に再構築しようとする氏の熱意に私は応援の拍手を贈りたい。コンペは必ずしも優れた作品を生まないかもしれない。しかし、〈平等〉を深化させることにより、よりましな建築が多く生まれるなら、それはそれで歓迎すべきと考えるからだ。

（初出＝SD8705）

〈めでたき土地〉の案内記

池内 紀

『東京路上博物誌』（一九八七）
藤森照信、荒俣 宏共著

雑誌をパラパラめくっていたら、この本の広告が出ていた。「大好評発売中」で、さっそく再刷が出たという。よく売れているのである。そういえばつい先だって出来あがったばかりの本をかかえて、編集担当のM嬢がうれしそうに、そしてちょっぴり不安そうにしていたのを思い出す。

「いけるでしょうか。少し定価が高めなのです」

「いけますとも。きっと売れます」

私は太鼓判をおした。たよりない男の太鼓判であまりアテにはならないが、しかしこんなに楽しい本だもの、売れないはずがないのである。

中身はタイトルからもおわかりだろう。目次をお見せできないのが残念だ。そこにはズラリと丸の内一帯の〈猛獣〉

や、山の手線内の〈原生林〉や、東京中の銅像たち、とりわけごぞんじ二宮金次郎が並んでいる。あるいは都内に散在するさまざまな〈富士山〉、怪建築や異国建築、さらにはまた、そもそも何のためにそこにあるのか首をひねらないではいられない〈化石商店〉。路上探険はときには地下にもぐり、湯の中をくぐる。銭湯探訪の余得で著者はついに、あこがれの番台に坐ることができたのである。無情にもその銭湯は取りこわし寸前の廃屋だったが、しかし天にも昇るような思いのほどが察しられるというものだ。

少年のころ自主学習とやらでグループを組んで、「ぼくたちの町の歴史」といったことを調べたりしたことはないだろうか。なぜか教室の勉強とちがって面白くてたまらない。ノート片手に三人づれで、赤っ鼻の組合長に「農協はいつできたのですか?」などとインタビューをした。毎日その中にいながら、まるきり気づかない世界の再発見。少なくとも、そのときはじめて、周りの世界と生きた関係ができたような気がした。町を自分のものにしたように思った。

当『博物誌』に記されているものは、たしかにそこにあるものばかりだ。たしかにあるにもかかわらず、めったに気づいてもらえない事物たち。そのような〈無名性の存在〉が、あふれるような愛情とともに紹介されている。

すぐれて意味深い試みなのだ。〈東〉の〈京〉などと、およそさみしい名づけを受けた一大空間、その再生である。四方より故郷をすててやってきた無国籍者のひしめく町。この中にあって一見とるに足らない建物や造り物が、いかに人々の感覚や願望を映していることだろう。路上をさまよって飽きない著者たちの視線のもとに、東京がはじめて人間のための町になった。おかしくてセツない〈めでたき土地〉になった。

道楽は道を楽しむと書く。文字どおり道をうろつき楽しんで、彼らはひそかな認識の書を生みだした。現代の道楽者はこのように勤勉で、謙虚で、つましいのである。

（初出＝ＳＤ8710）

歴史に留められた巨人の足跡

安藤正雄

『評伝ミース・ファン・デル・ローエ』
（一九八七、新装版＝二〇〇六）
F・シュルツ著　澤村　明訳

原著者の途方もない努力によって、今世紀を生きた巨人の足跡が風化し、失われる直前に辛うじて歴史に書き留められた。ミースを知る人々の記憶から膨大な証言を引き出し、〈批評的な伝記〉がまとめられたことの意義は、まずこの点にあると言ってよいだろう。総てはほんの少し前の出来事でありながら、ミースほどその存在や作品が神話化され、霞の彼方の静止した時間の中に封じ込められてしまった建築家はいまい。著者F・シュルツはその霞を吹きはらい、彼自身きわめて〈ザッハリッヒ〉にこの巨人の歩んだ道程を追体験しようと試みたのに違いない。その功績により、私たちにもまた近代百年の時間の流れを最も濃密に体験するまたとない機会がもたらされたのである。

ミースについてかねがね疑問に感じていたのは次のようなことであった。

すなわち無口ないしは訥弁で非政治な（と思われてきた）彼が何故に同時代人から、また後世からも近代主義の最先端に位置する人物とみなされるようになったのであろうか？

ミースが左派文化人と交流しはじめたのは邸宅の設計を通じてであって、これは彼の妻アダとの巡り合いのように、彼の強い上昇意識の偶然の産物であっただろう。が、ともあれ、一九二〇年代中葉のドイツ建築界における彼の活動は、静かで無口というよりはむしろ活発かつ巧妙な政治的活動であったことをこの評伝は教えてくれる。そして第一次世界大戦直後のファン・ドゥースブルフやリシツキーとの出会いから数年も経ぬうちになされた五つの非現実的なプロジェクトが、彼をドイツ前衛界の最先鋒に押し出してしまう。

さらに数年後のヴァイセンホーフ展当時ミースは四一歳となっていたが、このときですら完成作はたった一四、このうち近代建築様式で実現したものはわずか六作にすぎない。ところが著者自身も近代建築運動に関する疑問のひとつだとするように、「これが第二次大戦後まで続き、変形しながらも、世界を征服してしまう」のである。そして寡黙なカリスマ像の定着である。

何故だろうか?

シュルツは、ミースの出自とザッハリヒカイトとの必然的な結びつきに触れ、ミースが依拠したであろうトマス・アクイナスの〈知性と事物の一致〉に言及する。しかし何故に〈即物〉であり〈事物〉なのか?

私にとっての大きな手がかりは、ミースの内向性である。ひょっとするとミースにとって人は疎ましい存在だったのだ。そのことにより、ミースは時代に遅れ、乖離し、そして結局は先行することになったのだ。

その根拠のひとつは、一九二〇年代のヨーロッパ前衛を駆動した大衆・住宅・都市理念とミースの縁遠さである。ミースが手がけたローコスト・ハウジングはベルリン、アフリカ通りのアパート（一九二六－二七）ひとつに過ぎないし、彼の唯一のマス・ハウジングは第二次世界大戦後のアメリカで設計された五〇×五〇住宅という的はずれのプロジェクトであった。彼の思い描く風景からは人が決定的に欠落している。妻アダや娘たち、後の実質的な伴侶リリー・ライヒやローラ・マルクスに対する思いやりの欠如もそうであれば、エディス・ファーンズワースとの不幸なすれ違いの因もそこにあっただろう。

しかし、第一次世界大戦後十余年もたたぬうちに人々が強制的に社会幻想から覚醒させられていった歴史的事実に照らしてみれば、人や住宅・都市に対するミースのこうした無関心がいかに彼に作用したかを想像するのは難しいことではない。ひたすら事物のまわりを旋回し、閉じた完結に至る先に立ち現れたのは、ある種のシンボリズムであった。それがバルセロナ・パビリオンであり、帝国銀行計画であり、さらには産業主義モダニズムの象徴としてのアメリカの建築群なのである。

この一冊に凝縮された歴史は、そのことを私に初めて気づかせてくれた。

（初出＝ＳＤ8803）

〈透ける〉
——西澤文隆の世界へ

東 孝光

『西澤文隆の仕事
——(一)透ける、(二)すまう、(三)つくる』(一九八八)
西澤文隆著

一九八六年の春、惜しまれつつ世を去った建築家西澤文隆氏の遺稿集三部作が、遂に出版されたのはうれしいことである。

西澤さんの建築家としての実作での代表的な仕事は、坂倉建築研究所での作品、ホテルパシフィック東京や大阪府総合青少年野外活動センター、芸術院賞の対象となった神宮前の家をはじめ多くのものが知られているが、特に関西での一連の住宅作品については、多くの支持者を持ち、つとに高い評価を得続けてきたことは周知の通りである。

なかでも、晩年に自身の住まいを兵庫県の伊丹につくられたが、それこそ、長年の住宅についての深い造詣を傾けて熟成した作品が、と期待して見守られたなかで、もちろん各所にきめ細やかな構成を見せつつ、しかも大胆で挑戦的な試みに満ちたものが現われ、多くの人々に強い感銘を与えたのであった。この住宅の持つ深い意味は、これからもまだ問われ続けていくことだろう。

西澤さんの建築とその内外に拡がる空間についての考え方が初めて公開されたのは、私の知るところでは雑誌『建築』一九六三年三月号における「コート・ハウスへの誘い」と題する論文からであった。今にして思えば、この論文を含む三月と四月の二回にわたるコート・ハウス特集は、戦後の住宅設計の潮流を都市住宅の方向へと大きく転換させていく、その先駆けとなるものであった。

この「コート・ハウスへの誘い」が、ひとつには誌面の都合と西澤さんの思いとのずれからであろう、主として西澤さんにおける住居と都市の内外空間の関係を問うもので終わっていたのに対し、たぶん西澤さんは他日を期しておられたらしく、それが一〇年後に相模書房からの西澤文隆小論集として、『コート・ハウス論』『庭園論Ⅰ』『同Ⅱ』『同Ⅲ』に結実する。一九七四年から七六年にかけてであった。

そもそも、坂倉準三の関西での仕事の責任者としての立場から、早くから大阪におられた西澤さんは、戦後すぐの仕事の少なかった頃から後に忙しくなる間を通して、暇があれば、というよりは暇をつくり出しては関西一円の寺社・茶室・庭園をつぶさに見て歩かれた。最初はご自身でも興味ある個所を写真に記録されたりしていたが、その写真や資料は、私などが大阪事務所で勉強中であった頃からすでにたいへんなものであった。

庭園論三部作はそれらをもとにして、西欧から今度は本格的に日本建築と庭園にまたがる幅広い論文であったが、実は論を立てられるに際して細部への言及のために一般的な各種の図面資料を調べてみて、それがあまりにも不正確で使いものにならず、どうしても一度すべてのお寺や茶室などを、自分なりに実測し直してみたい、といつも周囲に洩らしておられたのである。

洩らされただけでなく、庭園論の準備段階から事務所のOBや若い有志などを連れて、主要なものの実測を開始され、その一部は庭園論の中に美しい平面や断面として使われたのであった。

この庭園論以降、その出版の前後に感じられたことを中心に、ちょうどその頃坂倉準三先生が亡くなられた後の、事務所の代表として東京と大阪を往復する多忙な日々の合間に、各所の日本建築の実測を実に楽しそうに進められたのである。

西澤流の庭園や建築空間についての論と実測との関係は、周知のことと思うが表裏一体をなすもので、考えたことを実測によって確かめ、またその実測によって新しい発見があって論を進めるというもので、いわば、設計から実施への道程を逆に辿るという作業だったのではないか、と私はいつも考えながら論文を読んできた。

そして普通なら、熟年を過ぎてからあれだけのコート・ハウスと庭園三部作をまとめられたのだから、後は少しペースを落とされてもよいはずのものだが、実はまとめようとして却って欲求不満になった、と一層意欲をかきたてられたようであった。そして以後の西澤さんは、憑かれたように実測と思考の日々を進んでいかれた。その探求の景と内容の幅が予想をはるかに上回るものであることに驚かされるのである。

聞くところによると、残されていた論文だけでなく、実測図、スケッチ、対談や連載の文章などが多岐にわたっており、これをどのようなかたちで整理し公開すればよいかに種々の議論がなされたが、結局、日本建築の実測図集、日本建築の空間論で連載としてまとまったもののふたつを別にし、それ以外のものが、今回の『西澤文隆の仕事』三部作としてまとめられることに落着いたものだという。

なかでも、まず第一巻のタイトルになっている〈透ける〉という言葉に私はいつも惹かれている。西澤流の数寄屋建築観は、生前から多くの共感を得、伝統建築に対する見方というよりは、現代建築への姿勢として多くの示唆に富むものである。特に、若い建築家の仕事に対して、鋭く、歯に衣着せぬものでありながら温かい視線をそそいだ批評によって、人望の高かった西澤さんの姿そのものをほうふつとさせる。〈透かす〉というコンセプトは、まさに私たちに遺してくれた西澤さんの世界の貴重なキーワードなのであろう。

三部作は（一）〈透ける〉が日本建築を通じての建築空間哲学という形で編まれており、（二）〈すまう〉では自然、緑、住宅論を中心にして、特に晩年インドや中近東に足を延ばされての旅の話が興味深く、（三）〈つくる〉では冒頭に名工との対談集、その他に所員教育、実測、病気とのつき合いなど、最後にコンクリート住宅と透きの空間についての対談で結ばれている。念入りのレイアウトや色校正された美しい写真や図版など、またこの出版をまとめる中心となった山崎泰孝氏の解題が各巻末に添えられていて、ていねいな本造りになっている。是非、多くの人たちに手にしてもらいたいと願うものである。

（初出＝ＳＤ8807）

もう一つの日本史とも言える近代和風建築

『近代和風建築』（一九八八）

村松貞次郎、近江 榮共編

木島安史

『日本近代建築総覧』（一九八〇）が出版されて一〇年近くなるが、最近これを受けた注目すべき労作が相次いでいる。ここに紹介する『近代和風建築』をはじめ、『近代建築再見』（一九八八）や、すっかり常客をつかんだ探偵ものなどである。ある意味では続刊中の『総覧日本の建築』（日本建築学会編）（一九八六－）もそうした成果を取り入れたものと言えよう。

一方、外国旅行していて便利だと感心するのは、ヨーロッパに限らず、アメリカでも都市毎の建築ガイド・マップがあることである。おそらく日本でも、その都市を歴史的に学ぶことと建築の解説が一体となる時代を迎えるのであろう。

この著作は、〈まえがきに代えて〉として村松貞次郎先生、おわりに近江榮先生とお二人の大御所にがっちりとおさえられているようであるが、最近すっかり定着した大型サンドイッチのように、上下のパンに負けず中味が非常に豊富である。

その理由は、日本建築、しかも近代の日本建築を見直す現場の作業に直接加担していた若い研究者に、しかも数多くの人に執筆させているところにある。最も年配でも一九四七年生まれ、最も若い人は一九六〇年の生まれであるから、明治から第二次世界大戦前までは完全に過去のものなのである。その意味ではまるで外国を旅行するようなつもりで跋渉できたと思われる。

多くの執筆者を連ねることは、多くの事例を具体的にしかも様々な角度から見せてくれる魅力がある反面、散漫になる恐れがある。しかし、この著作では単なる発掘はすでになされているとの意識も働いてか、分類をこころみている。巻頭の近代和風建築の流れ図がそれである。大きく三つの流れとして、要素の集積としてみられる〈豪華さへの指向〉、伝統を継承するものとして〈伝統の維持と発展〉、それに和風を構築しようとした〈和風の様式化〉であり、これらと同時代的に、外から見られた和風とでも呼べばよいのか、やはり要素を集積したものとして〈ジャポニスム〉があるという。

流れ図によると、戦後は戦前の新興建築が伝統論としていくつかの流れを集めているように描かれているが、この著作を読み終えて強く感じることは、和風建築として概念化されたものが決して明治以前の文化遺産だけではなかったことである。この点について村松先生が述べられているように、洋化の波によってむしろ和風建築は活性化したのであろう。帝冠様式もその一つと言えようか。

さて、個々の建築の紹介は、このようなまとめの作業にも劣らず魅力がある。私は東京の文京区に未だこんなにも多く残っていたのかと自宅周辺だけに驚いたし、箱根、日光の意味もあらためて考えさせられた。また浅草の地下鉄駅などはアール・ヌーボーに浮かれてパリを訪れるより前にぜひ見てほしいものと言うべきだろう。

（初出＝SD8810）

辛口のポスト・モダニズム論

奥出直人

『ハイテク時代のデザイン』（一九八九）

竹原あき子著

本書は近代デザインのおかれている立場が批判、実践、理論の面からはっきりと見えてくる評論集である。足の文化を論じたり、コンピュータ、車、ホーム・オートメーション、そして老人やハンディキャップの人たちについて論じている「I　コンピュータ・ハネムーンが終わるまで」「II　たったひとりの阿呆船」では竹原氏の骨太で辛口のフランクフルト学派的なデザインの批判理論を味わえる。

画一的な製品を大量生産するための近代デザインはその出発点から生産の倫理を強調する合理主義（啓蒙主義と呼ばれたり効率優先主義と呼ばれたりする）と消費の欲望を刺激する商業主義という二つのベクトルの異なる志向性を内在させていた。だが、モダニズムへの反発としてポスト・モダニズムの名のもとに巷に流布しているデザインは合理主義の否定の面が強調され過ぎている。モダニズム以降のデザインの方向としては、合理主義のみならず商業主義をも否定していく、あるいは合理主義を残して商業主義を否定する方向も考えられる。竹原氏はそうした様々な可能性を考えて筆を進めている。

モダニズムのデザインの実践の歴史をノスタルジーを感じさせるプラスチックを使ったモダン・デザインのプロダクトで論じている「III　錬金術はいま――プラスチックの時代」は目を見張らされる新鮮な話であった。プラスチックのデザイン史をマテリアルとプロダクトの両面から描き、イタリアにおける反プラスチック運動、ヒットラーにおけるファシズムの中のプラスチック、アール・デコにおける消費の中のプラスチックを検討しながらポスト・モダニズムにおけるプラスチックを素材としたデザインの実践の中に思想を捜し出す。そして最後にスタジオ・アルキミアとメンフィスのグループによるラミネート合板の家具が論じられる。この素材は日本の三畳のダイニングキッチンにやっと入るテーブルトップをもの悲しげに飾っていたものと同じである。だが、メンフィスの作品は堂々と見える。その見え方の差は、「一方が現実にある石の表情を再現しようと試みているのに対し、メンフィスのそれは表面をうつしながらも別の出口をみつけた。つまり石を連想させながら石とはかけ離れた視覚世界に見る者をひきずり込む」(一五七頁)ためだ。ここにはモダニズムから合理主義だけを抜き去った甘口のポスト・モダニズム・デザインとは別のものが存在しており、ポスト・モダニズムの美学と哲学がある。

彼女のデザイン論の理論は「Ⅳ　街はコルソのために――アーバンデザインへの提案」でパリのラ・ヴィレットを論じながら提出される。歴史を持つモダニズムが彼女のデザイン論の理論部の中心として説明されるが、この理論は完成しない。というのも、結論部でル・コルビュジエのアメリカ訪問記である『伽藍が白かったとき』をふまえて、ゴシックのカテドラルを建てたときはアートとテクニックの距離は隔たっていなかったが、現在のインダストリアル・デザインの世界はテクニックと別れを告げていると述べてしまうからだ。

しかしながら、彼女のデザイン論の批判理論と実践が示しているようにポスト・モダニズムは新しい方向を見つけているのではないか。そしてアートとテクニックはアーバンデザインを含む様々な分野でこれから融合の道を探っていくのではないだろうか。この本がこの可能性を示しているように思うのだ。

(初出＝ＳＤ8907)

高齢者住宅の〈名状しがたい質〉を探る本

在塚礼子

『世界の高齢者住宅――プライバシーと自立の実現』
(一九八九)
J・D・ホグランド著　湯川利和、延藤安弘共訳

たとえば書店に並ぶ高齢者住宅に関する本のうちから一冊を取り出して開いてみる。多分そこには、手すりの取りつけ方、車イスが使えるスペースなどの図が描かれているだろう。この本にはその種の図はひとつも描かれていない。図には描けない〈名状しがたい質〉を追求したからである。

アメリカの建築家である著者は、スウェーデン・デンマー

ク・イギリスの高齢者住宅に感激した（に違いない）。〈アメリカよりはるかに進んだ〉と実感される〈よさ〉が何によるものなのか。著者はこの〈名状しがたい質〉の源が、プライバシーと自立という社会的コンセプトへの深い理解と、その実現への多面的な努力にあると見定めた。

第一章では、プライバシーと自立の理念は画一的なデザイン基準やマニュアルといった〈名状しやすい〉建築の言葉に置き換えられやすく、個人が見失われがちなこと、また高齢者の住む場は福祉施設も医療施設もまず住宅として捉えるべきことが指摘される。第二章では近年の老年学の成果を踏まえて加齢プロセスを要領よく紹介しつつ、それが住環境にどのように関わるかに言及する。そして第三章で、プライバシーと自立についての概念的枠組みが示される。

これまで少しでも住環境におけるプライバシーや自立について考えたことがある人ならば、ここに自分が疑問に思ったり、確信したりしたさまざまなことが的確にとりあげられ整理されていることに感心するだろう。ケアとプライバシーの両立、自立と依存のバランスなど、困難だが重要な課題が示されている。しかし完全な解答が用意されているわけではない。「このような概念は個人によってさまざまに解釈され得ることを認めることが重要で、ここで検討された論点がさらに論議を刺激すること」が目されているのである。

むしろ解答に代わるものとして、第四章から六章に先進三か国の多様な高齢者住宅の事例が紹介されている。名状しがたい質は、各国の行政のあり方を基盤にして、ケア・サービスとの結びつきの中で、その地域にふさわしく実現した個々の事例のレベルにおいて、こまやかで的確な建築的配慮とともに具体的に説明され得るものだからである。

それでもなお、著者には名状し得ないものが残った（に違いない）。最終章の最後にも繰り返される。「私たちは高齢者個人がたどってきた人生の道程、そしてねぐらを越えた居住環境にたいするニーズを見失っている。人生に意味、目的、そして喜びをあたえるのはその無形の質にほかならない」。

やはり住環境にそのような質を求めてこられた二人の訳者の共感もよく伝わってくる。訳註は親切であり、あとがきにまとめられた計画指針は適切で有用である。私たちはここに示された視点で、三番手であり住文化も異なる日本でのあり方を考えなければならない。それを考えさせてくれる本である。

（初出＝ＳＤ8912）

人生から読み解く作品論

下村純一

『白い机①：若い時——アルヴァ・アアルトの青年時代と芸術思想』（一九八九）

Ｇ・シルツ著 田中雅美、田中智子共訳

近代建築の巨匠のうちで、アルヴァ・アアルトほど作品と風土性との結びつきを指摘された人物はいない。とりわけセイナッツァロの町役場（一九五二）以降は、常にフィンランドを背景に彼は語られ続けた。だがフィンランドとは、そもそもどのような国なのか。またアアルト自身、国をどう考えていたのか。乏しい資料のもとでは、とかく観念的な話に終始せざるを得ない一面もあった。

アアルトとの長い親交を通して、本書の著者ヨーラン・シルツは、そうした懸念の多くを解き明かしてくれる。セイナッツァロの中庭とその階段状の盛り土は、彼の育ったユヴァスキュラの家の敷地に深く関係する。トスカナへの憧憬から、若きアアルトはユヴァスキュラの町をフィレンツェにしようと夢見ていた。彼の自然志向は、あるがままの美しさの賞讃ではなく、人工の手を加えることによって、はじめて美を完結させる等々。膨大な資料を駆使する本書は、彼の建築観の具体的な例証にはじまり、その精神論にまで及ぶ。

それにしても〈白い机〉とは詩的な題名ではないか。彼の作品の基調をなす清楚な白。森林測量士であった父親の白い大きな仕事机をアアルトが生涯慈しんだという指摘が冒頭で述べられる。アアルトにとっての白は、単にフィンランドの国土の象徴ではないのだ。

パイミオのサナトリウム（一九二八－三三）以前を扱う本書の構成は、青年アアルトの成長過程を伝記的に論じた一部と、その人間像をベースに同時期の全作品の解読を試みる二部とからなる。伝記部では、冗漫に過ぎるところもなくはない。が、森林監督官であった祖父との交流など、幼少年期の家族生活を通じて培われたであろうアアルトの自然や社会の具体像と作品との関係を克明に掘り起こす手腕は、見事である。晩年のアアルトは、建築書を一読だにせず、『発明の本』という一〇〇年も前の奇妙な文明論をページが破れるほどに愛読していたという。著者はそこに、若い頃から形態の様々な可能性に熱意を示したダーウィン的側面をみる一方、培われたゲーテ的自然観がアアルトのモダニズムからの離反を促したとも述べ、巨匠のうちに存在した近代意識の両義性を指摘する。

ともあれ本書の論考は広範にわたり、一読するだけではとうてい理解できない、読みごたえ十分な本である。訳者の労作でもある。一九二〇年代の古典主義風の作品が細大もらさず調べ上げられている点も驚きである。アアルトという一人の人間の所産が、新古典主義からモダニズムへと移行した建築史そのものの体現であるやに思えるからである。巻末に、作品リストとしてそれらがずらりと並んでいる。今日ではむしろ新鮮な、コンペに明け暮れた若い頃の、イタリアへの憧れを素直に表明した美しい作品たちがある。その資料だけでも、本書の価値の高さは認められよう。

続編が既に出来上がっていると聞く。訳出の待たれるところである。

（初出＝ＳＤ9002）

日本の空間をめぐる労作

山口昌男

『見立ての手法——日本的空間の読解』（一九九〇）
磯崎 新著

磯崎氏の近刊『見立ての手法』は私にも思い出が多く、主題としても親近感を抱かせられる著作である。一言で言えば一九八〇年代に磯崎氏が忙しい仕事の合間を縫って、比較的じっくりと取り組んだ日本の空間についての考察を中心に集めた労作と言える。構成は六部から成っている（ま、かつら、にわ、ゆか、や、かげろひ）。このうち、〈にわ〉の中に〈見立ての手法〉と〈世界観模型としての庭〉という一九八三年に書かれた見立てについての二つのエッセイの一つからこの書物の題が取られている。〈見立て〉は、一言で言えば〈大宇宙〉を庭園をはじめとする小宇宙に映し出す手法である。磯崎氏は記号論の言葉を使って「類似性《アナロジー》を媒介にして、連想《アソシエーション》を喚起し、対象物を分節《アーティキュレイト》していく手法」を表現していく。私も三年前、ワシントンのスミソニアン博物館で催された〈展示の詩学〉というシンポジウムで見立てを、こしらえものや歌舞伎を例にとって論じた。磯崎氏は建築の世界で国際的に活躍する人である。従って、日本の空間の問題を国際的な場で普遍的に言葉にするよう努力している人であり、本書はこうした線の上での試みの成果である。第四部に収められた〈ユカの現象学〉も、磯崎氏も触れているように、鈴木忠志、高橋康也、そして私を含め、当時共に勉強会を持っていた人間の共著『フットワーク』（パルコ出版）という書物の中に収められたものであり、座談会を共に行ったときの力作である。ユカという足が最も雄弁になる日本独自の空間がどのように形成されたかという点に焦点をあてた考察で、その後、英訳されている。私の論文も英訳して発表した。又この本は、数多くの芸能における足についての写真を収録していることと英語のキャプションがついていたこともあって、ニューヨークのリッツォーリ書店に並べられてあるのを見たこともある。

本書に収められた論考は〈間〉〈庭〉〈建築〉〈舞台〉から〈都市〉という具合に、およそ、建築とかかわり合う空間の全域を扱っている。〈間〉については、パリで松岡正剛氏と組んで磯崎氏がポンピドゥ・センターで展示を行って大成功したのはよく知られているが、そのエッセンスが語られている。第二部〈かつら〉では磯崎氏はスタティックな美より、この庭園と建物に深く秘め匿されている、偶発的でダイナミックな美学を読み取ろうとする。〈城壁のない都市〉（第三部）では、軍事的立場より、世界観の表現の媒体のために建設された側面において平城京という〈神聖都市〉を読み取ろうとする。

しかしながら、〈かげろひ〉において、絶えず変貌して同じ姿にとどまらない一過性の連続において日本の都市の特色を読み取ろうとする。それは同時に〈廃墟〉の可能性を抱え込んだものとしての都市を読み取ろうとする視点として読む者を刺戟しつづけて止まない。（初出＝ＳＤ9011）

京都解読のための優れた手引き書

大野秀敏

『仕組まれた意匠——京都空間の研究』（一九九一）
川崎 清、小林正美、大森正夫共著

この本は、川崎清氏を中心とする研究グループが行った京都の伝統的町並みのサーヴェイをまとめたものである。町並みのサーヴェイというと、一九六〇年代末から七〇年代前半にかけて、流行ったデザイン・サーヴェイを思い出す方も多いかもしれないが、二〇年弱の歳月は確実に方法論を豊かにし、はるかに実りの多いものにしている。調査対象が二〇年前は村落が多かったのに対して、ここでは京都という都市が対象になっていることも大きな変化であるが、それ以上にこの研究調査には、この間の様々な知的成果、例えば記号論や知覚心理学などが盛り込まれている。題名も良い。かつてアノニマスな建築や都市空間については「たくまざる意匠」という表現がよく使われた。ここでは「仕組まれた」と逆転している。著者たちの都市に対する基本的な視座を伝えている。

全体は四章から構成されている。第一章「小路空間の構成」では市内の四八カ所の小路がとられそのすべてについて平面図と詳細な断面図が記録されている。特に寸法データが細かく記録されている。第二章「町並みの構成」の前半では路、境界、建物という分類に従って構成要素を拾い上げ、それぞれ写真と解説を付しているのだが、それに加えてまつわる諺、用例を挙げているところに創意がある。諺という形で共同体の意味論的枠組みのなかに定着した対象を取り上げているところが理論的に巧妙である。例えば「棟」の項を見ると、「家の棟より倉の棟が高いとその家はごたつく、四十九日までは魂が家の棟に居る、上棟式（＝上棟祭）、棟折れて垂木崩れる、雪隠の棟上げ」とある。私のように浅学非才の読者のためにはちゃんと最後にまとめて意味が解説してある。例えば、「雪隠の棟上げ」ならば、「小さな家の棟上げを嘲っていう」とあり、京都人はなかなか厭味であるということもついでにわかる。第二章の後半ではビルディングタイプ別にどの様な要素の組み合わせがそれぞれのビルディングタイプを表象しているかを、やはり写真と図と解説で簡潔に示している。第三章「アプローチ空間」でも京都の寺院のアプローチ空間の構成実測平面図、断面図の他にシークエンシャルに写真と図を用いて体験に近い形で空間の記述をするとともにその特徴を分析している。終章は本の表題と同じ題を持ち、京都に拘らず、川崎清氏の自作や内外の実例を縦横に駆使して、景観設計を設計手法の問題として論じている。

記述は全体に簡潔で肩肘はらず読みやすい。また、収録されている図版はいずれも資料性が高く、前書きにあるように「都市空間、デザイン・サーヴェイ、伝統的町並み修景・保存等の研究・実務を目指す人々への手引き」であり、極めて示唆が多い優れた仕事である。唯一評者が疑問を感じたのは、「プロローグ・石塀小路物語」と題するレトリックを弄した文章である。以降の抑制のきいた構成と齟齬があるように思われた。

（初出＝SD9201）

歴史のかけらから何が見えるか？

鈴木隆之

『コラージュ・シティ』（一九九二）
SD選書251（二〇〇九）
C・ロウ、F・コッター著　渡辺真理訳

「『ポスト・モダン』は終わった」などという言葉が流行し、もはやそんな流行さえ終わろうとしている。「ポスト・モダン」は、そうした議論を受け入れられるような時代区分ではもともとない。それは、そうした時代区分の有効性を裏づけていた「歴史」という概念そのものが、崩れ去る「場所」のことだったのだ。確かに冷戦終了とともに、世界の状況は動いている。だがそれは、地域間紛争、民族間紛争……といった具合に、およそ第一次世界大戦前の様相と相似している。これらの動きが、西洋の正当化としてのヘーゲル論理に再度絡めとられぬためにすべきは、「近代の復活」などと叫ぶことでは、もちろんない。近代を徹底的に検討しなおすこと、結局のところ、それしかないのだ。

その意味においても本著の日本語版出版はタイムリーだ。もっとも、「日本語版への序」にもあるように、原著の出版はすでに一四年前になされていた。そのため著者の語るトーンは、より直裁に近代批判だ。

著者は第一章で、近代主義のユートピア思考の側面を、サン＝シモンら空想的社会主義者の思想にまでさかのぼり検証する。第二章では、ユートピア幻想衰退後の状況について論じている。より現実的なものへと目を向けざるを得なくなった建築家たちは、タウンスケープ＝「人々の生活」へと向かうか、SF的な像を描くか、いずれかに終始したと、著者は言っている。そしてそれらを批評的に評価しながら、未来に向かいつつ歴史を都市の記憶として見せるような理念を、提示すべきだと主張する。続く第三章では、建築個体と都市の関係について考察し、「図と地の変換」という操作を通じて、むしろボイドとしての都市空間こそが実体的に論じられるべきだとする。そして第四章、第五章で、そうした都市空間において、第二章で論じられたような「記憶の劇場」が実現するための方策を説くのだ。著者によれば、歴史的な場所のコラージュこそが、それを可能にすると言う。建築家はレヴィ＝ストロース言うところの、「ブリコルール」的な存在であると、著者は主張している。

なんという明解な論理！　実際には、著者の主張は、自信に満ちあふれてというよりは、厳密だが控え目な論理に支えられている。だが深い危機感をにじませてではなく、むしろ楽しげに処方箋を探そうという感じの文章に、僕は驚きもした。だがこれは単に文章の問題ではない。著者がコラージュの対象とするのが、実はかつての意味での「歴史」でしかないところに、問題は潜んでいる。著者は慎重にヘーゲルを持ち出し、そして周到に批判もしている。しかし同様に「歴史批判」をしたレヴィ＝ストロースが、やはり西洋の眼差しで「世界」を見ていたという事実がある。著者の限界がそこに現れていないか。

「歴史」のかけらのコラージュという方法になにがしかの有効性があることを、認めてもいい。しかし重要なのは、そのかけらの組み合わせかたではないし、またそのかけらの出自でもない。何が「歴史」を砕いたのか、そしてそのかけらは今どこで誰の身体に突き刺さっているのかを論じる必要が、今あるはずだ。

（初出＝SD9207）

ル・コルビュジエとは誰か？

富永 譲

『ル・コルビュジエ――理念と形態』(一九九二)
W・J・R・カーティス著 中村研一訳

豊かな書物である。私は読了して、起伏に満ちた長篇小説を読んだ時のような充実した感覚を味わった。翻訳の日本語も見事である。書物全体の構成が、作品の制作を年代順に追った評伝という体裁をとってはいるものの、それぞれの作品に関する密度の高い記述を重ねることによって著者が描き出そうとするのは、多様な側面を持つ芸術家、建築家、ル・コルビュジエの全体性である。読者は、記述を辿り読み進むにつれて、人間ル・コルビュジエの豊饒さ、複雑さ、多彩な側面に当面し、眩惑されるだろう。

そんな多様性なら誰にでもあるというのではない。多様さを括っている人間としての一貫性に著者の視線は向けられているのだ。歴史の広がりや宇宙全体の秩序へと、並外れた角度で開かれていた実存した二〇世紀の人間の体温に具体的な触感を与えるように細やかな記述は進められてゆく。だから断片的な知識が集積し、並列されているというのではない。個別の事態と遭遇しながら作品を組織し、七八年という時間のなかを手さぐりで切り抜けていった人間の肖像を、部分のディテールによって陰影とともに書き上げた。

その部分のディテールとなる、個々の作品に対する著者の理解の深さ、記述の美しさは際立っている。もちろん、今までのほかの研究の成果の蓄積を前提にしてはいるのだが、この書物を光彩あるものにしているのは、理念が形態に結びついてゆく時の、ル・コルビュジエの手際、デザインのやりとりのあれこれに注意が集められていることである。理念の表面を滑って空疎になることも、形態の表面を辿ってパターン化することもない。建築家的な眼がそれを押し止めている。個別の作品の分析に深く切り込みながら、建築という抽象的な形の構成のなかに、さまざまな意味の層を引き寄せてゆこうとする具体的な生き生きとしたやりとりを浮かび上がらせることによって、「ル・コルビュジエとは誰か？」という全体像に答えようとする。だが生涯を三つの時期に分けた、第一部、第二部、第三部と読み進んでゆくにつれ、全体像が次第に明らかになってゆくというようなことなのではない。建築家は、当人にも説明することのできない行く手を遮る正体不明の闇を前にして、一つの建築を設計することをとおして、現実的な条件のすべてを超えて一つの見晴らし、一つの自由に到達しようとする。だからル・コルビュジエの全体像とは、作品をつくることによって、一つの見晴らしから一つの見晴らしへと自己を解放してゆく運動のなかにしかない。だがそれらは決して要約され得ないような、どんなに微妙な、とらえがたい運動であるだろう。作品を構成するなかで現実という地面を蹴って、建築が詩や理念の世界のなかへと舞い上がる飛翔の瞬間、見晴らしが開ける瞬間を連続的に定着することのなかに、ル・コルビュジエという人間を引き絞っていたベクトルをあきらかにしようとするのだから。それは年を経るごとに華やぎを増してゆくような人間の不可解さなのだが……。

　著者カーティスも強調するように、ル・コルビュジエの豊饒さ、複雑さ、多彩な側面は、西欧の歴史全体が一人の人間のなかに流れ込んだ結果としてのやはり一つの強力な謎なのだが、本書によって、その謎は巨匠伝説といった近づきようのない謎ではなく、その厚みと質を手で触れて確かめることのできる、その深さのなかに身をもって入ってゆくことのできる具体的な謎になったように思われる。

（初出＝SD9208）

カーンの言葉
——アルカイックなるものへ

湯澤正信

『**ルイス・カーン建築論集**』（一九九二）
SD選書248（二〇〇八）
L・カーン著　前田忠直編訳

高崎でのカーン展が、記録的な大成功に終わったとのことであった。展示そのものの規模は、大きなものではなかったが、磯崎新によるユニークな会場構成や、多彩な関連イヴェントや、かなり周到に練られた広報活動などによることは想像に難くない。さらに言えば、カーン建築の読解作業が、近年になってかなりの水準に達し、難解といわれるカーン建築が少し身近なものとなってきたということが、その底流にあったように思われる。最近のものだけを挙げても、Garland社からの七巻にも及ぶカーンのドローイング集の日本での刊行や、日本展に合わせて翻訳されたアメリカでのカーン展のカタログであり、同時に包括的で総合的な研究書となっている『ルイスカーン——建築の世界』、また邦訳されてはいないが、J. Hochstim によるカーンの絵やトラベル・スケッチに関するものや P. C. Loud によるカーンの美術館建築に関するものなど、カーンその人の建築遍歴が、かなり詳しく我々に知られるようになってきた。本書は、こうした流れの中で、一大画期をなすものであるように思える。

　本書は、一九六五年から一九七三年の死まで、カーン晩年の一〇編のステートメント（九編の講演と一編の対話）から成る。編訳者の前田忠直は、カーンの建築思惟に関する独創的な博士論文をものした、日本におけるカーン研究の第一人者である。その研究成果の片鱗は、本書の詳細で厳密な脚注に現われており、読者は、知らず知らずのうちに、カーンの言葉の思想的・哲学的意味の世界に連れ込まれる。本書は、訳語の正確さといい、まさに、研究書といっても過言でない程、力のこもった訳業であるといえる。

　本書冒頭にある磯崎新による序文は、本書に対するおそらく最良の書評になっている。それは、手短にカーン亡き後のアメリカ建築界を総括し、編訳者を含めた現在のカーン研究の水準の高さ及びその今日性を指摘し、さらに、カーン建築の「崇高性」にまで言及している。こうした書評を前にして、浅学の私が何がしかのことを述べるのは不可能と思われるので、ここでは、カーン晩年の言葉及び建築に対する私の感想を述べることとしたい。

　一〇編のステートメントは、かなり重複する内容を持っている。まさにそれ故に、晩年のカーンが表明しておきたかったことがよく伝わり、カーンのあのしわがれた肉声が聞こえてくるような臨場感を持ったものであった。その言葉は、多分、自身の内面における自己との対話なのであろう。独特な語彙や箴言めいた語り口など、およそ相手に伝えようと発したものではない。それは、自己の建築を希求して止まない訥々とした語りであり、私には、難解さよりも、カーンの真摯さを痛いように感じた。カーンの建物は、設計作業の中で整理されてできた単純性というよりは、原初への遡及により紡ぎ出されたアルカイックな単純さを持っている。アルカイックとは、カーン自身が語っているように、「それ自身のもてるすべての美しさをいまだ表していないが、しかし存在への力を充分に備えているようなもの」であろう。ダッカの議事堂に代表される晩年の建築群の力強いアルカイックな幾何学は、カーンの求める人間のインスティテューションなるものの永遠性を象徴しているように思われる。

（初出＝SD9301）

デザインが語る社会史

竹原あき子

『欲望のオブジェ――デザインと社会　1750–1980』
『欲望のオブジェ――デザインと社会　1750年以後』
（一九九二、新装版＝二〇一〇）
A・フォーティ著　高島平吾訳

宝石にもひとしいウェッジウッド。カメオの模様をそのままに再現した器、あるいは端正な形と模様の器「クィーンズウェア」などはたとえ高価であっても手にしたい、とおもわせる名品。そのウェッジウッドの歴史がデザインとデザイナーの発生を解明する、と著者アドリアン・フォーティは意外なデザイン史のベールをはぐ。

「クィーンズウェア」のなめらかな外形と新古典主義装飾の由来を、これまでの歴史家なら、ヨーロッパの上流と中流階級の趣味にあわせたからだ、あるいは機械化にふさわしい形態にした結果だ、と説明してきた。だが著者はそこに疑問をいだく。創業者ジョサイア・ウェッジウッドは失敗のない均質な製品を、いかに在庫を少なく、消費者の多様な好みにあわせるか、の戦略をたてた。消費者の選択の幅をひろげつつ生産の効率をあげるためには器の形をすくなくし、模様のバリエーションをふやせばいい。白地の本体をあらかじめ用意し注文に応じて模様をつける。文様の焼成は時間もコストも器本体より安くあがるからだった。そのために器はどんな模様にもふさわしい形でなければならなかった。ロココ様式では模様に限りがある。そこで新古典主義のなめらかで単純な形態が選ばれた。どんな模様にもあう器の形をつくる「ウェッジウッドの成形師たちが達成しようとしたのは、生産と消費との両面の要件を満足に融合させるような形態に到達することだった。この点で成形師は、その後のどんなデザイナーともまったく同じ仕事に従事していたのだ」。一九二〇年代に登場したとされるアメリカのプロのインダストリアル・デザイナーの原点は一世紀前のウェッジウッドにある、と主張するアドリアン・フォーティの視点は新鮮だ。しかも、著者は「デザインが商業と密着すると、なにか汚辱にまみれたように受けとられるのが通念である。だがそんな方向違いの知的衛生志向がなんの役に立つというのか。デザインが……富みの創造においてひとつの重要な役割をはたしてきた、という事実を」みえなくしてきた、と断言しつつデザインとアートの混同をいましめている。

デザイン史はひとびとが住む世界をどのように考え、どのような影響を受けたかの歴史でもある。本書はそれを、進歩、機械化、差異、理想の家庭、理想のオフィス、清潔の概念、未来のイメージそしてCI（コーポレートアイデンティティ）といったテーマを立てつつ、ウェッジウッド創業の一七五九年から一九八〇年までに生まれたプロダクトデザインの変遷を精密な「社会史」として論じつくした。ペヴスナーとギーディオンのデザイン史観に多くを学んだわれわれが、二一世紀を目前にして刺激を受ける歴史書として本書にまさるものはない。ただし階級社会の歴史書であることをみのがしてはならないだろう。

（初出＝SD9303）

メガロポリスと住民の条件

長島孝一

『メガロポリスを超えて』（一九九三）
J・ゴットマン、R・A・ハーパー共編　宮川泰夫訳

現在では人口に膾炙しているメガロポリスという言葉をここまで有名にしたのはゴットマンである。一九五〇年代にアメリカ東海岸の巨大な帯状の都市地域を調査したゴットマンは、それまでの都市という概念を超えた新しい文明の状況がそこに起こっていることを洞察し、それを事実の裏付けをもって証明したのである。これをメガロポリスと名付けたのだが、元々ギリシア語でメガロは「大きい」、ポリスは「都市」を意味しており、ペロポネソス半島には実際にメガロポリスという都市が存在している。しかし単に都市という言葉を使わずあえてメガロポリスというギリ

シア語を用いたのは、既成の都市の概念にとらわれたくない著者の意図がある。

　新しい種類の都市、文明のインキュベーター（孵卵器）、都市という生物の突然変異なのだという学説をたてたゴットマンは、それから三〇年近い歳月を経て本書の中で自信をもって自説の正しさを確認している。アメリカ東海岸メガロポリスで個別的に実証された内容、特に都市の頭脳化の現象は、日本における東海道メガロポリスにおいても自明のこととされるようになっている。日本の将来を語ろうとする未来学がメガロポリス化を一つの目標としてとらえたのは一九六〇年代であったが、そのあたりでわが国のフィジカルプランナーにはかなりの誤解があったようである。特に丹下健三氏はメトロポリスを求心的形状をもった都市、メガロポリスは線ないしは帯状をした都市、エキュメノポリスは多核化した都市という風に物的な構造としてとらえられたようであるが、実はゴットマンの言うメガロポリスはそのようなフィジカルパターンそのものを言っているのではない。いわゆる「ヒンジ」として中心核となる中心都市（普通メトロポリスと呼ばれるもの）を数多くもった大規模な都市化の状態と、絶えざる変化をとげる動的な状態、その知識産業的指向内容と情報のネットワーク化、ゴットマンがオービット（軌道）と呼ぶ内部的なかつ世界規模でのコミュニケーションのネットワーク化、機能上の連帯化という現象を述べているのである。

　このようなメガロポリス的現象から一つの究極の様相を想定して、都市回廊の広大なネットワークが一つの構造としていくつもの大陸にわたって拡大し、ほとんど連続したと言ってもよい地球的な一つの都市体系をなしたものをC・A・ドクシアディスはエキュメノポリス（世界都市）と呼んだのである。

　ゴットマンは、日本がこの一〇〇年間の成長状態からゼロ成長と安定化の時代へいかに巧みに移行するのか、地域主義の復興と行政の分権化の方向に大いに興味をもっているようだ。メガロポリスというコンセプトは決して均一な都市状況や都市文化のあり方を示しているのでも目的としているのでもない。「同一の技術を共有することはあっても、その技術的生産手段の使用方法は地域文化の産物である」……「明治以来なお進展しつつある急激な変質が日本の都市に混沌とした様相を与えていても不思議ではない。しかし変革の早さとその成功は、そうした活力を方向づける注意深くそして熟達した政策なくしては達成できないであろう」という警告にも耳を傾けたい。

ゴットマンが結論的に言っているのは「都市は住民そのものである」ということである。メガロポリスの多様な住民の条件を研究し、改善することを不可欠だというのである。わが国における産業化、情報化社会へのかけ声が住民の具体的な生活の条件を置き去りにしてきたこともゴットマンは鋭く感じ取っているようである。(初出＝SD9305)

サグラダ・ファミリアの真髄

桐敷真次郎

『ガウディ――芸術的・宗教的ヴィジョン』(一九九三)
R・デシャルヌ、C・プレヴォー共著
池原義郎、菅谷孝子、上松佑二、入江正之共訳

ガウディの人気は、建築界はもとより、一般大衆のあいだでも、時とともに高まるばかりであるが、さてその見方はというと、要するに、その造形の独創性と迫力にただ驚嘆するのみで終わっている。おおかたの建築史・美術史の専門家も、ガウディの芸術をアール・ヌーヴォーの異色版とし、サグラダ・ファミリア聖堂をただその一極点とみなす。つまり、あくまでひとつの強烈な個性から生まれた近代の非合理主義抽象芸術の特例と見るばかりで、サグラダ・ファミリアとは何よりもまずキリスト教精神、カタルーニャ精神、そして飽くなき合理主義精神の所産なのだ、と考える人はほとんどいない。

この本の核心をなす部分は、ガウディみずからが語るサグラダ・ファミリア聖堂の建築プログラムと装飾プログラムである。建築の各部分は、すべてキリストの生涯に関連する人物、事件、美徳、思想に密接に対応し、その配置・配列は、典礼に則った厳格な祭式の理想を満たし、真に驚嘆に値する綿密を極めた構成となっている。ガウディは、この聖堂を「精神の宇宙」そのものとして建てようとした。従って、その建築は、構造・意匠・象徴性において完璧である上に、永続性においても完全でなくてはならず、それゆえ耐久力が保証された合理的組積造が選ばれている。「永遠」をみつめるガウディの選択は、まさに総合的な意味で合理的で完璧であり、ガウディ自身も、サグラダ・ファミ

リアの仕事を通じて、初めて正真の建築家に変身し得たのであった。

サグラダ・ファミリアの装飾プログラムは、有機的形態にもとづく建築装飾彫刻と、多数の動植物の彫刻と、キリストの生涯に関連する人像彫刻から成るが、その生物と人像の彫刻がきわめて写実的であることが、しばしば近代芸術家の侮辱や嘲笑の的となった。しかし、この聖堂が、聖書そのものの造形的具体化、眼で見る聖書そのものであることを考えれば、中世大聖堂で先例を引くまでもなく、身近な生き物や近隣地区の貧しい庶民をそのまま型取りしたガウディの意図は、おのずから明らかになる。

ガウディを「建築の最後の天才」とみなすサルヴァドール・ダリの「まえがき」もすばらしく、ガウディのローマ的、使徒的、カトリック的、戦闘的な精神と、その装飾・色彩・光線・音響に関する有機的、自然主義的、地中海的、イスラム的、カタルーニャ的な原理の本質をほとんど理解することのなかった近代芸術家たちへの激しい攻撃の言葉という形で、ガウディの建築の真髄を語っている。

細部に見応えのない建築は、決して優れた建築といえない。クロヴィス・プレヴォーによる細部写真は、よほど丹念に見ない限り見落としてしまうサグラダ・ファミリアの細部の美しさと力強さをよく伝えている。

ガウディに関する文献はすでに二〇〇〇篇に及ぶが、そのうち、基本的と目されているものが約二〇点ある。なかでも格別の位置を占めるのが、この『ガウディ――芸術的・宗教的ヴィジョン』で、ガウディを真に敬愛する人々なら、絶対に見逃すことのできない一冊である。

(初出＝SD9307)

自然と人間社会に架橋する芸術

南條史生

『アースワークの地平
――環境芸術から都市空間まで』(一九九三)
J・バーズレイ著　三谷　徹訳

現代美術のフィールドではランドアート、アースワークといった言葉は、すでに六〇年代の美術史を代表する言葉として、かなり広く知られている。しかし、その言葉が意味するものは決して、明確に定義されてきたわけではない。一般的に言えば、それは大地を切り刻んで、何かしら人工的な造形を残す作品といったイメージでとらえられている。しかし、実はそこに含まれうる作品の領域は広大である。そして、どこまでがアースワークかといった限界は極めて曖昧だ。

本書はそんなアースワークの発展の経緯を、代表的な例を参照しながら、手際よく描いてみせてくれる。著者はアースワークという概念が形になってきたのは一九六八年、ヴァージニア・ドゥオンが開催した「アースワーク」展の前後だろうと考える。本書を見ると今や美術史でも歴史的名作とされるM・ハイザーやW・デ・マリア、R・スミッソン、R・モリス、クリストらの名作が、ほとんど六九年から七一年頃に作られているのは、驚くべきことだ。他の芸術分野でも同じことだが、六〇年代の創造性と活力は決定的だったと言える。

第二章では、アメリカのアースワークを代表するそうしたアーティストと対比して、当時のイギリスの動きを紹介している。それは、R・ロング、H・フルトン、D・ナッシュ、A・ゴールズワージーといった自然派とでも言えるアーティストの流れだ。彼らはアメリカのアーティストのように自然を征服し、ねじ伏せようとしない。謙虚に慎ましく、自然の中を散策し、その瞑想の時間を作品に昇華させる。そのような穏やかで、ルソー的な態度は、日本人にも親近感を与えるようで、前述のアーティストの多くは日本でも大変人気がある。

第三章で著者は、E・バークやCh・ハッセー、U・プライスらの思想家を引用しながら、風景における崇高と優美そしてピクチャレスクという三つの要素が果たした美学理念の役割を語っている。この部分は、我々の都市環境やパブリック・アートを理論的に考える上で大いに参考になると言えるだろう。この議論のように、日本でも作庭記や芭蕉の俳句、花伝書の美学によって、風景を理論的に論じる人がいてもいいと思う。

第四章では、庭園と絡み合いながら創られた作品、J・ピアーズやI・H・フィンレイ、ブランクーシ、イサム・ノグチなどの作例に及び、第五章では、主としてパブリック・アートの問題を中心に論じている。原題に*EARTHWORKS AND BEYOND*とあるが、その“BEYOND”の部分は正に、この辺の議論を視野に入れていることを強調したかったのだろう。

確かに終章で取り上げられている様々なパブリック・アートを見ると、それは六〇年代末に台頭した初期のアースワークから遙か遠い地平へとたどり着いたように見える。それはR・アーウィンのように極めて一時的で彫刻としての実体はない、光と空間そのものを作品にした例や、S・バートンの家具的彫刻、S・アルマジャーニの社会的・歴史的意味と機能を高いレベルで融合させた例など、その領域が拡大したことを示している。そして、六〇年代に反社会、反商業主義だったアースワークが、今やパブリックへ、都市へと回帰してきたことがわかるだろう。これは明らかに社会や文化の変化を反映したものであると同時に、我々の意識、そして芸術の定義の変化をも意味しているのだ。

美術関係者、ランドスケープ・アーキテクトのみでなく、建築家、都市計画者、社会学者そして多くの自然愛好家に一読を薦めたい。


（初出＝SD9309）

パタン・ランゲージの世界観

難波和彦

『時を超えた建設の道』（一九九三）
C・アレグザンダー著　平田翰那訳

クリストファー・アレグザンダーの著作はすでに何冊も翻訳されている。彼の思想や設計方法論がパタン・ランゲージに集約されることはよく知られているが、この本はパタン・ランゲージにかんするシリーズ三巻のうちの第一巻にあたる。ちなみに第二巻の『パタン・ランゲージ』は都市から建築の細部にわたる二五三のパタンを集めた辞書のようなものであり、第三巻の『オレゴン大学の実験』はパタン・ランゲージを使って実施された計画のケーススタディ報告である。第一巻である本書ではパタン・ランゲージの思想的、理論的な背景について論じている。したがってパタン・ランゲージを支えている世界観やその具体的な適用法について知るためには、すでに出ている二、三巻だけでなく、本書を併読する必要がある。

アレグザンダーが手がけた仕事のなかでは、数年前に埼玉県入間市に完成した盈進学園東野高校キャンパスが有名である。この学校は建築や教育という専門の枠をこえて広範囲な話題を呼び、さまざまな論議を巻き起こした。キャンパス全体の配置計画はすばらしく、学生や教師だけではなく一般の人達からの評価も高かった。しかしながら建築家の間での評価は概して否定的だったように思う。一見すると蔵屋敷風のプレモダンなデザインに対しては、大多数の建築家が拒否反応を示した。さらに木造の工法やディテールについても多くの問題点が指摘された。

理論は実践によって検証されるのだとすれば、このような否定的な結果をもたらした彼の方法論が批判的に受けとめられたのは当然であろう。事実、盈進学園が完成してからはアレグザンダーの著作は以前ほど注目をひかなくなった。さらに彼に対する批判的な見方は、実践面からだけに限らず、世界観そのものに対する否定的な見解も見受けられる。プレモダンな建築を賛美し、いささか予定調和的な印象を与える彼の世界観は、確かに現代的とは言えない。あるいはヒューマニズムにあふれた彼の建築観に神秘主義的な匂いを感ずる人も多い。ぼく自身も同じような感想を抱いているけれど、その面を差し引いても、ぼくは依然としてアレグザンダーの思想や方法論に可能性があると考えている。

本書の原本が出版されたのは一九七九年である。ぼくは新刊ほやほやの本書を旅行中のボストンで読んだ。それまでぼくが知っていたのは『形の合成に関するノート』(一九六四)のアレグザンダーだった。『パタン・ランゲージ』はまだ翻訳されていなかったし、『オレゴン大学の実験』は読んでいなかった。本書の内容は『ノート』とはあまりにかけ離れており、とても同じ人が書いたものだとは思えなかった。それ以来、ぼくにとっては本書と『形の合成に関するノート』がアレグザンダーの活動範囲をとらえる枠組みになっている。

今回翻訳された本書をあらためて通読して感じたことは、彼の思想の総合的な体系性と首尾一貫性である。確かに『ノート』に見られるような合理主義的なアプローチは本書では影をひそめている。全体の印象は曖昧で文学的であり、小説のようなスタイルで記述されている。しかし注意深く読むと、主張されている内容はほとんど変わっていないことが分かる。しかもそこにはカオス、複雑性、自己組織化の理論といった現代の最先端の科学や思想がさりげなくちりばめられている。

したがって、ぼくを含めて本書の文体に抵抗を感じる人には、ぜひ『ノート』を併読することを薦めたい。『ノート』は本書の文学的修辞を中和し、彼とは異なる答えを発見するための手がかりを与えてくれるであろう。

（初出＝ＳＤ9401）

デザイン・アンド・テクノロジー
——マルチメディア時代の産業デザインの方向

奥出直人

『**ブーム——イタリアの企業・デザイン・社会**』（一九九三）

L・ゴッビ、F・モラーチェ、R・ブロニャーラ、F・ヴァレンテ共著

鵜沢　隆、押場靖志、長谷川正允、長谷川壽美子共訳

イタリア型の産業が脚光を浴びている。中でも注目されているのは、大規模なプロダクションではなく非常に小さな工房の存在だ。ローマやミラノといった都市部だけに限らず国内の各地に点在している、これらの工房を支えるのは、大都市でデザインなどの技術を身につけた若者である。

イタリアの人材教育について興味深い話がある。イタリアでデザインを学んだ学生には卒業後に、二つのチョイスがあるのだ。ひとつは、工房に丁稚として就職すること、もうひとつは、自分で会社を興すことである。この様なシステムが、イタリア産業界に常に若い人材と、新しいアイディアを持った工房を供給し続けている。更にそれらの工房が、有機的に作用することによって、今日までのイタリア産業は発展してきた。工房間の有機的作用とは、個人工房の単なる再編成ではなく、特定のプロジェクトを遂行してゆくために必要な技術やアイディアを備えたスタッフを集めて、アドホックなチームを編成することである。ここで編成されたプロジェクトチームは、プロジェクトが終了すれば解散し、さらに次のプロジェクトに備える。このプロセスにおいてプロジェクトは、仕事の場であるだけでなく他のメンバーとの情報交換の場でもある。他のメンバーからの刺激がクリエイティビティーをかきたてる。この様なイタリア型の産業形態を次世代の産業のモデルと考えて

みてもいいかもしれない。

『ブーム』は七〇年から八〇年代にかけてのイタリアにおける消費の典型を示すトレンドから八〇年代の社会や文化を分析している。デザイン業界の絶頂期を振り返るという意味で『ブーム』は非常に興味深い。中でもベネトンの七〇年代における生産と販売の脱集中化、八〇年代のメディアをうまく利用したグローバルな戦略がおもしろい。ベネトンは、メディアを利用することによって、情報発信としての服という新しい可能性を示した。彼らは、「私たちはファッションではない。ファッションから一歩踏み出しただけだ」と自らを分析している。斬新なアイディアと抜群の機動力を駆使してベネトンは、八〇年代、工業社会の枠から踏み出すことに成功した。

工業は七〇、八〇年代の主役だった。九〇年代は、工業力によって急速にポップ化したメディアガジェットがデザインの新しい可能性を切り開いていくと思われる。ここでは、従来、業務の後処理や宣伝媒体としてのみ利用されていたコンピュータが活用されたメディアガジェットをデザインの中で活用することが要求されている。とりわけ思考する段階での活用が重要になっている。

九〇年代には、我々の日常生活の中にまで入り込んできたシリコンチップによってデザインは大きく変わる。必要なものは、過去の歴史ではなく未来である。工業デザインではない、テクノロジーを手に入れたデザインが未来を切り開くのだ。イタリアの生産方式を本書のようにマーケティングの側面だけ分析するのでは、これからは不十分であろう。

（初出＝ＳＤ9403）

言葉の建築

富永　讓

『ルイス・カーン研究——建築へのオデュッセイア』（一九九四）

前田忠直著

言葉が溢れかえっている。きっと建築に関する言葉も、生き残るものはごく稀ではあろうが、それに接したとき、自分の目や耳を素通りさせず、深い言葉を受けとめるだけの心の余裕は残しておきたい。

深い考えもなしに何らかの社会の時々の事情で発せられている騒がしい建築の言葉の一群も、他人の目や耳を素通りして、或いは素通りさえせずに、消えてゆく運命にあるのだろう。

ルイス・カーンの建築の言葉を、深く受けとめ、折り畳まれたその思考の襞をひとつひとつ丁寧に解き明かしてゆく本書を読みすすむ経験は実に独特なものである。文字を追ってゆきながら建築に対する自覚が清められ、創るということへの高まってゆくエネルギーを感じる。こんな書物は稀だ。知識を与えたり、増してくれるというのではない。いや、私たちの頭に付着したさまざまな知識の埃を拭いとり、建築というものの本性の輝きをのぞき見ようとする道を一貫して言葉のみによって示そうとするのである。前田氏が辿ったのはルイス・カーンの建築の言葉であったが、この密度のある文章によって整理し、組み上げた本書は言葉による建築であるように見える。それはルイス・カーン自身でさえうまく構築し得ないような何かではなかっただろうか。

例えば、建築の図面を読む、その冷たい抽象化された線を目で辿ってゆくなかで、人間の心をワクワクさせ空間の想像で夢中にさせてゆくものがある。その時、冷たい線の構成のなかに身を置き、いくとおりものやり方で運動させながら、精神が次々と開かれてゆく感覚に高揚してゆく。それは図面を読むということだ。建築の言葉を読むとは、そうした図面へと向かわせた設計者の精神の自覚の在りどころを知ることである。しかし、そうした一人の建築家の自覚を系統立ったものとして、つまり断片的な言葉や思考に肉体を持たせ、建築家の方法として知るというようなことはどのように可能なのだろうか。

本書はその作業の見事な成果のひとつにちがいない。ルイス・カーンの言葉を構築することのなかに著者の生きた思考が一貫してある。図面を読んで、抽象的な線の構成を味わってワクワクするのとは反対に、あいまいで神秘的ともいわれる用語の使用を文脈のなかで吟味しながら、そこに整然とした人間の思考の論理をつきとめるのである。そうした詩的でしかあり得なかった言語の使用は、カーンが、本来、語り得ないものに向かって全力を挙げて接近しようとしたという事実に依っている。言葉の力によって、ものの世界の真性を切り開こうとしたとき伴ってくるあいまいさや神秘だった。そこに誠実さが見られこそすれ、誤魔化しや言葉の遊びがあった訳ではない。だからこの本の構成のなかに身を置き、前田氏の案内によって言葉を辿ってルイス・カーンの時間を生き、次々と思考の扉が開かれてゆく経験は整然とした建築を歩むに似て実に示唆に富み、スリリングでさえある。

時間を費やして、それだけ得るところが多く、また元気づけられる建築の本は稀であるが、日本で最近出版されたルイス・カーンに関する三冊の書物、『ルイス・カーン――建築の世界』『ルイス・カーン建築論集』、この『ルイス・カーン研究』はいずれも、豊かで、ページをめくるごとに盡きせぬ興味を喚起する数少ない「言葉の建築」であった。

（初出＝SD9407）

壁と距離と批評

中尾　寛

『壁の探究――安藤忠雄論』（一九九四）
古山正雄著

古山正雄著『壁の探究』。それは、距離のとり方を教える手引書である。それは、われわれが建築といかに距離をとるべきかを実例をもって指導する書である。もっとも、距離のとり方とはいえ、ここで示されるのは何もわれわれがとるべき建築との正しい距離、正しいスタンディング・ポイントなどではない。ここで、提示されているものは建築の認識にあたっての唯一の正しい立脚点といったものではないはずである。古山氏が薦めるのは、むしろそうした立ち位置から前へ進み出て建築に近付いてみること、あるいは逆に後ずさりして遠ざかってみることであるように思う。言うまでもないが、それは何もディテールをよく観察しなければならないとか、一個の建築作品を周辺環境や社会状況の中においてみなければならないといったことではない。どちらにしても、結局それらは対象に焦点を正確に合わすことにはかわりはないのだから、そうではなくこの書で古山氏は焦点がもはや合わなくなるほど建築に接近してみること、そして同じくその輪郭がかすむほど離れて行ってしまうことの試みを実践してみせ、そうすることをわれわれに薦めている。事実、この書を読み進めていくと、気の遠くなるほどの抽象性と生々しすぎる具象性が反転し続け、軽いめまいを覚える。つまり、これは極度の近視であることと同時に極度の遠視になってみること、言い直せば焦点距離のとり方、あるいは焦点距離を外してみることを教える書である。では、なぜ古山氏はそう薦めるのか。それは、われわれが「イメージの帝国主義」下に生きているからであって、われわれは常に何物かに焦点を合わせるよう強制されているから、あるいは同じことだが、常に膨大なイメージにみつめ返され焦点を合わされているからである。古山氏は、そうした環境に建築というものが侵されていくことを倫理的に、美学的に、そして生理的に耐え難いと考えるからである。そして、何よりもそうすることによって、その帝国主義から建築の「感動」を救い出せるかもしれないからである。ある種の謹みに隠されてはいるものの、この書は終始そのナイーブなまでの、しかしいまそれを手にすることが不可能に思えるほど難解な「感動」を奪い返す強い意志とその方策に貫かれているように思う。だから、ここで導入される数学や哲学といった建築外的思考ですら、建築を知的に解釈するなどという安っぽい理由からではなく、ただその「感動」を奪取するためにのみに費やされるのだろう。ところで、もしわれわれの環境がイメージの専制を受けているならば、たとえばこの同時代の状況を正確に捕らえて描写してみせることなど誰にとってもさして困難な作業ではないはずで、しかしその描写はあたかもオートフォーカスの写真機で撮影されたかのような当たり障りない程度に美しいだけの平板なものでしかない。焦点が合うことを明晰さと混同してはならない。焦点をずらすこととは、視覚の質的な能力を拡張すること、たとえば視覚に触覚の能力（＝近視的？）、あるいは視覚に聴覚の能力を（＝遠視的？）転移することであり、それはよりよく見ることではなく、より強くより深く見ることの実践であるのだから、この書において古山氏の思考はいささかも曖昧さに陥ることのない優れた明晰さと論理性を保持していることは強調しておきたい。そして、そのことは収録された宮本隆司氏の写真、その画像が寸分の狂いもないものであるがゆえに、光の粒子が静かに鳴動し始める美しい写真によって逆説的にも証明されてはいないだろうか。ともかく、この書は建築というものに極めて近付くことと遥かに遠ざかることの二つの運動、その交錯によって展開する。それは、間違っても乗り心地の良いものなどではない。著者はこの書の構成を、各章を空間体験に関する話題（＝主観的話題）と数理的な話題（＝客観的話題）とを交互に配置すると解説する。つまり、この離合の運動の反復は、あのべたべたと暑苦しい印象記にも訳知り顔の冷めた状況論にも陥ることを拒絶するよう採択されてもいるようだ。おそらく、古山氏の書くものの表情には、常に事物を切断するような冷徹さと溶解する熱烈さが不意に混合されているにちがいない。また、この書は「安藤忠雄論」の副題をもっているように、安藤の「欠如と過剰を同時に内包する建築」、激烈な抽象性と清新な具象性を備えた建築、その作品の数々の「壁」が著者を直撃するとき、その衝撃の度合い、根拠を測定することを巡って開始された実験である。そのために古山氏は、安藤の作品に親密に肉薄したかと思えば、あっさりとそれを置き去りにし遠く離れていくことを目まぐるしく繰り返す。ところで、著者も文中で頻繁に記述しているように、そもそもそうした強い振幅は安藤の建築に対する姿勢に他ならないのであって、そこで建築家と著者は、写真家をも巻き込みながらどちらがどちらかとは見分け難い共振を示し始めるようだ。とすれば、その揺れの同調と増幅は、もはや建築家や著者個人に帰属することのない何ものか、ここではとりあえず「建築」と名付けられる何ものか、あるいは著者に倣えば簡潔に「感動」と呼ばれるものへ開かれようとしているのだろうか。そこへ至るトレーニングの手引書。極めて具体的な実践とともに距離のとり方を教示するもの。つまり、これは建築の領域が欠乏しているあの批評というものである。

（初出＝ＳＤ9501）

希望の書か黙示録か？

土居義岳

『アダムの家——建築の原型とその展開』（一九九五）
J・リクワート著　黒石いずみ訳

これは狭い意味での建築史の文献であろうか。本書を一読してそう感じた。

この文献では、誕生の時の建築がどんな姿をしていたかを明らかにしようという普遍的な思考パターンの様々な例が、ヨーロッパを中心として述べられている。西洋ではそうした思索の例が多いが、それは複雑化した建築を単純な原理に還元したり、その初源の建築の背後にある社会を理想化することによって、同時代の建築を批判するための基準を得たり、より原理に忠実な建築を創造するためであった。

もしこれが建築史の文献なら、様々な例を時代順に並べるであろうし、建築家がデザインする際に有益になるような概念なり形態なりを抽出するのが常套である。しかし、ここではそうした配慮は意図的に排除されているように感じる。

本書では逆に、近代からより過去へと遡及的に叙述が進む。

まず、ル・コルビュジエが描いた、幾何学を理解し理性をもった高貴な野蛮人について述べられ、次にグロピウスが建設したログハウスの農家的な側面が強調された後、ゼンパー、カトルメール・ド・カンシー、ヴィオレ・ル・デュクらの一九世紀の建築理論、次にルソー、ピラネージ、ペロー、ミリツィアらの一七－一八世紀の合理主義者や啓蒙主義者たちが触れられ、さらにルネサンスが論じられ、パラディオのヴィラが古代住居の復元であったこと、ヴィラルパンドが建設したエル・エスコリアルがソロモン神殿の復元でもあったこと等が述べられる。

そして古代のギリシャ、ローマ、エジプトのある種の建物、あるいは日本の神社建築における式年遷宮が、建築の始原の状態を繰り返し繰り返し回復しようとする試みであったことが述べられる。最後の章ではユダヤ教やキリスト教における仮庵が言及され、さらにオーストラリアのアランダ族が使う儀礼用の道具であるワニンガが、一種の儀礼用の仮の小屋でもあり、ル・コルビュジエが記述した原始人の小屋を髣髴とさせると指摘され、話の円環が閉ざされる。

ロジェをはじめ、建築の始原について触れた建築家たちは、その始原をまずアプリオリに提示し、その展開として建築の歴史や構成を説明した。しかしリクワートはこのように近代から一九世紀、ルネサンス、古代、そして先史時代にも似た未開人へと遡及するのだが、そうした歴史叙述の方法こそが彼の博覧強記ぶりよりも重要であろう。つまり彼は現在を歴史的プロセスの結果として見ているのではなく、現在を別の普遍的な枠組みに解消しようとしている。

彼の結論は、この始原への希求の根底に、再生への欲求という人類の普遍的希望がある、ということである。それはすぐれてキリスト教的な発想であり、邪推かもしれないが、そこにポーランド出身のリクワートの宗教的バックグランドを見る思いがする。しかしそうでなければ、追放される以前にアダムがいた楽園には住宅もあったはずだという記述で本書が始まり、また同じ話題で本書が結ばれる理由は理解できない。

しかしそれが故にこそ、私は本書に魅力を感じる。近代建築という枠組みを含みながら、しかしそれに拘束されないで建築を見る、建築史ではなくむしろ建築論の視点がそこに用意されているからである。

（初出＝SD9507）

カメラのフレームという名の敷地

富永 譲

『マスメディアとしての近代建築——アドルフ・ロースとル・コルビュジエ』（一九九六）

B・コロミーナ著 松畑 強訳

今から二〇年以上前のことになるが、ル・コルビュジエの白の時代の五〇分の一のスチレンボードの模型を作りながら、『全作品集』の写真が、実際に建てられたものの再現というだけではないことに気付いていた。白インクによってコーナーがくっきりとしたシャープな線に書き加えられていたり、交差する面のコントラストをつけるために、自然の光が届きそうもない天井や梁底が白く塗られていたり、まぎらわしいパーゴラが消去されていたりする。また、図面すら全く信用できない。図面相互の整合性がない。この本にも書いてあるが、写真に写っているにもかかわらずシュタイン邸の二階平面図で食堂のアプスを囲む二本の柱が消えている事などには大いに戸惑わされたものである。当時、作品集が総てであったから、SD誌に連載し、発表した模型もそこに解釈や創作が入り込まざるを得なかった。一方で、作品集は私にとって、どこからでもページを繰っては気ままに楽しむ、現実とは別の「建築的散策路」であったわけである。

本書では、ロースとル・コルビュジエの住宅作品と言葉を具体的に考察しながら、近代建築が、徐々に伝統的な意味での場所から離脱して、カメラのフレームというメディアの敷地を選び、成立していったいきさつが鮮明に描かれている。インターナショナル・スタイルとは工業社会の変化と同時に、大衆文化的な宣伝技術の戦略的な使用によって維持可能な様式であったことに照明が当てられるのである。一般に近代建築は大衆と日常生活から遊離したハイ・スタイルとして受け取られるが、むしろ今世紀を決定づけた、マス・メディアという、新しいコミュニケーション・システムの場所を自らの土壌として、大衆文化と絶え間なく関わり続けようとしたのだと述べている。

建築は、分裂したふたつの視線のなかで生産され続ける。ひとつは唯一の現実の場所に働きかけるものとしてであり、もうひとつは虚なるもの、どこにもない場所、フレーミングされたレンズを通じて増殖してゆくものとしてである。こうした事態への移行の是非はともかくとして、現在、マス・メディアの動向が、（特に日本の）現代建築の生産を支配している事実は否定できない。むしろ若者にとってふたつの視線の分裂は意識されないところまで来ているのではないか。場所に住みつくことをしなくなった主体は、家から疎外され、さまよい、虚なるもの、メディアのなかに居場所を見つけようとする。

この著作は、七編のロース論、ル・コルビュジエ論であるが、現代建築を設計する主体の意識を反省させる刺激に満ちたものである。実に豊かで屈曲に富み、緻密に組み立てられた批評である。特に最後のふたつの論、「室内」と「窓」を読むと、驚くべき研究の量とそれに切り口を与え、読み解いてゆく思考のネットワークの精密さと広がりに感嘆を禁じ得ない。作品の普段見過ごしてしまうような潜在心理的な細部の事実を積み重ねながら、それを社会制度やマスメディアめぐる思想といった大きな建築の問題として立体的に浮び上らせてゆく手際は鮮やかである。そこに一貫して流れているのは、変貌し続ける人間というものに対する著者の変わらぬ興味である。また、こうした複雑にからまりあった思考を束に切り分け、格調ある見事な日本語に移し換えた翻訳の松畑氏の努力を挙げなければならない。常日頃こうした高い質の建築批評を読みたいと思っているのは私だけではないだろう。

（初出＝SD9610）

領域―空間―形態から存在へ

湯本長伯

『都市と建築のパブリックスペース――ヘルツベルハーの建築講義録』

（一九九五、新装版＝二〇一一）

H・ヘルツベルハー著　森島清太訳

この書は大きく三部に分かれている。それはすなわち著者がこの三つの側面を、建築・都市・環境を考える明確な三つの側面と考えていることを示す。このヘルツベルハーの講義録は、座標のしっかりした地図のごとく、まず何よりも明快で分かりやすい。自分の考えの総体を語ろうと思った時、頭から尻尾まで、一列の言説でしか語らない者もあれば、見事に整理し切り分けて見せてくれる者もある。著者は、後者であろうと努めているか否かは不明だが、結果は分かりやすい講義録となっている。

第一部：公共の領域（Public Domain）、第二部：空間をつくること、つくり込み過ぎないで残しておくこと（Making Space, Leaving Space）、第三部：心を誘う形態（Inviting Form）の三つを少し大胆に言い換えると、「状況・文脈の理解：目的と要求を考え合わせる」「思考・設計の対象：要求と機能・空間を考え合わせる」「自立する空間の振る舞い：空間から新たな目的を考え合わせる」となろう。デザインの状況を考えること、様々な要求に対して対象をいかにかたちづくり、制御するかを考えること、のふたつは誰でも考えることである。しかしそこで終わったのでは、計画であっても設計にならない。ある一面だけで考えられた習作を、現実の中に放置してはいけない。世にある以上、最低限の目鼻・姿形が必要なのである。したがってこの書は、建築計画の良き教科書であるが、窮屈な教科書ではない。この点は大切である。十を教える一方で、六、七を失う書も多いからである。

第一部で示される領域論は、極めて上質である。PublicとPrivateの二元の概念で整理をしてはいるが、我々の関わる領域の位置づけは常に多様でパラメトリックである。そうした中で、状況の中での位置を的確に把握しつつ、その領域の性質を間違えないことは、デザインの要諦である。第一章パブリックとプライベートから、第一二章私的空間への一般の人の近づきやすさまで、領域・使用・占有などの鍵概念を下敷きに、個人性と公共性が的確に語られている。

第二部で示される機能空間論は、形態を意識の中心に置いている。空間はその形態によって主に機能するからである。そしていったん形成された形態は、狭苦しい解釈を超えて機能する。すなわち「形態、それは楽器のようなもの」（第一〇章）であり、弾き方次第で様々な音色を奏でることは間違いない。この章に再掲されている「アイデンティティ」という一文は、プログラムとスペースと自由度という哲学的な問題に対して、かなり示唆的である。

第三部で示される空間機能論は、むしろ第一部の領域論に回帰してゆく。様々な場に空間を発見してゆくことのノートでもある。柱、壁、床と天井、窪み出っ張りなど、様々な囲み、覆い、凹凸などの要素から、魅力的な空間を発見してゆくことは楽しい。そうした豊かさは、建築のプログラムを損なうことなく支える。

三部を通して基調となっているのは、状況定義・場面描写・解決提案をセットとした記述である。パタンランゲージなどという言い方で知られてしまったが、プロフェッサーアーキテクトなら誰でも用いるやり方であり（木島安史）、本書全体に平易さと明快さを与えている。建築のプログラムを常に高めようと努力している設計者には、様々な示唆と時に解決を与えてくれる書である。

それにしても評者のように、学生を前に建築と設計について何かを伝えようと努力している者にとって、内容は諸処違うとしても、一刻も早く創り上げたいと願う、一つの理想的なテキストである。

（初出＝SD9511）

蚊帳の外に置かれたもうひとつの近代建築史

伊東豊雄

ハイテック・コンストラクション3『**スーパーシェッズ——大空間のデザインと構法**』(一九九五)

C・ウィルキンソン著　難波和彦、佐々木睦朗共監訳

この書を読みながら、モントリオールのEXPO'67のことばかりを想い出していた。勿論バッキー・フラーのドームとフライ・オットーの膜によるパビリオンである。

透明なアクリルの皮膜で覆われた直径七六メートルのジオデシック・ドームは夕方になると、夜空にぽっかりと浮かぶ満月のように光っていた。内部に設置された構築物に向かって進入するミニレールは銀河鉄道を想わせた。今にして想えば、あれはマンハッタンの上空に架けられたテンセグリティ・ドームのモデルそのものであったのだ。

フライ・オットーによるドイツ・パビリオンも実に不思議な明るさに包まれた空間であった。柔かくしかしテンションに満ちた波状の空間は無限に拡がっていくように思われた。空間は内部／外部の境界がなく内部で演奏されるシュトックハウゼンのミュジックコンクレートの効果もあって、外部からは想像すらできないSF的空間にいる身体を感じていた。

〈スーパーシェッズ〉とはこれら二つの空間に最もふさわしい呼称に思われる。なぜならこれら二つの空間は、いずれも建築という概念を超えていたからだ。これら二つに較べれば、ロジャースやフォスターやピアノ等々によってデザインされた最近のプロジェクトもはるかに建築的に見える。

この書にも登場する彼ら、いわゆるハイテック・アーキテクツの数々のプロジェクトは、きわめて洗練されたテクノロジーの表現によって成立している。透明で軽快で今日の時代精神を美しく描いている。だが彼らに、西欧が引きずり続けてきた〈建築〉という概念を変えようという意志を感じることはない。むしろ新しい表現によって〈建築〉の概念を継承しようとしているようにさえ見える。〈シェッズ〉という言葉が妙に心地良く響くのは、それがきわめて即物的であるからだ。小屋であり、格納庫のような単なる覆いの空間以上のものではなかったからである。建築が社

会に対して誇示したり、護り続けてきた意味の衣を纏っていないからである。古い倉庫が劇場やギャラリーとして好まれるのも、正しくこのような意味の衣から解き放たれているからである。

大空間を無柱で覆うという課題は、超高層の建築をつくるという課題とともに近代建築の描いた夢であった。そして第一の夢は本書で詳述されている通り、工場や飛行船のハンガーを実体化するテクノロジーとして発展した。それらは正しくシェッズとして我々の学んだ近代建築史の蚊帳の外で魅惑に満ちた空間を生み出してきた。だが現代の建築家達が、建築というカテゴリーの外側に置かれていた空間の魅力を意識し、内側に取り込もうと試みた途端に、シェッズとしてのさわやかさや心地良さは喪われてしまう。フラーとオットーの二つの空間の持ち得た魅力も建築というイデオロギーの外に位置していたからに他ならない。

〈スーパーシェッズ〉が現代建築に刺激を与え続けるためには、建築という個人的表現に閉ざされている空間を環境というより開かれた領域へと解き放つ行為なしにはあり得ないように思われる。コンピューターのネットワークを媒介にした新しいメディアは、建築空間というフィジカルなバリアーを徹底的に無効にしつつある。言い換えればコンピューターのネットワークが生み出す空間と建築という狭く完結した空間の間には大きなギャップが生じているのである。このギャップを解消するためにこそ〈スーパーシェッズ〉という概念は要請されるのではないだろうか。

なお本書はハイテック・コンストラクション・シリーズの第三巻である。同じ訳者による一、二巻と合わせて読まれることによって現代建築の置かれた位置はよりクリアーになるであろう。

（初出＝SD9602）

和様化批判がメタ和様化となる逆説

難波和彦

『始源のもどき——ジャパネスキゼーション』

『造物主義論——デミウルゴモルフィスム』

磯崎 新著（一九九六）

磯崎新の最新刊二冊を一気に読んだ。じつにエキサイティングな内容だった。

『始源のもどき』は日本の建築家が避けて通ることのできない「和様化＝ジャパネスキゼーション」について論じている。磯崎さんの定義によれば、和様化とは「日本において各種の芸術的投企が日本的共同体とでもいうべきものへ回収されていく傾向」つまり「日本的なものへの回帰」である。冒頭の「イセ――始源のもどき」において、磯崎さんは「外圧によって社会的な変動が起こり、内乱につらなり、その挙句に文化的に和様化が進行するというパターンを日本は歴史的に反復している」という仮説を提出する。そして和様化の原型は伊勢神宮の式年造替にあり、そこでは「虚構として設定されたにすぎない始源が強制的に反復される」と結論づけている。たしかに説得力のある仮説である。しかしながら、天武天皇が「日本的なるもの」の始源として伊勢神宮を捏造した根本的な動機はナショナリズムにあるという磯崎さんの「読み」こそ、明治維新後に勃興した日本ナショナリズムの逆遠近法的投影（ニーチェ）ではないか。ぼくの考えでは、むしろ日本の近代化のために要請されたナショナリズムを通じて、和様化の原型がイセの式年造替に求められるようになったのである。

『造物主義論』は今日までの磯崎さん自身の作品群を建築型別に整理し、その背後の方法論について歴史的に論じている。「〈建築〉――あるいはデミウルゴスの〝構築〟」で磯崎さんは、プラトンの『ティマイオス』に登場する「造形する神」デミウルゴスをメタファーに用いながら、近代建築史を磯崎流にデコンストラクトしている。『ティマイオス』におけるデミウルゴスは「受容器（リセプタクル）としての場（コーラ）」を「モデルとしてのイデア」の篩にかけることによって世界を生成する。近代建築史とは、それ以前の建築の規範＝イデアである古典主義的言語が崩壊した後の、虚構としての「建築的なるもの」＝「大文字の『建築』」の模索の歴史である。近代以後の建築家はイデア抜きで虚構の構築を試みるデミウルゴスというわけだ。モダニズムは「建築」を「必要性」と「テクノロジー」に還元しようとした。磯崎さんはそこからの脱出の可能性をジョルジュ・バタイユの「過剰」や「逸脱」に託そうとする。現代における「デミウルゴスの『構築』」とは過剰と逸脱を孕んだ方法論であり、磯崎さんにとって、それはニュートラルな形式を半ば自動的に展開させることによって虚構の「建築」を構築する方法、すなわちフォルマリスムにほかならない。
磯崎さんは中世以前の建築デザインをテオモルフィズム（神像形象主義）、ルネサンス以後のそれをアントロポモルフィズム（人体形象主義）と呼び、その次にくるべき方法論としてデミウルゴモルフィズム（造物主義）を提唱している。それはヨーロッパに端を発する「建築」の伝統の延長線上に位置付けられた方法論であり、それを日本的に換骨奪胎したものである。システムの中に主体を解消し、すべてを形式化・ゲーム化するそのやり方は、日本の近代化において採用された態度そのものであり、まさに和様化と呼ぶにふさわしい。しかしそれは可視的な表現＝モノにおける和様化ではなく、不可視な態度＝コトにおける和様化である。この意味で、磯崎さんの提唱するデミウルゴモルフィズムは、近代以後の新しいタイプの和様化、すなわち「メタ和様化」だと言ってよい。そしてそれが回帰すべき日本的共同体も、ブラックホールのようにメタ化しているに違いない。

（初出＝SD9607）

Garden designの哲学指南

進士五十八

『庭の意味論——思想・場所そして行為』（一九九六）
M・フランシス、R・T・ヘスター・ジュニア共編
佐々木葉二、吉田鐵也共訳

最近の日本は、ガーデンブームだと言う。それもイギリス庭園であったり、ハーブガーデンであったり、いったい何がテーマになってのことかわからない。

とにかく「ガーデン」には、エコノミックアニマル日本から脱却して、心豊かな品のいい日本人に転身できそうな、何らかのヒントがありそうではある。

本書のサブタイトルは、*Idea, Place and Action*（思想、場所そして行為）である。

文字通り「庭（ガーデン）」は、哲学者ら、造園家や地理学者ら、あるいは心理学者や社会学者らによって、思想として、場所として、行為として、捉えられる対象であった。庭には様々な形があり、暗喩が可能であった。

筆者も、ある芸術系大学院の建築専攻生に「愛の庭」や「庭の性」を本書のコピーで課題に出したことがある。「庭を暗喩として、あるいは文字通り性行為のための場所として讃えることは、旧約聖書に始まり、アラビアン・ナイトを経て、アンソニー・ヘヒトの現代詩に至るまで、文学のテーマであり続けてきた」とか「庭とは、人間の楽しみのもとに、あるいは人間の楽しみのために自然がコントロールされている場所である。ジャングルを人間がコントロールの及ばない性の象徴、芝生をがんじがらめに縛り付けられた性の象徴とするなら、庭は統制のきく範囲内で性を楽しむことができる場所ということになる」。さらには『偉大なる道』（高速道路）は、『壮大さを表す男根的シニフィエ』」などの指摘は、庭園論を生々しい人間の生との関連で考える契機とするにはもってこいのテーマだったからである。

様式や意匠の暗記よりも、庭園そのものにこめられた暗喩を解きながらの方が、どんなにかgarden designの本質に近づきやすい。

本書の編者らは、個人的、文化的、そして政治的表現としての「ランドスケープ」の重要性といった、より大きな対象を考察するための足がかりとして「庭」を選んだ。ランドスケープ・アーキテクトという専門家がデザインした庭が、「かつてなく効率的、機械的、抽象的で、標準化され、多くの大衆にとってまったく意味を持たないものとなり、そしてアメリカ人の生活が抱えている重大な問題とはまったく無縁なものとなってしまった」。「専門家による『ランドスケープ・アーキテクチュア』のデザインは、時代遅れの形をした化石となってしまった」。

いわば本書は「庭に対する狭い見解に対する挑戦である」とし、「アメリカを埋め尽くしている工学的な発想とは反対方向の未来を指し示すもの」だという。

確かにその通り。本書の企画は見事に実現している。多種、多様、多彩な庭の意味を、四九名の、それも多分野の著者の個性と見識によって論じている。本書は、「庭の意味論」の論点を次の六つに分け、全体で三一章に構成している。

一、新しい信仰のための庭、二、力を映し出す庭、三、秩序としての庭、四、文化的表現としての庭、五、庭における個人的表現、六、癒しとしての庭。

ひとつひとつ紹介できなくて残念だが、考えさせられること、考えたいことを次々惹起させてくれる。こんなに豊饒な本はついぞ読んだことがない。

最後に印象深い一言。「自然にも庭にも、それ自体がもつ本来的な意味はない。花も私たちにとっては本質的に善でもなければ悪でもない」（ロバート・B・ライリー）。

評者の好きな夢窓疎石の一言も引用させていただく。「山水（庭のこと）ニハ得失ナシ、得失ハ人ノ心ニアリ」。

（初出＝SD9609）

甦るサーリネンの建築創造

香山壽夫

SD選書227『**エーロ・サーリネン**』（一九九六）
穂積信夫著

久しぶりに、建築家についての熱い血のたぎるような本を読んだ。最初のページを開いてそのまま引きこまれて一気に読了し、もう一度あちこち自分の考えを追いながら読み直し、そして更にもう一度ていねいに読み、思いにふけった。その思いは、建築をつくるという人間の業の不可思議に分け入り、そして今や遠くなった、あの栄光あるアメリカの時代を追い、そして著者の青春の遍歴の思い出にさそわれて、自分自身の青春の記憶につながっていくのである。そのようにこの本は、建築家エーロ・サーリネンについての誠実な研究書であり、アメリカ建築の一九五〇年代、六〇年代という時代についての生き生きとした証言であり、そしてまた、建築をつくる人間によってしか成し得ない、創作行為についての深い洞察の書でもある。

この本は、エーロ・サーリネンを生み、育てた父エリエル、母ローヤと、その環境、すなわちフィンランドのヴィトレスクの地と、アメリカのクランブルックの地の生き生きとした描写から始まる。続いて筆者は、父子が共同で設計に携わっている初期の頃の作品の説明から、GM技術研究所の華々しい成功、一二に及ぶ大学、ふたつの大使館、構造への果敢なる挑戦、そして研究所の建築への独自な解答といった順で、具体的に建築作品を追いながらエーロ・サーリネンの設計方法とその空間形態の独自性を解き明かしていく。著者の言葉は、正確でかつ抑制されたものである。それだけに、かえって、サーリネンの仕事の劇的な展開が鮮明に浮かび上がってくる。そしてその作品の分析は、その設計現場で共に働き、かつ自分自身も卓越した設計者である人間によってのみ可能な、深く鋭い指摘が随所に散りばめられている。あちこち引用したいが、誌面に限りがある。読者自身が発見する楽しみを残しておこう。

読み終わって最も心に残ることは、建築をつくることにこれ程までに身も心も捧げた偉大な個性が存在していたこと、そしてそういう存在を求め支えた偉大な社会（時代）があったという事実である。今日はもう違ってしまったのか。果たして本当にそうなのか。それで良いのか。

本は最後に、エーロ・サーリネンが一九五九年に行った講演を採録して終わっている。そこで彼はこう述べている。

「建築は、人間の生活や行動を可能にする実用的な覆いであると考えられていますが、私は実用を超えてもっと本質的な役割、ほとんど宗教的とでもいえるような意味合いがあると思っています。人がこの世で生きている時間は限られたものであり、何のために生きているのかという目的もさだかではありません。そういうなかにあって、宗教は初源的な目的を示しています。また、人間をとりまく美しい環境の不変の姿は、連続した時間の中にいる自分を認識させ、生きる確信を与えてくれます。美しい環境としての建築には、人々に生きる確信を与えるという役割がありま す」。

私もこれまで同じようなことを考えてきた。しかしこのような明晰なる言葉を聞いたことは初めてである。この言葉を知っただけでも、私はこの本を手にした価値があると思った。この本が、現代、とりわけ日本において読まれるべき意義は大きい。

（初出＝ＳＤ9703）

壮絶な創作意欲を終生堅持したエンジニアの控えめのロマンを語る自伝書

渡辺邦夫

『ピーター・ライス自伝——あるエンジニアの夢みたこと』（一九九七）

P・ライス著　岡部憲明監訳　太田佳代子、瀧口範子共訳

はじめてピーター・ライスに接する読者は、戸惑うに違いない。いまの社会の仕組みでは一般には構造エンジニア

という職能の存在さえ知らないし、もしそういう職業があることを知っていても、多くの場合構造エンジニアの主要な役割は建築家の提示したプランを構造計算することだと誤解している。これはわが国だけでなく、ヨーロッパでも米国でも経済発展急速な中国でも世界中の建築界にいえることだ。

ピーター・ライスのような「構造家」は、難解な解析もするしこまごまとした構造計算もする。しかし、それと並行して広い領域での活動を通して構造設計を展開してゆく。本書では解析とか計算については全くふれておらず、それ以外の重要な活動、思考内容を記述してあるから、誤解に基づく先入観のある読者は、ピーターが何を言っているのかわからなくなってしまうのだ。しかもテーマを設定すると彼は問題の解決とその目的に到達するために全力投球で突進し、全責任を自ら果たす。これも現在のように組織化された社会体制の中では理解に苦しむ。この男はエンジニアのくせに自分の個性に立脚したデザイン主張を何故これほどまでに推し進めるのだろうか、と。

この本には刺激的な図や写真が豊富だがそれに見とれていないで、どうか本文を熟読して頂きたい。エンジニアが本来、進むべき方向、やり遂げるべき社会的役割が見事に描かれている。

ピーター・ライスはもの凄い勢いで人生を駆け抜けた。一九三五年アイルランドに生まれ一九九二年ロンドンで五七歳の生涯を閉じる、その短い活動期間のなかで一三〇を超え一三カ国にまたがる建築に参画し構造設計を成し遂げ、その一つ一つが世界の建築界に大きなインパクトを与え続けるという離れ業をやったエンジニアだ。この本で紹介されている設計例は彼の活動のごく一部でしかない。それでも、シドニーのオペラハウスに始まり、パリのポンピドゥセンター（ボブール）、ヒューストンのメニル美術館、テフロン膜の数々の作品、ＩＢＭ巡回パヴィリオン、ラ・ヴィレットのガラスボックス、ロンドンのロイズ、セビリアの未来パヴィリオン、それにフィアット社の新型乗用車の開発、ピーターがエンジニアとしての神髄を発揮したフルムーン・シアター、これらいずれもがその竣工とともに僕たちに深刻な衝撃を与えた作品群だ。

ピーターがこの本の中で明確に主張しているように、素材の探究、それにディテールのあり方が建築を決定づける。人々の反応を左右するのはディテールである。人々が建物のスケールや暖かみを感じとれるのはディテールで決まる」。

写真や図版でピーターの作品を見てもこの言葉の真実性を知ることはできない。実際に彼の作品の空間に浸り、自分の目で見て、手で触り、ゆったりと歩くと、はじめて彼の言っている意味が理解できるのだ。

ピーターがその多忙なスケジュールを消化し、なおかつ独創的アイディアを醸成する魔法を生前に聞いたことがある。彼は飛行機の中に小型の製図板を持ち込み、自分の移動時間こそ本物のアイディアを練るときなのですよ、と教えてくれた。

この本の翻訳をされた太田佳代子さん、瀧口範子さんに敬意を表したい。この本を読んでいると、すぐそこにピーターが立っていて僕たちに彼特有の誠実で熱心な語り口で話しかけられているような錯覚に陥る。見事な翻訳と監訳した岡部憲明さんのピーターに対する深い敬愛によるものなのであろう。心から拍手を送りたい。（初出＝SD9705）

抵抗の尺度、歴史の規準

SD選書235『**間（ま）・日本建築の意匠**』（一九九九）

神代雄一郎著

青井哲人

人は名指すことで世界を分節し、意味づける。たとえば日本建築の図面に書き込まれた室名。その多くは、そこで行われる日常の行為や儀礼上の振る舞いを指示したり、それを象徴したりする。あるいは、他の室や庭などとの相対的な位置関係を指す名も多い。だが、本書所収の「九間論」（SD一九六九年六月号）で、神代雄一郎はそれらとは異なる名のありようを見出している。「九間《ここのま》」がそれだ。導きは堀口捨己の『利休の茶室』（岩波書店、一九四九）だった。

柱と柱のあいだのことを「間《ま》」といい、「一間《けん》」と数えるのは馴染み深いが、一間四方の空間を「一間《ま》」と呼ぶ隠れた伝統を私たちはほとんど知らない。「二間」「十五間」などの名は、行為や関係でなく、室の大きさそのものを指とか。

す。なかでも「九間」は、三間四方の正方形の室であり、つまり大きさとプロポーションを同時に与える。この文字、その響きが、じかに空間のフォルムを立ち上げたということか。

建築意匠論という分野がある。建築史が、対象の性格を、ある時代の特定の階層に属す人々がその技術的・制度的な制約のもとに生み出したものとして厳密に限定しようとするのに対して、意匠論は、むしろ歴史を貫いて、ある文化に流れる通奏低音を取り出そうとする。だが、それはともすると文化類型論的に他との比較において自文化の特殊性・固有性をあらかじめ決めてかかるような態度に陥りやすい。たとえば、日本建築の空間は行為とともに生成するようなものだとか、自然と一体的につながる環境構成的なものだとかいったステロタイプである。しかし「九間論」は違う。著者が驚きとともに見出した謎めく光のような断片を、太く強い系譜として普遍化し、現代の設計者に手渡そうとする、彼自身の心の律動が感じられる。

日本建築には、じつは空間のフォルムを直接とらえる感性があった。とりわけ九間は求心的で、明瞭な輪郭をもち、美しく、複数の人が対面する場の「規準」（カノン）として広く共有され、継承されてきたらしい。秀吉の聚楽第にあった利休の屋敷の九間を原型とする残月亭。慈照寺の前身建物、足利義政の東山殿の会所内にあった嵯峨の間。大棟梁平内家の秘伝書『匠明』に見える主座敷と室町期の多数の類例。能舞台、神社の舞殿、蹴鞠の場、天守と軍船、さらには伊勢、出雲、大嘗宮……。日本の空間を縦横に疾走する神代の探索が、「九間論」という糸を撚り上げてゆく。

いや、それればかりではない。神代によれば、九間という空間把握にはある特異な緊張が含まれる。神／人、自然／人工のあいだの緊張だ。不可視の神は、その依代たる岩や樹、ひいては柱をもって物化される。対して人の居場所や関係は柱と柱のあいだ＝間《ま》をもって空間化される。これが神代の最も基本的な仮説であり、九間もその延長上に位置づけられる。琴平の金刀比羅宮書院前庭の、根付きの樹木で囲われた蹴鞠の場はちょうど九間の大きさをもち、神代の眼には、それはわずかでも広がれば自然に流れ、わずかでも狭まれば作為に傾く、絶妙な大きさに映る。庭に浮かぶ異界としての能舞台は九間に定められて今日に至るが、それは人の居所としての主座敷の九間と象徴的に向き合っていた。人と社会が生き生きと主題化される中世において、

「ま」という空間への意識が研ぎ澄まされて九間への収斂がみられるのだろうが、それは神＝自然への意識との鋭い緊張をはらむ動的な過程であったとみなければなるまい。

そのように読んでゆくと、神代が九間論と同時期に着手した漁村のデザイン・サーヴェイも少し違って見えはじめる。神代は、都市や村の共同体という、より大きな集団にも、空間的な「規準」がありうると考えた。神代は、しかし、どの集落でも欠かさず祭礼を調べた。彼にとって集落は、神人関係、自然と人工の関係において、一定のフォルムに収斂するはずのものだったのだ。その知見をふまえて神代は「巨大建築に抗議する」(『新建築』一九七四年九月号)を書き、肥大化する開発主義に飲まれる建築家たちを批判したが、一方の「九間論」は、同じ経済原理のもとで逆に住宅が萎縮していく趨勢への批判だった。いずれも時代への「抵抗尺度」(神代)の探求だった。

磯崎新は、神代への追悼文のなかでこの二編を神代の最重要論文に数えている(「隠者という批評」二〇〇一／『挽歌集』白水社、二〇一四所収)。

建築の存在論がひらかれるとき

松隈 洋

『時間のなかの建築』(一九九八)
M・ムスタファヴィ、D・レザボロー共著　黒石いずみ訳

たったひとつの言葉からまったく新しい視点がもたらされること。この本は、「風化(ウェザリング)」をキーワードにして、建築を考える従来のフレームをその大本から揺さぶられる鮮やかな印象を残してくれる。そこからは、長い歴史の中におけるモダニズム建築の特性を鋭く描き出しながら、その延長線上に、現代建築への批評性に富んだたくさんの知見が展開されているからだ。

著者たちは、まず、モダニズムの立脚点にあった工業化と大量生産が、建築の何を変えてしまったのか、についての考察から話を始めている。そこでは、どこでも成り立つ建築が目指された結果、型にはまった選択しか許されず設計の不自由度が増したこと、建築が地域独自の環境と無関係となり根無し草になってしまったこと、設計と施工の結

びつきが希薄化して建築が抽象化したこと、などが指摘される。そして、バラバラにパーツ化された建築は、時間という試練に耐えられず、朽ちるに任せていることが掲載された写真からも痛いほど伝わってくる。

その一方で、それまでの伝統的な石造建築などの中には、連綿と、風化による汚れは建築をむしろ豊かなものへと仕上げていく重要な要素であるという認識と、それを造形表現にまで煮つめて考案されたディテールの手法が共有されていた事実も対比的に紹介されている。

さらに彼らは、モダニズムのもつ普遍性への志向とは何だったのか、についても検討を加えていく。中でも、そこで中心的に触れられるル・コルビュジエの建築観の変遷についての詳細な考察は圧巻だ。彼の初期プロジェクトに特徴的な「白さ」の表現へ託されたもの、それは、急激な都市化によってゴミゴミとうす汚れてしまった生活世界の中へ、「健康、美、倫理」という清浄さを幾何学的で純粋無垢な造形として対置してみせることだった。そこには、もちろん風化による少しの汚れも許されず、完成後の建築の姿とは、表現された理想的なアイデアがただ単に壊れていく過程としか理解されていなかった。だからこそ、彼は、執拗なまでに竣工写真の中にそのピュアな状態を写しとどめようとしたのだ、という。

けれども、ル・コルビュジエは、やがて、アルジェリアやインドの仕事にかかわる中から、風土の独自性を建築のデザインに取り込むことの意味に気づいていく。こうして、それまでの外部を遮断していた「平滑なファサード」に替わって、厳しい日差しを遮りながら風を通し、外と内をつなげて豊かな表情を外観に与える装置、「ブリーズ・ソレイユ」が生み出される。そして、晩年のインドに至っては、「白いことも白くあり続けることも目指さない立場」へと転じ、むしろ、風化がもたらす汚れをゴツゴツとしたコンクリートの素材感によって活かし、建築に存在感を与える方法をも獲得する。

ここには、かたくななまでの理念重視の姿勢から自由になり、その表現を大きく解き放っていったル・コルビュジエの覚醒の瞬間が書き留められている。彼は、建築を、孤立し固定した作品としてではなく、自然環境にさらされながら成熟していく実体として再発見したのである。

この本では、ほかにもカルロ・スカルパやエーロ・サーリネンの作品などが取り上げられている。そこでは、それらがやはり、「風化の事実を創造的に再解釈して建築の生涯を表現」しようとする意識的な風化のデザインであることが明らかにされている。

こうして、いつしか、著者たちは、次のような考え方へと誘っていく。

すなわち、風化とは、時間の痕跡が建物に刻まれていくプロセスであり、そのことによって、人はそこに自らの生きてきた時の厚みを感じ取ることができること。だからこそ、建築を環境の中で少しずつ変わり続けるものと理解し、汚れを味方にして、建物が経験する時間そのものをデザインすることが大切であること。むしろ、建築はそのことを通してはじめて建築という独自の存在になりうること。そして、そこには、過去―現在―未来を完結されたものと見なして常に新しくあろうとする進歩史観から、歴史をひとして、続きのつながりと重なりをもった〝生きられた全体〟としてとらえ、その連続性にこそ意味があるとする存在論への根本的な視点の変更が果たされている。

この本に流れているのは、〝美しく古びゆくこと〟の難しい現代建築の抱えるジレンマを自覚しつつ、それでも、建築が目の前にあり続けることのかけがえのなさへの確信なのに違いない。そして、著者たちと親交のあった槇文彦氏の明快で美しい序文と、直接教えを受けた訳者の平易な文章からなる本書が、それをもっとも必要としている場所に紹介されたことを、何よりも意義深いと思う。

（初出＝SD9912）

郊外住宅地という「中間」のダイナミックスを集大成

植田　実

『近代日本の郊外住宅地』（二〇〇〇）
片木　篤、藤谷陽悦、角野幸博共編

A5判六〇〇ページ余り、巻頭文を除く本文二段組には図表や写真も組み込まれた、郊外住宅事例三〇の、二七人による報告。

一般読者としてはまず、このヴォリュームに圧倒されて、各事例は必要に応じて拾い読みするしかないと思う一方、いざ目次を見ると、日本全土および旧植民地にかけての三〇事例だから意外にというか当然疎らな分布になるわけで、たとえば関東では七事例、うち東京は三にとどまるのが物足りなくも思えてくる。

となると、ある程度の密度で日本全土をおおうには、この倍のページがあっても追いつかないのかも知れない。編者も、この本は悉皆調査の成果というよりは中間報告だとことわっているし、東京の事例については、同じ鹿島出版会から十数年前に刊行された『郊外住宅地の系譜』が東京圏を対象として一四事例を報告していることにも関係があるのだろう。

つまり一般読者にとっては対応のしにくい、研究者による研究者のための報告集といった印象がちょっとあったのだが、読みはじめて驚いた。巻を措く能わざるおもしろさである。この本のかたちが俄然リアリティを帯びてきた。

事例は、書名どおり「近代日本の」、すなわち明治維新から第二次世界大戦終戦までに建設された郊外住宅を対象にしている。驚かされるのはその成立形態の多様さで、そもそも郊外住宅地というものの定義をもたないままに読んだのだが、いやだからこそ、漠然とイメージしている現代のそれに比べて、上の時代における郊外住宅への夢の多面体（とりあえずは三〇面体か）が際立つのだった。そして事例それぞれの個性的な成り立ちの報告はその原型を示すだけではなく、自立―成熟あるいは統合―消滅その他の展開のなかに、郊外住宅地というものの見方を教えてくれたのである。

たとえば「盆栽村／大宮」（鈴木博之）の基本は「技術集約型の産業であり、現代風に考えるなら一種のハイテク産業のアトリエ的郊外集住地」であって、その「軌跡は、法規と都市計画による都市史ではない、そして開発業者による町づくりでもない、江戸以来の日本の都市の伝統のなかから生まれた近代住宅地の姿」であると明快に指摘される。その裏がえしとして、「北白川・下鴨／京都」（石田潤一郎）では「東京の市区改正事業の準用にはじまる」都市計画法の適用、すなわち「都市計画の実施は、ある種普遍的な近代都市という目標を京都も追求しはじめ」、そこでは「『古都』の景観の否定」、すなわち「周辺地域への市街地拡大」が「『京』そのものを『田舎』視する契機ともなった」ことが語られる。

また「甲子園／西宮」（角野幸博）においては、浜甲子園健康住宅地が「健康をキーワードにしながらも宅地分譲にとどまっていた阪神に対して、健康を直接ネーミングに採用し、中流家庭向きに商品化した」戦略を教えられるし、「六麓荘と松風山荘／芦屋」（三宅正弘）では、かの六麓荘が「『防備地』として宣伝された」つまり「戦局に近づいていた」時期の開発でもあったという思いがけない視点を与えられる。

あるいは「高見住宅／北九州、八幡」（土居義岳）という社宅街区が「身分制度が場所に強く投影された近世都市そのままの継承であるとさえいえる」一方、「朝鮮銀行社宅群／ソウル」（冨井正憲）の「超モダンな」鉄筋コンクリートブロック造の社宅建設が、国内における旧東京市営古石場住宅や鉄筋コンクリート造の同潤会アパートに先行する試みであったという事実は、郊外住宅地という多面体の性質が時間軸においても現れていることを示している。

思いつくままにアトランダムに拾ったにすぎないが、巻頭の総括（片木篤）では、全体の問題点がじつにうまく整理されていて、事例報告を読みすすめるなかで、何度もそこに立ち戻って全体のなかでの位置を確認する格好のキイステーションになっている。この本のなかにおいての参照だけでなく、関連文献の多くを呼び込めるキイステーションである。限られたページ数で全体を見通しているために簡潔に徹した概論ではあるものの、いやそのためにか、途方もなく鮮やかなイメージに満たされている。

「地球構造における『中間』の領域、社会構造における『中間』の階級から成り立っているがゆえに、明示され得ない」郊外住宅の、「この『中間』のダイナミックな運動そのもの」がくっきりと見えてくる。それが「近代都市であり、近代社会であると言えないだろうか」と総括者は示唆している。近代建築・都市史のもっとも見えにくい部分を見えるように構成した。それがこの本の最大の魅力である。こうなると次には海外（欧米その他）事例集が、ぜひとも欲しくなるのだが。

（初出＝SD0009）

リサーチの型の発明

南後由和

『メイド・イン・トーキョー』（二〇〇一）

貝島桃代、黒田潤三、塚本由晴 共著

首都高速道路の高架下にデパートが挿入された「ハイ

ウェイデパート」、住居の狭小敷地の隙間に自動販売機が付着した「ペット建築一号」――『メイド・イン・トーキョー』は、さまざまな機能や構造物が重合し、愚直なまでに周辺環境やプログラムなどへの対応を優先させた、極小から極大までの「ダメ建築」を、愛憎交えながら収集したガイドブックである。

通常、都市・建築のガイドブックといえば、「図」として、教科書に載っているような「名建築」がマッピングされる。それに対して、本書は、図と地を反転し、建築や土木や地形のどのカテゴリーにも位置づけがたい「迷建築」に光を当てた。表紙が黄色であることも、信号でいえば、赤と青のどちらにも属さない「中間」を指し示しているかのようだ。

左頁には、物件番号、ニックネーム、アイソメトリックの線画、地図、解説、右頁には写真という形式が一貫している。本書で提示された「観察と定着」の型は、その後の『ペット・アーキテクチャー・ガイドブック』をはじめとするアトリエ・ワンのリサーチにとどまらず、二〇〇〇年代以降の国内外の都市・建築に関するリサーチの潮流にも多大な影響を与えた。本書は、リサーチの型の発明であった。と同時に、考現学や路上観察学会、ロバート・ヴェンチューリらの『ラスベガス』などの系譜を批判的に継承しているという点では、建築家によるリサーチの批判的コンテクスチュアリズムとでもいえるかもしれない。

貝島桃代らは、一九八〇年代まで主流をなしていた懐古主義的、記号論的な都市論とは一線を画し、即物的に東京を観察した。即物的といっても、建物単体のみを観察対象としたわけではない。アイソメに微細に書き込まれているように、隣接する事物とのまとまりを、「環境ユニット」という生態系として捉えた。

ダメ建築とは、この環境ユニットにおいて、カテゴリー／構造／使い方の秩序のいずれかがオフの状態を指すがゆえに、「笑い」を誘発する。そこには、塚本由晴がシンパシーを寄せる「オレたちひょうきん族」の笑いに通じる、予定調和ではない、脱臼の連続という遊戯性があるからだ。コンテクストや歴史性ではなく、「いまここ」の問題への生真面目な対応である「ダメ建築」は、全体より部分を重視するという点において、いかにも東京（日本）らしい。

バブル崩壊を経て、阪神・淡路大震災や地下鉄サリン事件が起こり、建物やインフラの自明性が疑われた一方で、インターネット、携帯電話やデジタルカメラが普及した一九九〇年代半ば。貝島らは、前者へは、既存の都市・建築の読み替えと戦術的介入、後者へは、貴族的／大衆的、美／醜といったヒエラルキーを無効化し、すべてを等価に見るフラットな視点とネットワーク的な参加型のリサーチで応答した。本書は、東京という都市への新たな見方と関与の仕方を提供し、同時代の平凡なダメ建築を、遊戯的なまなざしによって「観察と定着」した非凡なアーカイヴとなっている。

里帰りした古典に学ぶ伝統

藤森照信

SD選書237『**建築家・吉田鉄郎の『日本の住宅』**』
(二〇〇二)
吉田鉄郎 著
近江 榮 監修 向井 覚、大川三雄、田所辰之助 共訳

この数年、住宅のウンヌンという題の本がたくさん日につくようになった。雑誌もしばしば住宅特集をやっている。衣食足りて、礼節はいざ知らず、人々の目は住へと向っている、と喜んでいるのだけれど、それらの本に目を通すと、共通して大きな欠落があることに気づかされる。日本の伝統的な住いについての素養に乏しいというか、基本的知識の裏付けに欠けるというか、書いてる方も読んでる方も、ちゃんとした日本の住いを経験しないまま現在にいたっているとしか思えないのである。もはや外国人に近いかもしれない。

そういう状態におちいった人々のために、日本の住宅の伝統について学ぶなにかいい教科書的な本はないものかと待ち望んでいたところ、題も内容もそのものズバリの一冊が出た。どうしてズバリかというと、外国人向けに書かれた本だからだ。

日本の住宅についての本は、モースこのかた欧米でたくさん刊行されているが、なかでも最も長く読まれ、影響を与えてきた一冊、古典的一冊はどれかというと、それがこのたび翻訳された吉田鉄郎の本にほかならない。戦前の一九三五年にドイツで刊行され、戦後の五四年に改訂され、翌年には英語版になり、五六年の著者の没後も版を重ねて

いる。吉田は原文をドイツ語で書いているから、日本語で公刊されるのははじめてということになる。古典の里帰り。

外国人向けに書かれているから、ごく基本的なことから説明は始まる。たとえば、畳の敷き方については三畳から一五畳まで図入りで紹介し、「板張の床の部屋でも畳の枚数を基準に面積が表現されるため、建築の専門家でなくても部屋の大きさを感覚的に把握できるのである」と適切な解説がつく。なお、図を見ずに畳の敷き方を試してみたら、八畳までしか合っていなかった。

外国人向けだから図と写真はまことに充実し、これだけでもめっけもの。床の間、七〇種の図というのは充実しすぎという気もするが。材料から間取り、畳の敷き方のルール、建具、床の飾り付けまで基本的事項を説明し、そうした事項によって生み出される日本建築の特質は以下の九つ。

「①庭つきの戸建住宅が多数を占め、建物と庭のあいだに密接な関係がつくられている。②平面計画に融通性があり、内部空間の分割が容易である。③戸や窓が数多く設けられ、外部に対して開放的である。そして、自然との緊密なつながりがある。④造付け、あるいは可動の家具により、内部空間のすみずみまで利用することができる。⑤自然の材料を加工せずに、美的に洗練させて用いている。⑥木材は塗装されずに用いられることが多いため、木目や自然の風合いが保たれたままである。⑦構造が建築の美しさと密接に関連している。⑧簡素、明快、良質といった特徴を兼ね備えている。⑨部屋の大きさや各部位の寸法が細部にいたるまで標準化され、短い工期で容易に建設できる」。

あまりに教科書的正解という気もするが、明治初期にモースら外国人によってはじまった〝日本建築ぼめ〟が昭和に入って吉田により完成したと思えばいい。そして困ったことに、以後七〇年近くたつけれど、この正解を全体として越えるような新解答を、われわれ現代の建築史家と建築家は持ち合わせていないのである。

なお、吉田鉄郎は、建築家としては、赤煉瓦の東京駅の前に立つ、どこか日本的な白タイルの中央郵便局（一九三三）をデザインしたことで知られる。

（初出＝『毎日新聞』二〇〇二年七月二八日付朝刊）

近代建築史の現場を追体験するシミュレータ

花田佳明

『ライト＝マンフォード往復書簡集　1926–1959』
B・B・ファイファー、R・ヴォトヴィッツ共編　富岡義人訳
（二〇〇五）

本書は、建築家フランク・ロイド・ライト（一八六七－一九五九）と批評家ルイス・マンフォード（一八九五－一九九〇）が、一九二六年からライトが亡くなる一九五九年までの間に交わした一六〇通の手紙を収録した書簡集である。二人の編者による構成と解題が実に見事で、それらを頼りに読み進めば、読者は間違いなく、二〇世紀初頭のアメリカにおける近代建築を巡るドラマの立会人になるだろう。映画でも観ているかのような臨場感で歴史の現場を追体験するシミュレータのようなスリリングな書物だ。

最初の便りは、ウィスコンシン州タリアセンに暮らす五九歳のライトから、ニューヨーク州アメニア近郊に暮らす三〇歳のマンフォードに対し、一九二六年八月七日付けで送られた。その時期のライトは、一定の業績を積みながらも個人的・経済的問題を抱え、建築界での注目度も高くない。一方マンフォードは、新進気鋭の評論家としてデビュー間もない頃である。マンフォードが前年に書いた評論「良き趣味の毒」でライトを評価し、ライトがそれに反応して手紙を書いた。ただし単なる礼状ではなく、自分に対する評価がまだ「遠慮がち」だという不満ともとれる指摘も書かれていた。三〇歳近くも年長の建築家から届いたと思うと、普通なら震え上がるような内容である。しかしマンフォードは物怖じせず、すぐにライトへ返事を返す。自分の「臆病さ」を詫びるとともに、「海外の批評家たちのほとんどは、あなたを誤解している」と指摘して、「この埋め合わせをする」と約束した。

緊張感に満ちたスタートが暗示した通り、その後の二人のやり取りは実に激しいものとなった。とくにライトの筆致は辛辣で、互いの仕事に対する評価、他の建築家や評論家やメディアに対する批判、そして自分の中にわき上がる怒りや不安を、三〇歳近くも年下の評論家に手加減することなく書き送った。

中でも最大の話題は、一九三二年にニューヨーク近代美

術館で開かれた「インターナショナル・スタイル建築展」へのライトの出展を巡るやり取りだろう。ヨーロッパのグロピウスやル・コルビュジエなどによる近代建築に納得できないライトは、彼らを性的不能者にすら喩えて非難する。また、この展覧会を企画したヒッチコックやジョンソンに対しても攻撃的姿勢を崩さない。有機的建築を志向したライトからすれば、ヨーロッパ発の近代建築はいかにも薄っぺらく見えたのだろう。最終的にライトも出展するが、マンフォードとの激しいやり取りを読むと、歴史というものの複雑さを実感するとともに、自分の中の近代建築観も揺れ動く。

日本におけるライトとマンフォードの位置づけは、どちらかといえば近代建築史の周縁にいた人物とする傾向がある。その見直しも含め、本書は、「歴史」とは何かということについて再考を迫る力をもつ。また、ライトとマンフォードが繰り広げた議論は、彼らの時代に固有のものではなく、建築を巡る一般的課題を含んでいる。まさに必読の「歴史」書である。

言葉の危機としてのモダニズム

土居義岳

『言葉と建築——語彙体系としてのモダニズム』📕
（二〇〇六）
A・フォーティー著　坂牛 卓、邉見浩久監訳

フォーティの『欲望のオブジェ』も面白かったが、ロンドンの書店で出版直後の *Words and Buildings* を購入したとき、空間、デザイン、機能などの意味の系譜を丹念に描いた本書は内容充実で、すぐ邦訳が出るであろうと思っていたら、やはり、そのとおりとなった。建築業界の慣用とは異なる訳語も若干あるが、全体としては読みやすい部類に入る。

辞典は数多く書かれ、そのなかで悪魔的な辞書、批判的なそれも少なくない。しかし、辞典の基本は整理整頓なので、フォーティのあまりの手さばきのよさが顕著な本書は、ときどき毒が薄くなっている気もした。しかし、デ・ザーコの『機能主義理論の系譜』（一九五七）などと比べると、狙いは明快である。

まず英語圏、ドイツ語圏、イタリア語圏、フランス語圏といった言語圏によって状況は異なるという前提である。さらにモダニズムを一種の言語の危機としてみている点である。本書は、この明確な二つの視点から、文化的・時間的な多様性のなかで英語圏におけるモダニズムを浮き彫りにすることに成功している。読者は、言葉の海に溺死することなく、一つのオリエンテーションに従って泳いでいける。

言語体系の変化というのは、時間と外国語能力があれば誰でも体感できる。イギリスであれフランスであれ、国立クラスの図書館で、一六世紀以降の建築書を時代順に読み進めるだけでよい。パラダイムチェンジとはこのことかと実感できる。個人的にはこうした生身の体験をお勧めするが、時間がない読者はフォーティを読めばいいということになる。

モダニズムを言語の危機として捉える見方は、タフーリやリクワート、チョムスキーやアインゼンマンについて書かれている一一四－一二三頁を参照していただければいい。そこに述べられているように、フォーティの関心は単なる言葉の一覧表を作成することではない。そもそも建築を語ることとはなにか、建築を語る状況はいかなるものかと批評家が自問自答する、そのことをとおして建築を言語として再回収しようとするのである。

さてこの好著を、異なる言語圏である日本語圏から眺めるとどうなるであろうか。

英語圏は、かつてほかの言語圏からすれば相対的に後進的であったとはいえ、同じ古典文化を共有しているし、近代以前から建築言語は成立していた。だからこそ、近代になって言語体系は変化させられることもあったし、ときには追放されそうになり、それが危機として感じられた。

しかし日本は、近代というまさにその時代に、西洋からモダニズムと言語を同時に導入した。すなわち、西洋にとっては言語の危機でもあったモダニズムは、日本においては言語のゼロからの構築にほかならなかった。だから、言語の否定もまた言語として受け入れなければいけないこともあったのであり、日本における言語の危機は、構造的に二階建てである。そして、言語体系が構築されたかといえばそうでもなく、伝統的な概念を英語化しつつ、新語もまた移入せざるを得ないという自転車操業である。ただ、フォーティは言及していない「間」「メタボリズム」の例が示すように、なにもできないわけでもなく、建築家の実践こそが希望であるというところだろうか。それにしてもこれを教養書として読むのではなく、日本の内なる言葉の危機とオーバーラップする読み方が求められるであろう。

（初出＝『建築技術』二〇〇六年五月号）

「一緒にやろうよ」

栗生 明

『GROUNDSCAPE——篠原修の風景デザイン』（二〇〇六）

東京大学景観研究室編

「おい、一緒にやろうよ！」

篠原さんの顔にはいつもそう書いてある。

ひとりでやれることはたかがしれているし、ひとりじゃ楽しくない。だから「一緒にやろうよ」となる。建築、ランドスケープ、家具、ＩＤ（インダストリアルデザイン）……およそデザインと呼びうる分野でひとりですべてやれることなどない。ましてや巨大なスケールを扱う土木分野。おそろしく多くの専門家たちの忍耐強い協同作業と膨大な時間が必要とされるのは想像に難くない。

土木分野ではこれまで一部の橋梁などを除いてデザインという言葉は使われなかった。設計はあってもデザインはない。あったとしてもその自由度は大幅に制限されていた。周辺環境を取り込んでの景観デザインはもちろん、さらに踏み込んだ風景デザインなど皆無と言ってよかった。実用が優先され、技術がそれに応えるだけで手一杯。治山治水は国家事業であり、デザインは本質に関わらない単なる化粧と位置づけられてきたのかもしれない。

時代は変わりつつある。我々の心のよりどころとなっていた美しい風景が加速度的に崩壊してきた。風景の危機を誰もが感じ、これに歯止めをかけつつ、新たな風景の創造が求められはじめた。そして「景観法」が制定された。

ところが「風景」を保全しつつ創造する、と言ってもことは簡単ではない。フィジカルに見ても我々を取り巻く環境は、切れ目なく連続するトータルなものだ。土木分野だけで担えるものでもない。分野を越えてのコラボレーションが必要不可欠になる。「おい、一緒にやろうよ！」は分野を越えての呼び掛けなのだ。

しかし、越境するコラボレーションの困難さは計りしれない。それぞれの分野内部にしか通用しないルールの摺り合わせからはじめなければならない。私自身、何度か土木分野との協同作業を試みたけれど、建築側から見た土木の壁は厚かった。

篠原さんは土木の側からこの壁に穴を開け、さらには取り払おうとしている。そしてそれを実現するには、それぞれの分野に共通する風景デザインというコードを使うことが最も有効なことを熟知している。デザインとは本来人間を取り巻くあらゆる環境を人間の営みにふさわしいものに整え、人間に歓びを与える風景をつくる行為にほかならないからだ。

景観と風景は似ているが異なるニュアンスを持っている。景観はフィジカルで工学的アプローチによって扱われる視覚環境とすると、風景は人間の意識や記憶にかかわるものとして、文学的ニュアンスを持って語られる。自然のうつろいや人間の営みに対する感性を大切に考えてこその風景デザインであろう。土木という工学中心の分野に所属しながら、「素山」という俳号を持ち、人文的情緒に敏感な篠原さんが、土木設計から景観デザイン、さらに風景デザインに向かうのは必然だったのだろう。

しかし、工学的部分が大半をしめる土木構築物は、デザインされた作品とは呼ばれなかった。ほとんどが「詠み人知らずの構築物」として扱われてきた。単なる構築物と作品の違いは何であろうか。

二〇年以上前のことだけれど、テレビで写真家の加納典明氏を見た。一枚のポートレートを示して、こううそぶいたのを聞いてあっけにとられた。「この写真は俺の助手がカメラを構え、アングルを決め、ピントを合わせ、露出やシャッタースピードを決め、シャッターを切った写真だ。もちろん照明を操作したのも別の助手だ。でもこれは俺の写真だ」。つづいての言葉は今でも鮮烈に記憶に残っている。「だって、この場の状況を設えたのは俺だし、俺以外の誰がいてもモデルにこんない い表情をさせられない……だからこの写真は俺の作品だ」。

ここには、ものを単なる「もの」から「作品」と呼びうるものに昇華させるすべてが語られている。強いヴィジョンや意志を持ってその場の状況を設えること。「作品」成立の必要で十分な条件はこれだ。もちろんその場に立ち会った助手たちやモデルとのコラボレーションが必須であることは言うまでもない。コラボレーションの成否は、協同者の能力が高いことは当然だけれど、このヴィジョンが共有できるかどうかにかかっている。

さて本書、『GROUNDSCAPE——篠原修の風景デザイン』は、篠原さんの東京大学教授定年退職を記念して、その協同者たちによってまとめられた日本初の本格的土木作品集だという。作品実現に費やされた篠原さんの実際のデザイン作業量はわずかかもしれない。しかし、前述したようにすべてに篠原さんの強いヴィジョンや意志がみて取れる立派な作品集となっている。同様にその作品群は多くの優れたコラボレーションによって実現されたものであることも明瞭に読み取れる。

「GROUNDSCAPE」の名付け親の内藤廣さんの文章「篠原修の居る風景」にはじまり、日本の風土を知り尽くした写真家の河合隆當さんの情感豊かな写真が目を楽しませてくれる。中井祐さんを中心に、二井昭佳さん、川添善行さん、景観研究室のメンバーといった篠原さんの弟子たちの図面作成と編集作業、そして篠原さんの原風景、心象風景を記述した福井恒明さんによる丁寧な年譜で締めくくられている。

こうして読み進めてくると、この書物そのものが本書の主題のひとつである「コラボレーション」の成果とみることができる。そして何より重要なことは、読み終えた後、「篠原修の風景」そのものが鮮明に浮かびあがってくるのに気づかされることだ。

（初出＝『SD2006』）

徒然草・愚管抄・方丈記

松岡正剛

『建土築木1——構築物の風景』
『建土築木2——川のある風景』
（二〇〇六）
内藤　廣著

内藤廣が東大土木科を引き受けたときは驚いた。篠原修という秀れた先達がいたとはいえ、これは自殺か英断か俄に判定しがたい大冒険だ。英断だった。建築と土木がひとりの設計者の中でコンシリエンスできたのだ。

その土木科がその後に社会基盤などというくだらない名称になったのは昨今の日本の体たらくを象徴する変更だが、内藤はきっとこれにも抵抗して「建土築木」という造語を発したのであろう。声にしてもいい出来の、すばらしいネーミングだ。編集のプロのぼくが言うのだからまちがいない。

二冊組になっていて、内藤が現地現物を訪れて感想を述べる、一が「構築物の風景」で、東京タワーと柳宗理の東名高速の防音壁に始まり、ノグチのモエレ沼公園、丹下の広島ピースセンターをへて、ケヴィン・リンチも驚く東京高速道路に至る。二は「川のある風景」で、冒頭の五十鈴川と掉尾の熊野川を挟んでけっこう意外な川の観察が続く。宮崎の堀川運河と草津の湯川が入っているのが、ぼくのお気にいりだ。

最近の建築デザイン界は透明・軽薄・皮膜・隠蔽を好んできたが、内藤はこれは自己否定と匿名性によってデザインの構築力を危機に曝したか、偽善をとりすましていると見ている。ぼくも同感だ。素材の巨大反復に勤しんでいるようでいて、何も考えていない。そこでは「ある」と「ない」との葛藤からの逃げが目立つのだ。

内藤はずっと以前から、この手の逃げが大嫌いな作家だった。土地そのものが孕んだ意味や、その上に建つ構築物の中に入る目次と文体を受け止め、ぐりぐりと葛藤することを好む。「さっぱり」より「きっぱり」、クールよりホット、平衡の妙味より非平衡の熱力学を選ぶ。そのうえで美しさをつくる。

建築と土木を「建・土・築・木」に組み替えたのも、この執念によるものだったろう。

ところで、内藤はとても文章がいい建築土木家だ。文章が好きな作家はいろいろいるが、内藤の文章はなかでもダントツに厚みがあって、それでいて暗示性に富み、かつまた適確な引用力を見せている。これなら十分に文章家としても食っていけるだろうが、巧妙な文章に転ばずにそんなことを思わせないところが、やはり内藤廣なのである。

内藤の文章を内藤の構築物感覚で云々するのは邪道だろうけれど、あえて編集工学屋のぼくの好みで押し切って言うが、内藤の文章は書きっぱなしのエッセイではなく、あきらかに構造設計が生きている。日本中世の文章でいうと、徒然草ではなく愚管抄なのだ。これはおそらく内藤には歴史観があるということで、ということは、内藤の構造感覚にも歴史観が必ず生きているということなのである。もっとも内藤廣という人物そのものは構造的とは思えない。彼は実のところは方丈記のような男なのだ。

幾何学と比例で、建築はできたのか

井上章一

『数と建築――古代建築技術を支えた数の世界』（二〇〇七）
溝口明則著

今につたわる歴史建築の遺構は、たいてい建物ぜんたいの釣り合いが、ととのっている。壁の縦と横、柱と梁のバランスをうまくとっていると思える例は、すくなくない。

こういう建築遺産をながめていると、ついつい幻想をいだきやすくなる。昔から建造物の設営をまかされた工匠たちは、建築各部の比例に気をつかってきた。いわゆるプロポーションを、数学的にあんばいしてきたのかもしれないな、と。

今日の観察者が測量をこころみ、遺構に秘められた比例配分のきまりを、読みとった。そうつたえられることも、ないではない。そう言えば、建築史研究の祖ともくされる伊東忠太も、若いころはそういう仕事をした。法隆寺は、パルテノン神殿とつうじあう比例で、建築がくみたてられている、と。

しかし、ほんとうに往時の工匠たちは、そういうところへ気をまわしていたのだろうか。日本建築史に話をかぎれば、近世期から木割の手法がかたまりだす。それ以後の棟梁たちは、建物総体の数量的な兼ね合いに、心をくばったろう。木割の手引き書などがでている以上、そのことを頭から否定するのは、困難である。

だが、それ以前の工匠に、比例配分などへの配慮があったとは、思いにくい。じじつ、そういう志のあったことをしめす記録は、見つけられてこなかった。

著者はこの本で、諸国諸民族の数学史にわけいっている。日本、インド、ヨーロッパで、数の観念がどう形成されてきたかを、おいかけた。そして、比例にしたがう建築構成がありえたかどうかを、数学史にそくしてさぐっていく。こういう数学をめばえさせた民族なら、建築方面への活用もありえたろう。こんな数学が土台になっている以上、建築へは比例の秩序など投影されるはずもない、等々と。

著者によれば、比例が建築にいかせる数学を早くから形成したのは、ギリシアであるという。ピタゴラス学派のきりひらいた地平は、その可能性をしめしているらしい。だが、ローマのウィトルウィウスがあんだ建築書は、あまりそれを活用しなかった。むしろ、建築には分数の考え方をとりいれている。分数演算のつみかさねで、建築には対処をしていたのである。

古代ギリシアの数学は、ルネッサンス期にも開花した。比例配分や幾何図形の組み合わせにもとづく古典主義建築の理念を、派生する。そして、西洋文明の国際化により、数学的な建築観も、近代以後世界へ普及した。

われわれが、ついついアジアの古建築に、数学的な比例を見てしまう。それは、この近代的な建築観に、汚染されているせいでもあるらしい。著者にそう指摘をされ、私じしん反省をせまられたしだいである。

いや、それだけにはとどまらない。後づけの智恵にはたよらず、往時へよりそう目で古い建築のことを考える。比例の問題にかぎらず、それのむずかしいことを、この本では思い知らされた。

一パーセントについて

『村野藤吾著作集 全一巻』（二〇〇八、初版＝同朋社、一九九一）
村野藤吾著　神子久忠編
SD選書250『**様式の上にあれ——村野藤吾著作選**』（二〇〇八）
村野藤吾著

中谷礼仁

この書物はある編集者の求めに応じて、建築家・故村野藤吾が一〇年あまりにわたる検討と逡巡の後におくり放った爆弾である。

平成三（一九九一）年に公刊されたが版元の倒産により長い間入手困難であった。しかし今回の復刊によって、むしろ今こそ、その真の価値が多くの人々に開示されることになるだろう。

風化は、人の立場を否応なく変える。とくに職人的手技を持った巨匠であれば、そこにはなおさら全人的な完全さが加えられ、逆に生前の、血のかよう人間としての苦渋や格闘の痕跡は波に洗われるかのごとく消え去っていく。しかし村野はこの書物を公にすることで、それを許さなかったと感じる。

例えば村野の言として「九九パーセントは施主、一パーセントは自分」という逸話が伝えられている。その本来の意はこの書物にもっとも正確なかたちで収録されている。短評ではあるが紹介せずにはおれない。

> 私がよくいう言葉ですが、九九パーセントのところまで、それでみんな出てくる（九九パーセントまでは建築家は謙虚に後に引いて聞く）。そこまでは理屈でいえるわけです。つまり二二が四のように割り切れることなわけです。なんたって社会は「数」ですから、みんな「数」にかかわっているわけだから割り切れる。「数」の中へ入ったら、弁証法というものがあるわけです。それからいろんな問題、矛盾だとかの問題があって社会は動いていく。ところが（九九パーセント引いても）一パーセントは残る。それが村野です。私はいつもそういうんです。**村野自身でさえどうすることもできない一パーセントなんです、これは。いくら理屈をいったって村野に頼んだ以上、村野をどうすることもできないでしょう？**
>
> ——「社会的芸術としての建築をつくるために」
>
> （強調は引用者による）

最後が重要である。「一パーセント」は操作可能な彼の芸術的手腕のことをさしているのではないからだ。「村野自身でさえどうすることもできない」村野がいることをさしているのだ。つまりこの一パーセントとしての「村野」は、彼がかかわる建設行為全体に対する他者的な立場が、彼の中に存在することを指摘している。これは、彼の建設行為全体に対する絶対批評的な点、「一」なのである。でなければ、その後に続く「その一パーセントが、ときによっては建築の全体を支配することができるかもしれない」という言葉は、たんなる「作家」のうぬぼれにすぎなくなってしまう。それは事実とは違う。言葉はさらに続く。その「一」によって、「建築はもう一つの新しい局面を迎える」と。

クライアントに渡すということは、社会に渡すということと同じです。つまり自分のやった作品というものが、社会において評価し直されるわけですね。（中略）建築の仕事は、建築「作品」なんていう甘い性格のものではなくなってくるのですよ。だってもともとが「資本」でしょう? それを組みたてて新しい目的のものにつくっていく。

――（同前）

この言葉を仮にイメージで描くとすれば、作品Aと、作品が反転するレンズ「一」と、そのレンズを通して逆立した作品A'という関係である。その作品は資本をもとにしてたんに組み立てられた結果であるにもかかわらず、その資本を相対化する別の目的をすでに伴っていると村野は主張しているのである。このような言葉を読み進めるうちに、読者はおよそこれまでの村野に対するイメージとは対極的なひとつのキーワードを思い浮かべるだろう。それは、彼が「革命」が可能であることを信じて疑わなかったということである。もちろんその「革命」とは、全体的で急進的な社会変革ではない。むしろ個別の作業を通じて、なにがしかの反転的な効果を、たえず人や社会に投げかけていくことである。そして私たちは村野の各々の作業の中に、事実として、別の「社会」を建築によってつくり上げてきたことを思い出すにいたる。

そのような理解の結果として、筆者が、広島世界平和記念聖堂（一九五三年）や、千代田生命保険本社ビル（一九六六）や、遺作となった谷村美術館（一九八三）など村野の多くの作品のなかに見出すその特徴とは、「根源的な社会のイメージをともなった未来」、あるいは「未来への過ぎ去った憧憬」とでもいうべき特殊な世界の空間であった。いずれにせよ、ここにありながら、ここにない不思議な時空を伴った作品ばかりなのである。

以上のようなヒントを抱えつつ、この大部の著作にあたることは、刺激的である。そうなのだ、彼は自作を語るときさえじつに批評的なのである。まるで社会が自然に組み立てたというかのごとく一見奥ゆかしく、しかし冷徹だ。と同時に、建築生産から芸術側面にわたるまでの、じつに容赦なく、詳細で鋭い現状分析が行われる。つまり彼にとって作品と社会とは、まずは同一の平面において語られなければならない。しかしその結果として彼の作品や人を語る言葉には、その批評から生き生きとしたエーテルが立ちのぼっているのである。現今の「自作を語る」建築家に決定的に欠けているのは以上のような双方に対する言葉の訓練である。

さて今回の復刊にあたっては、じつは村野と編集者が望んで果たせなかったいくつかの宿題が達成されていることもうれしいことだ。そのひとつめは早稲田大学での彼の卒業論文「都市建築論」（大正七（一九一八））が収録されたことである。一読して、彼がこの卒業論文から始まったことを知る。大正の中期は、例えば中心と周辺の格差、流入する貧民のための住宅問題など、明治期の建築界では考えられもしなかった新たな問題が噴出した時代であった。それに対処しようとする建築的試みが行政から個人、あるいは体制側からカウンター側に至るまで現れた時期であった。現在とその状況を重ねあわせることも可能だろう。「都市」とはそれらすべてを含む問題群の総称だったのである。多少その時代の知識を持つ者であれば、若き村野がそれらに対して真正面から格闘しようとしたことを実感するだろう。そしてこの卒業論文は、個人的な宣言とでもいうべき産物であり、解決としての結論が記されているわけではない。その意味で、彼にとってはその後の生涯をかけての実践のための契り、むしろ入門であったように思われる。

そしてもうひとつは、大部になることを恐れた村野が学生のために分冊化したより軽量な書籍の出版を願ったことである。今回それはＳＤ選書というぴったりの形式で『様式の上にあれ』としてまとめられた。社会と建築との関わりを吟味し直そうと思う野望を持つ者は大部にあたればよい。その手さばきは未だに有効である。そして建築というアクティビティを支えている強靭な筋肉に直接触れたい人はＳＤ選書を選べばよい。これは建築の「資本論」である。

（初出＝『ＳＤ2008』）

時代を超えた都市の原理

難波和彦

『［新版］アメリカ大都市の死と生』（二〇一〇）

J・ジェイコブズ著　山形浩生訳

本書の邦訳は、一九七二年に黒川紀章による訳でＳＤ

選書に収められているものが知られている。実はその三年前に都市選書というシリーズの一冊として刊行されているのだが、どちらも全四部のうち前半二部だけの部分訳である。今回、初めて全訳が出たわけだが、初版が一九六一年に出版された原書が、一九六九年と二〇一〇年の二度にわたって邦訳されたのは、なぜだろうか。

ひと言でいうならば、本書は大都市の生死を決定づける普遍的な原理を提唱しているからである。あえて「普遍的」という古典的な言葉を使うことには理由がある。一九五〇年代、一九七〇年代、二〇〇〇年代で、大都市の様相は大きく変化してきたにもかかわらず、本書が提唱する都市原理の有効性は、全く変わっていないからである。僕の考えでは、本書が提唱している都市原理は、時代や地域を超えて、世界中の大都市に通用するのではないかと思う。

この都市原理について、ジェイコブズはこう言っている。

その普遍的な原理とは、都市にはきわめて複雑にから
み合った粒度の近い多様な用途が必要で、しかもその
用途が、経済的にも社会的にも、お互いに絶え間なく
支え合っていることが必要だということです。

（第一章「はじめに」三〇頁）

本書は、この一見当たり前の原理にもとづいて、一九五〇年代にニューヨークで展開された一連の再開発計画を詳細に批判したものである。したがって、原理は普遍的であっても、その具体的な適用は当時の歴史的な条件に大きく支配されている。一九五〇年代のアメリカでは、第二次世界大戦直後のケインズ主義的な政策にもとづく行政による都市再開発が主流であり、その背景にはモダニズムの都市計画思想があった。ジェイコブズが批判したのは、そのようなトップダウン的な再開発なのである。後で述べるが、その点が今日の状況と大きく異なる。本書は、そのような歴史的背景を念頭に置いて読む必要がある。

メタボリストである黒川紀章が注目したのは、本書にモダニズムの機能主義的な都市計画思想を乗り越えるヒントを見たからである。一九六〇年代に黒川は、メタボリズム思想にもとづいて都市計画や建築設計を展開していた。都市思想としてのメタボリズムは、依然として国家や行政に結びついた社会工学的な発想だった。彼はそのようなトップダウン的な方法を、本書のボトムアップ的な視点によっ

て補完しようとしたのである。本書の前半二部では、都市原理が詳細に検討され、後半二部では、トップダウン的な都市計画に対する代替案が提案されている。黒川が前半の二部だけを邦訳したのは、おそらく後半二部の代替案が、彼のトップダウン的な方法と相容れなかったからだろう。

では、出版されて五〇年後の現在、本書が見直されるのはなぜか。僕の考えでは、現代の都市が、本書で提案されている都市計画の代替案を実現するのにふさわしい状況に、ようやく到達したからである。一九八〇年代に西側世界では、ケインズ主義的な政策から、ハイエクやフリードマンが提唱する新自由主義的な政策へと転換した。さらに一九八〇年代末から九〇年代にかけて社会主義諸国が崩壊し、トップダウン的な政策の歴史的失敗が明らかになった。これにともなって、それまでの公共的な組織は民営化され、政府による公共事業は民間事業にとって代わられた。そして都市は、民間の個別的な事業の集積として、自生的に生み出されることになった。つまり、本書で展開されているジェイコブズのボトムアップ的な都市思想を、積極的に活かすことができるような状況になったわけである。

とはいえ、障害が存在しないわけではない。最大のハードルは資本主義経済、平たくいえばコマーシャリズムである。都市空間のすべてを経済活動の対象としてとらえるコマーシャリズムは、ジェイコブズが都市の再生の必須条件として提唱する「小さな商業活動」の思想と相容れない。現代では、巨大資本が生み出す巨大建築とどう対峙するかが、本書から学ぶべき最大の課題である。

翻訳は読みやすく、巻末の訳者解説で、ジェイコブズの経歴と歴史的位置づけが詳細に紹介されているのも参考になる。僕としては、ぜひとも若い学生たちに読んでもらいたい。とくに、これから卒業設計に取り組む学生には必読書であることを付け加えておく。

（初出＝ＳＤ2010）

地球をデザインするひとのための本

進士五十八

『ランドスケープアーキテクチュア
――環境計画とランドスケープデザイン』（二〇一〇）
J・O・サイモンズ、B・W・スターク共著
都田徹、Team9共訳

読者は、ランドスケープアーキテクチュアという専門分野を知らないかもしれない。

アーキテクチュアを造家学と訳したのに対しランドスケープアーキテクチュアは造園学と訳された。韓国では造景学、中国では風景園林学と訳されている。景観法（二〇〇四）もでき徐々に市民の関心も高まっている景観や風景の保全と創出を目指す技術学術であり芸術である。造園の文字の制約もあって庭園や公園、緑化植栽のイメージが強いが、本書のサブタイトルどおりで、土地自然を基調とする景観計画、敷地計画、造園設計を一貫して実践する専門的職能をランドスケープアーキテクトといっている。

本書の表紙はニューヨーク、セントラルパークの全景で飾られている。この公園の設計者F・L・オルムステッド（一八二二－一九〇三）が、それまで三〇〇〇年の歴史を積み重ねてきた国王や貴族のための造園技術を、市民社会のアメニティ技術へと昇華すべく、自らをランドスケープアーキテクト第一号と名のったのである。それから一〇〇年を過ぎた一九六一年、本書の初版が刊行され、さらに五〇年近くを経て共著者スタークの手で大幅改訂の第四版（二〇〇六）と成る。

評者は学生時代、原著と鹿島研究所出版会の久保貞らの訳を目にした感激をいまも憶えている。それまで余りにも実際的な造園書しか知らなかったので、それとはまったくちがう広く深いランドスケープの哲学を感じたからである。かといって難解ではない。人間、気候、土地、水、植生、地形、敷地、スペース、眺め、動線、建物、地域、都市、環境などランドスケープの要素、構成、デザインのすべてにわたり、それをどのように考えればよいのか、それは何故か、どう扱えばよいか等々実に具体的にたくさんの基本と実際を教えてくれる。まちがいなくランドスケープアーキテクチュアのバイブルであると実感したのである。

第四版の本書は、スケッチこそサイモンズの懐かしいタッチが残るが、初版久保訳本が二四四頁であったのに四版都田訳本は三九九頁と大幅に追加されている。現在の学生諸君によくわかるように、質の高い世界中のランドスケープ作品が各章に適切に選ばれ、またコンピュータアプリケーションやエコロジー管理など現代的テーマについても詳解している。

著者J・O・サイモンズ（一九一三－二〇〇五）は、ミシガン州立大学で、さらにハーバード大学デザイン大学院でランドスケープアーキテクチュアを修め、後ASLA（アメリカ・ランドスケープ・アーキテクツ協会）の会長をもつとめた二〇世紀最高のランドスケープの権威で、すぐれたデザイナー、教育者でもあった。

サイモンズの言い方だと本書は〝人間の飼い方の本〟であり、〝地球という星により適合してくらすためのガイドブック〟ということになる。「本来あるべき姿としての地球と、人間、建築、人間の活動、そして人々のコミュニティとの間に調和のとれた関係を築くこと」を、まさに地球社会のデザイナーを目指す若者に読んで欲しい最高の著書である。

これまでのデザイナーや建築家は、モノとスペースを完全にする努力はおしまなかった。しかし、自然の大地や場所、そして水、緑、生き物の循環と共生への関心は決して十分であるとは言えない。二〇一〇年は国際生物多様性年、二〇一一年は国際森林年。そろそろ地球的スケールで自然を意識したデザインにチャレンジして欲しい。

（初出＝SD2010）

複数のジャンルを媒介するデザイン

五十嵐太郎

『ランドスケープの近代——建築・庭園・都市をつなぐデザイン思考』（二〇一〇）

佐々木葉二、三谷 徹、宮城俊作、登坂 誠 共著

ランドスケープのデザインとは何かを批評の言語にのせた本である。執筆者はランドスケープデザイナーであり、時系列で歴史をたどるものではない。もっとも「速度」「抽象」「図と地」「公共」「参加」「情報」「生態」という七つ

のキーワードによって各章を構成しているが、二〇世紀の動向を論じるときも、必ずバロックの庭や一八世紀イギリスの風景式庭園などに立ち返りながら、事例の意義を位置付けていくように、歴史意識に支えられた分析は説得力をもつ。本書の企画と執筆が一九九〇年代前半になされたことから、冒頭の「速度」という言葉に懐かしい時代性を感じたり、その後有名になったランドスケープデザイナーには触れていないが、内容は現在読んでも古びてはいない。

とくに「公共」から「参加」の章は、近年、社会性が注目されているものの、十分な批評が蓄積されていないコミュニティ・デザインの動向を考えるうえで重要なレファランスになっている。個人の作家性と住民の凡庸なイメージが矛盾する当時の問題は、今なお変わらない。「生態」で扱うエコロジカルなデザインも、同じくかたちに結びつかない難しさを抱えている。また「情報」の章は、コンピュータを活用するデザインの前史として読めるだろう。

当然、建築や都市に隣接する分野ゆえに、ランドスケープへの視座は横断的な思考となり、専門外の人が読んでも様々な気づきがもたらされる。例えば、図と地の境界を消失させる試みとしてのダニエル・リベスキンド、孤立感を味わうミース建築の広場、チャールズ・ムーアによるシーランチコンドミニアムの環境設計などだ。個人的に興味深かったのは、ランドスケープが近代以降のアートや音環境にも交差していること。例えば、一見、関係なさそうな抽象画、キュビスム、アルプ、ミニマリズムの影響や類似性が語られる。他には屋外彫刻、ロバート・アーウィン、クリスト、ロバート・スミッソンなど、現代アートがランドスケープの文脈から様々に解読できることが発見だった。そして聴覚に訴える一連の事例紹介のなかで、落水の音が重要であるとしてニューヨークの有名なポケットパーク、ペイリー・パークが登場している。本書を通じて、ランドスケープが複数のジャンルを媒介するデザインなのだということがよくわかる。

執筆者が全員アメリカで学び、三名がピーター・ウォーカーの事務所で勤務した経験をもつことから、やはりアメリカのプロジェクトが多くとりあげられている。ゆえに、ローレンス・ハルプリンのノーテーションやワークショップ、イアン・マクハーグによる生態系の地理的分析、そしてウォーカーの前衛性など、名前は知っていても、建築書ではちゃんと説明されないアメリカの先駆者の業績を理解するための格好の書といえる。またそれにとどまらず、デザイナーが書いているだけに、将来のデザインへのヒントも散りばめられている。

モノグラフの領分

倉方俊輔

『村野藤吾の建築　昭和・戦前』（二〇一一）
長谷川　堯著

老成した青年は四〇年前に建築界を変え、今や若々しい老人として帰還した。長谷川堯の『村野藤吾の建築　昭和・戦前』は、そんな一書である。

推論を交えた筆致も健在だ。最初は堅実に攻め、いつしか対象に自らの歌を歌わせているような進め方に磨きをかけながら、厳密さに対する弛緩を達意の筆づかいで糊塗するような、ありがちな老年様式を逃れているから本書は感動的なのだ。

がっちりと締まった全体構成の中に、魅力的な新事実がさりげなく置かれている。その細やかさがあってこそ、時代をたすき掛けにするような考察がすとんと胸に落ちる。

全体の約三分の一の分量は、これまで詳細に論じられたことがない村野の渡辺節建築事務所時代に割かれている。ひとつひとつの作品に迫りながら、その中に見出される建築家・村野の成長を説得力をもって論じる。続く三分の一弱は、独立直後の一九三〇年になされた欧米旅行を皮切りにしてアメリカとソ連（ロシア）との関係の叙述にあてられ、最後に戦前の作品群をひとつひとつ訪ねる頃には、主題は力強く、幅広く鳴り響いている。

具体的な内容から少し離れて本書が与える感動の中心を言えば、生前の村野藤吾に寄り添い、それ以前に『日本の建築［明治大正昭和］4　議事堂への系譜』（三省堂、一九八一）等で渡辺節の師である妻木頼黄の系譜に光を当て、『神殿か獄舎か』（相模書房、一九七二）で批評としての建築史を打ち立てた長谷川堯だけでなく、ARCHITEXTのメンバーをはじめとする同世代の建築家と交流し、一九六〇年代の雌伏時代に広範なジャンルを扱った著者の経験のすべてが流れ込んでいることである。これまで文字にされていなかった着想も含め、それらが軽々とした筆致でひとつに溶け合い、まるで村野藤吾の建築のように、汲み尽くせぬ若々しさを持った〈作品〉として目の前に存在している。

しかも、この大書もまだ前半部分に過ぎない。著者は後書きで、後半部分の論点を密やかに開示している。「村野にとっての七三歳という年齢は、彼自身の戦後のひとつのエポックを終え、それに代わる、最晩年の約二〇年間にわたる何度目かの黄金期へとこれから昇っていくことを知らせる、〈前奏曲〉が奏でられ始めた時期であったのだ」と。

七三歳というのが刊行時の著者の年齢であることが意識されていないはずはない。よって大丈夫だろうが、村野藤吾の戦後を論じた続編が望まれる。それが世に現われなければ、われわれは生きても生ききれない。真っ当なモノグラフ〈作家研究〉は社会にとっても、対象にとっても、著者にとっても、決定的なものなのだから。この言葉も自分に返ってくることが意識されていないはずはない。モノグラフは恐ろしい。人間が人間について書くから。そんな回帰の場としての〈作品〉である。

（初出＝「10＋1」二〇一一年七月、LIXIL出版）

市民派と都市計画の役人の対決

五十嵐太郎

『ジェイコブズ対モーゼス――ニューヨーク都市計画をめぐる闘い』（二〇一一）

A・フリント著　渡邉泰彦訳

市民派の論客ジェイン・ジェイコブズと、都市計画の役人モーゼスの対決。

この二人の組み合わせなら、面白くないわけがないと思って、読みはじめたが、本当に期待を裏切らない内容だった。ジェイコブズは用途別に区画する近代の都市計画を痛烈に批判した名著『アメリカ大都市の死と生』（一九六一）を執筆した人物である。これは用途の混在した下町的な街の魅力を説明し、作る側から使う側の立場へ、という都市論の転回をもたらす。一方、万博の歴史を調べていたときに、ニューヨーク世界博の立役者として初めてモーゼスの名前を知った。本書は、二人のあいだに起きたマンハッタンの再開発をめぐる壮絶なバトルを通じて、両者の対照的な役割を浮かびあがらせる。

構成は以下の通り。第一章では、田舎から上京し、街をつぶさに観察するジャーナリストの仕事を始めたジェイコブズが、建築雑誌の編集部で働くようになって、モダニズムの都市計画に疑問をもつようになったこと。第二章は、政治家の道は挫折したものの、市長が何度変わっても、都市計画を実行する地位を確保し、リンカーンセンター、公園、道路、橋など、ニューヨークで多くのプロジェクトを手がけたモーゼスの半生。そして第三・四・五章は、ワシントンスクエアパークの道路計画、グリニッジ・ヴィレッジ、高速道路建設における二人の対決の記録である。ジェイコブズは市民運動に巻き込まれ、頭角をあらわし、メディアを利用しながら、モーゼスの野望を粉砕していく。終章は、七〇年代以降、彼女の手法が全米に広がり、いまや都市計画の古典になったことを紹介する。

一人の主婦が都市計画に革命を起した。改めて六〇年代の権力への異議申し立ての世相とジェイコブズが共振していたことがわかる。モーゼスの再評価も進むというが、大きなヴィジョンによる都市計画と市民の目から見る街づくりはいずれも必要だろう。現在、日本では東日本大震災を受けて、復興計画が注目されている。ここでも、やはり失われた街に対するジェイコブズ的なまなざしが求められるのではないか。

（初出＝『日本経済新聞』二〇一一年五月二二日付朝刊）

優れた通史の翻訳出版

長尾重武

『イタリア・ルネサンスの建築』（二〇一一）
C・L・フロンメル著　稲川直樹訳

「ブルネッレスキの初期作品からパッラディオの死に至るおよそ百六十年の年月は、ひとつのまとまった時代を構成し、その時代の中でラテンの出自を意識した建築家の小集団が古代の理想にしだいに肉薄していき、それを新しい生活に導き入れるようになった。啓蒙的な合理主義と確実な本能に基づいて作業しながら、かれらは中世の語彙を古典の語彙で置き替え、それと同時に古代の原型に伝統的な機能や技術上の成果、中世末期の構成原理を注入していった」。

以上の文章はクリストフ・ルイトポルト・フロンメル著『イタリア・ルネサンスの建築』の結論の書き出しであるが、本書はその具体的な過程を描きあげた力作である。優れた通史の待望されていた出版に見事に応えたものとして特筆されよう。

ルネサンスを「再生」という意味の「リナシタ」と捉えて、『いとも卓越せる画家・彫刻家・建築家の生涯』(一五五〇、一五六八)、いわゆる通称『美術家列伝』を書いたのはジョルジョ・ヴァザーリ(一五一一-七四)であった。彼は自然と古代を軸に発展段階を考えたのである。一三世紀後半のチマブエに自然主義の萌芽を、一五世紀はじめのブルネレスキやドナテッロ、マザッチオの時代に古代の復興を、一六世紀にいたってラファエロ、レオナルド、ミケランジェロらの巨匠の出現によって自然の模倣と古代の復興が完全になされたと考えた。けれども達成された美の規範は形骸化し、巨匠たちの作風、マニエラが重視されるようになり、マニエリスムへと変質していく、と考えた。ヴァザーリの考えかたはルネサンス観に大きな影響を与え続けた。初期ルネサンス、盛期ルネサンス、マニエリスムという段階論である。

フロンメルは初期ルネサンス、盛期ルネサンスというかわりに一五、一六世紀を明快に分け、しかしマニエリスムを安易に建築に適用することはしない。ミケランジェロやジュリオ・ロマーノの規範からの逸脱でさえ、「正統的なウィトルウィウス信奉者の教条主義的で常套的な態度から生まれる停滞を」乗り越えるのに有効ではあっても、古代の権威それ自体が疑問に付されることはなかったと考える。私もこれに同意する(拙論:『世界美術大全集 西洋編12 イタリア・ルネサンス2』、『世界美術大全集 西洋編15 マニエリスム』所収、小学館、一九九四、一九九六年)。

イタリア・ルネサンス建築の優れた通史は、フロンメルが序論で言うように、一九六三年出版のピーター・マレーの『イタリア・ルネサンス建築』(長尾重武訳、鹿島出版会、一九九一)に始まるが、その後、ルードヴィッヒ・ハイデンライヒとヴォルフガング・ロッツがそれぞれ一五、一六世紀を担当したペリカン美術史叢書の一巻として出された『イタリア建築1500–1600』(一九七四)が重要である。私がはじめてローマのヘルツィアーナ研究所にロッツ博士を訪ねた一九七五年、この本が話題になり、難産だったことに対して、ペンギンブック社から届いたユーモア溢れる写真を大型封筒から出して見せてくださった。そこには水しぶきを立てて、飛び立つペリカンが写っていた。

フロンメルの本書の最も著しい特色は、上記二冊とは幾分違って、むしろヴァザーリのように、徹底した建築家の「列伝」として通史を書いていることである。マレーはブルネレスキへと至る前史を書き、「パラッツォ」や「ヴィッラ」という建築類型についての別の章を立て、ハイデンライヒもロッツもおおかたは列伝体で論を進めるのであるが、建築家の章とともに都市や地域や特別な建築課題をテーマにした章を立てている。フロンメルは本書で都市や地域が章の名称になっているときでさえ、ひとりひとりの建築家の作品がテーマであって、一人の建築家の初期修行に始まり、影響関係を示しつつ、順次主要作品を分析していく。時代背景や文脈、仮説に気配りしつつも作品を読むことを通じて詳細な影響関係を描き出していく。それは時代が下がるほど複雑になる。彼は序論で断言している。とりわけ「芸術作品としての建築を直接読み取ることが試みられている」と。

最後に、イタリア・ルネサンス建築研究においてめざましい進展があったここ三、四〇年の研究成果が本書には見事に反映されているが、そうした研究史的な註がないのが惜しまれるが、今後に期待したい。

(初出=SD2011)

「国土史」という学問の誕生

『蹴裂伝説と国づくり』(二〇一一)

上田 篤、田中充子共著

中村良夫

歴史としての国土

いつのことであったろう。ずいぶん昔のことだ。ある雑誌の企画で、私と上田篤氏が結構な京都の座敷で座卓を囲んでいた。国土や都市の景観をどう考え、どうデザインするのか、いろいろ思うところのあった私へいきなり上田氏が斬りこんできた。

「中村さん。大和盆地はむかし湖だった。そこを干上げていまの沃野にするには、大和川の亀が瀬の狭窄部を掘り下げたのだと思うが、どう考えますか?」意表をつかれてしどろもどろの私は、そういえば、舒明天皇の国見歌に、大きな湖がでてきますね、とごまかすしかなかったのだが、なんと雌伏二〇年、この本こそ、その主題を掘り下げて成った執念の一書である。大胆な仮設と奔放な想像力の賜物のようにみえるこの達成も、けっして、急な思いつきではない。この本を予告するような報告書『日本人はどのように国土をつくったか』（上田・中村・樋口編著、学芸出版社、二〇〇五）の企画をともにしながら、心待ちにした成果でもある。

世界は神が創った、オランダの国土はオランダ人が創った、ということわざがある。不注意にも自然と思われている日本の国土もまた歴史的生成物ではないのか、と本書は問いかける。本書は、この大胆な着眼を検証すべく花綵列島の山河をあますところなく探訪した報告と学問的省察の成果である。読者は国土史というあたらしい学問の誕生の現場に立ち会うことになるだろう。

蹴裂《けさき》はあったのか？

温暖が長くつづいた縄文期の海進が、弥生から古墳時代にはいって退くにつれて、浸食基準面はどんどん下がる。それにつれて増してくる河川の浸食力の増大で、湖盆から水が溢れ出る狭窄部分が浸食されて下がってくれば、湖面の水位も下がってくるだろう。このような推移に乗じて、弥生時代から古墳時代にかけて水田が拡大したのであろうが、著者たちはこの自然の営為を加速した人為があったとみる。それが狭窄部の蹴裂である。

一口に蹴裂といってもその内容は多様であったにちがいない。大規模な蹴裂で盆地の湖面を一気に下げたと解すれば、そのための技術力について異論もでてくるだろう。しかし、あちこちに出来た小さな水たまりが複雑に入り組んだ「びしょびしょの湿地帯」のモザイクなら、わずかな高低差を細いながれが結び合う迷路をすこしずつ蹴裂してゆけば、さほどの困難は無かったにちがいない。ただし、いったん出水すれば、たちまち元の木阿弥だ。

ところが、上田は、かなり大規模な蹴裂の場合、堅い花崗岩を熱して破砕する火の技術があったという仮設をたてる。それはともかく、上田の仮設をたよりに、あるときは山野を跋渉し、またそのなかに散在する神社の由緒をさがし求めて、全国の蹴裂伝説の地を丹念にたずね歩いた田中充子氏の紀行文ふうの探索と思索の精華が、この本の主要な部分である。彼女の足跡は北海道から九州までじつに日本の盆地のすみずみにおよんでいる。旭川・上川盆地、山形・最上小国、群馬・沼田盆地、山梨・甲府盆地、長野・松本盆地、京都・亀岡盆地、兵庫・出石盆地、大分・由布院盆地、熊本・阿蘇カルデラ盆地……。

例えば京都近郊の亀岡盆地である。ここは底冷えのする晩秋になるとすっかり霧の海に没するので有名だが、その雲海の標高二八〇メートルあたりがかつての湖岸線であったらしい。この盆地はいまでも雨が降ると排水が悪く湛水氾濫を起こしやすい。現在、唯一のはけ口である保津峡谷が狭いからだ。ここの崖が崩れるたびに峡谷は塞がれて亀岡盆地は水浸しになる。この土砂を押し流すもっと大きな土石流をまたねばならない。しかしまた人力でこの土砂を取り除けば水面は下がるはずだ。ここに蹴裂伝説の原点がある。水害の連続と人力による蹴裂や築堤によるたたかいがこの盆地の歴史ではないか。

ともかく、湖岸線は次第に低下し、古墳時代には一〇〇―二〇〇メートル付近まで移動する。そのような旧水際線にそって点綴する多くの古墳は、低下する湿地を追って田圃を拓いていった開発豪族の墓であろう。その丹波の国にひろがる丹色の泥海には昔、大蛇が棲んでいて、洪水を抱き、濁浪天をしのいだ。苦しんでいた住民のところへ出雲からやってきたオオクニヌシが八柱の神とともに樫舟をつくって保津請田の地へいたり、峡谷を開削して盆地の水を一気におとして美田をひらいたのだ。そのときつかった鋤をあつめると山のようになったという。すなわち蹴裂を伝える鍬山神社の縁起である。

樫舟をつくったと伝わる樫舟神社のある田能の村と田圃がみわたせる神社の丘にたって、「なるほど神はここから樫舟にのられたのか」とつぶやく田中は、つづいて、保津峡のはじまる請田神社へむかう。神々はここにたどりついて蹴裂をおこなったという。

その干拓伝説は鍬山神であるオオクニヌシをたたえる祭りという記憶劇によって今日まで人々に語りつがれている。京都の祇園祭を小ぶりにしたような亀山祭だ。そこで彼女は、慶安年間に、樫舟をかたどった鉾が町を練りあるいた証拠を発見する。

こうして、地質学的な歴史から始めた田中は、神話学、考古学、民俗学の垣根を悠々とのりこえ、縦断しながら盆地というコスモスを読み解いてゆく。それは、遙かなるアマテラスの「山の水式稲作」による国土開発戦略の痕跡を丹念になぞっていく知の冒険談である。

自然災害がつくった日本文化

結局、アマテラス以降の神々たちの国づくりの基本理念は「一雨降れば乱流乱床の氾濫原を瑞穂の国に変えること」であり、この政策は延々と昭和四〇年代に米が余るという神武以来の椿事が出来するまで続いたといえる。森林を破壊し戦乱のなかで文明をひろげた西欧にたいし、日本人は水辺との格闘と妥協のなかで文明をきずいてきた。こうして水辺との抱擁と相克のなかでの国づくりこそが、共同体のありかたから感性までの日本の文化を養ったのだ。日本人の歴史がつまるところ、乱流乱床とのたたかいであるならば、そこは水害の渦巻く荒御霊《あらみたま》の降臨する聖地であり、民俗学者の勝村公が指摘する冠水地名や崩壊地名もその系列にぞくするのであろう。

そういえば、現在、段丘の上にうつされている熊野本宮の社は、明治の大洪水以前は激流に洗われる河原の中に鎮座していた。いまはそこに大鳥居だけが残されているが、凄惨な自然災害までも文化を養う糧にしてきた日本文明の懐の深さをこの本はえぐりだした、といえよう。

このようにして、湿地と人間の身体的交渉から産まれた我が国土は、自然、人工という二項対立が無効になる世界であろうし、人間と山河とののっぴきならない愛憎と畏敬の動態的関係の歴史の場にちがいない。またこのような関係史のなかに日本文化の核心があるなら、それは建築や橋などのモノの歴史から、国土という「場」の歴史へ思考の軸足を移すことをわれわれに強いるだろう。そこには、日本人の感性の歴史も刻まれているはずだ。

猪もともに吹かるる野分かな

上田が唐突につぶやいたこの芭蕉の詞章は、人間と獣の見境いをこえて流れる鮮烈な「場」の気配の結晶だ。これが風流というものだ。それは決して感傷的でやわな感覚ではなく、人間と自然が斬り結ぶ無私な恍惚感覚ではないか。

日本文明のゆくえ

このようにして湿地帯の変貌を眺めてくると、日本文明圏の拡大は湿地の消滅にちがいなく、その延長に描かれた戦後の海岸や沼地の埋立て地図は、森を拓きながら拡大した西欧文明圏と対比してもよい。

ともかく「日本人は、みずから住む土地をみずから創り育ててきた」のであり、それが縄文人からサムライまでの心と身体にやどしてきた「自力自営」の人生哲学であったことを知ってほしかった、と上田は研究と執筆の動機をかたっている。

ところが、このアマテラスの戦略を受け継いだ、「郷土とさむらいの生き方をすて、明治維新とそれにつづく近代化のなかで、欧米文明を志向するリーダーたちによって多くの日本人は土地から引き離されてしまい、……そうして浮き草のように都市へあつめられてしまった。その結果が、今日の都市と国土の姿である」。

さて、それではこれから日本人はどう生きるべきか？ 三百年前、荻生徂徠は江戸という「旅宿の境界」を彷徨う人々に警告し、帰農をすすめた。西欧人にとって都市こそ文明の精華であったが、日本人のふるさとはやはり農村なのだろうか。しかし、この矛盾のなかで、江戸時代の日本人は洗練された都市文化を育てながら、なお、山水の風雅を身近に生きる術をあみだしたのではなかったか。祖先のこの英知が未来の日本都市に可能なのか？ 警告する著者の瞼には、日本の森と都市のいたるところにいまだに生きている神社が映っている。そこに希望がある、と説く。それはしばしば蹴裂伝説も秘められた国土文化の遺伝子の保存場なのだ。

未来を透視しようとすれば、学問のありかたもまた問われるべきだ。モノの堅い殻を破って、妖しく揺らぐ場所の歴史へふみだす著者たちは、もはや有史先史の限界、諸学の境をこえて時空を旅しながら、そのはてに日本の将来をみつめている。その眼差しは学問のスタイルにかかわる新しい問いかけであり、学問のパトリオティスムのスタイルをとった若い諸君への檄文であろう。

西欧起源の学風をなぞった便宜的な知の縄張りをかなぐり捨て、わが風土の求める学問の再編をまとう。


（初出＝『環』四六巻、藤原書店、二〇一一）

意味の重層を読む

坂牛　卓

『20世紀建築の発明――建築史家と読み解かれたモダニズム』（二〇一二）

A・ヴィドラー著　今村創平訳

本書の狙い

本書は建築史家アンソニー・ヴィドラーによるモダニズム分析の書である。原題は *Histories of the Immediate Present: Inventing Architectural Modernism* であり直訳すると「建築におけるモダニズムを発明した直近の歴史」である。モダニズムの「建築」ではなく建築における「モダニズム」に重点が置かれていることに注意したい。すなわち、本書はモダニズム概念の生成過程を詳らかにすることを狙い、それは建築家のマニフェストを下敷きに、それを読解、喧伝した建築史家による意味の重層上に生成されるものとして描かれる。

そうした歴史家として著者はエミール・カウフマン、コーリン・ロウ、レイナー・バンハム、マンフレッド・タフーリを選択した。彼らが発する意味は主として、カント以来の自律性、マニエリスムと形式性、二〇世紀テクノロジー、技術と文化の分断などである。重層する意味の分析対象が四人とはやや少ないようにも見えるが、彼らの主著は三〇年代からポストモダニズム前夜までを網羅しておりモダニズム分析としてある意味の輪郭を作り得る。

モダニズムの学び方

私が大学生の頃、まさにこの四人を中心にモダニズムを学んだ記憶がある。学部前半でギーディオン、ペブスナー、バンハムなどを読み、主要な建築家を頭に入れた。ロウ、タフーリが訳出されたのは学部後半から院の時代。この頃になると彼らを生みだした過去に目が向く。それへの明快な解答を提示してくれたのはカウフマンだったがその訳本が出たのは院修了後の一九九二年のことであった。

この本は過去と断絶しているかに見えたモダニズムを視覚的には新古典主義の延長上に、哲学的にはカント以来の自律性の上に並べて見せてくれた。切れていたものを繋げてくれた。

この連続性がもっともなことかどうかは正確には分からない。しかし例えば、モダニズムとポストモダニズムにおける表層の「断絶」の裏にある「連続性」から一世紀前を類推的に理解してみた（アイゼンマンが言うようにあくまで留保付きではあるが）。

ポストヒストリー時代の他律性

著者は四人の建築史家によるモダニズムを紹介した後で、「ポストモダンもしくはポストヒストリー？」という章を設けている。そして進化論的な文化路線の上に乗ったモダニズムの終焉を進化の終焉＝歴史の終焉とみなし、それ以降を「ポストヒストリー」という概念で捉える。自律性を標榜したモダニズムは進化論的な自己生成のメカニズムを内在させていたが、ポストヒストリーの時代に入りこのメカニズムはもはや機能しにくくなってきた。ヴィドラーは機能不全からの脱出方法を具体的に示してはいないがアイゼンマンは序文でなお建築の自律性の可能性に言及している。それは興味深いことでもある。しかし時代は「自律性」の背後に隠れていた「他律性」を呼び寄せていると思われる。すなわち人や自然との協調の中で建築が生成されるということである。しかし、モダニズム批判でいつも気を付けなければいけないのは白を否定して黒を目指してしまうことである。そうした失敗を我々はすでに八〇年代に経験している。今求められているのはおそらく白でも黒でもないグレーであり、自律と他律の共存なのである。

（初出＝『建築技術』二〇一二年一〇月号）

社会の課題を解決する 選りすぐりのデザイン図鑑

岡部明子

『ソーシャルデザイン・アトラス
——社会が輝くプロジェクトとヒント』（二〇一二）
山崎 亮著

消費を煽るデザインが氾濫する今日にあって、本書では「社会の課題を解決するデザイン」五四事例が紹介されている。

アフリカでは、水の調達に難儀している。転がして水を運ぶことのできるローラー型のタンクが、二〇万人以上の人の生活をぐんと楽にした。来る日も来る日も頭の上に水を載せ、長距離歩いて運ぶ日常を変えたのだ。どんな汚れた水でも人が飲んで安全な水に変えてくれる魔法のライフストロー。これらは、二〇一〇年に開催された「世界を変えるデザイン」展にも展示されていたものだ。

学生向けのデザインスタジオが実施しているプロジェクトも多数掲載されている。ベーシック・イニシアティブは、メキシコで、太陽熱を利用した調理器を給食センターに導入している。再生可能エネルギーを電気やガスなどエネルギーインフラの整っていないところで安価に使えるようにするささやかな技術が、そこに暮らす人たちに喝采で迎えられている。気候変動を緩和するためにはメガソーラーの技術開発も大切だろう。だが、経済的に低い水準にある人たちが気候変動による被害を最も受けやすい環境で暮らさざるをえない状況を考慮すると、気候変動と貧困の問題に一石二鳥で効を奏する手づくりソーラーは、規模は小さくてもその可能性は大きい。

ブラジルのリオで、「斜面に張りつくように密集しているスラムをキャンバスに描かれた顔たち」といえば、イメージが浮かぶ人も少なくなかろう。フランス人アーティストJRの作品だ。いくつもの目の放つ力強い視線が、スラムの厳しい現実をともなって、私たちの心に容赦なく突き刺さってくる。

バングラデシュの村に地元の人たちと協働で学校をつくって、一躍世界的に注目されるようになった建築家がいる。オーストリアで建築を学んだA・ヘリンガーだ。彼女は修士設計でこの小学校を設計し、その後資金調達に奔走した。土と泥と砂と藁を水と混ぜてつくる地元の工法による土壁が主構造で、その上に竹で組んだ二階および屋根が載っている。二〇〇七年にアガ・カーン賞を受賞している。

地元の建材や工法はよそ者には新鮮でも、地域の人びとはモダンな建材でできた立派な校舎のほうを迷わず求める。だが、結果的には、みんなで力を合わせて建て、自力でいつでも修理できる建物が、地域の自信と幸せにつながっていく。

中国中山間地の黄河支流に架かる橋のプロジェクトはその最たる事例だ。橋が豪雨で損傷しても、すぐに地域住民自らの手で修復することができる。自力でなんとでもなるインフラで生活が支えられているのは、究極の安全・安心だ。生活インフラの乏しい地域でこのような取り組みの一端をひとたび体感すると、一般人の手を遠く離れた高度技術に頼って安全・安心を際限なく求めている私たちの愚かさを思い知らされる。

本書で取り上げているかなりのプロジェクトが、アジア・アフリカ・ラテンアメリカの貧しい地域に出かけて行って活動している。そこには切実な社会的ニーズがはっきりとあり、デザインでそれに応えることができれば、子どもたちの満面の笑顔に報いられ、デザイナー冥利に尽きる。

だがそれだけではない。こうして一冊にまとめられた多様な取り組みを見ると、現代においてデザインが世界に向かう必然性が浮かび上がってくる。社会の課題がグローバル化しているからだ。デザインが身近にある社会的ニーズに応えていれば、それがいずれ世界中に浸透し世界を豊かにする時代ではなくなった。経済開発が加速的に進むほど、地球規模で格差が拡大する傾向にあることが、今日抱える社会の最大の難題である。これらのプロジェクトは、ローカルに社会の課題を解決するデザインとしてすばらしいだけでなく、格差拡大というグローバルな社会の課題の一断面を鮮やかに切って見せている。その解決への道程はまだ見えないが、少なくとも、壮大な世界革命よりこうした小さな取り組みがつながることのほうが見込みがありそうだ。『スラムの惑星』（明石書店、二〇一〇）の著者M・デイヴィスが主張するように「富裕なコミュニティと豊かな国における実演事例で世界は救えまい。豊かであればあるほど、今や疑いなく、あふれるほどのエコ生活のためのデザインから選ぶことができる。しかし、何が最終目標なのか。セレブたちがゼロカーボンのライフスタイル三昧を謳歌することなのか、それとも、太陽エネルギーやトイレ、小児診療所や交通手段を貧しいコミュニティにもたらすことなのか。（Davis, M. "Who will build the Ark?," *New Left Review* n.61, 2010, 29–46より引用）」

著者の山崎亮は、コミュニティデザインのカリスマ的存在である。彼の手法をマニュアル化してみたところで、やっぱり彼なしではうまくいきそうにない。彼の活動の土壌となっているのは、本書にぎっしり詰まった選りすぐりの事例である。本書を通して彼が熱い関心を抱いた事例を知れば、コミュニティデザインの山崎哲学の真髄に一歩近づけるのではないか。

（初出＝ＳＤ2012）

〈作品生成への波立ち〉
――公表される言葉の裏側にあるもの

富永　譲

『丹下健三を語る――初期から一九七〇年代までの軌跡』（二〇一三）
槇　文彦、神谷宏治共編著

丹下健三が建築や都市について自らが語る言葉は、いつも一定の文体を持ち、整序された規矩正しいものである。当初から、社会に対してある役割を担った人間が公的に発する建築家の言葉といった風である。半世紀前、大学二年生の時、私は駒場の教室で丹下の授業を初めて受けた。建築学科を選んだのも、完成したばかりの代々木の競技場の、中央のプロムナードを挟んで対峙しているふたつの建築群の巨大な佇まいが、〈見知らぬもの〉として、チャラチャラした渋谷の町に現れたこと、それが地鳴りを響かせるように、「建築」というものの場所の力を示していたからであった。不気味さも秘めたその凛とした美しさは、人間の業とは思えず背筋が寒くなるような衝撃を受けた。驚くことに端々の細部の造形に至るまで、一貫した精神が脈打っていて美しいのである。しかし、期待した授業は、意外なものだった。教壇に立つ小柄な建築家は、ボソボソと小声で、ロストウの「経済発展の諸段階」を挙げ、当時の日本が高度大衆消費時代に入ったこと、これから莫大な公共投資が行われることを予測するのである。代々木の底知れぬエネルギーを秘めた建築と、目の前の笑顔を絶やさぬ、静かに語る建築家、その極端な対照は、以来人間の不思議さ、〈人間の謎〉として残った。

生誕一〇〇年を記念して、二〇一三年の建築界は、展覧会、学会、シンポジウム、出版など、丹下健三論が各所で湧き上がっている。いわば根っからの建築的な才能に恵まれていた稀有な日本人であるに違いなく、研究が進むことは当然である。

この『丹下健三を語る』という書物は、直接の教えを受けた方々の座談と対話によるものであり、公表された言葉とは別の創作への底知れぬエネルギーの内容を窺わせるものだ。じつに興味深い。

作品は知恵をめぐらし、多くの人びとを駆り立て、試行錯誤を繰り返し、汗や労働の騒音のなかから、立ち上がってきているのだ。或る建築に生きた精神が宿るということはいったいどんなことなのか。長い設計の過程や建設の過程で投入されてゆく人間的な思考の量なのではないか。建築はさまざまな次元で、〈世界〉という、この未知なるものと渡り合って生成される。大地や人間社会や人間そのものと。そして、よく言われる、強や用や美といった、建築のさまざまな側面と。建築はいつもその生成の過程で、存在することの困難さと当面し、問題が山積し、格闘することになる。生成を助ける人間的な思考の量が必要なのだ。

この書物に引き込まれ、一気に読んでしまうのはその作品の生成を助けた当事者の発言があり、それが交流し、反射し、単なる担当者の回顧談を超えて、偶然や発見を飲み込んで、困難を解決し、生成してゆく、ダイナミックな過程が浮かび上がってくるからだ。それこそが建築の実の肉体であり、物に深さをもたらすものにちがいない。座談は偶発的であるがバラバラな思考の寄せ集めではなく、もちろん丹下という精神の指揮棒のもとに、困難なハードルを一つひとつ乗り越えてゆく作品生成の過程が語り出されているのだ。代々木の端々に行き渡った神のごとき細部の造形の見事さ、多彩さも、信じられないような人間の労働の騒音のなかから結晶したことが了解される。

二一世紀の私たちを取り巻き始めたのはディテールに至るまで整合した、ある意味でよくできた建築である。それ自身美しくもあり、欠点も少なく、堅牢でもあり、それが短期間につくり上げられてゆく。しかし、この座談の記述から多くのことを学ぶべきだろう。そこに建築を生み出す精神は宿るのかと。

生誕一〇〇年を期して、格調高く、しかしどこかで本音を押し殺してしまっているような外側に向けての公的な発言ともいえる丹下の建築家の言葉を、背後で裏付けていた人間としての泡立ち、生成活動への波立ち、その実質がさまざまなかたちで浮かび上がってきた。

初めて教えを受けた時に感じた、半世紀前の〈人間の謎〉もこれから次第に溶け出してゆくのだろう。

（初出＝ＳＤ2013）

コペンハーゲニゼーション?

貝島桃代

『人間の街――公共空間のデザイン』(二〇一四)
J・ゲール著　北原理雄訳

ブルガリア王国、プロヴディフにおける国際会議での、本書ブルガリア語版の記念講演。ユニークな映像のパワーポイントを冗談まじりに情熱的に、テンポ良く紹介していくヤン・ゲールの姿はとても八〇歳には見えない。講演でも語られたように、『人間の街――公共空間のデザイン』は二〇一〇年のデンマーク語での出版以来、すでに多くの国で翻訳されている。講演の後、ゲールは高々と積まれた本の山から購入者に一冊ずつとってサインし、会話を交わし、握手をする。それは他の都市の講演でも行われていることが想像されるように自然で、熱狂した聴衆と、彼のひとびとを鼓舞するような様子が、まさに活動家や政治家を思わせた。

サブタイトルにデザインという言葉がつけられているが、本書はいわゆるデザインの手法をしめす実践書ではない。多くの都市での事例写真と象徴的なデータが示されるものの、多くは現代都市や社会が抱える問題がキーワードとともに提起されるだけである。そのため読後、読者は明確な方法がみえてくるというよりは、問題を目の前にする不安や焦燥感を掻き立てられる。

こうした書物としての働きは、ポストモダンに書かれた都市計画の本と大きく違う所である。例えばB・ルドフスキーは『人間のための街路』でアメリカとイタリア等の都市を比較し、良質な都市空間を賛美し、文学的に記録し、C・アレグザンダーは『パタン・ランゲージ』で良質な空間を収集し、辞書化した。これらは近代が忘れていた空間の質をオルタナティブとして提示することが目的であり、残されたいきいきとした空間に建築家や都市計画家の関心を振り向ける事が目的だった。

これに対し、このゲールは、ポストモダンの時代に残っていた良質な空間は破壊され、ジェネリックな空間が量産されていくグローバリゼーションの時代に、単に専門家に手法を提示するのは諸刃の剣であると考えたに違いない。そこから、彼はもっと幅広い読者を想定し、専門用語をあまり使わず、近代都市空間を突き動かしたライフスタイルの源である「自動車」の悪を指摘し、それに変わる適度なスピードと、健康をもたらす「自転車」というライフスタイルを提示、それを支えるさまざまな政策を有機的に行い、変化を遂げたコペンハーゲンの都市再生を、机上の空論ではない、実例として示した。

「君もコペンハーゲンのようになれるか?」こうしたゲールの行動力と説得力、情熱が不安な人々の心に灯をともす。彼の造語として知られる「copenhagenization」は手法ではなく、他の都市にも、行動としての変革を呼びかけているのである。本書は多くの実践を写真とともに学べるとともに、ゲールのそうした活動家としての戦略をみることができる。

アントニン・レーモンド建築詳細図譜!

塚本由晴

『アントニン・レーモンド建築詳細図譜[復刻版]』
(二〇一四、初版=国際建築協会、一九三八)
A・レーモンド著

素人にも専門家にも、今日の建築が個性の表現を望むのではなく、新たな混乱した形を望むのでもなく、また単にデザイナーの華々しさでもないということを、常に繰り返してのべる必要がある。現代のデザイナーの仕事が、主としてその方向への努力であるとすると、その作品は捨てられた流行の堆積に、ただつけ加えられることになろう。

あらゆる大建築が教える第一の原則は、当初から人間が基本要素として知っている、地方条件を考えることであり、この地方条件に指示される、最も論理的形態をもつ建物を認めることである。つまり花も動物も、異なった気候に反応するのである。

先の文章は、第二次世界大戦直前の一九三八年に出版された本書の前書きから抜粋したものである。どこかに東日本大震災以降の建築家の言葉に通じるところがないだろうか。七五年前に、すでにこのような認識に基づいて、建築設計の実践に向き合う建築家がいた。その人の名は、アントニン・レーモンドとノエミ・レーモンド。そのレーモンドの事務所が編纂した建築詳細図譜が鹿島出版会から復刻された。

私がこの本の存在を知ったのは二〇〇〇年の頃だ。東工大で建築史を教えられている藤岡洋保先生の研究室で見せていただいた。レーモンドの建築は前から色々と参考にしていたのと、その本の編集がいわゆる建築家の作品集とは異なることに興味を持ったので、さっそく古書店やアマゾンで探してみた。しかし手に入らなかった。その後、二〇〇七年にUCLAでマーク・リーと共同で住宅を設計するスタジオを教えたとき、議論のなかで何度かレーモンドの名前が浮上した。そのことを覚えていたマークが、ロサンゼルスの古書店でこの本を見つけ、二〇一〇年に土産として東京に持ってきてくれた。それは第三刷で、印刷造本は日本、出版元はThe Architectural Forum、ニューヨークのロックフェラーセンターが住所である。これと今回復刻されたものを比べると、白黒の写真が少し粗い印象を持つものの、厚めの寒冷紗張りのような表紙、扉から目次までの数ページに使われている和紙、リング綴じ製本など、オリジナルに備わっている独特の手触りを忠実に伝えるものになっている。そこには、レーモンドの木造住宅の室内のような感触がある。

この本にはレーモンドの作品だけが掲載されているという意味ではモノグラフと言えなくもないが、内容は作品を単位とせず、建築部位や家具ごとを単位としている。まるで公共建築の標準詳細図のような編集である。

内容を見てみよう。最初は年間を通した東京での太陽の位置と、東京、大阪の気温、風速、降雨量、湿度を示したグラフのページと、子供が遊ぶ姿を捉えた春夏秋冬の写真のページの見開きである。その次は、片側に壁のカット写真、もう片側に壁の詳細図が配置された見開き。写真にはキャプションはなく、図面に添えられたキャプションにも作品名はない。あるのは、「木造軸組住居の壁の典型」「コンクリート住居」「特別な断熱が求められる倉」「教会のためのプレファブコンクリートとガラス壁」「工場の壁の斜軸測投象」「夏の別荘小屋」「木軸都市住居」「乾式工法住居」「真空ガラスブロック壁」といった、用途と構法を掛け合わせた分類的なキャプションと材料名だけである。寸法は入れず、スケールバーが各ページの下の方に描かれている。同様のフォーマットが床、屋根、天井、コンクリート造の笠木、木造乾式工法住居の典型的な断面と続く。レーモンドの木造作品には半割にした杉丸太などを用いた、シザーストラスという特徴的な架構形式があるのだが、この断面は和小屋を採用したものである。しかしよく見ると、床下の地面が庭よりも掘り込まれていて、一階床が庭に極めて近い低い位置に設定されている。さらにページを繰ると、この部分の木製建具の詳細が現れる。鴨居を大きく外側に張り出し、柱間装置であった引き違い戸を、外周の柱の線から解放するレーモンド特有のおさまりである。柱芯から外側に六〇センチ近く張り出している鴨居は、上部から鉄製のスティフナーによって補強されている。敷居の高さは庭からわずか二〇センチしかない。この奥行きの中に、網戸、二本引きのガラス戸、二本引きの障子が納められている。これは、ル・コルビュジエが掲げた近代建築の五原則のうち水平連窓と自由な立面に呼応しているとも読めるし、日本建築の縁側の閾としての性格を開口部の抱きの中に縮約しているとも読めるものである。靴を履いたまま庭と室内を行き来できる西洋の暮らしに定着された、内と外の空間の関係を、靴を脱ぐ日本の暮らしの中に統合しようとする詳細である。日本の木造住宅の要素を近代的、西洋的な原則を通して変形することによって生まれた、室内と庭の新たな関係である。

スチールサッシ、上げ下げ窓、オーニングなど、目新しい建具の詳細が続いた後、急に暖炉が登場する。これを機に一気に西洋的でモダンな室内、リビングルーム、ダイニングルームの詳細がかなりのページ数を割いて紹介される。この二室の詳細は平面と展開図が中心で、作り付け家具、暖炉、開口の関係をよく理解できるように配慮されている。とくに作り付け家具は、細部が多いこともあって数多く紹介されているが、これは考えてみれば日本建築では、ほとんど発達していない要素である。この部分と、最後の数ページを占める家具について紹介する部分は、読者に西洋近代の暮らし方を伝える意図を強く読み取ることができる。その後は、螺旋階段、風呂場、ゲストルーム、門扉、家具と続く。風呂場の天井板の重ね代のところに隙間をあけ、湯気をその内側に入れて排気するおさまりには、レーモンドの自然な要素のふるまいへの感覚が現れている。そして本は唐突に終わる。あとがきも無しに。

本書の構成は、二〇一四年のヴェニス・ビエンナーレで、ディレクターのレム・コールハースが企画した、Elements of Architecture（建築の要素）に通じるところがある。ヴェニスでは、床、壁、天井、屋根、窓、扉、廊下、階段、斜路、エスカレーター、エレヴェーター、暖炉、トイレ、バルコニー、ファサードの一五の要素ごとに、その歴史的展開が展示されていた。これにより建築家のビエンナーレではなく、建築のビエンナーレに戻そうとしたとコールハースは述べている。建築デザインの主体性は建築家にあるとする認識ではなく、建築デザインの主体は事物の関係性にあるとする認識である。その場合、建築家という統合的主体を必要とする作品単位ではなく、世界の多様な事物にひも付けられている建築部位に焦点が与えられることになる。その意図は、最初の引用文からも明らかであろう。

リビングルームやダイニングルーム、螺旋階段の紹介など、西洋近代の生活様式を伝える部分は、今となっては、さほど有効とは言えない。これに対して、庭と室内の関係をより近くする建具の改良などに典型的に現れているような、当時の条件や認識に合わせた日本の木造建築の再解釈、変形は、今も新鮮である。レーモンドの場合、そうした変形には、冒頭の引用文にも現れる「地方条件」との対応を通した日本建築の理解、あるいはその逆に日本建築を通した「地方条件」の理解、そしてもちろん当時の世界的な近代建築運動に対する理解が重なり合っている。それだけに、独特の複雑性や、奥行きのある建築の表現となっている。世界中を建築家が駆け回り、それぞれの地域において建築することが珍しくなくなった現代において、こうしたレーモンドの人類学的視点に裏付けられた方法は大いに参考になる。最後にまた、レーモンドの言葉を引こう。

私たちは、日本人から物質の自然な本質と外面の価値を学んだ。人工の仕上げを避け、非難すべき模倣を避けた。材料を選択する時、その実際的な価値ばかりでなく、自然の色や肌ざわりも考え、存続する様式として、真の調和をその方法で創造している。

（初出＝ＳＤ2014）

設計と偶発が紙面にむすぶ再帰的な雑多性

大澤 聡

『レム・コールハースは何を変えたのか』（二〇一四）
五十嵐太郎、南 泰裕編著

素養も必要もほとんどないのに建築関係の本をつい買ってしまう。それは造本やデザインがかっこいいからという身も蓋もない即物的な理由によるのだけれど、じっさい固有名性を獲得した建築家たちは書物というメディアを最大限に活用することで自分の思考なり作品なりを擬似的に伝播させてきた。その場合、書物もすくなからず建築的な設計を施された構造体にきっちり仕上げられるものだから、プロダクトとしての位相に僕が魅かれてしまうのも自然のなりゆきなのかもしれない。書物は建築によく似ている。

……などと書きはじめればこのエッセイもスムーズに進行するはずなのだけれど、そう簡単にはいかない。機能主義的な設計の美学を意図的に攪拌するような猥雑性を存分に備えた書物にも同時に僕は魅かれるからだ。それを都市的といってみてもいいかもしれない。

たとえば——というか、何をさておいても、レム・コールハースを一躍有名にした *S, M, L, XL*（一九九五）がそうだろう。百科事典のような圧倒的なヴォリューム（厚さ七センチ超、一三〇〇頁超）を誇るその造本は、手に取るものにマテリアルとしての書物を強烈に意識させずにはおかないし、本文中のキータームの一つである「大きいこと《ビッグネス》」を愚直に体現してもいるのだから、幾重にも批評的である。写真やドローイング、論考やエッセイや日記、はては漫画や俳句など多種多彩な大量のコンテンツ群が融通無碍にレイアウトされ、直示的なタイトルどおり内容も形式も不問でただただ「スケール」順（小→大）に配列されていく。機能でも形態でもない。サイズだ。だからこそ、偶発的な隣接性による交配がうまれる。そうやって編成されたページネーションがそのつどの自生的秩序を確保する。まさにグローバリゼーションがどこまでも昂進していくあの時代の都市そのものだ。

……なんて書いてみても、やっぱりコールハースの編集メソッドをのべたにすぎないのはわかっている。けれど、じつはコールハースについてのガイドブックかつ評論集である他ならぬ本書がそれと呼応した構造に半身を支えられているのだ。つまり、評論集とはいうものの、論考だけではなくて、アンケートや用語辞典、著作解題、言説選、リサーチデータ集など種々のコンテンツ・カテゴリで組織される。さらに、それぞれ異なるリズムを抱えた複数のパラメータ（①用紙、②段組、③註用のグリッド、④フォント）を操作的に掛けあわせることによって無数の紙面フォーマットがアルゴリズミックに生成する。いわば、緻密な設計と偶発的な融合とが可能にする再帰的な雑多性。対象を批評するに、批評的な実践をもってする。

ちょっと個人的なことを記しておけば、以前目にして深く印象に残った展覧会図録と本書とが同一のデザイナーの手によるものだとあとで知ったことがきっかけとなって、僕はデビュー作『批評メディア論』の装幀を中野豪雄さんに頼んだのだった。こちらは設計ぬきの邂逅。

繊細な複合体に生きるメンタリティ

樋口貴彦

『石造りのように柔軟な——北イタリア山村地帯の建築技術と生活の戦略』（二〇一五）

A・ボッコ、G・カヴァリア共著　多木陽介編訳

評者はスイス政府の奨学金を得てイタリア語圏の大学に留学していた二〇〇四年から二〇〇五年にかけて、スイス側のロカルノとイタリア側のドモドッソラの間の山地にたびたび脚を運び、石造りの家屋の調査を行っていた際に、石積みの壁のある石敷きの旧道をしばしば通った。薄暗い森のなかの道を好き好んで歩いたわけではない。家屋の測量や聞取り調査が数少ないバスの通過時刻までに終わらない場合に、やむを得ず通ることになった。その道は、車道のように大きく迂回することなく、集落同士を最短距離でつなぎ、効率よく斜面を移動するために山地のわずかな地形の起伏や斜面の方角、地質と呼応しており、また大きな岩の下には、悪天候時に身を寄せることができる室が設け

られ、沢や滝をまたぐ危険な場所には地元の聖人を祀る祭壇が置かれていた。GIS（Geographic Information System）に現れないそうした森の道を通ることは、心安らかざることではあったが、堆積物の下にひっそりと埋もれかかりながら、ランドスケープに呼応した人々の知恵やそこに費やされたエネルギーの集積を感じると、自然と不安な気持ちは和らいだ。自動車が生まれるはるか以前のインフラに救われて、夕暮れどきに山里の村までたどり着いたことが何度あっただろうか。

本書は、その焦点を山地に向けている。それはなぜか？私たちにとって山地とはいかなる場所か？　もしくはいかなる場所であったか？　都市に生きる人々にとって山地は自然の魅力にあふれたレクリエーションの場であり、自分たちの文化のルーツを探るノスタルジーに浸るための場所であるのかもしれない。二〇世紀を通じて山地が、都市に資源や人々を供給する場であり続け、一方で都市の進んだ文化や牧歌的な農村のイメージを享受し続けてきたことは、世界に共通する現象だったろう。現在では人口減少に悩み、生産性の低い場所として観光に頼りがちなのも山地の傾向である。しかし著者が着目するのは、山地の際立って明確な自然条件のなかで蓄積されてきた、人々の活動の論理性や、偶然ではない非常に繊細な多要素の複合体としての集落の姿である。山地が限られた地域の資源を有効に活用して持続性を維持してきた偉大な経験の舞台である点に着目し、未来のための実験ラボとしてとらえようとしている。本書は、焦点を山地に向けながら、山地についての本ではない。サスティナビリティを考慮した発展モデルについての議論に具体性を与える場として山地を題材にしているのだ。本書の視程は、著者の言葉を借りるならば「過去の建築物のなかにわれわれが見出せる調和を構成していたところの、それぞれの土地における物質やエネルギーの流れとの関係を取り戻す」（一六頁）ことにあり、そのために伝統的なアルプス文化のレパートリーをさまざまな断片から解読し、その原則をアカデミックな形式を避けてわかりやすくすくい上げようとするところにある。

本書が取り上げてきた山地とは、イタリア・ピエモンテ州のフランスの国境から、スイス南部ティチーノ州の西部に至る、石造りの集落群で知られたアルプスの南麓の一帯である。この地域では、フランス語に近いイタリア語の方言が使われているほか、校倉造りの家屋で知られるドイツ語アレマン系の言語を用いる地域もあり、言語同様に急峻な谷筋に木と石の建築文化が入り乱れる状況が見られる。その屋根架構の特徴については、『東ヨーロッパの木造建築』（相模書房、一九八八）で太田邦夫氏が解説しているが、標高にもとづく自然環境と人々の営みが集落や家屋に如実に現れ、急峻な地形に立地する集落や家屋の、周辺の環境に応じて刻々と変化する姿が見られる一帯といえる。稲作を中心とした農業が営まれる日本の山地の集落と大きく異なるのは、この一帯では酪農が営まれ、谷の下から尾根や峯に至るまで、土地が垂直方向に利用されているという点である。集落には酪農のスケジュールに合わせて特徴があり、本拠地としてとくに冬季を過ごす里の村、夏季を過ごす季節性の山の村、さらに真夏に家畜を放牧させるアルプが標高に応じて設けられている。これらの立地は一〇〇〇メートル以上の標高差にまたがることもあり、周辺の植生に応じて石や木の用い方も異なってくる。一方でそれらの集落に共通する点は、徹底してその地の資源と立地を活かして成り立っているということである。

谷がちな地形のなかでできる限り有利に日照を得られる集落の立地、平地を耕地や牧地に費やすために最小限にとどめられた家屋の敷地、傾斜した地形の勾配と地熱を利用した家屋の間取り、周辺の土地で手に入れた屋根材や架構。著者の言葉のとおり「偶然に任されたものはなにひとつない」。じつはそうした土地と建築文化のつながりは、現在評者が関わっている日本の山地においても同様に見られるものだ。しかし私たちは戦後、土地と関わるそうした知見に対して注意を払ってこなかった。本書はそうした建築文化を遠い過去の遺物としてとらえるのではなく、個々人の人生の長さを超えた視野から、未来の自然環境と人間の暮らしのあり方への問いかけとして、テーマを立てている。一冊を通じて投げかけるのは、そのような視点に立って山地の建築文化に接するメンタリティの持ち方である。

（初出＝ＳＤ2015）

京都モダニティの空間学へ

加藤政洋

『京都と近代——せめぎ合う都市空間の歴史』
(二〇一五)
中川 理著

「空間とは政治なのだ!」——一九六〇年代の都市社会問題を目の当たりにしたフランスの哲学者アンリ・ルフェーブルが、都市計画を批判的に検討するなかで叫んだ言葉である［＊1］。それから一〇年後、同じくミシェル・フーコーは、建築と都市計画を基線とする三角測量(言説分析)によって、知と権力と並ぶもうひとつの頂点、すなわち空間を定位したのだった［＊2］。

爾来、空間をめぐって構制される問題視角は、人文科学や社会理論にとどまらず、美学や建築学などにも浸潤して大きなうねりとなり、後に「空間論的転回」と称される思潮を生み出す。一九九〇年代初頭に歴史学者の成田龍一が、日本の近代都市史研究を「都市を支えるもの」と「生きられた空間」(これもルフェーブルのキーワードだ)という二つの問題領域から構制されていることを捉えて、この分野が新たな段階に入ったことを宣言したことは［＊3］、如上の文脈で理解することもできるだろう。

本書『京都と近代』は、こうした空間論的転回以後の日本の都市史研究における、ひとつの金字塔である。都として千年以上の歴史を有する京都が、程度の差こそあれグローバルなモダニティをどのように受容していくのか。著者は、モダン京都の象徴的な場となる岡崎、道路拡築と橋梁のデザイン選定、税負担の格差と資本の空間的回避による近郊の市街地化、そして環状道路の新設を基軸に据えた土地区画整理事業など、いずれも具体的な空間/景観の生産に関する子細な分析を通じて、そのプロセスをあざやかに解明してみせた。

この点で、各章を厚みのある空間誌として読むこともできるだろう。だが、モダニティの空間を生産する制度的な基盤が、旧来の名望家を中心とした「予選体制」から、専門知識を修得したテクノクラートの台頭にともなう「専門官僚制」へと移行する、まさにその経緯を各々の事業をめぐる利害対立や理念の相違から跡付けているという点で、都市の空間史としても成功していることは言を俟たない。

この移行期において、京都にふさわしい（と考えられた）モダニティを追求する制度的な実践は、実にさまざまな矛盾や軋轢を惹起した。たとえば、それは官民のみならず、政治と行政、あるいは建築の意匠や街景の未来像をめぐる理念の対立であり、副題の「せめぎ合う都市空間の歴史」は、「都市の空間／景観をめぐってせめぎ合う〈主体／理念／イデオロギー……〉の歴史」と言い換えることもできる。町＝共同体に根ざした住民の空間的想像力が、都市の全域へと開かれてゆく、いわば近代的な「空間の経験」にまつわる指摘もたいへんに興味深いのだが、本書の白眉は、ときに住民が直接／間接に行使する「空間への権利」をも視野に入れつつ、空間とその表象をめぐってせめぎ合う政治力学を読み解いた点にある。

＊1　アンリ・ルフェーブル『空間と政治』今井成美訳、晶文社、一九七五年［一九七二年原書刊行］。

＊2　ミシェル・フーコー「空間・知そして権力」『ミシェル・フーコー思考集成Ⅸ』八束はじめ他訳、筑摩書房、二〇〇一年。

＊3　成田龍一「近代日本都市史研究のセカンド・ステージ」『近代都市空間の文化経験』岩波書店、二〇〇三年。

百冊

SD 都市住宅

SDと『都市住宅』のはじまり

平良敬一

SD創刊のころ

鹿島建設が出版会社をつくる、ついてはそれに参加しないか、という話がきた。それは条件次第、ということで鹿島昭一氏に会う。新しい雑誌の構想がある、それをやらせてもらえるなら、という条件を受け入れてもらって入社することになる。当座は、書籍の企画をやりながら、雑誌創刊のチャンスを待つ。

『近代建築』から中村敏男と山口尊敏、『建築』から長谷川愛子、凸版印刷のデザインセンターから平昌司と人材を集めて準備体制をつくる。

編集顧問に、内田祥哉、鹿島昭一、椎名政夫、杉浦康平、高階秀爾、高瀬隼彦、田辺員人、早川正夫、穂積信夫、松本哲夫、山本学治のおれきれきを据えた。

『SD』でやろうとしたことは、都市・建築・芸術を都市文化という総体性のなかに位置づけて、そのあいだの相互作用関係をも探ろうというものであった。六〇年代の日本の急激な都市化という状況のなかで、デザイン・建築・芸術の課題をどう設定し、どういう方向づけでそれに対処していくのか、それを主題にしていこうとの腹づもりでぼくはスタートしたのだが、問題は随分と錯綜しており、思いの半分もついに果たしえなかったと反省することが多い。しかし、建築を都市文化という文脈のなかで観るという視点は、誌面の構成を通じて幾分なりとも表現しえたと思っていますが……。

『SD』の仕事を続けるなかで、都市の文化としての住まいを扱う雑誌の必要性を痛感するに至り、『都市住宅』という名の雑誌創刊を会社にて提案し、内定のうえで、『建築』から植田実を編集長として迎え入れます。

『SD』の創刊は一九六五年の一月。前年アメリカの全面的なベトナム軍事介入がはじまり、年を越えると北ベトナム爆撃がはじまる。一九六六年には中国でプロレタリア文化大革命、一九六七年にはワシントンで十万人のベトナム反戦集会、一九六八年には東大医学部の学生処分に端を発した青医連の闘争から東大闘争がひろがりを見せ、パリでは学生闘争が激化、いわゆる五月革命となる。世界は大激動の季節を迎える。

この頃、ぼくの愛読書は、H・ルフェーブルの著書だった。『都市への権利』、『序説日常生活批判』I・II、『都市革命』、『空間と政治』等々、次々に訳出された書物を読み耽ったものだ。『新建築』の時代には『美学入門』（多田道太郎訳）を読んだ。一九三〇年頃にマルクス主義に接近するが、一九五八年に修正主義者としてフランス共産党を除名されている。ぼくはかれの著書から、マルクスによって批判されたプルードン、及びプルードン主義、その社会主義思想を学んだが、まだプルードン自身の著書を読んでいない。社会主義について考える場合、プルードン主義の検討をはずしてはまずいようだ。

H・ルフェーブルから学んだことのうちで、最も貴重なことは、都市は交換価値（商品）に属するものではなく、使用価値に属するもので、作品、芸術作品であり、都市社会は作品とならなければならない、という主張であり、ぼくとしてはそれに、作品となるためには人間の技術的知の働きを保存、活性化の方途を選択しなければならないのではないかと補足したい。現代のテクノロジーは、科学主義であり、科学至上主義は人間の技能知という身体性の働きを軽視するきらいがある。

六〇年代末、大学闘争や七〇年安保闘争に呼応するかたちで、AF（建築戦線）というささやかな運動に加わったのも、ぼくとしてはルフェーブルいうところの都市革命の参加意識があったからである。

（初出＝『建築思潮』一九九二年二月号）

総合芸術誌の夢

高階秀爾

SD創刊のころ

SD創刊のころ、毎月のように開かれていた編集会議は、不思議な熱気に包まれていた。今から三六年前のことだから、当然われわれはみな若かった。小学校以来の私の先輩である鹿島昭一氏をはじめ、参加していたのはみな三〇代であったろう。だがその熱気は、若さのためだけではなかった。従来にない新しい雑誌をつくろうという意欲が、会議全体の雰囲気をきわめてヴォルテージの高いものにしていたと言ってよい。

私にとっては、「SD」という雑誌名がはなはだ魅力的であった。それは「空間のデザイン」であり、「空間とデザイン」という意味にも受け取れたが、いずれにしても、どちらも新鮮な響きをもった言葉として私を惹きつけた。美術史を専攻していた私は、日本の大学で美術史は文学部に属し、建築史は工学部で教えるという制度の不都合さを、フランスに留学してただちに思い知らされた。美術の講義は、まず建築の歴史から始まるのがつねだったからである。そして、絵画や彫刻と建築をひとつにつなぐものこそ「空間」であり「デザイン」という概念であった。この場合、「デザイン」の意味するところは、通常日本でグラフィック・デザインとか工業デザインと言うときよりも、もっと広く深い。

もともと「デザイン」という言葉は、イタリア語の「ディゼーニョ（disegno）」に由来する。したがって「ディゼーニョ」は今でも「デザイン」と同義だが、それだけではない。英語に取り入れられて「デザイン」となったこの言葉は、フランス語にも入りこんで「デッサン」となった。「素描」の意味である。つまり、かたちを生み出す構想力と、かたちを描きだす表現力をともに兼ね備えたものが「ディゼーニョ」にほかならない。『芸術家列伝』の著者で理論家でもあったイタリアのヴァザーリは、絵画、彫刻、建築をひとまとめにして、「ディゼーニョの芸術」と呼んでいる。

一方「スペース」も、日本語の「間」がそうであるように、「拡がり」として捉えれば、当然「時間」もそれに含まれるから、音楽や演劇も視野にはいってくる。SDは当然建築を中心としながら、都市論や景観論の方にも広がっていけば、他方ジャンルを越えて他の芸術にも目配りを忘れない幅の広い雑誌にしたいと、私は思っていた。事実創刊当初には、展覧会評や演劇論なども掲載されていた。

もちろん、あまりに多くを望むといずれも中途半端になる恐れがある。SDがつねに新鮮な視点を保ちながら、次第に建築に特化していったのは自然の成り行きであっただろう。しかし三六年前のあの多面的な総合芸術雑誌への思いは、今もなお見果てぬ夢として私のなかに残っている。

(初出=SD0012「SDグラフィティ　36年の想い出」)

IDとSD

SD創刊のころ

松本哲夫

創刊一年前の一九六四年春、関口台の鹿島邸に、のちにSD編集顧問になる人々が集った。

創刊時の編集スタッフとなる平良敬一さんや長谷川愛子さんに声をかけられたのは『建築』誌でID(インダストリアルデザイン)のコラムを持って以来のおつき合いがあったからか、私もそのひとりであった。この年、剣持デザイン研究所は一一月一日オープンの京王百貨店で大忙しの年、東京オリンピックの年でもあった。

会合では、新雑誌の性格づけが議論されたように思う。たとえば、総合誌の『世界』『展望』『中公』のように依って立つ場を明確にするといったようなことを話しあったおぼえがある。SD(スペースデザイン)という名称は、芸術と空間の総合という思潮が底にあると考え、都市、建築、デザインおよびその他の諸芸術の領域での空間概念やイメージの共通、類似、連続、等々の性格を確認しつつ、われわれにとっての空間像を探ることを目的としたように思う。それは集合した編集顧問の顔触れを見れば一目瞭然である。

創刊からSDコラムが存在するのも、ID、クラフト、インテリア、美術、演劇、音楽、建築、都市計画、等々の専門家に開いた窓口により多くの執筆者の意見を集めて、新しい空間像を探る手段であった。私がおもしろかったのは、執筆前にその号のコラム担当メンバーが集って、何を問題に書くかを開陳して、話しあいながら自分の考えをまとめることができたことで、貴重な経験であった。六五年六月号で、新幹線の椅子について、人間工学の成果の適用を記述した結果、小原二郎教授（当時千葉大学）との長いつき合いがはじまったこと、そして国鉄、JRと車両デザインに関係するきっかけにもなった事実も忘れられないことである。

一九七一年六月、剣持勇が自ら命を絶ち、その年の二月号に、剣持の特集をしていただいたとき、宮内嘉久さんが文章中に「時務に殉じた剣持勇」と書いてくださって、彼の死に納得がいったのもSDのおかげと言ってよい。

コラムからSDクローズアップとなったがこれを執筆することで、物の見方を変化させたり、周知のものと思っていた事柄に新しい発見があったり、私自身のデザイナーとしての眼が養われていったと考える。

六〇年代なかばからスタートして、日本経済の盛衰と、モダニズムの陰りからポストモダニズムの一瞬の光芒、そして永くつづく混沌の時代を駆け抜け、二〇世紀末に三六年の幕を下ろすのは残念ではあるが、幕間の短からんことを願うのみである。

（初出＝SD0012「SDグラフィティ　36年の想い出」）

これから建築は人のこころを熱くすることができるのか

穂積信夫

SD創刊のころ

一九六四年、オリンピック東京大会開催のため、羽田空港は拡張、首都高速道路など完成、新幹線の開通と人の移動が早くなったが、そうだからといって気楽に建物を見て歩くことのできるような時代ではなかった。そのころ、鹿島出版会ではＳＤの企画について議論がかわされていた。建築の月刊誌だからすぐ思いつくのは読者にかわって最新の作品を追うニュース情報誌である。だが、そうはならなかった。

人は建築のどこに惹かれるのか。魅力の源はよくわからないまま、その周辺を手探りで進むことになった。取材の範囲が広がりすぎて、平良敬一編集長や長谷川愛子さんを中心とする創刊当時の編集陣は、自らまいた種とはいえ、それからずっと苦労することになる。

だんだんわかってきたことは、魅力のかなたに見え隠れする、美と気品に手品の種があるらしいということであった。この手品の種あかしとしてときどき外国の情報ものるが、必ずしも新しいものばかりでなく、途方もなく古いものや、なにげない街のたたずまいであったりする。

本の体裁が話題になったこともある。杉浦康平さんがポケットにはいる大きさがいいといいだしたのである。通勤や旅行のお供に良い。おまけに、本をはさんでふたりで読むようにしようという。さしずめ炬燵に差し向かいの情景である。これが実現していたら三六年もったかどうか。だがこの提案のショックでいろいろな発想が柔軟になったようである。

建築の魅力を伝える手だてはいろいろあり、当時は力まずとも人々は建築に引き寄せられてきた。今はどうであろうか。一八歳の人が三分の二に減っただけでなく、若者がＩＴやナノテクノロジーなどに惹きつけられ、建築への志望者はどんどん減っている。専門誌が仲間のなかだけで話題になっているようではだめで、若者の間で建築が熱く語られるようになりたいものだが、さてどうしたものだろう。

一九年前からＳＤの副産物としてＳＤレビューがつくられ、作品の展示と賞が若い建築家の注目の的となった。秘術をつくした愛すべき模型は、作品が展示された代官山のおしゃれな通りを行き交う人々をも惹きつけたのである。

ＳＤはその時代の使命をおえて休眠に入るという。しかし、ＳＤレビューは鹿島昭一さんの英断によりつづけられることになった。いま必要なのは専門誌よりも多くの若者へのよびかけだという気持ちからいえば、この英断がなによりの救いなのだ。これからの出展者は、今年の審査員のひとり芦原太郎さんがいうように、仲間うちの語り口に粋を凝らすよりも一般の人の目を吸い寄せるような表現を工夫してもらいたい。そのなかにいる若者の何人かはきっと建築の魅力のとりこになり、熱っぽく建築を語るようになるにちがいない。

（初出＝ＳＤ0012「ＳＤグラフィティ　36年の想い出」）

ＳＤの三六年と私

林　昌二

ＳＤ創刊のころ

ほんの昨日のことのように思えますが、じつはもう三六年も昔のことでした。ＳＤが創刊された一九六五年とはどういう時代だったのか、改めて思い出さなければなりません。前年の六四年秋には、オリンピックがあり、東海道新幹線が走りはじめるなど、日本は華やかな気分に包まれていましたが、小生にとっては、六四年夏から〈パレスサイドビル〉の工事がはじまっていたため、超短期の工程に合わせて設計図をつくりあげる、熱い日々がつづいていました。

鹿島昭一さんが雑誌を出すという噂は、前年から伝わっていました。雑誌『建築』から移られた平良敬一さんと長谷川愛子さんが中心となり、内田祥哉、高階秀爾、杉浦康平、山本学治、穂積信夫、松本哲夫といった面々が顧問に並ぶと聞けば、雑誌の充実ぶりが想像されます。呼ばれて参加した顧問会議は、予想通り痛快な議論の場でした。

誌名の「ＳＤ」を聞いたとき、私はなぜか、『工芸ニュース』を思い浮かべました。それは七四年に廃刊された、薄手ではあっても、お役所仕事と思えない洒落たデザインの雑誌でした。しかし創刊されたＳＤの印象は、私の勝手な想像とは違って、サーリネンの作品論、ヴェネツィアや東京の都市論などが並ぶ、建築寄りの堂々たる雑誌でした。今から思えば六〇年代は日本近代建築の絶頂期でしたから、鹿島さんが、納得のいく建築の雑誌を出そうとされたのも当然のことでした。とはいえＳＤは「建築と芸術の綜合誌」をうたっていましたから、建築の全領域をカバーするには無理があったのか、六八年には『都市住宅』が発刊されています。植田実さんの手になるだけあって、時代に先駆けた見事な雑誌でした。八六年一二月に、惜しくも消え去りましたが。

改めて雑誌の寿命というものを考えさせられます。世の中は変わり、読者は世代交替し、編集者も年齢を加えますから、いつまでも同じ調子の雑誌ができるわけはないのですが、しかし読者にとって長年親しんだ雑誌と別れるのは、友人を失うに似た淋しいことです。廃刊後しばらくすると検索が難しくなり、さらには存在自体が忘れ去られてゆきます。

幸いにもＳＤは廃刊ではなく「休刊」だと聞きました。若い建築家たちに人気のあるイベントＳＤレビューはこれまで通り続行されるそうで、その記録のためにも一年に一度は形を変えたＳＤが刊行されるものと想像します。

建築のメディアは日刊の新聞から週刊、隔週刊、そして月刊とさまざまですが、不思議に年刊のものがありません。毎月沢山の建築物がページを埋めつくす時代はもう終わりますし、誰の書棚も満員で悲鳴をあげている現状ですから、充実した年刊ものが出ればきっと歓迎されます。

休刊にあたり、長年にわたり貴重な記事をつくりつづけてくださったみなさまに、一読者として、改めて感謝を捧げます。

（初出＝ＳＤ0012「ＳＤグラフィティ　36年の想い出」）

ＳＤ、オーボワール

ＳＤ創刊のころ

椎名政夫

この夏、一〇年ぶりにロンドンを訪れました。話題の〈テート・モダン美術館〉を見るためです。Sir Gilbert Scott 設計の火力発電所（一九四七－一九六三）は野心的な美術館に変身していました。強靭な骨格の肉体が新しい洋服を着て旧い外套をまとったといった様子です。巨大なタービンルームはロビーに改修されて、世界各国からの来訪者でまるで見本市のようににぎわい、展示室も人であふれ、さまざまなお国ぶりの英語が耳につきました。強烈な作品に対する反応が思わずお国訛りになったのでしょうか。刺激的な数々の現代美術作品に囲まれて、基軸言語としての英語という存在の現実を知り、もし建築美術の基軸言語があるとすれば、それは何なのか考えてみました。

SD創刊のころ一九六〇年代は、まだまだいわゆるインターナショナルデザインの影響の強いなかで、ようやくモダニズムの流れが現実のものとして建築美術の世界で顕著になってきた時代だったと思います。モダニズムの建築美術は世界各国で基軸デザインとして求められ適用されはじめ、初期のSDはその確かな編集方針によって幅ひろく造詣の深い展望を見せてくれました。基軸言語としての英語が同時に非基軸言語をさまざまに位置づけるように、基軸デザインもやがて非基軸デザインを構造的にかかえこむ世界になりました。SDもその後の流れのなかに、基軸的な存在のほかに非基軸的なものも広い視野のなかでとらえてきたと評価できるでしょう。建築や美術の豊かな資産は基軸的なものと非基軸的なものとの非対称性のなかにかくされていることをSD三六年の歴史のなかに見出すことができますが、創刊のころ編集顧問として参加した会議での多彩で活発な談論とともに私にとっても忘れがたい思い出です。

SDの評価と位置づけについて、素人のこじつけとは思いましたが基軸言語をとりあげてみました。さしずめあまり将来に希望がもてないエスペラント語をバウハウスのインターナショナリズムと位置づけてみると、ローマの滅亡後でさえ、一〇〇〇年ものながきにわたって基軸を保ったラテン語のように、モダニズムの流れは二一世紀のデザイン基軸としてその位置を保っていくのでしょうか。SDにそのあたりの方向を見つづけてもらいたいと思っていましたが、休刊にあたりここでは、〝アデュー〟ではなく〝オーボワール〟と言ってお別れしたいと思います。

（初出＝SD0012「SDグラフィティ　36年の想い出」）

草創期の熱気、杉浦デザインの魔術

長谷川　堯

SD6507　特集＝音と生活空間
SD6511　特集＝描かれた都市像

SD一九六五年六月号－一九六七年七月号の目次をみると、編集部員名の最下段に私の名前が記されている。遡ること半世紀前の二年間、私はSD編集部に在籍していたのだ。大学卒業直後に卒論を『国際建築』に発表した後、しばらく筆を置こうと思っていたところに、後輩にSD編集部の平昌司の知人がいて、その関係で運よくアシスタントとして雇われたのである。創刊まもない編集部は、平良敬一編集長以下、長谷川愛子、平昌司、山口尊敏、私という構成だったが、書籍部在籍の中村敏男さんが編集会議には顔を出し、外様のように静かに座っていたのが奇妙に思えた。

エディトリアルデザインを一手に手がけていのが杉浦康平さんで、当時三〇代前半、その意欲、勢いは火の出るほど凄まじく、夕方から始まる作業はしばしば深夜を越え、フロアの中でSD編集部のコーナーだけが不夜城と化し、朝方、昌司さん、山口さんの充血した目に編集作業の壮烈な現実を見たのだった。

特集として印象深いものとしては、一九六五年七月号特集「音と生活空間」が思い浮かぶ。テーマの斬新さに驚嘆し、秋山邦晴、一柳慧、武満徹という現代音楽の最先端を走る俊英たちが集って論を成すことに驚き、さらに二次元の誌面に音は定着できない、物売りの声を収録したソノシートを付けたいという編集部員の前代未聞の要望を即座に受け入れた平良編集長の決断に三度驚いたのだった。私は杉浦さんの指揮のもとに巻頭十数頁のグラビアの図版収集を担当した。膨大な書物から音を感じ取れる図版を集めるという作業そのものが私には十分に刺激的だったが、それにも増して集めた図版を選び取り、そこから音が立ちあがってくるかのようなリズミカルな誌面を構成していく杉浦さんのデザインの魔術を初めて目の当たりにして、デザインの圧倒的な威力を知った。

もう一つ挙げると、同年一一月号特集「描かれた都市像」がある。美術、文学までを含む広範な分野での想像上の都市をめぐる特集だった。その巻頭六〇頁の「異根都市」と題されたグラビアは黒川紀章と杉浦さんのディレクションにより、私はそこでも専ら図版の収集役として活動した。「異根とは、異痕であり、遺恨であり、異塊であり、イコン icon である」に始まるマニフェストの過激さは、続く頁を埋め尽くす図版類の荒々しい表現とそれを煽るかのような断ち落としを濫用したデザインによって加速され、異様な迫力に満ち溢れていた。グラビアの後に高階秀爾、篠田一士ほかの正統な論考が整然と美しいレイアウトで現れるのだが、その強烈な対比は他のメディアをはるかに先駆けるものだったに違いない。

いずれにせよ当時のSD誌の企画、編集、レイアウトにわたる先鋭性は建築ジャーナリズムの枠を遥かに超え、類を見ないものだったと思えたし、今もなおその思いは変わらない。こうした編集が鹿島出版会という組織でなぜ可能だったのか、当時の私には分かるすべもなく、今もって謎である。フロアの一隅で、平良編集長がSD誌の創刊に精力を傾けていた鹿島昭一氏と正面から向かい合って立つ光景を幾度か目にしたが、その静かな対峙に謎を解く鍵があるように思えるのだが。（談、二〇一六年一一月一六日）

建築メディアの革新にむけて……

杉浦康平

SD6507　特集＝音と生活空間　ほか

建築を中心にすえて芸術全般に眼をとどかせ、文化的な状況の推移変動に鋭く切りこんでゆく。創刊当初三－四年のSD編集部は、編集長・平良敬一さんの気迫と高度成長期の高まりが重なりあい、これまでにない雑誌を生みだそうと意気盛んなものがあった。鹿島昭一さんを中心とする編集顧問会も、少数精鋭のスタッフが集まる編集部も、みずみずしく前向きに機能していた。『建築』誌から移ってきた平良さんは泰然自若として大局をまとめうる、理想的なディレクターだった。一方、建築界の人脈に精通し、きめ細かい気配りをするのが長谷川愛子さん。新しい動向を敏感にとらえようとする平昌司くんと、平くんが広げた風呂敷を几帳面に結び直し、整ったレイアウトをするのが山口尊敏くん。編集部の主役は、これらの人たちだった。

私は創刊以前から、編集顧問として相談に乗っていた。創刊後一年間は、表紙デザイン・本文レイアウトともに平くんと凸版印刷ADの田辺輝男くんが中心になり、熱いデザインワークを行っていた。私の役割は、それに対していろいろと意見をいうこと。だが時に深く首を突っこみすぎることもあった。たとえば「音」の特集号（一九六五年七月号）では、当時私と交流があった作曲家・武満徹さんの「水の曲」をソノシートとしてつけることを提案し、実現した。武満さんは、水滴の音を電子的に細かく加工し、ミュジックコンクレートによる能鼓の音色を生み出した。今ならばCD-ROMを付録にするようなもの。このころの建築・芸術系の雑誌としては珍しい企画なので、予想以上に大変なプロセスだった。だがこの号あたりから、SDの新しい方向性が定着しはじめたと思われる。

六四年の秋に、私はウルム造形大学に招聘されていた。ドイツと日本を行き来しながら、表紙だけでなく、本文ページをふくめたデザインシステムを導入することを提案した。そこで創刊翌年の六六年から、SDのスタイルが一新することになる。誌面の水平方向は一〇ポイントを基準にし、垂直方向は三行、四行というように、行を単位にして割付をする……というもの。当時としては画期的な割付のシステムだった。このグリッドは、余白の割りだしや、表紙にまで及んでいる。さらに栗田勇さんの連載「幻の都市」では、活版中心の時代のなかで写植組で指定する。大判の雑誌であったにもかかわらず、本を九〇度横に廻して読むという、珍しいデザインだった。同年三月号のローマの特集記事になると、二〇頁におよぶ特集の全部を九〇度廻す……というレイアウトを試みたりした。

デザインに着手するときには、どの場合でも企画段階から著者である建築家や美術家たちと深く話しあい、彼らの考えのまるごとを形にし表現しきることに専心した。実現するためには、むろん編集部が怠惰であってはならない。入稿の直前には、事務所での仕事を終えてからSD編集部に出かけてゆき、私も二、三日は編集部で徹夜したりした。とにかく建築雑誌の領域を大きくはみ出して、ユニークな問題意識をかきたてることに挑戦する困難な道のりだった。こうした努力が、当時の読者の意識を大きくゆさぶることになったと思う。

ところで、ほかの雑誌ではできない新しい試みを盛りこみ、その実践を容赦なく試みつづけたので、やがて編集顧問会がふたつに割れてきた。林昌二さんは、きちんと机上に置いて読める本じゃないといけないという。椎名政夫さんや松本哲夫さんは前向きに行こう……と支援してくださる。とくに六八年一月号の「浮遊の思想・原広司」で上下から読める表紙をつくり、本文も裏表紙の方から侵入する……という革命的なエディションをつくると、反対派が六割ぐらいになり、私が手を引くことになったと思う。まあ、激しくやりすぎたのだ……と思っている。同年五月に創刊された『都市住宅』の表紙を磯崎新さんとともに私が手がけるようになったことも重なって、SDの方は、表紙へのアドバイスを中心としたかかわり方になっていった。鹿島出版会側の要望もあって、ＳＤはその後、建築雑誌へと回帰してゆく。つまり第一期の役割を終えることになったのだと思う。これらのことを、いま、懐かしく想い出す……。

（談、初出＝ＳＤ0012「ＳＤグラフィティ　36年の想い出」）

ＳＤは長生きする

植田 実

ＳＤ6601

雑誌の誌面に表れているものすべてを編集長の名に帰すことに私は多少の異論がある。編集長の仕事内容はその個性と能力によって一人ひとりまったく違う。特集企画に長けた人、（建築誌でいえば）新しい建築家や執筆者を見つけるのが得意な人、その辺りは全部スタッフにまかせて経営だけをしっかりやる人。ワンマン体制になったり、その逆だったり。

　しかし、何年も継続して出しつづけるべき定期刊行物である以上、編集長は、ある一点でどの雑誌にも共通して、確乎として存在する。つまり全体の方針と構想は、編集長として最終責任を引き受ける者だけがもたざるをえないのだ。

　ＳＤが創刊されたときの事情は具体的にはしらないのだが、建築という枠組みを外すために、美術もデザインもまた文学も都市計画も、さらには歴史も現在も未来も、農村も都市も、それらについて少しばかり触れるだけではなく、誌面そのものが全部を受け入れて、建築がそのなかで相対化されているといった新しい雑誌を考えたのは、やはり、創刊時の平良敬一編集長だと思う。彼がそれまでに手掛けてきた雑誌、またＳＤ以降に創刊した雑誌をあわせて見てもＳＤはもっとも平良らしい。つまり方針と構想が大きく、新しい雑誌の創刊というものが何にもまして時代の転換を反映するという気分（これこそ最近次々と創刊される雑誌にまるで感じられないものだ）が横溢していた。いやむしろある寂寥を帯びた明るさが、創刊時に独特の、また不可欠な誌面感覚だったのかもしれない。

　今でこそさまざまな領域を横断するメディアに事欠かないが（いや、そればっかり）、当時は途方もない発想だった。

ただひとつ、そのころつくられていた『エナジー』というPR誌に触発されるものがあったかとも思うが、だとしたらPR誌をも取り込んで、店頭に並べる商業誌を考えたことも意表をついた。

各分野の専門家がSD誌上で、空間といわれるもの全般について発言しはじめたときの驚きは、言論的には狭い建築村で宇宙船をつくりだしたようなものだった。「スペースデザイン」とは宇宙計画の雑誌かと思った人もいたらしいが、それほどの構想を印刷メディアという現実に定着させるには、それなりのブックデザインが必要だった。そして創刊二年目の一九六六年一月号から、杉浦康平のおそるべき精密なデザインワークがはじまった。この表紙を六本木の本屋で見た私は、その場でへたりこんでしまう思いがしたと、どこかで書いたことがあるが、そのときの私は、新しい時代の出現に打ちのめされたのである。

こうした編集の骨格は、二〇〇〇年の最新号まで、編集長やスタッフやデザイナーが変わっても引き継がれてきた。誌面の美しさも時期によって多様だったが、いたずらにセンセーショナリズムに陥ることなく、一貫してある透明性を保っていた。その透明度の高さと静謐さは、現代にあってスペースデザインと呼ばれるものの生命力の強さを読者に送りつづけたのである。

（初出＝SD0012「SDグラフィティ　36年の想い出」）

エメラルドグリーン一色の見開きに、アッ！と驚いた

磯崎 新

SD6610　大分図書館

SDが創刊（一九六五）される十年前の建築（文化界の論争的トピックスは、縄文的と弥生的、デザイン（メディア）界は、「形象《かたち》」と「構成《コンポジション》」が表現の主流で、たとえば白黒の美学といわれた『雨月物語』（溝口健二）、『七人の侍』（黒澤明）、「広島平和記念資料館本館」（丹下健三）の仕事がいずれ「日本的」として評判になりますが、映画も建築写真もモノクロームで撮影されていました。

戦争中、日本人収容所にいれられていた石元泰博はシカゴのニューバウハウスで新即物主義《ノイエザッハリッヒカイト》のフォトグラフィを学び、その頃来日して「桂離宮」を発表します。これは究極

のモノクロ写真です。グロピウスの序文、丹下健三の本文、ハーバード・バイヤー造本で『桂』（一九六〇）が出版されます。このときの写真は書院建築（弥生的）も庭園の飛び石（縄文的）も、平面と構成する線に還元されておりました。これぞ「日本的な美」とする通念が世界的にできあがったのです。

次に来るものを探している。SDがそんなメディアになろうとしている、と私たちは理解していました。モノクロームによる構成美でノイエザッハリッヒのフォトグラフィをみずからのスタイルとしていた石元泰博を起用します。はじめて私の作品をとりあげてくれたとき（一九六六年一〇月号）の撮影にはおそれおおくて同行もできない程で、せいぜい私はこの号に使われるイラスト図面の作図を東京でやっていましたが、印刷ができあがってきて、アッと驚きました。全頁モノクロ写真で埋められている中央に、見開きでエメラルド・グリーンの廊下だけの写真が挿入されているのです。編集長が指示したのか、写真家がそのカットだけを撮ったのか具体的には知りません。ここには「色彩」と「空間」が印刷されていました。

同行できなかったのは、いずれ『空間から環境へ』（エンバイラメントの会）につながるグループ展『色彩と空間』に参加していたためで、次回に全頁カラー印刷でとりあげてくれた「福岡相互銀行大分支店」（一九六八年三月号）の天井模型を彩色して出品した程度ですが、今度の号ではサモンピンクの海のなかを泳いでいるような気分がきちんと印刷されています。私は「触覚的な空間は体験でしか伝達できない」などと印刷メディアそのものにイチャモンをつけているけど、いずれ大阪万博の主流になってくるテクノロジー・アートやメディア・アートつまり環境芸術《エンバイラメンタル・アート》と呼ばれる世界的な流れの始まりが、SDに印刷された石元泰博の写真でした。モノクロからカラーへと写真印刷がかわっていく、それが情報メディアの存在そのものを変えはじめたわけですが、SDは先駆的にヴィジュアルな情報空間をつくりだしたのです。その切断的な表現の回転を石元泰博は写真《フォトグラフィ》として記録していたといえる。

のちに私は石元さんに協力して、カラー版の『桂離宮——空間と形』（一九八三）に文章をそえました。ひとりの写真家が、丹下健三の「桂」に提供した映像はモノクローム、今回はカラーで同じ被写体を撮影しています。三〇年間のひらきがありますが。だが、まったく異なった印象です。比較してみるとほとんど同じ位置から同じアングルでシャッターを切っているのに、モノクロームの前回は平面にしぼりこまれ、このたびのカラーでは少しひきぎみで立体的にみえる。あげくに「空間」が浮きあがってくるのです。還元的に「形」そのものを裸にみせることを方法にしてきた人が、包接的に「空間」をその雰囲気として定着しているのです。

後にひとりのアーティストでさえ、手段とするテクノロジーの変化によって、表現する「カツラ」というひとつの被写体が異なってみえる。では、真の桂離宮は如何なる手段によって伝達されるのか、と考えて、もう一冊、本を作りました（*Katsura la villa imperial*, Electa, Italy, 2004）。

ひとりの写真家でさえ、ひとつの建築がまったく異なった作品として写されている。フォトグラフィの日本語への訳、写真に含まれる真《トゥルース》はどこにあるのか。解釈学的な批評でやっと接近できる問題です。これが「形」（平面）、「空間」（立体）を超えて、身体的に感知される「環境《エンバイラメント》」として内触覚性のイメージなのだと理解したわけですが、印刷媒体《メディア》が情報空間に拡散させることではじめて成立するような関係です。その契機はSDの編集部を介して、石元泰博と一緒に仕事をするなかでした。とはいえ、解釈学的な批評をあらためて「本」にするのに三〇年かかりました。既にSDはそのとき休刊していました。

『都市住宅』創刊時のこと

植田 実

都市住宅6805

SD一九六六年一一月臨時増刊号「特集／都市住宅」が刊行された当時、建築専門誌の臨時増刊あるいは別冊のかたちで住宅の特集号が出された例はほとんどない。一般的な建築誌で時折、あるいは月刊なら年に一、二度は月を決めて住宅特集を組む程度であり、そのなかでのSD臨時増刊号は新鮮だった。サイズは本誌と同じA4変形判、しかもたんなる作品紹介とその批評だけではなく、多面的な論文も組み込んだ、とても魅力的な構成になっていた。それがまだ外部の一読者にすぎなかった私の印象だが、社内的にも好評で売れ行きもよかったのだろう。それまでの各領域の壁をこえて建築だけではなくデザイン、美術、音楽、演劇、文学まで扱う総合誌SDとしては住宅を定期的に扱う余地がなかったらしいが、この臨時増刊号をきっかけに住宅専門誌の発刊が企画され、約二年後の一九六八年五月創刊となる。企画の実現が速い。SD、SD選書の創刊から数年内とはたいへんな勢いである。しかもいきなり月刊！とは、例えばそれより一七年後の「新建築住宅特集」スタート時点では季刊別冊だった。六〇年代のメディア状況が見えてくる。

平良敬一がSD創刊以前に『建築』を創刊したときに私もスタッフとして参加していたが、その平良さんに呼ばれて今度は新しい住宅誌をまかされることになる経緯についてはいくつかの資料にあるので省略させてもらうが、誌名についてはいろいろな案があった。結局は「都市住宅」と、臨時増刊号のタイトルを踏襲するかたちになったのはそれほどの魅力があったからだろう。臨時増刊号では住宅成立の背景としての都市性や生産性などが意識されていたように思える。けれども毎月『都市住宅』の企画・取材・編集となると重圧がかかる。しかも当時はまだ耳慣れない名称でもあった。創刊準備中に若い建築家たちに集まってもらって企画の注文やアイデアをきいたとき、「とにかく誌名がよくない。今からでも変えられないのか」とまで言う人がいたが、「都市住宅」は都市型住宅の意でも都市と住宅のことでもなく、住宅とは本来的に途方もない力を持つ何ものかに立ち向かわざるをえない建築であり、そこに「現代」が定義できる。そうした視角から新しいメディアをつねに白紙状態に戻したいと、私は気持ちだけは決まりつつあった。磯崎新と杉浦康平による表紙がその方向を可視化してくれた。あるいは編集者の試行錯誤を強固なシェルターのように一貫して守ってくれた。私の編集長時代を通して、磯崎さんの協力・執筆は続けられた。杉浦さんによる明朝体とゴシックの活字を上下に重ねただけで四文字にも不思議な一文字にも見えるタイトル・ロゴはそのサイズも位置も変えず、白地にスミのせを基本原則としてきた。

さまざまなデザイナーによってロゴから基本的構成までむしろ積極的に変えていく、開かれたSDと対照的なのは、そのまま編集対象の両極を、アルファベット二字と漢字四字の誌名によっても、読者に伝えていたと思っている。

都市的ということ

玉井一匡

都市住宅6807
特集＝七日間のユリシーズ——東孝光・行動と作品

ぼくたちが建築学科で最終学年を過ごしたのは一九六八－六九年の激動の時だったから、離れそうになる建築との距離を一九六八年七月号特集「七日間のユリシーズ」や同年一〇月号特集「アメリカの草の根」でかろうじてつないでいた。その後、大学院に籍をおいて友人たちと住宅などを設計していたが、かつて出合った「塔の家」を設計した人のもとで建築を学びたいと、ぼくは計画中だった模型を手に東孝光さんの事務所を訪ねるとすぐに会ってくれて、ひと月ほどバイトをした後に仲間に加えられた。

事務所では、前もって原則をつくらず、抽象的な議論よりも具体的に考えて進んでゆくのが気持ちよかった。敷地や予算の条件や施主の要望に素直に向き合って、そこに生じる矛盾や相反するものを解決するために仕掛けをつくり出す。

条件や要求に向き合うとは、建築を考えてつくってゆく行為の境界を開いて、施主や職人を引き込んでゆくことだ。「外に対して閉鎖的にはしない」と東さんが言ったことがある。また別のときには「店舗は、入り口をよく考えてつくればいい……ぼくたちがつくれば他のところは自然によくなるということが前提だけれどね」と言われた。

『都市住宅』の記事のタイトルに「都市的スペース」ということばを東さんがつけたことがある。あまり語呂もよくないし、かっこいい言葉ではないとぼくは感じたが、それは、建築が外に開いて街につながるスペースのことだ。

担当者とのはじめの打合せで大雑把なスケッチを描いて渡したあとは、しばらくは放牧……好きにやらせておく。東さんは、五、六人のスタッフの二列に並ぶ製図板の間に立って両側を見ながら、気になることがあれば声をかける。スタッフ同士も同じだった。

ときに、飲み過ぎたスタッフが朝まで打合せテーブルに寝ていたり、仕事とは関わりのないものを事務所に持ち込んだ。穏やかではない内容の本や漫画、生き物、ファイリングボックスはブリキの玩具に占領されていた。それを休日などに見て東さんは知っていたらしい。嫌いなモノもあるが、そういう奴がいるコトは面白いと思っていたらしい。建築家である以上、秩序を求めるが、同時に、東さんはそれを攪乱する要素を歓迎する。外に開くとは、攪乱する要素との接点をつくることなのだ。

建築は、空間や意味や領域のさまざまな扉をさまざまに開いて、ヒト・まち・自然を結び、気持ちよい面白い世界をつくり、都市を育てるのだと東さんは考えていたはずだ。

今も生き続けるアメリカの草の根

押野見邦英

都市住宅6810　特集＝アメリカの草の根

今では考えにくいが、『都市住宅』が創刊された一九六八年は社会の内側から沸き上がる熱のようなものが建築をも巻き込んでいくような感覚があった。東大紛争が始まりベトナム戦争が激化し、米国では公民権運動が高まる中で、ジョーン・バエズの「ドナ・ドナ」等の反戦歌が時代の通奏低音のように聞こえていた。ついでながら当時まだ駆け出しのボブ・ディランを世に送り出したのが彼女で、その彼が半世紀後の今年ノーベル文学賞を受賞したのだから、時代は大きく変わったわけである。

当の『都市住宅』は創刊号からして植田実編集長のもと磯崎新さんや杉浦康平さんが参画してルドゥーの田園管理人住宅の飛び出すイラストを表紙にして過激なスタートを切り、従来の住宅雑誌と一線を画した編集で、その半年後には「アメリカの草の根」が特集となった。

当時の私は鹿島建設に入社したてだったが、アルバイト時代から加わっていた鹿島建設の旧本社ビルの設計メンバーとして模型や図面に明け暮れる一方で、生意気にも新たな設計の方法論に興味をもち『アーキテクチュラル・フォーラム』に掲載されたクリストファー・アレグザンダーの論文「都市はツリーではない」の翻訳を手がけ、原広司さんの「建築に何が可能か」等を読み漁り、SDや『都市住宅』の編集部に頻繁に出入りしていた。

「アメリカの草の根」は創刊間もない特集であったから、編集長が以前から温められていた構想だったのだろうが、シー・ランチをはじめとするシングル葺き片流れ屋根のアメリカの住宅建築のインパクトのある写真が集められ、当時気鋭の建築評論家の小能林宏城氏を中心にアメリカ留学から帰国したばかりの松下一之氏や山田弘康氏ほかに私が加わり、そのルーツや意義についての議論がページを飾り、次号には日本の住宅作家も加わり広く知られることになった。

「アメリカの草の根」は一九六五年にイェール大学卒のウィリアム・ライネックをはじめとする三人の若者がバーモントの田舎に作った小屋がその始まりとされたが、もちろんニューイングランドの伝統的な住宅スタイルを下敷きにしたものであることは明らかで、私にはアンドリュー・ワイエスのあの有名な「クリスティーナの世界」の画面に登場する開拓小屋を連想させたし、ヒッピー文化の教本と言われた『全地球カタログ』と同根のようにも感じられてならなかった。もちろんそれらは、そうした同時代的背景を超えて、さらに遡ればメルビルやソローやホイットマン達のアメリカ文化の根底にまでたどり着く根深いことだと、ずっと後になって分かった。

スタイルとしての「アメリカの草の根」は既に絶えてしまったようだが、ＬＡのキャッピ・ハウスのような森と水に抱かれたような環境に強くインスパイアーされたアメリカの住宅建築はエコロジー志向として今も健在であるし、そのバックボーンとなった全地球カタログの「Stay Hungry. Stay Foolish.」という精神は、スティーブ・ジョブズの言葉として今も生き続けている。

始めの時、終わりの時

ＳＤ6911　特集＝ルイス・カーンと存在への意志

香山壽夫

『伝道の書』でコヘレトが語るように、やはりすべてこの世のことには、与えられた時があるのか。播く時があり、苅る時のあるように、ＳＤにも始まりがあり、そして終わりがあるということなのであろうか。しかしそれにしても、それはあまりにも突然来たとしか言いようがないが、これまで、ＳＤによって与えられたたくさんのことに感謝しつつ、この終わりを受け入れたいと思う。

一九六〇年代に大学院にいて、建築論、意匠論を志していた若者にとっては、建築ジャーナリズムは最良の学校であり、修行の道場でもあった。宮内嘉久の『国際建築』そして『建築年鑑』、そして平良敬一の『建築』。頭でっかちで、小生意気な建築青年は、毎日それらの場所に出入りし、議論に加わって興奮し、たまに短い文章を書かせてもらって、有頂天になった。世の大勢に逆らい、流行を否定し、遠くに定かならぬ理想を夢見ていた。そのなかのひとりに、長谷川愛子女史もいた。

SDが発刊された年は、ちょうど私がアメリカのペンシルバニア大学に留学した年である。毎月私の住む安下宿に船便で送られてくる月遅れの号を、日本語に飢えていた私は、隅から隅まで、何度も読み返したものだ。それは、なつかしい日本の香りで、私を安心させてくれると同時に、私の知らないところで急速に変わりつつある日本のざわめきで不安にさせるものでもあった。しかしそんな不安に長く関わってなどいられない、嵐のような熱中の日々であった。

そんな時、長谷川愛子女史から連絡があって、鹿島昭一氏がフィラデルフィアに来られるという。ルイス・カーンの特集号を組みたいので、そのことをカーンと話したいということであった。私は氏をカーンの事務所にお連れし、翌日、工事中だったブリンモア大学の建物など、いくつかの所をご案内した。その時は、それほどにも思わなかったのだが、後になって、鹿島氏が、雑誌の企画のために、自ら、しかも単独で来られるということがいかにただならぬことであるかを知った。草創期には、こういうこともあったのである。

SDから教えられ、学んだことはとうていここに書きつくせることではない。自分のことだけに限っても、日本に帰ってすぐ関わった〈九州芸術工科大学〉計画についての、大学論に始まる大きな文章、あるいはアメリカ建築史・文化論についての包括的なエッセイ、等々、すべてその後の私の仕事の基本となったものだ。思い返せば、よくもあんな不器用で、ただ真面目なだけの文章を書かせていただけたものだと、驚き、かつ感謝するほかない。流行を鮮やかにすくい上げたり、トピックスを切れ味鋭く料理したりする手際を競いあうことだけが、ジャーナリズムの仕事ではないという姿勢がSDにはしっかりとあったのだと思う。感謝し、拍手を送りつつ、その終わりを讃えたい。

（初出＝SD0012「SDグラフィティ　36年の想い出」）

六〇年代末の昂揚から七〇年代の環境科学へ

平　昌司

SD7011　連載＝環境科学への課題

私は、早稲田大学第一文学部の美術専攻課程で西洋美術史を学び、そこでバウハウスのことを知り、夜間の桑沢デザイン研究所も同時に卒業し、一九六二年凸版印刷デザイン科に入社した。先輩の田辺輝男さんが行っていた鹿島出版会の書籍の装幀を手伝ったこともあった。仕事の多くは様々な会社のカレンダー関係だったが、ある会社のPR誌に関わることがあり、その時に雑誌編集の領分の一端を知り、興味を持ったことが、平良敬一さんのSDの編集部参画の誘いに応じた伏線となったのかもしれない。凸版印刷にはわずか二年しか勤務しなかったが、そのPR誌作成で出会った多くの著者から実に様々なことを学んだ。

雑誌SDでは創刊一九六五年一月号からスタッフに名を連ねたが、一九六七年一二月号まではArt Editor＝Shoji Tairaと英文目次に記載されている。平良敬一編集長からはアート・エディターという職能はあるのか、グラフィックデザイナーで良いではないかと言われたが、怖れ知らずの若者だった私はArt Editorという呼称にこだわった。実際の仕事も、当初は田辺輝男さん、一年後からは杉浦康平さんのディレクションのもとで表紙や誌面のレイアウト・デザインを行い、一方で編集の実務にも携わっていて、二つの業務は分かちがたく一体になっていた。その頃から自分の職業名をEditorial Designerと称している。

当時、杉浦さんのSDへの熱中は常人では計り知れず、〇・二五ミリ（1Q）から地球までという、広い視野と論理的な精密さで全誌面を統御しようとする意志の前に妥協はなかった。作業は曜日、昼夜を問わず、杉浦自邸に泊まり込むことも何度もあった。鬼神・杉浦の薫陶を受けた私は企画立案、著者選定、写真選択からレイアウトまで編集作業の全般に関わり、そのすべての場面で奔放に腕を奮った（つもり）。一九六九年の「〈無関係〉の芸術」「写像装置たちの放談」「関係論争」といった特集は、スチューデントパワーや反戦運動が日本にも及んで騒然とする世情と連動するかのようなアナーキーとも言える内容、誌面だった。それらを振り返るといささか勝手気ままな上滑りだったと反省は多々ある。この間、平良編集長は大きな方向を示した上で、あとは私たちスタッフの裁量にまかせていた。その指針の的確さと度量の大きさに、多数の雑誌の創刊に携わった編集者としての類まれな能力があったように思う。写真では若き山田脩二さん（しゅうちゃん）と意気投合した。ほぼ毎号、彼の写真が大きくフィーチュアされて、その独自の視点と表現は六〇年代SDの基調をなしたと言えるだろう。とりわけSD一九七二年三月号に掲載された「日本村／今」は、その後の展開を含めて彼のキャリアの中軸となったし、私にとっても三省堂から刊行された同名の単行本の編集にも携わったことから、忘れがたい。

七〇年代に入ると平良さんは人間環境全体への探求の方向に舵をとり、私自身の関心もそこに収束していった。一九七〇年一一月号から一年間続いた連載「環境科学への課題」はその一環で、動物学、人間学の小原秀雄さんや日高敏隆さんたちから多大の影響を受けた。彼らが執筆の主力となる雑誌が他社から発行されるという話があり、平良さんともども私もそちらに移籍するべく一九七四年九月号をもってSD編集部を辞したが、私の早とちりで平良さんは移籍せず、その雑誌の発行も沙汰やみとなった。後になって、平良さんが一九七一年一月号の論文「新しい構え——共同体と環境への視座をもとめて」の中で、「場所というカテゴリーを抜きにしては、コミュニティといえど、また建築といえど、砂上の楼閣のように崩壊して具体像を結ぶことができなくなる」として当時の社会学全般を鋭く批判していたことに思い至ったが、後の祭りだった。

（談、二〇一六年一一月一日）

若者に連射された映像的ドキュメント

鈴木 恂

都市住宅7103 特集＝THIS IS MAKOTO SUZUKI
——鈴木恂の住宅一九七〇年まで

創刊間もない『都市住宅』に「THIS IS MAKOTO SUZUKI」の特集が組まれた。一九七一年であった。数少ないが、それでも完成した住宅数戸と、幾つかの小住宅プロジェクト、それに夢のようなことなどを盛り込んで書いた小論やスケッチなども加えて、なんとなく主張も輪郭もぼやけているが、創作の実験が煮詰まった「特集」の面構えで、それは出来上がった。

ページ一杯に広がる横文字のタイトルは、実に面映かったのをいまでも覚えている。ただ、後から聞くと、雑誌が初めて横づかいになった記念すべき号であったということで、知る人ぞ知るということか、後日、色々な場面で話題になったりした。それは主に編集表現のことであったかも知れぬが、いずれにせよ、この号は忘れられない『都市住宅』の「私の一冊」になったのである。

『都市住宅』誌では、その後もいろいろな計画案と一緒に、七〇年代の住宅の特集を編んでいただいたが、もうひとつ思い出深いのは、終刊に近い時期の一九八四年一二月号の「住居の構想」という特集である。ここでもまた、家の原型を探る作業の記録と銘打って、街や集落の実測例や都市住宅のイメージ図などを、進行形のまま、渾然と重ね合せて提案する方法で、丸々一冊の誌面を使わせていただいたことである。それは私の作品発表の仕方としても異例なものであったが、この雑誌の二〇年近い経歴を見渡しても、多分二度と無い特例であったに違いない。以上のことは、ごく個人的なことだが、この『都市住宅』誌が、その時の若者にとって、如何に特殊な存在であったのか、ひとつの具体的な例証になるだろう。

雑誌という形式には、一定の時間を刻んで出版されるために、常に時の流れが強調されて映し出されるものだ。しかしそのなかでも『都市住宅』誌の記録性は鋭く、残像が重いというか、視覚的に残る強さが魅力的であった。それは何故であろうか、この小文でそれを論じることはできないが、ここに二つの特徴を挙げてみよう。その一は、『都市住宅』誌は、その視界から「生活の現場」を決して離れなかったことだろう。人間居住のあらゆる問題を、固定的に焦点を合わせるのではなく、われわれの視界へ拡散してみせたことだ。それによって、エコロジー、実測調査、文化人類学的視野なども、リアルな生活場面に結びつけられることになった。第二は、住宅と都市の狭間にある現象を、見事に物語化し、輻輳させながら、勢いのある映像的なドキュメントで提示し続けたことだろうか。このドキュメント性によって、多方面の意見を交錯させる広場は活気づき、専門化されているテーマが湧き出るように地面にさらされ、ダイナミックな連鎖反応が未来に繋がるように見えたものだ。そこにこそ若者の好奇な視線が重ねられたのである。

私のプロジェクトなどが、やや演出過剰に扱われたのも、そのこととと関係があるだろう。いま、毎月、若者の胸をときめかせるほどのメディアは、滅多にない。

住宅特集創刊時のこと

植田 実

都市住宅臨時増刊号『住宅特集第1集』(一九七一・九)

『都市住宅』は一九七〇年から六年間、年間テーマ制による編集を試みている。一九七〇年「コミュニティ研究」、七一年「セルフエイド系の発見」、七二年「ドクメンテーション〈集住体〉」、七三年「集住体第二年」、七四年「保存の経済学」、七五年「町づくりの方法」といったテーマにあえて絞って企画や取材を行った。建築全般を対象とする専門誌に比べて、住宅専門誌は切り口が少なく、数年のうちに同じテーマで住宅作品や論文類を繰り返すことになりそうで、それを避けたかったのだ。こうした体制への展開が動きはじめた翌年の一九七一年九月、臨時増刊号『住宅第1集』が刊行される。住宅設計(実施案あるいは計画案)のアンソロジーだが評価の序列をつけないことに徹しようとした。現代住宅というジャンルにおいては、住まい手は子どもも老人も、女も男も同等であり、設計者もまた同じという気持ちだったのかもしれない。サイズは本誌と同じA4変型。タイトル・ロゴも同じ。羽原粛郎の協力を得て、表紙まわりその他に住宅集の性格を際立たせている。本文中における各作品タイトルは、それが建つ場所名を優先して大きく掲げている。細かいことばかり言っているが、こうした決定を経て雑誌の方向がはっきりしてくる。掲載順はその号を物語のように眺められればという気分で、評価や序列や肩書のない、またテーマもなく住宅だけがまず在る。そんなイメージだった。

七一年九月の『住宅第1集』から始まった臨時増刊は七四年秋の『住宅第7集』から別冊という名に変わり、最終巻『住宅第12集』が七六年冬にまとめられた。不定期刊行に近いが本誌の編集スタッフがそのまま兼業していたのだから無理もない。しかしまず住宅そのものというかたちでメディアを開いたことで、思いがけない建築家や研究者たちを知った。それまでは読者が建築家の仕事を「都市住宅派」といった恣意的で単純な名づけで見るような偏りがあったが、号を追って増えていく作品群は多角的かつ複雑な様相を示している。そこから『都市住宅』がどの作品を選び、誌面に表現するのか、さらに難しい課題を抱えることになる。

そのくせまだ懲りずにもうひとつの別冊シリーズ『集住体モノグラフィ』を出している（第一号一九七五年）。サイズ二五六×二五六ミリメートルの正方形で、本誌の一九七二、七三年の年間テーマ「集住体」を反映している。私の造語だがそれがいつのまにか集合住宅に生活のニュアンスを加味したような美称としてあちこちで流用されるのを見て、それに抵抗しての企画だったと思う。書籍編集部でも使える受け皿としての別冊とも想定した。その第二号はB・ルドフスキーの『建築家なしの建築』で、序文は私が書いたが全体は書籍編集部が手がけた。いまはSD選書に編入されている。

個室群住居の真実

吉田研介

都市住宅臨時増刊号『住宅特集第Ⅰ集』（一九七一・九）

黒沢隆の衝撃的な論文「個室群住居論」が『都市住宅』創刊号（一九六八年五月号）に掲載された。こんな面白い主張をする人はどんな人だろうと、ある会合の帰りに声をかけた。それからずっと、ウマが合うといおうか付き合うようになって、ことあるごとに「個室群住居」の話をしていた。

創刊号から三年ほど、彼とはこのヴィジョンの論としての妥当性や裏付けとしての社会分析の話よりも、もっぱら具体的なデザインの話をしていた。彼は私のデザイン（設計手法）に興味を持っていたからである。彼が設計していた「武田先生の個室群住居」をネタに、例えばウソを形にしたようなベンチや、個室の外形がわざとらしく分離されていることなど、そんな設計の具体的な方法論の話で盛り上がっていた。

その延長で、この住居が竣工して『都市住宅』一九七一年九月号に掲載されるに際し、私にも「個室群住居考」を書く役割が与えられたとき、もっぱら設計についての話に終始してしまった。そのためであろうか、私のこの文章は植田実編集長のお気に召さなかったようで、危うくボツになるところだったと、後で黒沢さんから聞いた。彼の雑食ぶりが救ってくれたのかも知れないと思っている。その後、一九七一年一一月号で佐藤潔人氏が書かれた「精神生活における個室」という文を読むと、こういうものを望まれていたのかと、恥じ入るばかりである。ちなみに、このとき黒沢さんは佐藤潔人氏に急接近した。よほどこの文が気に入ったのだろう。いずれにしろ、後年「個室の計画学・一〇年の歩み」を一九七七年八月号に寄せたように、『都市住宅』誌は黒沢さんの論考と実践の主たる発表の場であり続け、個室群住居は彼の代名詞として定着していったのである。

しかし私には、妻ヒロコさんも交えた黒沢さんとの長く密な付き合いからすると、どうしても「個室群住居論」を一般論として語ることにはなじめない。黒沢さんたちの新婚旅行は関西だったが、その旅先で一緒になって、ホテルのバーで三人で深酒をしては彼が先に寝てしまったり、晩年ヒロコさんが酔いつぶれて路上で転んでも手を貸さないなど、黒沢さんの徹底した自己管理責任を問う姿勢は「個室群住居」の住人を自ら演じているように見え、そこに住める資格は決して「一般的」ではないことをいつも感じていた。

「わたしの個室・ヒロコの個室」と題された彼の文章（一九七一年一一月号）にはヒロコさんと母親を入れた三人の生活が描写されている。そのまま「個室群住居論」の解説書になっているその文章を読むと、個室群住居は黒沢隆という版木から写された版画そのものだと実感される。

彼の死後、「個室群住居論」のシンポジウムを聴きに行ったことがあるが、「版木」と付き合っている私には研究者たちの「外から目線」の発言についていけず、休憩時間に出会った知り合いに「今の日本の少子化問題の元凶は黒沢さんですかね？」と言ってみたが、悪い冗談と無視されたので会場を後にした。

グリッドとは何か

藤井博巳

都市住宅7110
特集＝負化へのエスキス――藤井博巳

空格子状のグリッドを用いて建築の空間を体系的に考えてみようとしたのは、『都市住宅』一九七一年一〇月号に発表した「負化へのエスキス」が最初で、次いで一九七五年春の都市住宅別冊『住宅第9集』には「負化へのエスキス二（宙吊り）」を発表した。また、宮島邸ほかの実作が幾度も掲載されるなど、『都市住宅』は私の考えと実践を世に問う重要なメディアの一つだった。

その後、そうしたグリッドを用いて建築や住宅、さらにはプロジェクトや論文等を通してグリッドの空間を展開してきたが、その間にいろいろな人たちから「グリッドとは何か……」といった根源的《ラディカル》な問いが多くあったことも事実である。当時、私もいつかはその問いに決着をつけなければと思いつつ、グリッドがもつ幾何学的な抽象性による意味の消去・負性化に魅かれていた感もあった。

ここ数年間、海外からのインタビューや原稿・プロジェクト、さらには建築展への出品依頼の中に、グリッドについてのラディカルな問いが見られるようになった。こうした事情から、二〇一六年一一月よりローマの国立21世紀美術館（ＭＡＸＸＩ）で開催されている「日本住宅建築展」では、住宅作品に加えて今まで考えてきたグリッドについて、四枚のパネルに纏めて展示した。まずグリッドの特性から始め、次にグリッドを用いて周囲を仕切り、さらにグリッドを重層的に重ねることによって、空の間、つまり空間が生じて来る過程をダイアグラム化したものである。

紙面に限りがあり、図版が使用できないこともあって、ここでは一枚目のグリッドの特性の部分だけを抽出してみる。これによって、いくらかでも次へのステップを考えてみたい。

グリッドの特性について

グリッドは、この多様な次元をもつ日常の世界、即ち室内、群像、風景等を平面的な格子状のパターンに分割して拡散化すると同時に、私達の視線を一体化、表面化する。

こうした分割と一体化の相反する二重性は、グリッドのもっとも主要な特性である。さらに、この表面的な視線は脱統合的、非意味的な視界を醸成しながら、読解可能なオーガニックな物語をつくることはない。だが、それは結合化、統合化とは異なる両義的な「関係」をつくり出す手がかりには成り得ると考える。

今まで、この統合化は遠近法の主要な役割であった。それは、私達の視点を中心に周囲の事物を遠近の図法によって、オーガニックにイメージする画面《マッピング》である。こうした画面は、有意味で統合的な世界を叙述的につくり出してきた。

これに対してグリッドの特性である二重性は、この世界を統合化とは異なる多様化に則したリアルで両義的な空間を現出していく（Project Grids パネル No.1 からの抜粋）。

こうした特性は反復によって、今までの発展的、構造的な感覚とは異なったリアルな身体化による自己言及的《メタ・フィクション》な感覚を生成していくことになる。

こうしたグリッドのスタディを繰り返しながら、人と物との関係がますます希薄化していく現代の中で、いかに人と物との間に濃密な関係を生成していくことができるのかを考えている。グリッドは、そうしたツールでもある。

コンセプチュアルな模型と切り結ぶ

田中宏明

都市住宅7110
特集＝負化へのエスキス――藤井博巳

一九七一年八月中旬、三〇歳になって初めての仕事が『都市住宅』のための撮影だった。対象は藤井博巳さんの建築。しかし実作ではなく模型だった。

飯田橋のアトリエ。エアコンがない室内に西日が差し込む。模型が四方の壁一面に張り付き、作業机の上に、床に置かれた段ボール箱の上に散乱している。それらの小さな模型群は、およそ建築の通常の姿を逸脱している。段ボールの台座の上に厚紙のボリュームが載っている。厚紙には隅々まで方眼線がひかれ、その交点には飛行機模型で使われるヒゴをつなぐアルミパイプが埋め込まれていたり、小さな丸穴があけられている。均質な点と線が表面を覆い尽くしている。無機質、無表情ともいえる異形。撮影するには相当に厄介なオブジェだ。藤井さんからも編集長の植田さんからも何の指示もない。高揚と緊張と焦燥に同時に襲われる。カメラを接近させると遠近感が強まり、形態の歪みが生じてしまう。ライトを当てると段ボールと厚紙の表面の波打ちや毛羽立ちが目立ち、素材の生々しさが出過ぎてしまう。試行錯誤の末、オブジェ撮りの基本をすべて捨てた。遠近感を弱め、形のデフォルメを抑えた。陰影を出さず、形態の抽象性を強調した。方眼線と穴を際立たせ、素材の質感を消した。大型カメラを駆使したコンセプチャルな空間の写真化は半月あまり続き、終わった。

以降、『都市住宅』の一九八六年の休刊時まで、住宅の撮影は途切れなく続いた。藤井さんの実作は水平垂直をきちっととれる四×五判の大型カメラを用いたが、主体は三五ミリだった。小型カメラで建築空間をとらえ、粗い粒子のモノクロ・プリントにすることには違和感がなかったわけではないが、それが『都市住宅』の流儀だった。レイアウトされ、印刷された誌面を繰ると、整然とスタティックな既成の建築雑誌とはまるで違う、生活への密着が、疾走する躍動が、ダイレクトに伝わってきた。私にとってそれは、やや遅れてやってきた青春の一断面だった。

「URBAN ROBOT」をめぐって

伊東豊雄

都市住宅7111　特集＝URBAN ROBOT＝URBOT

一九七一年は私にとって決して忘れることのできない年である。三〇歳を迎えたこの年、私は青山に小さなアトリエを開いた。事務所名「URBOT《ウルボット》」、URBAN ROBOTの略称である。

植田実氏が『都市住宅』一九七一年一一月号で「URBAN ROBOT」なる特集を組んでくれたのも、この名称によってであるが、それはひとえに私の処女作「アルミの家」（一九七一）に関心を抱いてくれたからに違いない。

「アルミの家」は、藤沢に建てられた木造の二階屋だが、壁面の大半を薄いアルミ板で覆った奇妙な家であった。上空に向かって突き出た二本の筒は、スカイライトの役割を果たすとは言ってもほとんど無用の存在であった。

一九六九年に菊竹清訓氏のオフィスを辞したものの仕事はなく、不安定な日々を過ごしていた私の唯一のプロジェクトがこの家であった。吹き荒れた大学紛争の嵐、学生時代以来憧れていたメタボリズム思想への失望、次々に台頭し始めた同世代の人々のデビュー等に影響されて私の建築観は揺れ動いていた。そんな時期、『都市住宅』は時代の空気を実に新鮮に伝えてくれていた。

「アルミの家」を私は、勝手に「メタボリズムの落とし子」と定めていた。それは未来に向かっての躍進をアピールするRobotではなく、メタボリスト達がデザインしたタリーから落ちこぼれた無用のカプセルであった。

私は「アルミの家」の筒をシンボライズした小さなユニットをデザインして「URBAN ROBOT」と規定したのだが、それらはメタボリズムという樹木からボタボタと落ちた果実のように地上を埋めていく。そんなイメージを都市にコラージュして掲載してもらった。

事実六〇年代から七〇年代にかけての社会の変動は大きかった。東京オリンピックを機に右肩上がりの経済を続けた六〇年代は、大阪のＥＸＰＯ'70を最後のピークとして、右肩下がりへと転ずる。内向する時代の社会に急変するのである。

「アルミの家」を中心とした「URBAN ROBOT」の特集は、正しくこの時代の変換点につくられた戸惑いの表現であった。

七〇年代以降、日本の意識的な建築家は都市に背を向け、自らの内側に立てこもって社会批評としての建築をつくるようになる。とりわけ我々と同世代の建築家達は、仕事に恵まれないフラストレーションを小住宅をデザインするエネルギーに変えて尖鋭化していった。そうした批評精神を巧みにすくい上げてくれたのが、植田実氏の『都市住宅』であった。

東京のような大都市は、相次ぐ巨大開発によって小住宅の建つ余地はきわめて稀だと言えるだろう。そして若いエネルギーをすくい上げてくれる建築メディアも消滅してしまった。時代を振り返る時、『都市住宅』の存在がいかに我々若者に大きな勇気を与えてくれたかを今更ながらに痛感する。

予想もつかない編集の妙

吉田研介

都市住宅7111　ヴィラ・クーペ

私の初めての実作「ヴィラ・クーペ」が『都市住宅』一九七一年一一月号に掲載された。

知人の黒沢隆さんが同誌編集長の植田実さんに見てもらおうと言ってくれたのがきっかけだった。しかし植田さんだけを妙高高原まで「ご案内」するのもわざとらしいので、黒沢さんがよく一緒に飲む藤井博巳さんや私の友人木島安史君も招いてこの別荘の「見てもらうツアー」を企画することにした。各々が夫人同伴、私と木島は娘も連れてなので一〇人くらいの賑やかなツアーになった。後日、掲載の知らせを受けたのだが、文章も書けとのこと。何を書けばいいのか？

『都市住宅』では、「どうだ、きれいだろう、カッコ良いだろう」というような出し方は成り立たないと思い、少しは格好をつけて論陣を張って見せなければならないと焦った。あるとき植田さんに「建築の発表にはどうしてテキストを添えなければならないんでしょうかねえ、私、苦手で」と言うと、そういう人は後ろを向いて黙って作っていればいい、と言われたのがかなりこたえていたので、なおさらその思いが強かった。

実は、その二年前、『都市住宅』一九六九年八月号でプロジェクト「四本柱の家」という建てるあてのない仮想の自邸計画案を発表していた。黒沢さんと「個室群住居論」の意見交換をしている時の私の考えを、仕事が無いときの暇つぶしに形にしたものだったが、その形は非常に気に入っていて、作ってみたくてしょうがなかった。そこに偶然、別荘の仕事が飛び込んできた。規模や条件が合ったので中身の一部を変え、外観はそのままで作ってしまった。形先行で、理屈は後回しだったのである。仕方がないので、施主、照明を依頼した石井幹子氏、知人、友人などを斜に描写しながら、この別荘の背景と状況を組み立ててみた。お世辞にも「論陣を張った」などといえる代物ではなかった。植田さんはさぞ困ったであろうが、さすがに予想もつかない編集の妙を発揮した。

即ち、私の文章はこれより小さいポイントは無いというほど小さい字で、そして黒沢さんの論文「批評の創造性について――ヴィラ・クーペによせて」はその三倍くらい大きいポイントの字で掲載され、さらにツアー時の一〇人の楽しい様子が植田さんと黒沢さんのスナップ写真（文字通り素人のスナップ写真）で私の駄文の中にちりばめられていたのである。私が見せたかった外観は名刺より小さい写真が一カットのみ。なるほどこういう見せ方もあるのか。植田さんにはご苦労をかけたと頭が下がるとともに、編集の変幻自在の技法にはたいへん驚かされたものだ。

ちなみにこの処女作は『建築文化』一九七一年九月号にも取り上げられた。写真は若き日の建築写真家・大橋富夫氏で、灌木を避けてリンホフを小脇に電柱を登ってくれた。その写真の形態が評価されたのか、仏誌*L'Architecture d'Aujourd'hui*からオファーがあり、掲載された。このときは解説文は何もつけなかった。

実測調査は半世紀後に役立つ

SD7112　特集＝フィールドワーク入門

中山繁信

一九六〇年半ば、「デザインサーヴェイ」という新しい概念の調査研究が建築界を歩き始めた。それは、建築史家伊藤ていじによって、オレゴン大学の金沢幸町の調査手法が紹介されたことが契機となった。デザインサーヴェイは集落全域を実測調査し、図面化分析する手法であるが、膨大な作業量を必要とするため、主に大学の研究室を中心に広く行われるようになった。その流行は、当時の先行きの見えない社会不安のなかで混迷する建築界の若者たちにとって、新しい道標の様に映ったからに違いない。しかし、デザインサーヴェイも明確な方法論をもっていない、資料のストックに過ぎないなどなど、新しいゆえ論理的に未成熟な部分を多く含んでいたため批判の的となった。

当時、法政大学で教鞭をとっていた宮脇檀はその調査研究の先駆的立場にあった。宮脇がそうした批判に真っ向から答えたのが『都市住宅』一九七一年一二月号の特集「フィールド・ワーク入門」に掲載された小論「創る基盤としてのデザイン・サーヴェイ」である。私は宮脇が生涯の中でこれほど真面目に真摯に取り組んだ論を知らない。宮脇流独特の饒舌でユーモアを交えた文章は論の正鵠の是非をこえ、建築家としての誇りと覚悟をひしひしと感じるのである。批判者に「オマエラ、ガタガタイワズ、ヤッテミロ」の開き直りと覚悟の一文を小気味良く感じてしまうのは、私だけだろうか。

一九八〇年代になると、方法論と学術的な成果が明確化されなかったこともあるが、都市化によるプライバシーなどの概念が地方にも浸透したため、家屋調査が困難になり、デザインサーヴェイは衰退の一途をたどる。

当時宮脇檀に師事していた私は木曽馬籠、倉敷、五箇荘などのサーヴェイに参加し、その後工学院大学で教鞭を執る立場になったとき、一つの方法論として、何年か置きに実測調査を継続的に重ねることによって、社会の変化の要因と共同体のあり方や集落の変遷の因果関係を解明できるのでは、と考えていた。それを試みるため、最初の調査地である馬籠宿の再調査を試みたが、時代の流れはそれを許してくれなかった。

現在、デザインサーヴェイの評価は様々である。資料のストックに過ぎないと言われた実測図が街並みの歴史的景観の修景に役立つことは言うまでもない。宮脇は常々「われわれの実測図は半世紀後に役立つ」と語っていた。私にはあの世で「資料のストックで何が悪い」と言う宮脇の声が聞こえてくるような気がしてならない。

その他に、デザインサーヴェイは学生たちに思いもかけない教育効果を与えた。デスクワークの苦手な学生たちが、調査依頼の交渉術がうまい、また高所での貴重な写真を撮ってくるなどなど、教室では決して評価されない能力がデザインサーヴェイでは大きく役立った。このように教室では日陰にいた学生たちが表舞台に出ることができたのだ。それはその後彼らの人生に計り知れない自信と勇気を与えたことは言うまでもない。

個から全体への方法論

近角真一

都市住宅7201
特集＝集住体①——集合住宅における個と全体

大学闘争で一年留年し、一九七一年七月に卒業するまでの沈んだ二年間に『都市住宅』誌が垣間見せてくれた集合住宅の世界は自分にとって建築に残された唯一明るい希望の道のように思えていた。『都市住宅』一九六九年六月号の桜台ビレジ、同一九七〇年一二月号の桜台コートビレジの内井昭蔵の二作品にはとことん魅了されてしまっていた。乞うて内井事務所に入れてもらったが、驚くべきスピードでプロジェクトが展開し、プレゼ模型のために毎週のように徹夜する日々を喜んだ。図面よりも模型が先行してデザインをリードすることもあるのが内井事務所流で、先輩が模型の進行を見まわって変更を採用してくれた時の高揚感は今も忘れられない。

宮崎台ビレジが完成したタイミングで『都市住宅』一九七二年一月号の責任編集者として内井さんが選ばれて、桜台ビレジ、桜台コートビレジ、宮崎台ビレジの三作品を軸に、『都市住宅』の一九七二年の年間テーマ「ドクメンテーション〈集住体〉」の一月号にふさわしい論陣を張ろうということになり、入所六か月の生意気盛りの新人が編集スタッフに加わることになった。

内井事務所の集合住宅の設計手法を開示し、その有効性を検証しようという趣旨であったが、特集の標題の「集合住宅における個と全体」に示されている如く、その手法は個からのアプローチ（個化）と全体からのアプローチ（特化）が一つの造形システムに終結することをめざし、エスキスを何度も繰り返すというものである。個は住戸よりも小さな造形単位であり、住棟という概念も登場させずにゴールはあくまでも個の集合たる全体システムというわけだ。

青少年を対象とした宿泊施設などでは、内井事務所のこの造形システムの探求がその後も良い作品を生みだして行ったが、集合住宅に関してはこの三作品の後、ぷっつりとその系譜が途絶えてしまっている。何故だろうか。

七〇年代に入るとマンションは大量供給の時代に入り、

ディベロッパー主導の住宅の商品化が進み、建築家の作品は急激に減って行く。もちろん内井さんの三作品もこの退潮局面に引っかかっているのだが、斜面に上手くなじませる全体システムの手法が開発不能地を可能に変えるマジックとして辛うじて受け入れられてきたのだ。やがて斜面緑地の保全が叫ばれるようになって類似プロジェクトは次々と中止を宣告された。

マンションは今日ディベロッパー物件以外にはありえない。容積、階高、フロンテージ、日影、視線、温熱環境、遮音等々の条件でがんじがらめにさせられた上に低コストを求められ、専属の設計事務所以外は手を出せない世界となってしまった。かつての内井さんの造形手法では、どうしても個々の住戸に性能の差が出てしまう。差があるところが豊かさの秘訣なのだが、すべての住戸が横並び百点満点でなければ駄目というのは、分譲システムそのものの欠陥だ。豊かな都市住宅をめざすとするならここから変えて行かなければならない。

光と陰の旅
――過疎と過密の情景を駆け巡って

山田脩二

SD7203　特集＝日本村／今

世の中、何もかもが光陰矢の如し……。

光と陰に深く寄り添ってカメラマンと呼ばれて五五年（瓦に深く係って自らカワラマンと名乗って三五年ですが……）。

名建築のパレスサイドビルの屋上三八メートルから大型カメラを落として木っ端微塵になり、茫然として五一年（自らの不注意ですが……）。

鉄骨が一五六メートルの最上階まで組み上がった霞が関ビルを都心のさまざまの地点から撮って五一年（建築業界にとって超高層ビル時代の幕開けと言われ、私にとって／撮っては独自の都市景観写真の幕開けでしたが……）。

「日本村」をお題目にして数多くの写真を発表して四五年（数多くの「村」は幸か不幸か消滅してしまいましたが……）。

上記とそれ以外にも固有の出来事を撮影した数多くの、光と陰の強いプリント・写真たちは、その時々のSDの貴重な誌面に相当量を埋め尽くさせてもらいました。身に余る光栄と感激でした。

のっけから私事の噺ばかりです。が、凸版印刷の大工場で大輪転機が猛スピードで稼働し続ける現場で、臨時の職工として印刷・製版・写真などを短期・即席の躍動感のある体験・修業を二年間させてもらい、恩を返す前に早々と辞してフリーターの身となり、凸版のデザイン部にいた親しい友人の平昌司さんが創刊前のSD編集部に移ったのを知り、一九六四年の秋、ぶらりと立ち寄ったことから深い付き合いが始まり、当時、主な仕事の発表の場がSDとなりました。

都市・建築を中心に、デザイン・芸術のあらゆる領域を包括し、その共通の広場となり、それらエキスパートの積極的な参加をめざした気鋭の編集長の平良敬一さんの寛容な理解と、大胆で斬新な企画・誌面づくりに助けられ、思う存分の写真を次々と掲載する機会に恵まれ、高い評価を受け、どんどん気分は空高く舞い上がりましたが、カメラだけは手放さずに、しっかりと持ち直して落とさず、職業カメラマンの道を続けました。

八〇歳の傘寿を直前にした今も、特に一九六六年から一九七二年頃までのSDとの数々の出来事は、三日三晩、語り、呑み明かしても尽きないほど、鮮明に思い起こされます。

特に一九七二年三月号「日本村／今」のこと。

一九六九年から翌年にかけては激動の年でした。ベトナム戦争のエスカレート、アポロ一一号の月面着陸、大学闘争、安田講堂封鎖解除、よど号乗っ取り、三島由紀夫は割腹自殺し、新宿駅西口広場ではフォーク集会が渦巻き、大阪万博は華々しく開幕。SDの誌面も、かなりの高揚度でした。一九七〇年、大阪万博のお祭りさわぎは、騒々しく疲れ果てて秋とともに閉幕しました。

都市とその周辺は急激に過密化し、一方で過疎化する地域がはっきりと現れはじめました。この国の過密な空間「都市」と過疎の空間「地方」の落差を駆け巡る旅に出て、その姿を撮影する作業を一九七〇年秋からスタートしました。

一〇万円で買ったポンコツ車で意気揚々と日本中を一年半走り回り、北海道根室半島の納沙布岬で、三万数千キロの旅をひとまず終えました。この国の津々浦々で予想外、予定外、乱調気味、不完全燃焼のさまざまな情景に接し、撮影し、焼きつけました。それらの固有でバラバラの写真をゴッソリとSD編集部に持ち込み、「日本村／今」のタイトルで三七枚の写真を本文と何の関係もなく、パラパラと頁の下半部に掲載することになりました。全く新しいスタイルのエディトリアル・デザインと自負しましたが、雑誌が出ると、当然、たちまち賛否両論、大きな話題になり、編集部には厳しい批判の風が吹き荒れたようです。が、ありがたいことに当時『アサヒカメラ』誌に「話題の写真をめぐって」という注目度の高い誌面があり、「日本村／今」が花々しく高い評価で取り上げられました。鼎談の中の一人、杉浦康平さんが次のように語っておられます。少々長い引用ですが……、

杉浦　写真の住みつき方の問題としてみておもしろい。どういうふうにメディアを占拠するかという問題から考えると、まだちょっとおとなしいが、こういうふうに続いているようで続いていないような、異物であって異物でないような、共存物といっていいような映像の住みつき方は確かにひとつの可能性だと思う。山田君の写真が他の記事の写真と微妙に対立したり、うまく溶けあうというか、ひとつの触発が生まれて、日本村がますます鮮烈になったりぶっこわされたり。だいたい現実というのはそういうせめぎ合いの場みたいなものですが、それがひとつのメディアの中で起こったのは、試みとして評価されていいでしょう。

この杉浦さんの発言に力強い刺激を感じ、その後の自分の仕事は順調に（？）進んでゆきました。最後になりましたが、心より感謝を込めて、祝「鹿島出版会」創立五〇年！

本音で勝負　決定！

椎名英三

都市住宅臨時増刊号『住宅第2集』（一九七二・六）

某事務所を入所わずか二か月でクビになった僕は、大阪万博の基幹施設の設計部で偶然出会った宮脇檀さんに「ウ

チに来いよ」と言われ、宮脇さんのことをまったく知らないままに事務所に入ってしまった。一九六八年、『都市住宅』創刊号（五月号）が出た年だった。

ある日、宮脇さんに連れられて村井修さんの撮影の手伝いに行った建築が、同年一一月号に掲載されたプラザ・ハウスである。誌上に寄せた宮脇さんの文章の一節にはこうあった。「大人気ないと思うが建ったばかりの作品に居る間中興奮しているし、アプローチから建物が見えた瞬間、胸がドキドキする。この夜もビール片手に周りをさまよい歩き、色々な視角からの夜景を楽しんで時を過ごす。（中略）やはり未だ胸が多少ドキドキする。プロではないなと思う」。二三歳だった僕はこの文章を読み、宮脇さんのナイーブな感性とそれを少しも隠そうとしない素直さに強く惹かれた。

建築作品を雑誌に発表する際に付される設計趣旨は生硬な内容の型にはまった文章であるのが通例だった。しかし『都市住宅』は既成の殻を破り、ときには建築家の真情の吐露のような文章や日記風の文章が掲載されることもあった。それは編集長である植田実さんの才覚が生み出したもので、そうした感覚が宮脇さんの感性に凄くフィットしたのではなかったかと思われる。前述の文章はその一例だろうし、宮脇さんの住宅が『都市住宅』での最多掲載記録を東孝光さんと競い合った所以でもあったのだろう。

一九六九年から宮脇事務所は千駄ヶ谷に移転したが、当時、植田夫妻も近くに住まわれており、生年が近いこともあってか、ごく親しい友人として付き合われていた。

次に僕にとって思い出深いのは、一九七二年六月に刊行された都市住宅臨時増刊『住宅第2集』である。そこに掲載された「ぶるう・ぼっくす」「かんの・ぼっくす」「まつかわ・ぼっくす」の内、前二者が僕の担当だったからだ。宮脇さんはこれらが生み出された過程を私的なメモという形式でまとめている。そこには、アイデアの葛藤、施主とのやりとり、技術的な考察、成功と失敗などの諸々が宮脇さんらしく赤裸々に綴られている。そして、「ぶるう・ぼっくす」では重量を軽くするために二階部分に木を使い、結果として混構造となったが、「まつかわ・ぼっくす」「かんの・ぼっくす」に至って、都市的状況に対応する外殻としてのRCに対して内部的要求に木造を対応させるという、混構造・ボックスシリーズの明快なコンセプトが確立された経緯が記されている。ここに、プライマリー・アーキテクチャーと対をなす混構造のコンセプトが告げられたのである。この号には、イェールの学生達がＤＩＹでつくり、今でも僕を魅了する塔状断面のウイークエンドハウスも掲載されていた。

智将・林昌二のもとで設計技術を学ぶ

小倉善明

ＳＤ別冊３『空間と技術——日建設計・林グループの軌跡』（一九七二・一二）

パレスサイドビルディングが竣工したのは一九六六年であるから、今年でちょうど五〇年が経過した。『空間と技術——日建設計・林グループの軌跡』を読み返し、当時の林グループのことを思い出している。

そもそも、「林グループ」は社内の組織名ではなく、誰ともなく言い出した呼称である。社内の組織名は「林設計部」であるが、呼称を社内でも社外でも通用させたのが、いかにも林さんらしい。林昌二率いる「林グループ」は当時の社内では台風の目であり、当初は毀誉褒貶相半ばした。当時の日建設計は工場の設計などが多く、個性が前面に出る建物を作り始めた林さんには、やっかむ人たちもいたというのが事実であった。

「林グループ」が社内で確立されたのは、パレスサイドビルの設計チームが固まったあたりであろう。チームの編成にあたっては、林さんは、自分が設計の責任者になること、メンバーは、中堅を入れず全員新人を起用することを強く主張し、自分の意見が通らなければ社を辞する覚悟があったようだ。チームに選ばれた新人は、たまたま二年前に入社した、まだ設計もろくにできぬ我々であった。

別冊に掲載されている全ての建築に、林昌二の個性が宿っていることは間違いない。そのデザインは力強く、直感的な発想に基づいていた。ポーラ五反田ビルやＩＢＭ本社ビルに見られるような大架構・大スパンなどの構造技術の表現はその典型である。一方、室内の空間・防災性能についても強い関心を払った。例えば、日本ＩＢＭ本社ビルは、無柱空間を大架構で作りだし、一つの防火区画でできたワンルームのオフィスの両端に縦動線を集め、究極の二方向避難を具現化した緻密な防災設計の成果とも言える。

林昌二のもとには、作品毎に違う担当者がいて設計が進められるから、担当者の個性も反映される。建築のコンセプトを定めた後は、それを展開させていく作業が始まるが、そのプロセスではデザイン担当者のみならず構造・設備の担当者の個性が出る。全員で良いものを作る、あるいは良いものを作るために戦う姿勢が、林グループのバックボーンになっていたことは間違いないだろう。

三井物産本社ビル（一九七六年竣工）は私が担当したが、我が国初めての超高層本社ビルであり、多くのスタディを行った上で設計に移った。この設計の記録をSD別冊として出版していただき、引き続いて大正海上本社ビル（現三井住友海上駿河台ビル・一九八四年竣工）の記録も別冊として出版していただいた。当時は超高層ビルがまだ少ない時代であり、続いて超高層の設計に挑む人たちの参考になればと思い、設計のコンセプトのみならず、コンセプトを裏打ちするディテールを含め、設計の記録としてまとめた。この二冊も我々林グループの共有の財産である「空間と技術」の記録であると思っている。

キクラデス
——観光地の展開と終焉

畑　聰一

SD7302　特集＝キクラデスの集落
——畑聰一のフィールドノートより

鈴木恂さんの「触知する」という感性に誘われてキクラデスの島々を逍遥したのは一九七一年から七二年にかけてである。二か月ほど暗く重苦しい空気が漂う東欧諸国を巡り、キクラデス諸島にまで達した時の感動はいまも脳裏に深く刻まれている。エーゲ海では、赤瓦を載せた軸組構造の文化はすっかり姿を消していた。石積みの壁にはモルタルとプラスターを塗り込め、木と竹で組んだフラット屋根についても塗り込めて、街路と建物が一体の切れ目のない白い景観を生みだしていた。家々は紺碧の空とコバルトブルーの海に縁どられ、その白さからは神々しささえ感じたものである。

SD誌に特集された「キクラデスの集落」は、当時の感動をそのまま綴った記録であり、その後のフィールドワークの原点となった。キクラデスには一〇年を空けずにたびたび訪れたが、空間のかたちは変化し続けて虚飾の度合いを深めてきた。とりわけ外輪山の淵に立地するサントリーニの集落は風土や歴史との関係性を見失い、厚い化粧を施してテーマパークの様相を呈するに至っている。

一九六〇年代まで、デロスの遺跡をめざしてミコノスを訪れる客は、ミコノスの民俗にも関心をもっていた。六〇年代後半になると観光客が大挙して押し寄せる。受け入れ態勢が追いつかず、シーズン中は自宅に客を泊め、自らは屋上などの屋外で夜を過ごす住民が数百人にも達する事態となった。そして七〇年代には、デロスよりもミコノスをめざして集まる客が増え、欧米からの移住者や長期滞在する画家や音楽家が現れる。さらに九〇年前後になると、民俗に関心を寄せる人はいなくなり、ヌーディストビーチをめざして来島する欧米の若者が急増した。

こうした変動は集落の構造を根本から変えるものであった。ミコニアン（ミコノス生まれの住民）が集客を期待するのは必然であったが、やがて不慣れな商いに見切りをつけ、店舗ごと外国人たちに貸し出して自らは町が一望できる丘の上へ移住するようになる。本丸を明け渡すと、雑貨屋やタベルナなどの過去に拘る店舗は立ちいかなくなり、代わりにどこにでもあるコンビニやファーストフードの店が幅をきかせるようになる。一方、オフシーズンになると、町の中はシャッター街となって風が吹き抜けるのである。ミコノス当局もこのような変化にただ手をこまねいてきた訳ではない。八〇年代の半ばに市長直属の観光企画部門を立ち上げ、留学経験のある有能なミコニアンを登用し、条例を整備して打開策を練りはじめる。土地の所有権や利用権まで見直したが、来訪者との共生は思惑通りになっていない。

サントリーニとミコノスの過去を振り返ると、まちづくりも観光事業も、一つの生きもののように感じてしまう。古い生活や空間が更新され続け、やがて新しい仕組みへと止揚される歴史の断面を見るようであるが、その変化の不可逆的な様相からは、終焉へと向かう危うさを否定することはできない。中身を詰めることなく入国者数と経済効果に偏って観光化を推進する我が国の場合はさらに深刻で、もとより高いレベルの交流や観光など想定されていないように思われる。

都市空間のサブ・レイヤーとしてのモクチン

重村 力

都市住宅 7302
特集＝木賃アパート——様式としての都市居住

木賃アパートとは木造賃貸アパートの略である。かつて最廉価の宿が炊事暖房用の薪代程度の経費で宿泊させたことから、「木賃宿＝キチンヤド」とよんでいたことを連想させるモクチンという、自虐的響きをもつ呼称である。私が調査した一九七〇年代初頭には木賃は東京都区部で世帯数では三割近くが住み、警視庁生活部の当時の統計では、五割近い住居が木賃である警察署管内もあった。

木賃アパートは引退した戸建て住宅の所有者が裏庭に建てたりする住居だが、周囲の住宅地が変貌してこればかりが密集する木賃地区もあった。木造密集による火災の危険性、狭さ、設備の不十分さ、プライバシーのなさなど、劣悪な住居として批判されていた。だが、これが当時急増する都心市街地の住宅需要を吸収していたことは間違いなく、また住宅融資などを通じて公的にも支えられた制度でもあった。一方木賃を克服する手段として、郊外団地に多く建つ公共住宅は入居資格もうるさく、手続きも煩瑣で、倍率も高く、まったく異質のものであって、その代わりにはならないものであった。

木賃アパートはある意味で、都会で暮らそうとする若者にとって解放でさえあった。家賃二、三ヵ月程度の敷金や礼金を払えば、仕事場に近い場所に直ちに住居を得ることができる。仕事場そのものにもなった。漫画家が多く住んだ池袋・椎名町のトキワ荘は有名である。漫画家に限らず住宅や仕事場兼用空間としてインキュベーター（起業空間）にもなっていた。親の家からの脱出自立、駆け落ち的同棲、地方から東京への上陸、会社からの脱出と起業などなどの重要な基地の役を果たしていた。

私自身、一九七〇年に横浜の実家を出て多摩川のほとりに近い新丸子に、六畳と二畳の台所とトイレのついた外廊下式の木賃を家内と借りた。家賃一万二〇〇〇円だが、製図板を置いて二人で下請け図面を月に数日画けば、遊ぶことも含めて十分生活ができた。木賃の暮らしは街に支えられていた。安い定食屋、公衆電話、喫茶店、銭湯などが近くになければ成り立たない。七〇年代中期には、以前は原宿や中野にしかなかったコインランドリーが東京中の銭湯の脇に普及した。さらには今日、コンビニがほぼ制度化して普及している。

これはいわば街をシェアする仕組みである。住宅の個別性能は改善されるべきだとしても、私はこの親密さの拠点としての小住居が、都市の空間体系の中にビルトインされる仕組みを築かねば、都市住居の問題は解消されないと考えて、あの文章を書いた。パリでは、アパルトマンの最上層（アチック・マンサール）だけは低廉な家賃（いまは高いが）で学生やボヘミアンの住居の場として確保されてあり、パリの都市空間がその生活を可能にしている。その日本的仕組みが必要と考えた。

現代は改良型の鉄賃アパート（RC・鉄骨造アパート）がワンルーム・マンションと呼ばれて木賃に置き換えられている。学生やヤッピーが住むシェア・ハウスも少し増えてきた。都市とすまいの仕組みの文化として、これらがもう少しましに、かつヴァイタルなネットワークとして、都市空間のサブ・レイヤーを構築することを、私は期待している。

個人史の部分としてのSD

原 広司

SD別冊4『住居集合論①——地中海域の領域的考察』（一九七三・一〇）ほか

SDには長年にわたって、たいへんにお世話になりました。心から感謝しております。

SDが発刊されたあたりの興奮は、若いころの私にとってはたいへん重要な建築的契機でした。平良敬一、長谷川愛子、植田実といった、私の大切な先輩と友人が、雑誌『建築』から、SDのために移ってゆき、やがて植田さんが編集する『都市住宅』誌も登場してきます。長谷川さんとは、東京大学でともに内田祥哉先生の教えを受けましたので、初期のメンバーの新しい活躍は憶えております。

個人的な記憶では、いくつかの出来事があります。まず、杉浦康平デザインによる特集「浮遊の思想」（一九六八年一月号）。これは表からと裏からでは、逆さまになった編集で、もちろん『朝日新聞』をはじめ、たいへん話題になりました。杉浦さんと私が悪のりして、平良編集長はじめみなさまにたいへんご迷惑をかけました。でも、あのような本は二度とつくれないでしょう。大事に至らなかったのは、通常よりたいへん確実な編集をみなさまがつづけていらしたからだと推測します。

そういえば、寺山修司、宇佐美圭司、高松次郎とSD誌上で話をしたときの写真をいただいて、子どもたちの私に対する評価が上がったものですが、それも、SD初期のころでした。『都市住宅』とあわせて、とくに勢いがありましたね。

つぎに、別冊『住居集合論①〜⑤』。この本はもう手に入れることはできないでしょう。七〇年代の五回の世界の集落調査とその報告は、SDのおかげでした。一年間は調査と準備、もう一年間は本づくりと、このサイクルを五回行ったのが私の七〇年代です。おそらく、この五冊は、一〇〇年くらい経ちますと、歴史的価値が出てくると確信しております。世界各地で近代化がすすみ、集落も消えるでしょうから。当時は、日本での世界の集落調査などはありませんでしたので、研究費など出してくれるところはありません。はじめのころは、私も大学の休暇をとり、いつでも辞表を出すつもりで調査に出かけたような状態でした。別冊の原稿料の前払いをいただいて出かけたのですが、経済的な支えになりました。SDがなかったら、集落調査はつづかなかったでしょう。

長谷川編集長の時代にはじまったSDレビューのお手伝いもしました。安藤忠雄さんも加わっていたのですが、すぐに帰ってしまうのが印象的。個人的にはたいへん重要な話をきいてもらいました。SDレビューでは、妹島さんの登場が印象的で、はじめのころは少女趣味のような感じを受けましたが、だんだんと凄味をもちはじめました。相川編集長の時代も、SDレビューはだぶっていますが、その後私の作品集もつくっていただきました。

つまり一言であらわせば、SDは私の個人史にとって不可欠であったのです。本来なら、大局的に結語を書かねばならないところですが、強い愛着の情があるために、このような文章になりました。

（初出＝SD0012「SDグラフィティ　36年の想い出」）

都市の実像を写す眼差し

宮本隆司

都市住宅7304　特集＝住居の地理学　ほか

一九七三年四月号、慶應義塾大学計量地理学研究室責任編集「住居の地理学」特集で東京谷中の家並を撮ったのが、私の『都市住宅』における最初の仕事である。経済学部の研究者による都市の生活空間調査研究の写真ページである。東京大空襲の消失を免れた古い家が数多く残っている、江戸時代を思わせる木造の長屋や町家が建ち並んだ街並を撮影した。日暮里駅からほど近い谷中墓地に隣接する地域で、テレビドラマ「寺内貫太郎一家」のモデルになった石屋の黒々とした重厚な瓦屋根の民家がまだ健在な頃である。

一九七三年七、八月号、広島市＋大高建築設計事務所責任編集「高層団地」特集は、広島基町・長寿園団地計画報告であるが、これも『都市住宅』で写真撮影した初期の仕事である。二〇階建てのアパートを高層建築とし「〈超〉建築への挑戦」と題した文が載っているのが時代を感じさせる。霞が関ビルが超高層建築の夜明けとして建設されてから五年後のことである。

巻頭写真ページには一番手前に太田川沿いの土手に原爆スラム、そして低層の木造市営住宅、続いて鉄筋コンクリート造の中層市営アパートが建ち並び、その背後に基町高層アパートが建設されているのが眺められた。戦後の住宅状況、公共住宅事業の歴史が眼前に一望できた稀有な体験であった。原爆スラムのクリアランスとしての高層アパート建設だったこともあって、私は積極的にスラムの内外を歩き廻って撮影した。高層団地特集であるが、近接していた原爆スラムに関してのページが多いのは『都市住宅』独自の編集方針であり、多いに発奮して撮影した。

さらに一九七五年一月号「駅前スコープ一九七五」は〝町としての駅前の写真による表現〟である。首都圏の鉄道駅前をパノラマ撮影した横長の写真のみ全ページを使って掲載している。一冊丸ごと東京通勤圏の駅前写真記録集とした、建築雑誌史上前代未聞の大特集である。この号は私だけでなく編集部全員、関係者総出の写真撮影であった。

それにしても植田実編集長は、大学卒業直後で建築撮影の経験が無い私のような若僧を、よくも使ってくれたものである。それほど『都市住宅』は自由で柔軟な編集方針であり、そうした無謀を受け入れるほど若々しく活気のある編集部であった。『都市住宅』編集部に受け入れてもらったことが、私にとって建築、都市、空間への目覚めであり、写真家になると決意した時でもあった。

その頃、使ったカメラは三五ミリ一眼レフのニコンF、建築撮影で一般的なアオリの利く大型カメラではない。当時の建築雑誌の写真は通常、大型四×五カメラを使用していたが、『都市住宅』の建築写真の他に類を見ないユニークさは小型の三五ミリカメラによる写真を多用したことである。だから私は幸運にも建築の最前線に立ち会うことができた。未熟であろうとも若い感性を必要としていた時代だったのだろう。

画像の粒子が荒れてコントラストが強く異様に暗い写真。常識的な美意識から外れた同時代の写真表現が『都市住宅』に掲載された私の写真には色濃く反映していた。あらゆる価値観を問い直そうとしたあの時代にあって、『都市住宅』は実験的な誌面作りを絶えず試みていた創造精神あふれる媒体であった。その編集と建築現場に遭遇できたことに改めて感謝したい。

すべては都市ゲリラ住居にはじまった

安藤忠雄

都市住宅臨時増刊号『住宅第4集』(一九七三・七)

大阪の梅田に小さな事務所を構えてから四年目、一九七三年に初めて、自身の仕事を建築雑誌に発表する機会を得た。それが『都市住宅』だった。

掲載されたのは、私の事実上の第一作である「冨島邸」と他二件の計画案、それに「都市ゲリラ住居」という短い文章である。

独学で何の後ろ盾もないまま、建築の道を走り出した。当たり前のこと仕事はなく、座して待っていても駄目だと、コンペに挑戦したり、空き地を見つけては、頼まれてもないのに勝手に画をかいて、地主に売り込みにいったりと、必死に駆け回った。そんな中で、学生時代の友人に、自宅の設計を依頼された。大阪の梅田近くの、五軒長屋の端の一軒の建て替えだった。不安一杯の中で、無我夢中で設計に打ち込んだ。知識も経験もないが、情熱と思いだけは誰にも負けないという思いの中で、実務を知る今なら躊躇するような、無茶なことを平気で考え、実行に移した。持てるすべてを、一四坪という小さな敷地の建築に注ぎ込んだ。そして「冨島邸」が完成した。

『都市住宅』掲載のきっかけをつくってくれたのは、渡辺豊和さんだった。彼の紹介で、編集の植田実さんにお会いし、作品と一緒に文章を載せていただくことになった。憧れの雑誌で自分の仕事が紹介され、社会に発信される事態に心高ぶった。

しかし、いまだ固まりきらない心の内の思いを形にするのには、大いに苦戦した。自分は何をつくりたいのか、自分の目指すべき地点はどこにあるのか、奔り続けてきた数年間を振り返りながら、考えた。そして……過密都市の中に劇的に生を獲得するようなスペースを内包しなければならない……という私なりの都市・住居観を〝ゲリラ〟という言葉に託して、「都市ゲリラ住居」を書きあげた。以来、このタイトルが私の建築の代名詞となった。

「冨島邸」のクライアントは夫婦二人で、子どもは一人と決めていたから、三人家族の住まいとして計画していた。しかし完成から一年後、生まれたのは双生児だった。友人は「設計者である私が双子のせいだ」と冗談を言っていたが、私は「自分の第一作とずっと付き合っていくのも悪くない」と、後に本当に譲り受け、自身のアトリエにした。ここでは、自分自身が施主であり、設計者なのだと、トレーニングの意味で、必要に応じて、増改築を重ねた。一九九一年の四度目の改造で完全に取り壊して全体をつくりかえ、現在の地上五階地下二階の姿に落ち着いたが、最近も隣のビルの上階を購入し、その部分だけフロアを連結してみるなど、色々と実験的試みを続けている。

建築家でいる限り、『都市住宅』から始まったこの都市ゲリラ住居第一号で、仕事を続けるつもりだ。

ランドスケープデザインの豊饒な世界への扉

都田 徹

SD7309 特集=環境計画——SDDAの場合

私が大学生だった一九六〇年代半ば、日本ではまだランドスケープという言葉は建築雑誌の中では聞かれず、造園という分野の中で少し語られていた程度だった。こうした状況の中で、学んでいた研究室の久保貞教授はアメリカンランドスケープに詳しく、日本で第一人者といわれていた。先生はその頃、既にこの分野の重鎮であるガレット・エクボ氏やハーバード大学のヒデオ・ササキ氏、また有名なローレンス・ハルプリン氏等との関係を持たれていた。

一九六五年創刊のSD誌は、〝スペースのデザイン〟をコンセプトに掲げ、建築の分野に限って扱っていた他の建築雑誌とは異なり、環境計画、環境デザイン、そしてアートまでを含んだ広範な分野を対象とする雑誌だった。それを示す一例として創刊号の中に久保貞教授の環境デザインの記事が掲載されている。その後も同分野の紹介を継続して行い、日本でのランドスケープの発展過程とその意味と深さを掘り下げ、啓蒙する唯一の月刊誌として、パイオニア的な役割を果たしていた。

卒業後、鹿島建設に入社した私はカリフォルニア大学バークレイ校・大学院の環境デザイン学部に留学、一九七二年に修了、続いてハーバード大学・大学院デザイン学部（GSD）でランドスケープとアーバンデザインを学んだ。授業は月水金で、火木土はウォータータウンのSDDA（当時のSasaki, DeMay, Dawson & Associates）で実務スタッフとして働いた。エクボの教えから、ランドスケープデザインの分野では大学での授業と並行して実務を通じて学ぶことが重要だと教えられていた。また私は、実務事務所で働くことが喜びでもあった。このSDDAでの経験をまとめ、特集となったのが標記の号である。

その後、一九七五年九月号「ロン・ハーマン：造景計画：カリフォルニアの場合」、一九七六年六月号「ロバート・ザイオン：ランドスケープ・アーキテクトの世界」の特集に関わったが、いずれの場合も、結果としてのデザインよりはむしろそれぞれのデザイナーのライフスタイル、考え方の骨格（フィロソフィー）、組織運営のあり方を中心に事務所を紹介した。それが私の関心の赴くところであったし、また当時の日本の状況にあって有用であると考えていた。

実務経験で私が最も感激したのはザイオンとの出会いである。マンハッタンの喧噪の中のわずか九×一三メートルの小さなスペースを〝ペイリー・パーク〟としてまとめた彼のデザインの力とそのシンプリシティを発見したことが発端だが、それにもまして次に掲げるような彼の実践に啓発されるところが多大だった。（一）ハーバード大学で三つのマスターを収得している。ビジネス、ロイヤー、ランドスケープ・アーキテクチャー。（二）事務所をマンハッタンからニュージャージー州イミレースタウンへ移転し、週休三日制を貫いている。（三）事務所はリンカーン大統領の曽祖父が使っていた歴史的建築物の粉ひき小屋。（四）自宅は自分が経営・運営しているトウモロコシ畑とナーサリー畑の中にある二五〇年前の大農家の改造で、馬三頭、ポニー三頭、犬一一頭、豚二頭を飼い、農夫と共に世話をしている。（五）週二回、自宅から二五－三〇分の距離を馬で通勤。ほか多々、すばらしく、そして驚くべき実践というしかない。

赤煉瓦ビル、二度目の撮影

羽田久嗣

都市住宅7405
特集＝丸の内——コンサヴェーション・ガイドマップ

五十数年前、僕は大阪で工業デザイナーをめざしていた高校生だったが、カメラ好きでもあった。憧れのニコンFは高嶺の花で、ずっと性能の落ちるカメラしか持っていなかった。東京に特攻隊生き残りの母方の伯父がいた。彼は優れたインテリア・デザイナーで、不思議なことに多くの米国企業をクライアントに持っていた。また狙撃の名手で、僕も銃が好きだったので仲がよかった。彼からの影響だろうか、僕はインテリアや建築にも興味を持ち、いつしか丸の内に建ち並ぶ新旧の建築群を撮ってみたいと思うようになった。その機会は夏休みに訪れた。祖父の口添えで、父方の伯父からドイツ製ツァイスイコン製のカメラを借り、勇んで丸の内に足を運び、やっとのことで守衛を通してビルの管理者から許可を得ては、三菱の赤煉瓦ビル、仲一号や仲三号館などの建築を夢中で撮影した。成果を高校の美術部の先生に見せたところ「お前は建築写真家になれ」と言われたが、写真には進まずに建築学科に入った。

大学生になって、先ず一年間の奨学金の全額をニコンFとアオリ装置付き広角レンズの購入にあてた。大きな出費だったが、建築写真の撮影のアルバイトは順調で、月に五、六万円の利益を本代と建築巡礼の費用に回すことができた。卒業後、設計事務所に勤めるかたわら専門誌の建築撮影をしていたが、数年後に独立し、建築写真事務所を開設した。

一九七四年の冬のある日、『都市住宅』編集部から電話があった。丸の内地区の建築群の多くが建て替えられる機運にあり、保存を見据えた調査・記録を特集として組む、ついては写真を撮って欲しいという依頼だった。短い日照時間、多大の交通量などを考え合わせると、相当な強行軍が予想されたが、高校時代の経験が蘇り、二度目の丸の内の撮影に挑むことにした。

それにしても二週間で一〇〇〇カットほどの撮影は大型カメラでは不可能で三五ミリで行わざるを得ない。しかし建築の巨大さに比して道はさほど広くない。思案していたところ、ちょうど日本光学の一眼レフ用超広角レンズ「ニッコール15mm f=5.6」の試作品が完成していた。当時としては驚異的に歪みが少なく、画角一一〇度。これを愛用のニコンFに装着し、テストを兼ねて撮影の主力として用いた。その威力は抜群で、引きの少ない道路の反対側からの外観全景の撮影や、三菱銀行本店、日本勧業銀行、三井銀行本店をはじめとする大空間の撮影に威力を発揮した。予定期間内に撮影は終了し、特集号は無事発刊された。

その後、僕はアメリカ、シアトル近郊に移住し、インダストリアルデザインを主に写真撮影も行っている。東京を再訪する機会はないが、あれから四〇年、丸の内地区は大きく変貌し、時代の技術の粋を集めたといわれた多くの名建築が失われてしまったのは残念でならない。耐震性など性能面での寿命もあったのだろうが、それよりも容積や利用効率などの経済性からの建て替えという側面が強いと聞けば、さらにその想いは強い。僕が撮影した画像は、日本経済の勃興期の象徴としての重厚にして華やかな建築群を総覧的に伝える貴重な資料となった。いつの日か、これらの資料に再び陽が当たり、かけがえのない歴史が顧みられることを祈っている。

住宅の壮大な構想を捉える小型カメラ

宮本隆司

都市住宅臨時増刊号『住宅第6集』（一九七四・五）ほか

私が都市住宅別冊で撮影した、一九七四年五月『住宅第6集』の鯨井勇設計「プーライエ」、七五年夏『住宅第10集』の山根鋭二設計「カラス城」は、共に自力建設の自邸である。アメリカ西海岸のカウンターカルチャーの影響もあって、国内でも工務店、専門業者の施工によらないセルフビルドの個性的な住宅建築が出現するようになっていた。前者は郊外住宅造成地の階段の上の、メルヘンから抜け出たような、古材を用いた外壁板張り三角屋根の手作り木造住宅、後者はドラム缶を型枠にしたコンクリート壁の上の、真っ黒にペイントされた砦のように屹立する構築物。いずれも素朴な佇まいではあるが、平凡な住宅地の風景を一変させてしまう異形の住宅である。

さらに七五年秋『住宅第11集』原広司設計「原邸」を撮影した。セルフビルドではないが、雑木林の傾斜地に下降するように建てられた姿は類を見ず、白い空間の両側に家並みのように連なる個室の中央を街路のような階段が下りて行く内部は〝住居に都市を埋蔵する〟という原広司のコンセプトが具現化された独創的な構成である。都市的スケールを住居内部に圧縮し、都市の構造を埋め込んだ家を創造しようという発想を形にした住宅である。

こうした一連の住宅の姿は小さいが、その構想は壮大で、自らが在る世界に正面から対峙しようとする意志に満ちあふれていた。現場で撮影しながら、住宅建築がこれほど大きく深く世界を考え、空間を構築しようと試みていることに驚き圧倒された。無我夢中で住宅の周りを歩き回り、可能な限り長い時をかけて建築と空間を読み取り、撮影に没頭した。

いずれの場合も、小型カメラによる撮影であった。大型カメラを据えて厳密にアオリをつけ垂直線を決めた撮影ではない。建築写真は形式による拘束が数多く残る写真領域である。大型カメラによる緻密な画質、レンズのアオリによる垂直、水平線の補正、人物像の排除などによる空間整理。これは、建築写真は設計図や完成予想図をなぞるように撮影するという古くからの約束事である。だが人間は現実には、そのような補正した視線で建築を見ることはない。人間の自然な視線で建築を眺め、普通の目線で建築を見る必要があると私は思った。もっと自由な目線で自然な建築写真が撮れないだろうかと考えた。新しい建築には新たな視点が必要である。小型カメラの自在な視点で建築を撮るという意図に合致したのが、これらの革新的な住宅建築であった。

七〇年代の日本の住宅建築作品群は、いま世界的な視野で再評価されている。『都市住宅』がその要の建築雑誌であったのは間違いない。

土木工学とアーバンデザインの対決

森田伸子

都市住宅7407　特集＝隅田川悲歌

『都市住宅』編集部に入って一年、初めて特集を任された。横内憲久氏を中心とする日本大学グループの隅田川河岸の利用状況の調査報告書「隅田川レポート」を渡されて、これで特集をまとめるようにとのこと。しかし何度読み返しても面白みを感じられず、別の組み立てを考え始めた。

当時、関東学院大学土木工学科の助手をしていた友人に宮村忠氏を紹介していただき、東大の研究室に会いに行った。「百年に一度あるかどうか分からない洪水に備えてカミソリ堤防を高くするのはあまり意味がない。洪水域に住むのであれば、いざとなったら逃げる準備をして川を眺めながら生活する方がよほど得策だ」。新大橋のたもとで隅田川を眺めながら育ったという宮村氏の豪快な話には説得力があった。で、この話を軸に、特集を組み立て直すことにした。冒頭の座談会は宮村忠＋横内憲久＋三浦周治＋渡部一二。土木工学とアーバンデザインとまちづくりの専門家だ。議論は宮村氏がリードするところとなり、おおいに盛り上がった。冒頭で述べた日大の横内グループの調査は後半にまとめ、東京大学土木工学の井口昌平教授に隅田川小史、嶋野実の写真、益子義弘のスケッチ、早稲田大学の卒業設計（越後島研一＋竹居陽一＋内藤廣）の隅田川河口の提案もコラムで小さく紹介した。地味なテーマだったためか売れ行きはそれほど良くなかったが、その後の出版企画の枠組みをつくる上ではおおいに役に立った。

翌年、横内氏と一九七五年七月号「ウォーターフロント：ケース・スタディ一〇八例」を編集した。当時、注目され始めたウオーターフロント開発の最新事例を紹介したこの特集は、この年度の『都市住宅』の最高の売り上げを記録した。

東大土木工学科高橋裕門下の宮村氏は後に関東学院大学の教授となり、治水の重要性を説き、河川工学の重要な一角を支えた。日大の助手だった横内氏はウォーターフロント研究の第一人者となり、数々の海外事例を紹介し、海洋建築工学科の教授となった。横内研究室はこの後も日大の豊富な機動力を発揮して、日本の沿岸部全域の実態調査を行った。多摩美術大学の教授だった渡部氏は、三年後、郡上八幡の調査をもとに一九七七年三月号「水縁空間の構造」を著し、共同研究者だった郭中端氏はその後、早稲田大学を経て台湾に戻り、ランドスケープアーキテクトとして活躍し、『護土親水』という本を書いた。内藤氏はスペインに留学後、菊竹事務所を経て独立し、数々の名建築を建て、その後、東大都市基盤学科の教授となって景観計画を教え、建築と土木と都市計画を繋いだ。二〇一一年に東日本大震災が起こり、復興に際し、建築家の守備範囲の狭さが改めて確認された。内藤氏は被災現場に何度も足を運び、建築家の活動の場を得るべく活動したが土木の圧倒的な勢力を前に力は及ばなかったようだ。この時の議論が生かされていたら、建築家の動きも違ったものになっていただろう。

「デザインエディター」の一〇年間

羽原肅郎

SD7410 - 8409

今思うと幸いにも私は、このSDの創刊号、一九六五年の一月号に寄稿した。それは当時編集部員のひとりであった中村敏男氏の知人であったからだと思う。SDの創刊には方々から編集者が集められた。中村氏はそのとき確か『近代建築』という雑誌の編集長だったかと思うが、SDの、その理想的なエディターシップに共鳴して移ってきたのである。発刊準備の数ヵ月の間、何回かお会いして氏の新しい雑誌への情熱を聞いているうちに、この私も結果的にいうならば終頁に近いコラム欄にニュースのようなエッセイのようなものを書いた。それは「ビジュアルデザインという文化について」という表題である。新しいテクノロジーの時代に向かって、日本人の感覚、日本語（漢字・ひらがな・カタカナ、タテ組・ヨコ組、等々）の課題と、ビジュアルデザインの美的価値観の文化としての重要性認識へ向けての提案であった。現在、ビジュアルデザインの美的価値観の認識は十分に達成され、日本のグラフィックデザインは世界屈指の成果をあげている。しかし、日本語そのものは、コンピュータの出現によって、そのデザイン的構成の秩序は混乱に向かっていると思うが、どうだろうか。

一九七四年の秋から、幸いにも実際にSDの編集員のひとりとして協力するようになる。一九七五年五月号より「デザインエディター」と称して、一九八四年九月号まで務めた。デザインエディターという呼び名は当時、いや今でもほとんど使っている人はいないのではないだろうか。それは、アートディレクターだけではない実際の編集作業も行う者として、私が思考した名称である。アメリカの『ヘラルド・トリビューン』紙の「ニューヨーク」という日曜版にピーター・パラゾー（Peter Palazzo）というデザインエディターがおられるということは、後で分かった。こういった新しい試みができたのも、SDという正統なる前進前衛を思潮しようとしたことが根本にあったからではないだろうか。

一九七七年の新年号では、一月号と二月号の合併号というのを発刊した。それは、アルヴァ・アアルトの特集であったが、単に二か月分を一緒にすれば良いというものではなかった。毎月予定されている広告のこと、月刊誌を配本する取次店の手配、用紙や印刷所の日程などに、長谷川編集長、生田目武久氏をヘッドとする当時の編集部の緊張した空気は、今想起しても鳥肌が立つといって過言ではない。

デザインエディターといっても主としてレイアウトにもっとも力を入れたと思う。それは、誌面にポイントを規準にしたグリッドを敷いて、それに則して記事を構成する、いわゆるひとつのシステムである。また、活版印刷からオフセット印刷への変動期であり、その両者のもっとも基本的な実務と、最高の技術と最新のシステムを体験体得できたことは、じつに充実した期間であった。

（初出＝SD0012「SDグラフィティ　36年の想い出」）

空気を写さず空気を撮る

堀内広治

SD7601　特集＝白井晟一

四〇年以上も前、佐世保に親和銀行本店懐霄館が竣工したときの話である。当時、写真家・村井修さんの助手をしていた私は、白井晟一さん晩年の作品撮影の多くに同行し、懐霄館の撮影にも立ち会ったのだった。まだ右も左も分らない私だったが、撮影後に交わされる巨匠二人の何気ない会話に少なからず影響を受けたのは間違いない。

少々表現が悪いが、二人の会話を誇張すれば狐と狸の化かし合い的な会話が多く、決して種明かしはしない禅問答的な会話が続いた記憶がある。

その中で今も鮮明に覚えているやり取りを紹介しよう。白井さんは「空間を写すのでは無くその中に漂う淀んだ空気を写真で表現したい」と言い、村井さんは「張り詰めた緊張感のある空間が良い」と言う。決して交点の無い問答の中で相手の本心を見極め、互いの求める回答を探っていた感がしてならない。側にいながら口を挟む余地など無い私であったが「何？　この空気感」みたいな会話のやり取り、その場の緊張感は今でも鮮明に思い出される。私も含めてだが、このような緊張感の中での建築家と写真家との真剣勝負の会話が少なくなって久しい。

ＳＤ誌に掲載された写真を改めて見直してみると、現場で感じたピリピリとした緊張感そのものが写し込められている一方、白井さんの言う淀んだ空気も確かに感じられる。あの独特の空気感は村井さんの写真によってよりいっそう研ぎ澄まされ、キリキリとした緊迫感すら感じる写真に仕上がっている。これぞ村井ワールドだ。ページを開いていくと大判の写真に圧倒され、白に縁取りされた洒落たページ構成、あたかも豪華写真集のようである。後にこの特集がきっかけとなり、白井さんの作品の再評価につながったのも頷ける。雑誌の影響力がまだまだ健在だったよき時代の話である。ある時、何かの折に村井さんに聞いてみたら、白井さんの言っている空気なんて写真には写せない、ただ「空気を写すのではなく、撮るのだ」とこれまた禅問答のような答えが返ってきた。

その後時を経ても「写さず撮る」の本意を見いだせない

でいるが、師匠の教えとして常に存在する気がしている。その村井さんも先日逝去され、今頃は白井さんとだけではなく多くの先人達と余人が入り込める余地の無い禅問答を楽しんでいることだろう。

研究対象としての三次元立体都市

阿久井喜孝

都市住宅7605　特集＝実測軍艦島

それは突然の出合いだった。一九七四年春、三菱の海底炭鉱「端島」が完全に閉山されるというニュースが流れたその週の内に、私は研究室のメンバー数人とともに端島に向かい、後片付けの少人数を残すほかに人影のない島に降り立っていた。予備知識はほとんどなく、行けば何かがあるだろう、そのくらいの気持ちだった。

荒波が打ち寄せては高い波しぶきをあげてくだけ散る堤防に守られ、急峻な岩に張り付くように高層建築が林立する全容はまさに「軍艦島」の通称そのままの迫力だった。

しかし、何よりも私たちを圧倒したのはその空間だった。十数層を成すさまざまな形式の住居群、深くえぐられたような各所の中庭、水平にどこまでも曲りくねって行くバルコニー、公私の境が定かならぬ住戸階、それらのすべてを貫いて迷路のように巡る通路。学校、病院、浴場、映画館、社寺、店舗等が小さいながら一セット揃っていることからすると、日本国内はおろか世界にも類を見ない超高密度の住宅都市に違いない。私たちは即座に実測調査に踏み出すこととし、以降十数年、夏が来るごとに調査に出かけることになった。

バナキュラーと総称される世界各地の高密度の住宅都市のいずれもが土着の技術を用い、長い期間に亘って徐々に作られたものであるのに対し、端島は異なる。海底一〇〇〇メートル以上も深く探杭の掘削を可能にしていた当時最先端の技術を背景に、短期間に、人工的、計画的に建設された三次元立体都市なのである。研究対象として私たちが惹きつけられた第一の点はそこにあった。一九一六年竣工の三〇号棟は日本最初のRC造アパートとみなされるが、それを皮切りに戦中の物資困窮期にあってもなお建設が続けられたRC造の建築群は、時期において世界に先駆するばかりか、日本固有の生活様式に適合させるべく考えられた数々の工夫（高床と土間、上下足分離、近隣との開放性と閉鎖性、軒の縁側ほか）によって、また台風銀座と呼ばれる超過酷な自然気象に抗する必要から、まったく独自の高層住宅建築が形成されていたと言える。そこでは採掘、土木、海洋、建築といったジャンルにとらわれないエンジニアリングが必要を母として縦横に適用される一方で、住民自らの手によって日常的なメンテナンスが幅広く行われていたことを知った。それらにより都市全体のハードは大小交えて絶えず更新され、時間を生き延びたのである。その意味では環境と時間に自らを適合させるべく変容を続けるメタボリズム都市であったとも言えよう。

もちろんこうした先進性、斬新性を無条件に美化することとは厳に慎まれるべきことだ。戦前の過酷な労働環境は想像を絶するものがあるし、閉山後のたぶんに人為的な荒廃は嘆かわしい事実である。何事も明と暗とは表裏一体。そうと知った上で今や世界遺産となった「軍艦島」の存在が永久に価値を永らえるよう願うばかりだ。

（談、二〇一七年二月二八日）

居住環境のグローバルな総合をめざす巨人の思考と活動

長島孝一＋長島キャサリン

SD7607　特集＝人間環境を考える
――C・A・ドクシアディス追悼号

私たち二人は異なる道をたどってアテネのコンスタンチノス・A・ドクシアディス（一九一三－一九七五）の組織に入り、知り合い、生涯のパートナーとなり、日本に居を定めた。

ドクシアディスは多才な巨人だった。肩書を挙げれば、建築家、都市計画家、政治家、実業家、哲学者、著述家。学問的にはエキスティクス（人間居住科学）の創始者であり、実業家としては居住問題総合コンサルタント、ドクシアディス・アソシエイツ（DA）を率いて、イスラマバードなど世界各地で大規模な都市計画を手掛けていた。同じ場所にアテネ・エキスティクス・センター（ACE）が並存し、居住環境に関するあらゆる事象を対象に研究が行われていた。多国籍の大勢（六〇年代末時点で七〇〇人余り）

のスタッフは必要に応じてDAかACEのどちらかに所属し、実務と研究の機能的な相互補完がなされていた。またDAの実務運営上の学際性も特徴だった。プロジェクトチームには、建築家、プランナー、統計、地理学、土木技術者、経済学、社会学、歴史家など、そのプロジェクトの総合化に必要な専門家が一室に会して議論し、作業をしていた。こうした仕組みが机上の理想論ではなく、現実にさまざまの場面で運営され成功した事例は稀有であろう。

彼の唱えたエキスティクスは、〝人間は万物の尺度なり〟とする古代ギリシャの哲学に発し、人間そのもののスケールから地球全体にいたる広範な居住領域を対象とし、学際的なアプローチで総合的に居住環境の研究を行い、実際の計画や活動・プロジェクトの展開を通じて、現在の事態を改善しようとするものである。

彼は居住問題の解決は、普遍的・地球的文脈の中で見いだせると考えていた。政治的な立場から南半球のオーストラリアの僻地に五年ほど隠棲した間に、期せずして、世界を客観的に鳥瞰する機会を得たのだった。それが先進国、後進国の分け隔てなく、グローバルで普遍的な視野で世界を捉える発端となった。地球を一五の空間的スケールと幅広い人類史的時間軸の中で分析し、それらの総合化を図るドクシアディスの思考と姿勢を形成したのである。

その結果、彼の活動は必然的に国際性を帯び、一九六三年から一〇年に亘り毎年デロス会議を主宰した。その中でCIAMの思想も、ジークフリート・ギーディオン、ジャッキー・ティルウィットなどの人材の流れを含めて発展的に持続され、二〇世紀末から二一世紀にかけての人間居住のあるべき未来の姿を求めて、世界的人材の交流の場となった。日本では磯村英一、戸沼幸市、芦原義信、中国では都市計画の泰斗ウー・リャンヨン教授、メガロポリスの著者ジャン・ゴットマン、歴史家のアーノルド・トインビー、バックミンスター・フラー、文化人類学者マーガレット・ミードをはじめ多くの世界の知的リーダーが参加し討論をかさね、〝デロス宣言〟として集約された。彼の思考に共鳴する人は全世界に広がり、そのつながりは今にいたるもWSE（World Society for Ekistics）の活動として持続している。

これらの延長上に国連人間居住会議の発足があったが、その実現を大きな目標にしていた彼は、開催を目前に亡くなってしまった。SDの特集は期せずしてそのタイミングで発行され、事実上、日本で初めて彼の思想と実践を全面的に紹介するものとなった。

現在地球上に、EU、中近東、アフリカほか、多くの分断化が進行しつつあるように見える。エクメノポリス（世界都市）の出現をはじめ、卓抜した先見性のあるドクシアディスが生きていたら、この状況にどのような示唆を与えるだろうか。分断化の望ましい行く末は地域性の復権であって、より大きな融合、〝多様性における統合〟への一過程に過ぎないと、私たちの危惧を朗らかに吹き払ってくれるような気がするのだが。

都市を読む
——建築類型学から始まった都市論ブーム

森田伸子

都市住宅7607
特集＝都市の思想の転換点としての保存
——イタリア都市・歴史的街区の再生

一九七六年三月で『都市住宅』は別冊などを加えた累計一〇〇号を迎え、編集長が植田実から吉田昌弘に交代した。突然の退陣で創刊当時の編集部員もほとんど入れ替わり、この年度は吉田と森田が交互に特集を担当することになった。

陣内秀信氏は、当時、イタリアに留学中で、一九七五年春頃、三宅理一氏の紹介で連絡をとり始めた。その後この特集に向けて、さまざまな資料が次々とイタリアから送られてきた。特集はイタリアの都市に取材し、イタリアの歴史都市の保存的計画を紹介するもの。ヴェネツィア建築大学のマルチェッロ・ヴィットリーニ教授が責任編集を引き受けてくれた。当時、注目を集めていたボローニャの歴史地区の保存計画をはじめとして、七つの都市、四つの学生プロジェクトを加え、数か月後に特集号は出来上がり、多くの関係者の注目を浴びた。

陣内氏の紹介したイタリアの都市解析の方法論「建築類型学」は大きな注目を浴び、やがてやってくる都市論ブームのきっかけとなった。当時、今和次郎の考現学、文化人類学、計量地理学、宮脇檀のデザインサーベイ、原広司の住居集合論など、都市を読み解く手法が様々に試みられ、『都市住宅』やSDでも盛んに紹介されていた。一九七〇年代後半には長谷川堯の『都市廻廊』をはじめとしてさまざまな東京論が出版され、八〇年代の東京論ブームに受け継がれて行く。八〇年代中盤には『東京の空間人類学』の陣内氏と『明治の東京計画』の藤森照信氏が、都市学者の双璧としてブームを牽引していた。

また、陣内氏の都市解析の方法は当時東京大学で教え始めた建築家槇文彦氏にも影響を与え、彼の東京論は一九八〇年代初頭に『見えがくれする都市』（SD選書）として出版され、ベストセラーになった。この本の著者の一人だった大野秀敏氏は後に槇の思想を発展させ、東京の縮小都市論『ファイバーシティ』を提案した。

一九八〇年代、都市論、東京論が隆盛を極める一方で建築家は都市から撤退していったが、九〇年代になって、レム・コールハースをはじめとするヨーロッパ発の都市研究が若手建築家に影響力を与え始め、新たな都市論ブームを迎える。

建築史の領域でも、都市史は次第に注目を浴びるようになり、二〇一四年には陣内氏の後輩の伊藤毅氏によって都市史学会が設立され、団塊ジュニア世代の研究者が次々と出現し、より緻密な研究が進められ、八〇年代の東京論も書き換えられ始めている。

KAJIMAニューヨーク事務所のはじまり

芦原信孝

SD7608　東京銀行ニューヨーク支店

SD一九七六年八月号に掲載された東京銀行ニューヨーク支店プロジェクトは、アメリカでの鹿島の設計活動を海外に印象付けるうえで重要なものであった。『ニューヨーク・タイムズ』紙の建築評論家ハクスタブル女史がこのプロジェクトを紙上で高く評価し、また女史による一九七六年発行の*Kicked a Building Lately?*でリノベーションプロジェクトの成功例として記載され、また同年六月号の*Architectural Record*誌のトップ記事となり、表紙の写真にも掲載された。こうした設計内容を、誰の設計だからというのではなく素直に評価するアメリカの社会の公平さは、私個人にとってもアメリカで建築家としてやって行けるという自信を持つことができた貴重な経験であった。

その三年ほど前に遡る。日本の信託銀行六社のニューヨーク合同駐在員事務所の設計担当としてロスアンゼルスから頻繁にニューヨークに出張し、毎日のように通っていた吉兆ニューヨーク店の新店舗の設計を引き受けることになった。吉兆の常連であった東京銀行ニューヨーク支店の顧問弁護士の紹介で知り合った米国東京銀行の頭取石坂二朗氏は当時テナントとして入居していた100 Broadwayを解体し、そこに拡張途上の東京銀行ニューヨーク支店が全館入居する建物の新築を家主と交渉中だった。家主はSOMに新築建物の設計を依頼していたのだが行員の数と必要施設の増加を収容する面積がとれずにいた。

その頃ロスアンゼルスからの頻繁な出張が時差にして三時間あって厳しく、長期間ホテルに泊まって作業していたのだが、偶然知り合った、病気が理由で退役する建築家の一〇〇平米にも満たない小さな事務所のリースを引き継ぐことができた。これが鹿島のニューヨーク事務所の出発だったが、実情は所員がいるわけでもなく、夜になると鹿島から派遣されてSOMで研修していた神作勇二君がやって来て、やがて偶然知り合った日本人のインテリアデザイナーが手伝ってくれるという状況であった。

しかしKAJIMAの名前は日本から来た石坂頭取にとっては信頼するのに足りるものだったとみえ、拡張中のニューヨーク支店の全部を収容する設計ができるなら設計を依頼するとのこと。それではと始めたが、容積率規制などの建築法規に従い、様々な可能性を考えたがSOMの面積を超えることはできなかった。もしかしてと思い既存の建物の総面積を測って見るとその面積は要求を十分満たすものだった！　これでめでたく本格的な設計プロジェクトを受注できたのである。解体・新築ではなく既存の建物を改造するという発想をなぜSOMがしなかったかはもうどうでも良いことである。

改造の設計を進めて分かったことは100 Broadwayは一八九七年にニューヨークの建築家ブルース・プライスの設計で、ランドマークには指定されてはいなかったが歴史的価値は大きく、そのデザイン要素を保持しながら新しい要素を対比させる我々のアプローチは正当なものだったと今も確信している。

竣工二〇年後の一九九七年、100 Broadwayは歴史的建物として登録されたことを追記しておく。

若僧の透明

隈 研吾

SD7706－8612　連載＝国内建築ノート

SDとの出合いは一九七七年、大学院へと進んだ年に、連載コラムの執筆を依頼されたときにまで遡る。「国内建築ノート／グルッポ・スペッキオ編」というのがそのコラムのタイトルであり、当初は匿名でスタートし、数名の友人と一頁ずつを担当しながら約一〇年間、月一回のペースで書きつづけた。

よくぞまあ実績もなにもない二三歳の若僧に、そんなコラムを依頼したものだと、今になってみれば依頼した側の編集部（とくに当時編集長の長谷川愛子さん）の勇気に対して感心するばかりだが、そのおかげで、建築に対して考える訓練、建築について書く訓練をたっぷりとさせていただくことができた。

この連載のなかでももっとも印象に残っている一文は、じつは自分が書いた文章ではなく、この連載が完結する際、鈴木博之さんによって寄せられた文章である。鈴木さんは「なにものでもない人（いわゆる教師とか建築家とかいう職業についていない人という意味）の書くものは、常に正しいのです」という言い方をされて、僕らの書いてきたものを総括した。そして、彼は「しかし、いつか人はなにものかにならなければならないのです」とつづけた。

これは僕のSD誌上のコラムに対する総括ということだけではなく、僕という人間自体に対する総括、あるいは批判であるようにも感じて、どっきりとした。そして、今でも依然として僕は、そのような「なにものでもない人間」から抜け出していないのではないかと、よく思うのである。そこには反省もあるけど、開き直りも少し混じっている。

鈴木さんのひとつの論点は、批判とはどんなに客観性を装ったとしても、政治的にならざるを得ないという指摘である。批判とは所詮は自分の所属する団体、グループ、立場なりを擁護するためのものではないかという指摘がまずあり、そのようないかなるしがらみとも無関係なフリをして文章を書くという一種のモラトリアムに対する批判がその裏には込められている。

しかし､固定された立場を擁護するためにではなく、もっと自由（あるいは無責任）な言語活動としての批判というものもありえるのではないかと僕は思うのである。なぜなら固定された立場というもの自体が、ひとつのフィクションでしかないと感じるからである。二一世紀になればそのフィクションから人々は、今よりもっと自由になると思うのである。

そして、その無責任な批判活動を許容していたSDというメディアそのものが、あらゆる意味での政治からも、固定された立場からも遠い、とてつもなく自由で透明なメディアであったともいえるのである。それは、もっと大きなものにSDが守られていたということと同義かもしれない。自由と透明はいつの時代においても保護と安全のもとにある。その自由と透明は今、SDという特定のメディアを超えて、全世界的に拡がり、行き渡ったように僕は信じたいのである。

（初出＝SD0012「SDグラフィティ　36年の想い出」）

「現代建築の新思潮」に始まった青春の軌跡

八束はじめ

SD7710　特集＝現代建築の新思潮
――フォルマリズム・リアリズム・コンテクスチュアリズム

標題の特集の最初の号は、今からほぼ四〇年前。私は三〇歳前で、まだ博士課程の院生だった。この翌年に磯崎アトリエに入所するのだが、ここに出させていただいたのも磯崎さんの紹介である。これからしばらく、SDは私の若かりし頃の軌跡、気取っていえば知的な「青春のグラフィティ」だった。三集ある「現代建築の新思潮」（一九七七年一〇月号、七八年三月号、同年五月号）から、「新古典主義」（八一年三月号）、「イタリア合理主義」（八三年六月号）までは院生時代からアトリエ加入の初期にやっていた勉強会の延長で、その時の仲間との共同作業。「ロスアンジェルス・モダニズム」（八四年五月号）もメンバーは一部重なっているが、磯崎アトリエでのロスアンジェルスMOCAの設計の仕事の副産物だった。

最初の特集では「フォルマリズム・リアリズム・コンテクスチュアリズム」と題するずいぶん長い序文を書いた。志願して図々しく書いたのだろうが、今思うと一介の無名の院生に良く書かせてくれたものだ。当時流行のポスト構造主義の思想なども織り交ぜた、若気の至りの気負ったテクストで、今読み返すと気恥ずかしいが、幸い黒沢隆さんにずいぶんお褒めいただいたりして、その後も特集のテーマをこちらから提案するなど、思う存分やらせてもらえた。

「現代建築の新思潮」のテーマは当時出てきたイタリアを中心とする合理主義の運動（八三年六月号の特集はこれと違うファシズム期のもの）だったが、アルド・ロッシのようなライジング・スターもあれば、ほぼ無名なままに終った建築家たちもいる。でも送られてきた未知のプロジェクトを編集部で開封するワクワク感は今でも覚えている。ヨーロッパの都市構造から抽出されたコンセプトから組み立てられたデザインは色々と読解する楽しみがあった。その後大家になったロッシは色々と実際の建物を建てたが、正直どうも嘘っぽく見えて、実物の方がかえってリアリティがない。ドローイング・アーキテクトのままの方が良かったなぁとは感じたりもした。

これら一連の特集は、当人たちは情熱を傾けて頑張ってやったにせよ、傍目からみると業界常識もわきまえない若者のやりたい放題だったのだろう。知らぬ者の強みとはいえ汗顔の至りで、当時の編集部——今でも個人的にお付き合いさせていただいている方もいる——には改めて感謝しなくてはならない。メディアもずいぶん寛容だったのだ。

翻って今では、若い人が文章を発表する場自体が大幅に縮小した。これは本当に気の毒なことだし、当今の建築をつまらなくしている要因の一つになっている。それもそもそも若い人が文章を読まなくなった、つまり読者の不在化という点に原因があるとすれば、文句を言っても自らに跳ね返ってきてしまうことなのかもしれないが。

風の贈りもの

新宮 晋

SD7712　特集＝風＋建築＋造形

一九七四年、当時大阪豊能郡の山奥にあった掘っ立て小屋のようなアトリエに、私のファンだという背の高い青年が突然現れた。彼は自然の中で子供たちを教育したいという夢を持っていて、新しい幼稚園を建てるという。私は半信半疑で聞いていたが、建築家は私もよく知っている六角鬼丈さんに決めていて、どうしても私に参加してほしいという。これが後にクライアントになる小笠原浩方先生との最初の出会いだった。もう四〇年以上も前のことだ。こうして出会った三人は、小笠原先生がやっと三〇歳、次が六角さんで、一番年長の私まで皆、怖いもの知らずの三〇代だった。

京都府京田辺市の山の中の現場を三人揃って初めて訪ねた時、木々の間を吹き抜ける風の音を聞きながら、三人三様の夢を語り合った。それぞれが、走り回る子供たちの元気な姿や叫び声を思い描いていた。その後も私たち三人は、率直に意見を出し合い、数え切れないくらいミーティングを重ね、模型を作ってはそれを交換しながらアイデアを固めていった。自然の中で遊ぶ環境として、子供たちの背景には、常に風を感じさせる何かが欲しかった。こうして七つの塔の上に風見を取り付ける案が生まれた。風と直接触れて遊べる設備として、風車を頭上に載せたピラミッド型の建物では、室内に取り込んだ風の力を動力にする装置が工夫された。こうして、次世代を担う子供たちへの三人からの贈りもののような「雑創の森学園そよかぜ幼稚園」が一九七七年に完成し、標記の号ほか、多数の雑誌に掲載された。それが、思い掛けなく栄誉ある第四回吉田五十八賞を、建築と美術の両部門で受賞した。

私たち三人は、今でもよく出会う。そんな時、共有した思い出が蘇り、何だか同窓会のような雰囲気になる。小笠原先生は、建物や風見のメンテナンスをしながら、今も子供たちと遊んで熱心に幼児教育を続けているし、六角さんとは、また何か一緒にやろうと話し合っている。私は、ずっと風や水で動く造形物を作り続けているが、飽きるどころかますます面白くなってきている。

長く自然エネルギーと付き合っていると、このユニークで魅力に満ちた地球に生まれてきたことを、つくづく幸せだと思う。それと同時に、地球のデリケートで壊れやすい自然環境を守り続けていく責任を、強く感じる。私は今、この星の自然環境のことを真剣に心配している様々な分野の専門家たちと一緒に、これ以上自然を破壊することなく未来の生き方を考える「ブリージング・アース」という組織を実現しようと動いている。

〝不在〟表現のメカニズム

篠原一男

SD7901 特集＝篠原一男

「幅広いデザイン領域の事象を時代に即した切り口で取り上げ、ヴィジュアル主体の美しい誌面で紹介」してきたと、休刊の挨拶のなかでSD編集の意図と歩みが率直に表明されている。これをそのまま私のSD理解の言葉としよう。今、休刊という区切りをつけることになったのは、この国の今日の経済環境によるのであろう。しかし、それはSDだけの問題ではないから、それに特別の感想はないが、すべての領域の表現活動が向かいあっている時代の特徴に私は注目する。現代建築あるいはデザインの、この半世紀におよぶ広範な活動が豊饒あるいは饒舌な水準に達し、その表現技術が定常状態になって久しい。〝時代に即した〟情報伝達メディアは〝自動的に〟この定常状態を共有することになる。どこかの領域で、この事態に破れ目が現れ、その新しい切り口を手掴みにして発信できる日まで休刊するのは、積極的な〝表現活動〟といってよい。この場合の〝休刊〟は、休むという日常用語と同義語ではない。

西欧の芸術家たちが、ときに、それまでの活動を休止し、新たな表現の手がかりを見つけて新生のダイナミズムを描き出す。この〝休止のメカニズム〟はまだこの国ではほとんど理解されていないようだ。

「SDの三六年と私」という要請された課題は、作品あるいは論文をSDに発表する機会が多くなかった私には、「創刊一五周年記念号」（一九七九年一月）の「久我山の家」（一九五四）から「上原曲り道の住宅」（一九七八）までの私の作品特集というひとつのことになる。長谷川愛子、伊藤公文、アートディレクター羽原肅郎のみなさんによる〝美しい編集〟に支えられたこの特集をもったことを今も私は幸いに思う。これにはひとつの小さいドラマが付随した。個人作品の特集はあとでハードカヴァー・シリーズになるシステムというのは知っていたが、私はそれを辞退した。月刊誌としてのある時点での鮮明な提起が実現した、ここで完結と私は感じたからだった。私の気が変わるのを期待し、長い間、みなさんは待った。しかし〝月刊誌〟のままで終了した。この編集が好きだった私の評価の、ひとつの〝空間化〟だった。

月刊誌SDが再刊されるとき、それはこの国の建築表現の新しい視野浮上のアナウンス。次世紀初頭の早い数字で発行されるその号を私は楽しみに待つ。

（初出＝SD0012「SDグラフィティ　36年の想い出」）

五冊の丹下特集号が意味するもの

丹下憲孝

SD8001　特集＝丹下健三　ほか

SD一九八〇年一月号から一九九五年九月号までの五冊の丹下健三特集号は、今でも私たちの事務所のルーツを知るためになくてはならない存在である。私の仕事部屋にいつも置かれており、所員にはバイブルのように扱われている。それらには戦後間もない一九四六年から約四五年にわたる父の作品が時系列でまとめられていて、激動の時代を生き抜いた父の設計に対する姿勢や価値観を時代とともに捉えることができる。また、すべての大陸で設計業務を行っていたことや、都市計画に臨む際、その都市の背景、国の歴史、ひいては世界におけるその国の役割まで考慮する大局的な視点を父が持っていたことをよく知ることができる。

この機会にSD特集号に掲載された多数の写真について考えてみたい。

父ほど写真のトリミング、レイアウトに徹底的にこだわる建築家は珍しいだろう。父はすべてのページのすべての部分に目を通さないと気が済まない性格だった。レイアウトを推敲したスケッチが残っているが、建築同様、誌面構成についてもプロポーションに重きを置いていることが分かっていただけるであろう。特集を編むにあたりSD編集部の担当者に何度足を運んでいただいたことか。しかしそれ故に、寸分の隙もない誌面構成が得られ、それ自体が作品となり得ている。SD特集号の大きな価値の一つである。

掲載されている写真の大半は村井修先生に撮っていただいたものだ。父は村井先生に絶大な信頼を寄せていたし、村井先生も父が望む写真の撮り方を完全に理解していて、いわば父の眼に代わりうる域に達されていた。そこに到るまでには喧々諤々の意見の交換があったことであろう。村井先生は建築写真とは単に建物を説明するものではなく、創造物の佇まいを捉える芸術であると考えておられたと思うが、そのような高みに辿りつかれる過程で、父との協働が寄与するところは大きく、その格好の舞台がSD特集号だったのである。

特集号には数多くの模型写真がある。模型の七割以上は所員の手づくりだった。父は模型の製作を専門の人に委ねず、敢えて所員の手づくりにこだわり、常に「丁寧につくりなさい」と伝えていた。父にとって模型づくりは設計プロセスそのものであり、それを媒介にコミュニケーションを高める手段をとった。模型写真の一カット一カットに父と所員がどれだけのエネルギーを込めて作りあげていたかを感じていただけるであろう。それらの多くも村井先生の撮影によるものだった。

今でも丹下都市建築設計の所員の誰もが日々手に取るほど、五冊のSD特集号は親しまれている。それは私どもにとっての基本であり、原点を記している教科書のようなものである。おそらく私どもに限らず、SDは建築を学ぶ多くの人にとって基本であり、原点として存在していたのではないだろうか。かつて学生時代を過ごしたハーバード大学の図書館にもSDが置かれていた。建築を学ぶ世界中の学生がSDを手に取った経験があるにちがいない。今ほどたやすく情報が手に入るわけではなかった当時は特に貴重な勉学の素材であった。それは多くの学生に夢を与え、時代を牽引し、優れた建築家を生み出していった重要な媒体であったといっても過言ではない。

チームによる建築の創始者たち

塚本平一郎

SD8003　特集＝CRS――チームによる建築

建築設計とは古来個人的な作業で、現代でもル・コルビュジエにしろアアルトにしろ、すべては個人の芸術的な発想から生まれ出てくるもので、それを工事に携わる人々が具現化する、というのが一般に流布した考えである。その一方で、例えばヨーロッパのカテドラルなどのように規模が極めて大きく、工期が長きに亘る建築では、設計者と施工者が分かちがたく存在し、関わる人は多数にのぼり、しかも代が替わることすらあるケースも数多くあった。そこでは完成にいたるまでの長期間、関係者を束ねて一つの方向に向かわせるゆるぎない軸が求められる。それは個人の芸術的な発想とは異なる集団の合理的な意志であり、それを発現させる組織的な計画性のようなものだと言えるだろう。

私は大規模な設計組織に属する者として、常に後者の設計の在り方に関心をもっていた。そこでSD編集部に出向し、雑誌の編集に携わる機会を得た二年のあいだに、アメリカの大型設計事務所であるSOM、HOK、DMJMを対象に「設計組織と建築家」をテーマとして追いかけ、特集を企画した。

その中でヒューストンのCRS（コーディル・ローレット・スコット）は「チームによる建築」を掲げ、そのための方法論について本を著し、実践にうつしているユニークな組織だった。本は後年、六鹿正治氏の訳で鹿島出版会から刊行されている。

方法の端緒は創業者の一人、ノーマン・フーバーが四〇年以上前に唱えた「Problem Seeking & Problem Solving」である。今でこそ「Solution」という概念はビジネスの世界で遍く行き渡っているが、当時、それを建築設計にあてはめたのは新鮮で、本国でも大きな反響があったようだ。建築を設計するにあたり、先ず「問題は何か」を突き詰め、その一つ一つに対して「解決は何か」を対置させるというスタンスは、アメリカ的なプラグマティズムの自然な適用であったに違いないが、それ以前の設計行為においては、問題とその解決とは直線状に配置されず、もっと漠然としたつながりでしか考えられていなかった。いわば建築家の頭の中にあるブラックボックス化した過程とみなされていたのである。彼らはここからさらに多様な思考と方法を発展させ、さまざまなアイデアをカードに書き留めてディスカッションする「カード・メソッド」、設計や作品を集団で評価する「デザイン・ジュリー」、施主やユーザーを建設現場に招いて設計者とともに討議をすることで真のニーズを探り当てる「スクワッター」などの固有の優れた手法を生み出した。そうした革新は今ではすっかり一般化し、私たちは大いにその恩恵に浴しているのである。

今日、建築設計の業務はますます複雑化し、他領域との接点や重なりが飛躍的に増大し、携わる範囲は拡大している。そのようなとき、CRSが行った革新を思い返すことは十分に意味があるのではないだろうか。

都市空間の質を問う——総体を議論する場としてのSD

北沢 猛

SD別冊11『横浜＝都市計画の実践的手法』（一九七八・一二）ほか

雑誌SDは、建築そして家具・インテリアから造園・都市にいたるまで幅広く空間を論じてきたが、おそらく、分化されたデザインの諸領域に対する危惧や断片化された実際の空間への危機感があったと考える。生活をとりまく空間の総体を論じようとした唯一の専門誌である。

私自身は都市デザインを中心に活動をしてきたが、SDでは「横浜＝都市計画の実践的手法」（別冊一一号、一九七八年）、「都市デザイン・横浜——その発想と展開」（別冊二二号、一九九二年）と二回の特集号に参画した。自治体の現場におけるデザイン活動を取りあげる雑誌はほかにはなく、われわれ自治体の都市プランナーや都市デザイナーにとって自らの思考やその実際を問う貴重な機会であった。また、個々の計画ではなく都市全体の戦略やデザインを記述することの意味は大きかったと考えている。横浜に限らず先駆的な自治体や市民活動に「まちづくり」が広く定着してきたのはこの二〇年ほどの大きな変化であり成果である。近年では一般誌での取り扱いも多くなるなど関心も高まっており歓迎すべきことではあるが、一方で専門家の間での議論やそれぞれの分野を越えた議論がそれほど進展しているわけでもなく、新しいデザイン論や計画論、あるいはそれを社会に問うような運動が生まれていないことが気がかりでもある。

近代の工業化・都市化社会は行き詰っているが、次なる生活像や空間像となるとなかなか難しく、相当な議論や試行錯誤・発想の転換が求められる。先日の日本都市計画学会金沢大会では「二一世紀の都市計画ビジョン」をめぐるワークショップが開催された。私もメンバーとして参加したが、「都市計画」を新しい枠組みでとらえなおそうという趣旨で、キーワードとして提起されたのは「環境、個性、自治、参加、情報」、計画論として「再生、漸進、動的」、「パートナーシップ、都市運営、制度改編」などであったが、目標とすべき「公共性とは何か」「生活や空間の質とは何か」「文化とは何か」を明確にすべきという論点が重要であると考える。

生活の多様化に対応する豊かな空間は、抽象的で画一的な政策やデザイン、類型化した規制誘導や数量化と効率性による施設計画からは生まれず、都市や町や地域それぞれの生活にあった固有のデザインが必要とされている。また、どう空間を確保し、空間をまとめ、空間の質を高めていくかという実現策も議論されることになる。自然や農地緑地あるいは市街地内空地などの「空（から）間」、風景や眺めなどの「空（そら）間」、次世代が活用できる余地である「空（あき）間」等々、空間をめぐる論点は多々あり、住空間から都市空間、国土空間に至るまで広く総体を論じるためにはさまざまな立場から意見を闘わす場とジャーナリズムが必要である。こう考えると雑誌『ＳＤ』＝「空間デザイン」は、今後二一世紀初頭にかけてこそ必要とされるものであり、できるだけ早い時期に復刊されることを期待したい。

（初出＝ＳＤ0012「ＳＤグラフィティ　36年の想い出」）

新たな日本型〈ソーシャルハウジング〉論の構築に向けて

藤本昌也

都市住宅8008
特集＝パブリック・ハウジングの可能性①

この号では、特集のテーマを〝パブリック・ハウジングの可能性〟と掲げ、その企画の狙いを（一）「住宅供給の中で大きなウエイトを占めるパブリック・ハウジング（公共の集合住宅）を見直し、今後の問題点、可能性を検討すること」、加えて（二）「〈ハウジング〉とは単にモノとしての集合住宅を指すのではなく、その供給のシステムやメカニズムのあるべき姿の追求も含んでいる」とした。公共の集合住宅のあり様をハード・ソフト両面で総合的に捉え、検討しようというスタンスである。

幸いなことに、設立間もない私たちのチーム「現代計画研究所」の活動成果（一九七五－八〇年）が〝パブリック・ハウジングへの挑戦〟と評価され、特集の具体的検証事例第一号として取り上げられることになった。私にとっては記憶に残る記念すべき特集号となった。

一九七三年のオイルショックは、戦後三〇年近く一貫して進められてきたわが国の住宅政策も大きく変えた。その年に公表された『住宅白書』は「戦後は終わった。これからの住宅政策の基本は〝量から質への転換〟である」と規定した。一九七六年、茨城県はこうした時代の要請をいち早く受け止め、その後の公営住宅の先導モデルとなる〝茨城県営水戸六番池団地〟（九〇戸）を誕生させた。茨城県より設計を依頼された私たちのチームは、引き続き県営会神原団地（一九二戸）、三反田団地（二七〇戸）の設計を手掛ける一方、〝地域に根ざした低層集合〟をキーワードに、秋田、石川、群馬、岡山、広島、山口、長崎など、地方の新しい公営住宅づくりに挑戦することになった。こうして、七〇年代から八〇年代にかけては、全国各地で建築家が手掛ける標準設計によらない個性的な公営住宅が建設された。この状況を当時のメディアは〝公営住宅デザイン革命の時代〟と表現した。

したがって、今の時点でこの特集について議論すべきは、冒頭（一）の視点からの〝集住空間デザイン〟に関わる議論（計画論、空間論）かも知れない。しかし、私は、超高齢化、超人口縮小化社会を迎える今だからこそ議論すべきは、特集で私も取り挙げた冒頭（二）の視点からの〝新しい住宅供給・管理運営方式〟に関わる幅広い議論（事業論）だと考えている。今後の議論につなげるためにも、冒頭の表題に託した私の思いを二つの「問題提起」として書き留めておきたい。

（一）コンパクトシティ、まちなか再生等、わが国特有の都市問題を今後、戦略的に解決したいと思うなら、間接的公的支援を受ける社会的住宅供給・管理事業主体――ソーシャルセクターを地域毎に、地域に合ったかたちで立ち上げていく以外にないと考えている。

（二）昨今の分譲マンションが抱える管理運営上の難題を考えれば、現行の〝区分所有法〟に替わる全く新しい社会的制度も考える必要がある。端的に言えば、マンション建築の躯体（スケルトン）の部分を（一）に述べたソーシャルセクターが一元的に所有・管理運営し、各居住者は個別に空間利用権（例：物件登記できる超長期賃貸権）を獲得する制度である。

確かに、以上の議論はこれまで長く理想論として語られてきた。しかし、今や時代は変わり、二〇二五年までには結着すべき待ったなしの時代になった。現実論として真摯に議論すべき〝今〟ではないか。

パラディオのそれは……シンメトリーだ! シンメトリー、見事なシンメトリーである。

羽原肅郎

SD8101　特集=アンドレア・パラディオ

ある日、異才の芸術家ゾンネンシュターンSonnensternやフンデルトヴァッサーHundertwasserの同志=池和田侑子さんの夫である建築家・豊田博之さんが、真剣な、しかしちょっと自信に満ちた顔をして、ヴェネツィアからアンドレア・パラディオの資料を抱えてSDの編集部にやって来た。パラディオ特集の始まりである。

豊田博之さんは一九四六年生まれ、白井晟一に師事、その後ヴェネツィアの建築大学に留学。そこで、ブリオン・ヴェガ墓地の設計で有名な建築家カルロ・スカルパに出会い、師事。スカルパのアトリエと自宅は、ヴィチェンツァの丘の上、パラディオのラ・ロトンダに抜ける小径のかたわらにあるヴィラ・ヴァルマナーラの馬小屋とその上の馬小屋番の家である。

豊田さんは「ヴェネツィアで出会ったもう一人の師=アンドレア・パラディオ」と題して次のように書いている。

「スカルパは仕事に飽きると、よく私を連れ出し、小径を辿り、ロトンダを訪れたものであった。スカルパは、ロトンダについても、パラディオについても、賛辞の言葉も批判の言葉も発したわけではなかった。ただ口癖のように、パラディオは偉大な天才であったと言うばかりで、あとは『アイ・カピート?(おまえ、パラディオがわかったか?)』と笑みを浮かべて問いかけるのみだった。このようなスカルパの無言の導きによってパラディオに引き合わせられて以来、私は一人の作家としての目をもって、パラディオの幾多の作品を追い、見つづけてきたのである」と。こう言う豊田さんの撮った写真と文献を出発点としてパラディオ特集は進んで行った。

一方、筆者の主たる作業である誌面の構成・レイアウトは……。

筆者はスイスの具体芸術Konkrete Kunstの雑誌*Spirale*のマルセル・ヴィスや*Neue Grafik*のR・P・ローゼ、J・M・ブロックマン、H・ノイブルク、C・L・ヴィヴァレッリなどが主張していた活字の大きさを基準にしたグリッドを構成して、ア・シンメトリー、いわゆる非対称構成のレイアウトに憧れ、その美しさをめざしていた。それは、日本庭園、日本女性の着物や帯で代表される日本美もア・シンメトリーの特徴をもって形成・構図化された美しさであるからだ。だから特にタイトルや見出しなどは、頭そろえ後り不規則の、いわゆるラギッド（ragged）方式のレイアウトを行っていた。

しかし、パラディオの美しさはなんといっても正統なるシンメトリーである。その建築写真を観た瞬間から、透徹したシンメトリーに打たれた。パラディオのシンメトリーは外観はもちろん、内部、またそこに閃光する光の詩もシンメトリーの美しさに相違ないと……。

そこで誌面は、縦横・上下のグリッドは活かして、とにかくシンメトリーのレイアウトによる誌面構成に徹底した。シンメトリーに、そしてやっぱりシンメトリーの美しさに！　三五年経過した今見ても、パラディオの建築の見せ方として良かったと思っている。

感性を揺るがす商業空間の創造へ

SD別冊13『商業空間のスペース・デザイン』（一九八一・四）

塚本平一郎

私は建築学科の学生としては当時として珍しく、商業施設に関心を持っていた。東急ハンズ創設に深く関わった浜野安宏の著書『人があつまる』（講談社）を大学院時代の恩師吉阪隆正氏に薦められ、興奮して読み通したことを今も鮮明に覚えている。その後、鹿島の建築設計部で設計に従事してからも、商業施設が公共施設とは違ったかたちで社会と多くの接点を持つ様態に興味を持ち続けた。

当時のアメリカに目を向けると、サンフランシスコのピア39から始まりギラデリスクエア、キャナリーマーケットに至るベイエリアの商業施設群や、ボストンのクインシーマーケットのような、古い倉庫などの建築を改修した暖かみのある表情を持った地域活性型のSC（ショッピングセンター）が各地に現れ、すでに大きな波を形成していた。その流れを汲みながら、さらにダイナミックな空間構成をもつSCをサンディエゴのホートンプラザ、プラザパサディナなどで展開していったのがジョン・ジャーディである。彼はSCを専門とする初めての建築家で、こうした彼の初期の商業建築は、刺激的な色彩を用い、変化に富んだ空間を各所に設けるなど、それまでのSCとは明確に一線を画すものだった。

時を経て、私は一九八七年から七年間、アメリカで設計に携わったが、その間、もっとも衝撃を受けたのがロサンゼルス、サンタモニカの砂浜に忽然と現れた黄と青の縞模様の巨大なサーカステントと、そこで行われたサーカスだった。それは今を時めくカナダのサーカス集団シルク・ドゥ・ソレイユの西海岸で初めての興業で、演じられた驚異の技の数々はもちろん、それを包み込む巨大なテント空間がもたらす高揚感は忘れがたいものだった。後になって、この高揚感は、ジャーディがSCの空間で成そうとしていたものに一脈通じることに思い当たった。

標記の別冊は、渡米に先だってSD編集部に出向していた時期に、私の長い間の関心をもとにして、アメリカの当時の商業施設を幅広く集め、最新の動向を伝えるとともに、設計の指針を示す参考書となるように編集したもので、SD誌としては前例を見ない内容だった。それが設計者ばかりでなく、経営や運営に携わる方々の眼にもとまり、広く活用していただけたのは望外の喜びであった。

アメリカに発するSCの型は今や日本中に広まっているが、一般化の例に洩れずパターン化してしまい、テナントの効率的な配置にイベントスペースを付加する形に終始してしまっているように思える。運営側のデータの延長の先にとどまる限り、そうした通弊の道から逃れられない。草創期のSCが備えていた人間の感性を揺るがす空間的な仕掛けや圧倒的な居心地の良さを、設計側から提案して行く力と感性を取り戻し、発揮して欲しい。それは標記の特集号を編んだ三十数年前の想いと何ら変わりはしない。

「構築された外気の空間」にむけて

室伏次郎

都市住宅8105
特集＝アルテック──室伏次郎の住宅

一九七五年に阿部勤氏と共同主宰のアルテック建築研究所を設立した六年後、『都市住宅』一九八一年五月号、特集「アルテック──室伏次郎の住宅」が刊行され、続いて一九八五年三月号、特集「室伏次郎──壁の存在様式」が刊行された。

八一年はスタートした事務所の模索の時期で、いくつかの仕事を終え、少し自分の方法が纏まったと思える時期であった。国は戦後復興期を経て高度経済成長期となり都市の時代というべき七〇年代が過ぎた。都市とその郊外は開発の喧噪にまみれ、急激な経済成長の発展に公害という負の側面が伴う環境のなかで、自由な個の居場所としての住居の設計は「個の意識を覚醒する空間」の表現として「壁の空間」というモチーフを試行錯誤する六年であった。特集に当たり組まれた、山本理顕氏、元倉眞琴氏、阿部勤氏との座談会を読み返してみると、その後の自分の試みのすべてが此処で語られたもののなかにある。

機能の要請を超えてものとの自律的関係を、「……廃墟とか遺構とか残されたもの、しかも今は意味を持たないものに人が接するときには（中略）ものとして純粋に見えているると思うんです。其れがその人に取って感動があったり美しかったり、抵抗感があったり、ものとして自由に対応していると思うんです。つまり建築と人とが、其れに象徴される様な自由な関係でありたいと思っているし……」（前掲、八一年五月号より）と、廃墟や遺構に見出した。

さらに、建築の、建築家の自由。「……僕は、原イメージとして〈遺構〉と言うことを言いますね。（中略）建築の空間の意味を二重構造（ダブル・ミーニング）とすることで、建築の宿命たる受注産業的なかたちの中から、自由なものを生み出していきたい。（中略）二重の、その向こう側に見えているものとは、遺構的なイメージ……」（前掲、八五年三月号より）に求めた。

経済を反映し、失われた二〇年と呼ばれる、八〇年代、九〇年代からさらに二〇年余りを経た今、都市は「個の自由を表徴する空間となったか」を問うとき、私には真逆な空間となったと痛感される。都心に散見する巨大都市再開発の、あるいは超高層住居の足下の空間に佇むとき、ここは誰のための空間かと。

そのような感慨と同時に自らの建築的課題を思う。八〇年代のバブル景気とその崩壊を経て、都市住宅は極限までに狭小化し、閉じつつ開くから、開かざるを得ないまでに追い詰められ、開かれてしまった場は再び個の空間として都市とどのように対峙するのかを問うこととなった。時代の状況は化石エネルギー枯渇が意識化されエコロジカルでサステナブルな手法の追求は常套的なものにまでなった。

しかし、世の関心はいかにして自然と共に在るかにではなく、三・一一巨大自然災害と原発事故を被ったにもかかわらず、テクノロジーはいまだに自然を完璧なまでにコントロールする人工気候を指向している。そうではなく、いかにして自然を受け入れた人間のための自由の空間を建築に介在させるかにむけた、技術の指向改革こそが卓越したテクノロジーを手中にしている今の問題意識とすべきだと考える。

今、「構築された外気の空間」の構築に最も関心がある。

バブル盛期の省エネ建築特集、その射程は超えられたか?

森 徹

SD8302 特集=省エネルギーのスペース・デザイン

——アメリカ編

一九八二年から二年間、私が鹿島出版会に出向し編集に加わった二四冊のSDは、今も本棚の一隅にある。中から一冊を選ぶのは至難だが、振り返って特に感慨深いのは一九八三年二月号「省エネルギーのスペース・デザイン」だ。時代は、その後「失われた二〇年」と呼ばれるバブル経済の只中で、一九九二年リオでスタートする地球サミットの一〇年ほど前のことだ。

表紙は頂部を斜めにカットした高層ビルの写真で何の変哲もないようだが、内部にエネルギー試算により導かれた空調バッファーゾーンとしてのアトリウムを三つ内包する省エネ建築なのだ。同様の省エネルギー建築の事例や計画案が米国から集められて編集部のダンボール二箱分を満たし、何か大事なシグナルを発しているようであった。

建て替わる前の鹿島・赤坂別館で主要執筆者を交えた企画編集会議が開かれた。巻頭文を担当された石福昭氏は、米国省エネ建築の楽天的な奔放さに驚きつつも、環境配慮は経済性や効率性に押され気味の建築と建築家にとって復権の機会になり得ると述べられた。

特集のタイトルには、雑誌名であるスペースデザインを冠することになった。看過できない切実なデザインの鍵が感じられたためだ。

二五の事例に盛込まれた省エネ手法は、ダブルスキン、アトリウム、ライトシェルフ、省エネガラス、アクティブ・ソーラーシステムの五つに整理され、酒井寛二氏による技術解説と佐藤親英氏による作品解説が付された。山岡嘉弥氏の「いまオルタナティブ・デザイン」の巻末記事では、機械設備に頼ったアクティブ一辺倒の省エネではない、もう一つの自然に逆らわないパッシブな省エネ技術が日本の現代建築に言わばお家芸として試行され始めたことが紹介されている。

それから三十余年。米国は内向きの政権を選択し、共和党ニクソン政権下ですら新世紀のために謳われた、節減計画を示した一九七一年エネルギー教書も昔話となった。一方、化石燃料の枯渇よりも地球温暖化が喫緊で総合的な対応を必要とし、省資源・再利用のサイクルが求められる収縮経済、高齢化の世界に私たちは生きていて、本号のテーマの重要性は増すばかりである。

出向を終えて鹿島建築設計本部の実務に復帰した私にとって、この特集号は座右の書となり、教育施設を担当するに及んで、活きた環境学習の教材となり得るアトリウムや自然通風のある学び舎の指針であり続けた。

庭園文化によって雑誌を閨房化する

彦坂 裕

SD8404
特集=庭園——虚構仕掛のワンダーランド

SD一九八四年四月号の「庭園」特集は、私が雑誌の特集として企画・編集・執筆に関わらせていただいた最初のもので、大変思い出深い。

大学を出てから五、六年目の当時、SD誌は建築やデザイン関係の先端的なメディアであり私も愛読していた。言わば雑誌というメディアが力を持っていた時代だ。多くは国内外の建築家や建築作品、それに流行りの建築思潮などがテーマであったが、「庭園」という流行りなのか歴史回顧なのか、はたまたアカデミズムなのか実践指南書なのか、よくわからないものを編集部は採り上げてくれた。

体裁的なことから言えば、当時図版数、著者数でこの特集は群を抜いていた。特集も一六〇頁有余の大特集、しかも著者は当代一流の方々ばかりで、この点は今でも自負をもっている。全体構成なども、ランドスケープアーキテクトの上山良子さん、建築史家で批評家の関和明さんと協働した楽しい記憶もある。特集内に「庭園舞台装置百科」や「ロンドン―パリ公園史」「庭園双六」などの企画ページも創造できた。この百科は、同特集の著者でもあるローレンス・ハルプリン氏も絶賛してくれたことは嬉しかった。

庭園というもの自体の特集は、それまで他の文芸ジャンルやサブカルチャーではあったものの、こうした建築・デザインのメジャーなメディアではほとんどなかったし、庭園をめぐる思想やデザインの書籍も、枯山水とか茶室の庭、和風庭園など以外のものは稀少だった。多くの建築家やデザイナーのみならず造園家にも趣旨が少し伝わったかもしれない、と思ったのは、以後ランドスケープデザイン、それに屋上庭園や景観創造などを含む外部空間デザインが巷でも展開していったことであり、その設計者や事業者が結構この特集を読んでいたということを知ったからである。現在ではエコロジーシャスということで、やはり自然共生の問題の延長として、思わぬところで原典的に参考にされたりもしている。この特集以来、庭園をテーマにしたメディアも随分多くなった。

実は私が考えていたことは、庭園デザインを文化的文脈に移しかえること、さらに庭園というものがもつ魔性の力をリベラルアーツ的に展開することだった。私が下地にしていたのは、マンディアルグであり澁澤龍彦でありロブ＝グリエであり、理論的にはゼードルマイヤーであり、若干俗っぽいところでは「プリズナーNo.6」などの言わばある意味衒学的、ある意味シュールリアリスティックなものだった。ニーチェが都市公園を「大都会の中の瞑想の寺院」と語っていたことにもかなり共感していた頃だ。

そんなわけで、編集部からサブタイトルを「水と緑のワンダーランド」と言われたとき、いや、それでは趣旨と違うので「虚構仕掛のワンダーランド」にしてください、と返したのを今でも覚えている。プロフェッショナリズムではなく、まずディレッタンティズムとして展開したかったのである。

庭園文化のパノラマから、幻想、奸計、背徳、隠微、そしてエロスの痕跡や見え掛かりを消去してはならない、と考えていたためでもある。

光が照らす変革の痕跡

田原桂一

SD8407　特集＝世紀末建築

パリのエッフェル塔近く、男女の性器をモチーフにしたスキャンダラスなラップ通りの集合住宅、スイス、ラ・ショー＝ド＝フォンの火葬場、ブダペストのユダヤ人墓地（シュミードル墓廟）や青い光に満ちたフランツ・リスト音楽アカデミー、そしてバルセロナの万華鏡のようなカタルーニャ音楽院。

世紀末建築と総称されるそれらの建築は、一九世紀末のヨーロッパ産業革命による価値観の大きな変革の痕跡である。鉄、コンクリート、セラミック、ガラスほか、さまざまな素材が建築の中で出合い、新しい価値が創造されている。その当時のあらゆる表現手段が自由に取り入れられ、生命を直視しようとする視点から生まれた前例のない「かたち」が躍動している。建築家、芸術家、職人たちの手の跡がしっかり残り、そこから彼らのエゴがたちのぼって大きなエネルギーとなり、装飾という領域を遥かに超えて建築物全体を支えているかのようである。思考がいろいろと細かな経験や知識とあいまって一つの人格を形成するように、彼らの建築への想いやこだわりが、ディテールの一つ一つに込められている。

私にとって写真を撮影する行為のなかで「光」は最も大事な要素である。空間に新たな光を加えることによって、それまでは隠されていた平面やボリュームが浮き上がるように鮮明に捉えられる。光が分離・分節を、あるいは浸透を促す。光がすべてを生み出す。光を加えることは発見する行為そのものである。

世紀末建築を解説風に撮るのではなく、それらのディテールを光の下にひき出し、精緻に確認してみたい。そうすることで一九世紀末という未曾有の変革の時代を見つめ直してみたい。そう思い立った私は一九七八年から一九八三年にかけて、モスクワや東欧諸国、イスタンブールを含む全ヨーロッパを車で走り回り、撮影を敢行した。SD誌に掲載されたのはその成果の何百分の一である。撮影からすでに四〇年近くたった。壊され、打ち捨てられてしまった建築があるのではないかと案じられてならない。

低層集合住宅は「都市住宅」の理念型たり得たか

梅宮弘光

都市住宅8410
特集=低層集合住宅を考える——総集編

経歴を尋ねられて『都市住宅』に在籍していた旨を伝えると、年配の建築関係者なら「ああ、あの……」と返ってくる。そのたびに「いや、その頃ではなくて」と補足が必要になる。ある世代にとって同誌は創刊編集長・植田実時代の印象が決定的なのである。それぞれの号の特集がユニークでインパクトがあり、年間テーマの設定もまた類を見ない編集方針だった。

編集長が吉田昌弘さんに交代したのが一九七六年五月号、私が編集部に入ったのはそれから七年後の八三年。前任者の実績の重圧を一身に担っていた吉田さんの苦労はいかばかりであったか、当時の私には想像がつかなかった。その吉田『都市住宅』を特徴づけていたのが断続的に組まれた特集「低層集合住宅を考える」で、七七年五月号の「展望編」から八四年一〇月号の「総集編」まで、実に二〇回にのぼる。

その「総集編」の巻頭に、ハウジング問題に実績のある建築家と研究者三三名へのアンケート結果が掲載されている。編集長による設問に曰く「過去一〇年において、低層集合住宅は社会的に認知され、一般的にもあるイメージが定着したように思います。そのイメージとは、あなたの目から見て、どのようなものであると思われますか」、「いわゆる〈集合+接地性=コミュニティの生成〉的な図式に対して、現時点での評価をお聞かせください」、「今後、低層集合住宅における新たなる展開として、どんな要素が考えられますか」。
吉田さんは寡黙な人だった。持論を誌面に開陳するタイプではなかった。しかし、長期にわたる特集の継続、設問ににじむ肯定感には、このビルディングタイプを「都市住宅」の理念型として自らの『都市住宅』の基軸に据えようという、編集長としての強い意志を感じる。

とはいえ、こんなふうに思えるようになったのはずいぶん後になってからだ。当時の私には、「住宅〇題」と題して繰り返されていた穏健な小品の紹介と同じく、低層集合住宅もまた同様に地味で、強く惹きつけられる題材とは思えなかった。あれから時を経て、人口減少と少子高齢化が進行し、都心の超高層マンションが華々しく宣伝される今、吉田さん自身にあのアンケートの設問を問うてみたいが、残念ながら叶わないことである。

この二十数年、私は日本における建築のモダニズムに関心をもってきた。一九三〇年代のモダニストの中でとくに先鋭的だった人びとは、これからの建築は「発明品」たるべきだと主張した。既存の内容に斬新な形式を与えることが建築家の仕事ではなく、これまでに存在しなかったような内容の建築を生み出すことこそが重要だという主張である。考えてみれば、低層集合住宅というのは、新しい住まい、新しいコミュニティの器の発明と言え、その意味からは、戦前期モダニズムの戦後的帰趨と言えるのかもしれない。カッコイイ空間や造形ばかりに目が向いていた当時の私は、そのことに気づけなかった。吉田さんは、そこのところを見ていたに違いない。

『ＳＤ』誌のアートディレクションについて、今、振り返って

工藤強勝

SD8501 - 9103

私がＳＤの表紙から本文のデザインまで丸ごと一冊、アートディレクションを手がけたのは一九八五年一月号－九〇年一二月号の六年間、計七二冊になる。その後九一年一－三月号は延長して表紙のみ担当したので実際には足掛け六年余りにわたった。それまで、ＳＤのレイアウトはデザイン・エディター、羽原粛郎氏のディレクションによって編集部内で行われていたが、私に打診があったとき、週

に二、三日編集部に出向してデザインして欲しいという要望に沿わず、すべてのデザインを自分の事務所ですることを条件にした。鹿島出版会発行の雑誌としてはすべて外部発注の形式は最初だったし、いわゆる建築系の雑誌としても恐らく前代未聞のことだったのではないか。

最初に着手したのは文字組版のテイストにブレのないような誌面づくりを徹底するために、緻密でありながら、ディレクターの裁量で臨機応変に対応できるようにグリッドシステムとは異なった割付用紙を作成することだった。毎号一二〇ページ前後（時に一八〇ページ前後）のボリュームがあり、私以外に二名のスタッフが作業に携わるので、基本的な文字組みを構成する要素として書体、級数、字間、字詰め、行間の設定を、緩やかでありながら私の文字組版思想から逸脱しないようなルールを盛り込んだものであった。さらに校閲後の修正など、版下作成システムを整理する必要があり、凸版印刷と協議し、電算写植システム、CTS（Computer Typesetting System）の全面導入を推進し、効率化を図った。当時、定期刊行物としての雑誌づくりではこれらのワークフローの整備は重要で急務であった。

書体として和文は流行に左右されない、活字系の伝統を活かした格調あるものに絞り、欧文はほとんどユニバースとボドニのみを採用。建築写真や図面に目を向けさせるため、文字組みに関してはストイックをポリシーとした。これらのコンセプトは最初から編集側の理解を得られたが、特集やテーマによっては誌面づくりに関して意見を闘わすこともあった。ちなみに私以降は、全ページを細部にわたりレイアウトしたデザイナーはいない。

記憶に残る特集はいくつもあって絞りきれない。最初の一九八五年一月号はJ・プルーヴェやN・フォスター、R・ピアノなどを紹介した「ハイテック・スタイル」で、デザインする前からSDデザインへのエネルギーが増幅し、興奮と緊張感が交錯していた。プロットを提示され、表紙に特色のシルバーを使用したいと提案し、制作予算を圧迫したことも懐かしい。また一九八七年一〇月号「四〇才前の建築家一〇一人」は伊藤公文編集長と同年齢（当時四〇歳）以下の若い建築家やインテリア・デザイナーたちを〝アンダー四〇〟世代としてポテンシャルの輪郭を描いたもので、私の世代ともリンクし、とても共感した。これらSDのアートディレクションによって培われた視座は、その後の私のグラフィックデザイン活動の地平に大きな道しるべを形成してくれたことは間違いない。

「聖吾評」のころ

竹山 聖

ＳＤ8501 - 8612　連載＝国内建築ノート・聖吾評

「国内建築ノート」（グルッポ・スペッキオ編）を引き継いで「国内建築ノート・聖吾評」が始まったのは一九八五年一月号からだ。グルッポ・スペッキオの終焉はしかし、一九八四年一〇月号の「国内建築ノートが読者に開放されます」〈宿題〉「若い世代は本当にダメか」（出題：隈研吾）という告知によって準備された。そして一一月号テーマ担当竹山聖と一二月号テーマ担当隈研吾によって締めくくられ、一二月号には伊藤ていじ、伊東豊雄、植田実、鈴木博之、富永讓、林昌二、彦坂裕、宮脇檀（掲載順）の各氏が惜別の辞を寄せてくれた。

　隈研吾とぼくが東京大学大学院の同級生たちとグルッポ・スペッキオに参加して（すでに芦原太郎さんら先輩たちによって書き継がれていた）初めて書いた原稿が掲載されたのが七七年六月号だから、足かけ八年間にわたる分担執筆だった。

　「聖吾評」移行の理由の一つは八五年一月号の冒頭に隈が書くように三〇歳になったから、つまりメンバーの皆が各々の道を歩むようになったからだ。留学したり就職したり結婚したり起業したり。いわば「社会化」されていって、学生気分に決別する時期だった。

　当時ぼくはいくつかの建物が実現して雑誌の取材を受けたりＳＤレビューに出品したり、一九八五年の秋にはD-Hotel大阪とＯＸＹ乃木坂の設計オファーを受け、一九八六年には湘南台文化センターをはじめとするいくつかのコンペで入賞し、秋には強羅花壇の計画を始めた。隈も一九八五年から八六年にかけてコロンビア大学に留学している。なぜ隈とぼくだったかは、いろいろあったような気もするが（原稿を書くのが速い、とか）、要はきっちり就職した他のメンバーに比べて自由だった。隈は勤めていた会社を辞めて人生の転機でもあったし、ぼくはそもそも就職をしないで自分で事務所を始めていた。

　聖吾評は建築誌には珍しい投稿欄で、僭越にも入選佳作をつけ特待生などの待遇も与える建築テクストによるコンペ、それも毎号交互に出題執筆を行い相互に関与しないからいわば独断と偏見によるコンペである。グルッポ・スペッキオがこうむった韲甕を超える韲甕があったかもしれない。投稿者は常連となっていった。そして一九八六年一二月号で終焉を迎える。たった二年間だ。ただ、この二年間は日本経済がバブルへと走り始めた転機でもあった。大学に入学した年にオイルショックが起き卒業時に就職先がまったくなかった世代が「解体と批評の時代」、雌伏の一五年間を経てバブル経済の荒波へと漕ぎ出る時期でもあった。SDの新展開とぼくらの船出が重なった。『都市住宅』誌も一九八六年一二月号をもって休刊、そこにぼくは「八六年は将来記憶されるべき年となるだろう」という渾身の一文を認め、学生時代以来書きまくった筆を一旦折って建築設計に専念することにした。

振り返れば早三〇年の歳月である。二人とも二年前に還暦を迎えている。渦中にあっては見えないものが振り返るとよく見えてくる。

孵化装置としてのパートナーシップ

豊田正弘

都市住宅8507 特集=パートナーシップの可能性 ——アモルフ&ワークショップ

私が編集担当として携わった『都市住宅』の中でも、自分で書いた特集企画がはじめてかたちになった思い出深い一冊。

当時パートナーシップを組んで設計活動を続けていた、アモルフ（竹山聖、小林克弘、榎本弘之）とワークショップ（北山恒、谷内田章夫、木下道郎）。三〇代前半という若い建築家のグループに取材し、その作品、仕事の進め方を紹介するとともに現代のあるべき建築家像を探っている。

巻頭の座談会には全六名のメンバーが参加した。閉ざされることなく「個人が自由に動ける場」として、ヒエラルキーを排除していきたいというアモルフ。イーヴン・パートナーを標榜し、さまざまなアイデアの拡散と統合を繰り返して設計を進めるワークショップ。ふたつのグループのスタンスの違いとともに、メンバーごとの微妙な認識の違いも浮き彫りになっていて興味深い。また、吉田研介氏、隈研吾氏ら、両グループと親しい方々からの応援コラムも掲載された。

大学時代にオイルショックの洗礼を受け、建設不況や就職難に直面した世代が、どのように建築と対峙していったのか。両グループの時系列に沿った詳細なストーリー（ダイアリー）がおもしろい。さまざまな創作活動に動き回り、「ポスト・オイルショック、バブル前夜」にあった社会と格闘する日々がとてもリアルなものとして伝わってくる。

それから一五年後、グループで活動する一九六〇年代生まれの建築家たちを、飯島洋一氏は「ユニット派」と定義づけて大きな反響を呼んだ（「〈崩壊〉の後で——ユニット派批判」『新建築住宅特集』二〇〇〇年八月号）。この特集はそうした動きへの序奏と読み取ることもできるだろう。ここに登場した六人は、パートナーシップを孵化装置としたかのように、その後それぞれに個性的な道を歩み、設計者として、また教育者として建築界に大きな足跡を残していくこととなる。

モダニズムの王国再現

SD8508　特集＝モダニズム建築の王国オランダ

石上申八郎

この特集号の中の伊藤公文氏によるテクスト「孵化せよ、モダニストの末裔たち」は、「コールハースの一挙手一投足は、今後数年間は確実に、衝撃波となって世界に伝播して行くであろう……（そして若い世代の活躍と初期モダニズムの再生が）……いつか来るような予感がする」と期待を込めて結ばれている。当時のオランダ建築は、わずか一〇年余のモダニズム盛期のあと、半世紀に及ぶ長い停滞期にあった。編集者伊藤氏の予感が「いつか」どころか瞬く間に期待以上のものになろうとは……。

私自身は、一九七六年に『ドムス』誌の近代建築案内を手にオランダ建築を初めて見て回った。「歴史上の建築」だと思っていたリートフェルト、ダウカー、ブリンクマン&フルフト、J・J・P・アウトらのモダニズム建築が、建設当時と変わらぬ姿で残り、使われ続けていることに驚かされた。オランダ特有の簡潔なデザインでありながら、各建築家の個性も明らかで、充分にディテールが楽しめる。欧州各国の近代建築と比べても、質量ともにオランダは図抜けていた。

その後一九八二年に当時の勤め先のヨーガンレールのアトリエで、オランダのモード誌の中で偶然眼にしたのがクーン・ファン・フェルゼン自邸の記事だった。エルビス・コステロ似の若いフェルゼンのプロフィールも掲載されていて、それ以前の手堅そうなオランダ建築家とは懸け離れたイメージを与えられた。建築家フェルゼン自身とその自邸こそ、オランダ新世代出現の最初の象徴ではなかっただろうか。

数年のち、オランダ側からSDに取材のオファーがあり、写真家の輿水進氏、元留学生の堀川幹夫氏と共に取材と編集に参加し、「モダニズム建築の王国オランダ」特集号ができあがった。取材した建築家のなかでもフェルゼンがその後も順調に図書館、美術館などの計画を実現していく一方、OMAの集合住宅やダンスシアター、ベンテム＆クラウウェルのスキポール空港などで新世代は急速に地位を確立していった。もっとも出会った誰しもが幸運に恵まれたわけでもない。オストハウスは当時先進のCGに熱中していたが、あるいはそれ故に、実作に到達するには長期間を要した。また最も繊細にモダン建築デザインをめざす優しく静かな男ベン・テンへは、異なるタイプの印象的人物だったが、やはり長らく実作を作れずにいた。

今世紀に入ってからの彼らオランダ新世代の国内外での活躍は目覚ましいが、OMAの近作やMVRDVのプロジェクトを見ると、オランダ合理主義の伝統とは大きな隔たりを感じさせる。もっとも見方によっては、「美の追究に耽ったり、形態に酔ったり」するのが消費社会に生きる現代人の「現実の要求」であり、そこに忠実に応えているのが現在のオランダ建築家かもしれない。

特集号の表紙は、ファン・ネレ工場のブリンクマン＆フルフトが設計したフェイエノールトチームの本拠デ・カイプ・スタジアムの写真で飾られている。サッカー場の裏側の味気ないともいえる情景。しかし良くみると、そこにはオランダ建築の合理性、経済性、そしてスタジアム名の平面式小文字ロゴにモダニズム美学への確信がよく表されている。

ゾウがいて、イルカがいて、ワニがいた

水越 裕

SD8511 特集=象設計集団

名護市庁舎をはじめとする一連の沖縄の作品で、象設計集団は土地の持つ固有の魅力を独特の造形で表現し、八〇年代の建築界を席巻し始めていた。『都市住宅』をはじめ、すでに他のメディアでも盛んに取り上げられていた彼らの活動をSD誌で紹介するとどう納まるのか、そこに編集長伊藤さんの狙いがあった。SDの建築家特集がやや定型化していた状況を抜け出すきっかけにしたいという想いもあったのかもしれない。

新米編集者の私は取材の前に企画を練り始めたのだが、考えれば考えるほど、あの破天荒な象が果たして雑誌の枠の中に納まりきるのか不安は募るばかりだった。

そうはいっても恐れてばかりでは始まらない。夏の暑い日差しの中、意を決して象が根城にしていた東中野の民家を訪ねてみると、玄関は開けっ放し、ひんやりとした室内からは何の物音も聞こえてこない。奥に向かってこわごわと声をかけてみると、やあやあと言いながら大ボス樋口裕康さんが現れたのだが、その襟元には何やら不思議な物体がぶら下がっている。

ああこれね、ネクタイだよ、コーラ缶をつぶしたんだ。編集部の人に会うんだから、きちんとした身なりをしないとね。そういってニカッと笑うと筆を取り出し、黒々とした墨でぐいぐいとスケッチを描き始める。建築は自由じゃなきゃね、東京の建築はみんなつまんないね、あいつらデザイン下手だから、と過激な発言が続く。はったり半分、本音半分の豊饒な世界をどうすれば誌面で伝えられるのか、苦闘の日々の始まりだった。

あの頃、イルカだとかワニだとか称する設計集団が（確かクマもいたと思うが）、象を中心にTEAM ZOOという緩やかなネットワークを形成していた。私が訪れたときは彼らが東中野に集まっては、おうおう久しぶりじゃないか、まあ飲もうや、といった感じで酒宴が繰り広げられていたのだが、油断はできない。象にとってデザインとはすなわち発見することであり、ありきたりの意見を述べようものなら袋叩きにあうからだ。象がイルカがワニが（クマも？）

車座になり、底抜けに明るく常識を笑い飛ばし、やがてマドンナの富田玲子さんがアメリカインディアンの唄を歌い始める頃には皆、前後不覚に陥るのだった。

発見する、何か新しいことが生まれる、そのことが楽しいのであり、それがデザインだ、と言い切る彼らは三〇年後の今も健在で、経済効率と法規制に自由を奪われた東京で仕事をするなんて何が楽しいんだよ、と意気軒昂だ。

思えばあの樋口さんのネクタイは、君は自由なのかい？　人生を楽しんでるのかい？　という問いかけだったのかもしれない。

自立と自由のインテリア・デザインを求めて

川床 優

SD8605　特集＝内部からの風景
——日本のインテリア・デザイン

今おもえば、これはじつに時宜を得た特集号だった。七〇年代から八〇年代半ばまでの時期は、日本のインテリア・デザイン史上最も充実した時代であり、本号には当時の熱気に満ちた状況が集約されている。そして一九八六年は、言わば質より量への折り返し点でもあった。この号に僕は「コマーシャル・インテリアの形成」と題した小文を書いた。それは、戦後から六〇年代七〇年代、そして八〇年代前半を通覧し、この国の「インテリア・デザイン」の黎明期から、その後の変容をたどったものだ。周知の通り戦後の「インテリア」は、進駐軍とその家族のための住居と家具の大量供給というＧＨＱの指令から始まる。以下、拙文の一部。

> 工芸指導所を中心にして始まった戦後のインテリア・デザインは、商工省、通産省を主体として、次第に各関連業種の組織化、連合化を促しつつ、貿易の振興はもとより、家具デザイン、住宅のインテリアから現在のトータル・インテリアに到るまでの、日本のインテリア・デザインの主流を形づくっていくのである
>
> その主流に対して、
>
> 六〇年代中期から七〇年代初頭にかけて、他の支流と

は著しく性格を異にする、いわば鬼っ子とでもいうべき〈傍流〉を派生させた。それは、一見アーティスティックな身振りを持った「コマーシャル・インテリア・デザイナー」の一群である。彼らは、アートとテクノロジーをスプリング・ボードとして、アカデミックなヘゲモニーとは無縁な領域を形成したのである。そして、この鬼っ子たちは、八〇年代に到るまで、ことコマーシャル・インテリアに関してはむしろ「新たな主流」を作り上げた。（「」は新たに追加）

そこには確かに、この国独自のデザインの萌芽が噴出していた。そして一九八六年。この特集は、これからバブルへと突入する助走期に編まれた。すでにコマーシャル・インテリアの大量生産大量消費が始まっていた。

アカデミズムのヘゲモニーから抜け出て、棘の道をかいくぐった世代の構築した領域を、次の世代は一体どうしようというのだろうか。かつてコマーシャル・インテリアは、イメージの社会的総体の中で、あらゆるものを包括しうる最もラディカルな容器であった。そして現在のそれは、イメージ総体の中で、最も無力な付属品と化しつつある。

これは七〇年代のアヴァンギャルドたちに洗礼を受けた編集者としての僕自身の、時代への不吉な予感ともどかしさの表明だった。そして一九九〇年にバブルが崩壊し、九一年に倉俣史朗が亡くなった。私的に言えば、その時点で僕にはすべての幻想は空無化したかに見えた。その後、僕の興味はインテリアを超えてデザイン全般の、旧態を打破した「内発的」な発想の転換へとむかっていった。

ちょうど一〇〇年前に夏目漱石は明治の文明開化を評して「この国の文化は外発的であり、内発的ではない」と喝破していた。明治の欧米列強の外圧から半世紀、日本の文化はGHQの主導でスタートした。一五〇年間にわたってこの国を支配した欧米の文明という外圧。そして経済成長と大量消費の崩壊という内圧。一〇〇年前に漱石の語った「自己本位」とは「精神の自立と自由」を指す。この国の「内発的」で「自立」したインテリア・デザインとは、一体どういうものなのだろうか。

海外を志す若者のバイブルとして

豊田正弘

都市住宅8606
特集＝留学への誘い——建築教育の彼岸

編集担当した『都市住宅』のうち、企画からレイアウトまでほぼ私ひとりで行ったという実感がある一冊。

海外の学校を通して建築教育について考え、実践的な留学の方法を紹介している。槇文彦氏の巻頭インタビュー、ポートフォリオの制作にフォーカスした留学準備マニュアル、国別の建築教育事情、留学経験者による二五校の紹介（沿革、教育方針・校風、教授陣容、カリキュラム、生活情報など）、座談会「建築留学の現在」と、五二ページに三五名の執筆者が登場するという盛り沢山の内容である。最後のページには、全国の大学へのアンケートをもとに留学先別の経験者リストまで載せ、「先輩からのアドヴァイスを受ける」ことを奨励した。

インターネットの存在しなかった時代、こうした情報を得るにはきわめて乏しい出版物と、口コミだけが頼りだった。一九八〇年代後半からはバブル景気も相まって、建築学科を志望する多くの学生が海外留学を果たしていく。現在、UCLAで都市・建築学科長を務める阿部仁史氏からは、当時、留学を志す者にとってこの特集号がバイブルだったと聞いた。

巻頭の槇氏をはじめ、ポートフォリオの具体的なつくり方を語った新居千秋氏、さらにその実物を誌面に提供した横内敏人氏、留学準備マニュアルのために長時間の取材に応じた坂茂氏などなど、数多くの建築家が手間を惜しまず、まだ見ぬ後輩たちに向けてエールを送ってくれた。その熱い思いが読者に伝わっていればうれしい。

「アメリカ建築教育事情」の項で、渡辺真理氏は留学の現実的なメリット／デメリットを挙げたうえでこう述べている。「（中略）それが止むに止まれぬ自分自身のきもちから出ているかどうかが問題で、やはりそれでも行きたいというような情熱（あるいは〈若気のいたり〉）に根ざした〈留学〉を僕は支持する」。いまも色あせぬ金言だと思う。

建築学科をもつ学校リストをタイプライターで打ち出し、特集トビラの地模様にした。海外旅行の経験すらなかった筆者は、パプアニューギニア工科大学にも建築学科があるんだなあ、と素朴な感想をもらしていた。

木造のセレンディピティはどこに

今川憲英

SD8701　特集＝木造建築の現在　ほか

一八五一年、第一回万国博覧会の「水晶宮」ではセレンディピティ（偶発的にめぐってきた幸運）と称するに足る空間が現出したのだが、クリスタル・パレスという名称に惑わされてだろうか、それがガラスと鉄だけでできていると誤解し、木が多用されていることを知る人は少ない。ここでは二種類の架構に木が用いられている。一つはメインエントランスの屋根部分で、交差する二本の木造半円アーチを主構造として劇的な空間を形成している。半円アーチの特徴は、鉛直荷重時に水平力が発生せず、風荷重のみの水平力が両サイドの展示スペースに伝わるという利点を持っている。もう一つは展示空間の鋸状屋根の谷部に設置された大スパンの梁で、下弦材（錬鉄）に張力を与えると二ヵ所の束材（鋳鉄）が上弦材（木）を押し上げ、その結果、必要な勾配が得られ、鉄とガラスの立体屋根を支えるとともに安全柵の役目も果たすという仕組みで、設計者の名からパクストン・ガーダーと称された。このように木の併用によって、ガラスの大空間が驚異的な短工期で実現されたのである。

それから約一三〇年余りの時を経て、SD一九八七年一月号特集「木造建築の現在」、同一九八九年一月号「続・木造建築の現在」が刊行された。編集の統括者としての私の方針は次のようなものだった。（一）現代木造を先導する欧州、北米、オーストラリアを対象範囲とする。（二）骨格の要である接合部を重視する。（三）構造形式を詳細に分析する。（四）構造設計者を紹介する。（五）地域別の特徴を把握し、多様性を明示する。

二〇〇件余りの実例の中で、ドイツのJ・ナッテラー教授による建築は際立っていた。中心の巨大煙突の頂部から周縁のRC独立柱にカテナリー状木造曲面を架け渡した廃棄物再生処理場、巨大片持ち梁構造の自転車競技場、六万平米超の大スパン格子梁構造の見本市会場など、いずれも常識を超える規模と独創的なディテールは圧巻。一方でドイツには軽量の木構造の秀作が多い。パイオニアのF・オットー教授による、五×五センチメートルのツガ材による格子のダブルグリッドシステムを用いたスパン八〇メートル、高さ二一メートルのドームは、その有機的形状に魅了される。J・シュライヒ教授による、大中小三層の木格子と下弦から端部に向かって広がるスチール・ケーブルの組み合わせには、ハイブリッド構造の極限の技術による美を見ることができる。

フランスの木造は、二枚のHP木造シェル曲面をスチールトラスで接合した教会、手のひらを上にして指先が天を指すような片持ち梁の巨大でダイナミックな曲面を持つ大学の講義棟など、独特の曲線や曲面を持った空間が多い。

これらはほんの一例だが、どの建築も木造の制限を吹き払い、豊かな表現の沃野が、無限の構造の可能性が示されていて、当時の日本の状況からすれば木造に対する認識を根底から覆すようなセレンディピティの花束のように見えたに違いない。だからこそ、後で刊行されたハードカバーを含めて発行部数すべてが完売となった。

それからさらに四半世紀が経過した今、木造ブームと言われる中で、果たして木造であるがゆえのセレンディピティを私たちは得たであろうか?

躍動する造形、漲溢する精神

SD8708　特集＝ドイツ表現主義の建築

長谷川　章

近代合理主義を嘲笑するかのように、あたかも情動に任せたままのごとく、その自由奔放な造形は、先入観を打ち砕くのに余りあるものであった。大きなカラー写真をふんだんに使った誌面は、表現主義の建築の造形美が溢れんばかりである。近代西欧精神はカントやヘーゲルにより、観念論から弁証法へと、理性の中に人間を位置づけたはずではなかったのか。そこに出自を求め自己正当化する構成主義や機能主義の建築のなかに伏在する臆病な脆弱さを指摘し、不敵な笑いを浮かべている……そうした表現主義の建築に出合った。

ドイツへ行ってから疑問を持つようになった。理論的な建築理念によるモダニズムという既往の歴史観というものが、理念のための理念にすぎないのではないか……。しかし表現主義にはどこを探しても、未来派のような高尚な宣言文も理念も存在しない。自分が表現主義者であると名のる建築家さえいないのだ。その一方でいまだに精神が枯渇した合理主義という大文字の歴史が跋扈している。その虚構に固執することにより永遠の真理を捏造し、それに依拠して自己正当化し延命を図ろうとする姑息な近代モダニズムを向こうに回して、表現主義の建築は「ニーチェの高笑い」を背後で継承し、「ヴォリンガーの狂気」を生成する造形への意志に読み換え、情動そのものを本質へと転換させてしまった。そこにもう一つのモダニズムの可能性が見えた気がした。

表現主義の建築はスクールではない。高名な建築家たちが弄んだ恣意的な近代建築運動ではなかった。あえて言うならば、それはドイツという文化そのものであった。表現主義の建築の裾野の広さと、歴史の厚さと、造形の質の高さと豊潤さがそれを物語っている。どの地方都市を訪れても、無名の建築家たちにより受容され、生活の中に息づいていた。やがておぼろげながら判ってきたことは、人々のなかから生まれてきた民族運動とでもいえるような、表現主義という精神世界の存在である。それはドイツの文化の本質を決定づけているものだ。ゲーテにまで遡るようなドイツ・ロマン主義の思弁的世界観が、衰えることなく近代において、表現主義として浮上してきた……と。

この雑誌に続いてＳＤ一九九四年五月号「東ドイツの近代建築」が出版された。その後の論文や本も、すべてこの雑誌を起点として生み出されたといっても過言ではない。その内容はすでに時代遅れとなったにもかかわらず、この雑誌を手に取ることが今もある。なぜならばそこには当時の表現主義の建築に出合った私自身の飾らない姿を認めることができるからなのだ。妙に整えたり、気負ったり、取り繕ったりしているところがない。興味があるものに脇目も振らず突き進んでいく姿がある。そこでは純粋に真正面から建築に立ち向かう率直で恐れを知らない私といつでも出合うことができるからだ。あの当時の自分に立ち返るために、今でも「ドイツ表現主義の建築」は座右の書として、私の人生で重要な役割を果たしている。

現代日本建築の始原《はじまり》の群像

川向正人

SD8710　特集＝Under 40 JAPAN
――四〇才前の建築家一〇一人

かなり大部なＳＤ一九八七年一〇月号、当時「四〇才前」の若手、つまり「一九四八年生まれ以降の」一〇一人の特集である。インテリア・デザイナーも含まれていたが、建築家としては隈研吾、内藤廣、芦原太郎、北山恒、岸和郎、古谷誠章、小嶋一浩、大野秀敏、新居千秋、坂茂など、一九九〇年代以降になると国内外で目覚しく活躍する人々が、この特集ではまだ、ごく初期の自作とともに初々しい姿で並んでいる。設計実務だけではなく教育界にも広く厚い層をなして広がり、今やそれぞれの領域で重鎮と評される人々の、始原の姿を窺い知ることができる。

すでに一九七〇年代後半に、一つ上の世代に当たる安藤忠雄、伊東豊雄、石山修武、象設計集団、毛綱毅曠、長谷川逸子たちが台頭して、それまでの大家然《たいか》とした建築家像が急速に崩壊していく時代の流れを受けて、この特集にも、建築設計のほかにインテリア・デザインやアーバン・デザイン、土木やランドスケープや地域おこし、さらには企画や編集などにも多面的に、だが真剣に取り組む当時の若手の今が捉えられている。そこには世界的潮流として進行する「建築の多元化」が鮮やかに現れているが、その多元化は、建築作品の様式《スタイル》よりもさらに深く価値観・世界観そのものにまで及んでいる。

編集部、若手建築家たち、彼らの動きに詳しい建築カメラマン（古舘克明）などと重ねた企画会議（毎回、その顔ぶれは変わっていた）や各地への取材旅行を通して、価値観や世界観などが窺い知れるパワフルな活動を始めている人々を一〇一人選ぶのに、ほぼ一年を要した。根ざす先は「地域」に限らないが、彼らが何に根ざし、何に拠って立とうとするのか。それを先入観なく客観的に、いわば文化人類学的に観察して記述するのが、取材の狙いだった。

繰り返すが、すでに評価の定まった建築家・作品・活動を年表形式に並べる特集ではない。既成の文化・制度・イデオロギーを疑い、調べ、掘り起こし、方法を模索する彼らの姿を、客観的に記述して、むしろ「世代のもつポテンシャル」を描き出したかった。

　私は、今でも彼らに世代としてのまとまりがあるように感じているが、戦後の自由尊重の民主教育を受け、かつ「六〇年代末の大学闘争後に教育をうけた」世代であって、安藤や伊東らの「上の世代」の最後まで価値観・デザイン観を貫く生き方を学びながらも、闘争という手段に頼らずあくまでも相互の交流と対話を通して、多様性のある市民社会の実現に向けて、それぞれが信じる独自のアプローチを試みる。

　特集に寄せた拙文「言語の深き森の奥から」にも描いたように、私が日本の各地を歩いて採集した彼らの言語は多様だった。その言語は深い森をなし、ヘルダーが『言語起源論』（一七七二）にいう、まだ自然の音の響きが残り言語本来の根をもった「根源語」だったように思われる。三〇年経った今では、彼らの発する言語も、ずいぶん軽やかで洗練されたものになったが。

特別な雑誌

飯島洋一

SD8905 - 9005
連載＝光のドラマトゥルギー——二〇世紀の建築

　私がはじめて建築の長編連載を書いたのはSDにおいてでした。第一回が掲載されたのは一九八九年五月号ですから、もういまから一二年も前のことで、当時、私はまだ二〇代の終わりにいました。依頼があったのは、その前年の八八年の一〇月ごろだったと思います。場所はSDレビューの東京会場で、当時編集長だった伊藤公文さんが、「一年間の長編連載をやらないか」と言ってくださったのです。しかも内容は自由に決めていいということでした。

　私はその一年前の八七年夏に、勤めていた建設会社設計部を辞めて、建築評論を生涯の仕事にしようと決心し、活動を開始していたところでした。いくつかのコラム連載の仕事はありましたが、長編連載はこれがはじめてで、伊藤さんからお話をうかがったときはとても嬉しく、かつ緊張したことを昨日のことのようによく覚えています。私にとっては一年間の航海に旅立つような、ある意味でいえば大きな冒険でしたが、これといった実績がまだなかった私を起用した伊藤さんにとっても、やはりこれはひとつの冒険だったのではないかと想像します。

最初の原稿を渡したのは、八九年の一月の末でした。それから一年間、私はこの連載「光のドラマトゥルギー」に全力を傾けました。連載が終了してから半年して、この年間連載は同名タイトルのまま単行本化されましたが、結果的にこの本は私の記念すべき第一作になりました。

あれから一二年の歳月が流れたことになりますが、私はいまでもあの連載が自分の原点だと考えています。私はそこで現在の私を形成する核になるものを摑むことができました。そしてその後の、相川編集長との数多くの仕事を通じても、私はつねに、何かについてただ書くということだけではなく、「何かについて考える」という機会に恵まれました。そういうことを考えさせてくれる雑誌は、そうあるものではありません。ですから私にとってSDは、特別な雑誌だと言い切ることができます。評論家としての私をつくりあげたその基底に、この雑誌はいまでも存在していますし、そのことはこれからも決して変わることはないでしょう。

（初出＝SD0012「SDグラフィティ　36年の想い出」）

「裸のデザイン」が突きつける存在の重み

伊藤公文

SD9009　特集＝裸のデザイン

七〇年代のはじめ、オランダのあちこちを巡る機会があった。近代建築を見つつ、田園に足を延ばし、水辺に憩った。そのときに強く印象づけられたのは、身の回りの品々に始まり、家具、住居、建築、工業・農業・商業関連の施設、交通・運輸・通信関連の工作物、さらには水路や堤防などの土木構造物にいたるまで、スケールは大きく異なりながらも、それらのデザインの間に質的に明確なギャップがないことだった。どの人工の構築物も、個々のデザインの云々以前に、スムーズに連続する大きな枠組みの中にしっくりと納まっていた。そこには何らかの集団的知性がベースにあるのではとさえ思われた。近代建築にしても、突出した異物感をもたらしていることはなく、むしろ通奏低音のような存在として溶け込んでいた。

日本の状況は真逆ではないか。地形も気候も比較的均一なオランダとはそのまま比べられないが、それにしても精緻なデザインとまったくの野放図、ファッショナブルとダサさ、巨大と極小、商工業の空間と住空間、それらあらゆる局面での対極の混在、併存が常態となっていた。スケールを異にする構築物のデザインの質は連続を遠く離れ、断絶、というよりはバラバラ。それは繋ぎ合わせようもないので、ただ見過ごすか、黙して受け容れるか、半ば偽悪的に愉しむか、選択肢はそのどれかしかない。

数年後、建築を主に扱う雑誌の編集に携わり、いくつもの建築をもっぱら「作品」として繰り返し紹介するようになったとき、建築単体の美的価値を閉じられた枠組みの中で云々することに、しばしば疑念を抱いた。そこでの美的価値あるいは美的基準を水平に広げていくことは叶わないとしても、せめてもう少しは広い枠組みの中に建築を置けないものか。そういう思いの延長に企画したのが「シリーズ——コンテンポラリー・ランドスケープ」で、その第一弾と銘打ったのがSD一九九〇年九月号の特集「裸のデザイン」だった。

六五ページにモノクロ写真三七点。写真家・北嶋俊治のレンズの先にあるのは土木、工業、農業用の構築物。いずれも明快な目的を持ち、用途に見合う必要最小限の素材でシンプルに組み立てられている。そこに機能、耐久性、費用などに関する冷徹な計算と打算はあるが、姿形を装おうとするデザインの意思だけが欠落している。それら「裸のデザイン」が突きつけるのは、存在の重み。無言のままに時を超え、多く永続的にあり続けるものたち。建築との接点は限りなく少ないが、環境を形成するパーツとしては場所を選ばず遍在しているものたち。モノクロ写真の粒子に、存在の重みが写し撮られている。

シリーズとして、交通・通信の風景、商業の風景、アートによる風景を経て総集編に至ることをもくろんでいたが、雑誌編集の任にあった期間には一歩も進めず、悔いが残った。しかし、後任の編集者が思いを汲み取り、九五年四月号「テクノスケープ——テクノロジーの風景」としてまとめてくれたことで、救われた気持ちになった。

現代美術の理想と空間

南條史生

SD9103　現代美術のための空間　ほか

一九八〇年代、私は海外の現代美術を相当な数、見て歩いていた。たとえば、ニューヨークのＤＩＡ財団の展示は、年に三、四回変更されたが、八〇年代後半の数年、そのほとんどの展示を見ていた。そうした展示空間の多くが、使い古された倉庫か工場を利用した飾り気のない建物だった。私はそうした倉庫・廃屋型の空間がいかに現代美術とマッチしているかを日本の人たちにも見せたいと思った。また一方で、ヨーロッパで最初のポストモダン建築の美術館と呼ばれたメンヒェングラートバッハ市立美術館（一九八二、ハンス・ホライン設計）は、収蔵作品の一つずつに合わせて空間を設計していた。日本のいい加減な現代建築美術館とは違うアートへの理解と配慮があった。

ＳＤの伊藤氏に美術館建築の特集を持ちかけられたとき、すぐに中身のイメージが浮かんだのは、すでにそんな視点の蓄積が自分の中にできていたからだ。それから写真を集め出し、九一年三月に特集「現代美術のための空間」が完成した。その中では欧米から収集した多数の新鮮でユニークな美術館の事例を紹介した。巻頭文で美術にとっての理想の空間はどういうものかを論じたが、これは今でも我ながら美術の展示空間に関する妥当な見解だと自負している。その後、二〇〇一年に横浜の赤レンガ倉庫で横浜トリエンナーレをやることになったが、それはあの赤レンガ倉庫で現代美術展示を実現することにこだわっていたからだ。しかし赤レンガ倉庫はその後、ほとんど商業施設になってしまい横浜は貴重な文化拠点とメッセージ発信のツールを失った。今でもチャンスがあれば、どこかで古い倉庫を使った美術館を実現してみたいという思いがある。

さてこの特集号の評判がよく、翌年の一一月号に続編となる特集を依頼された。それは「アートがつくる公共空間」というタイトルで、当時盛んになりつつあったパブリックアートの最新・最良の事例を紹介することだった。巻頭の文章では、作品のミリウ（社会文化的な環境・文脈）について論じ、パブリックアートはどうあるべきかを記述している。

三冊目は一九九四年六月号の「アートがつくるワークプレイス」という特集で、コーポレートアートの事例を集め、企業とアートの関係を論じた。表紙はダイムラーベンツ社のロビーにそびえるウオルター・デ・マリアの巨大彫刻作品になっている。

その頃、自分が論じてきたことを実践で示す機会が訪れた。新宿アイランドのパブリックアート計画の話である。当時日本設計の担当者だった六鹿正治氏から話が持ち込まれた。私にとってはほとんど初めての大型パブリックアート計画であると同時に、千載一遇のチャンスでもあった。この計画は今日でも、国際的に最大級、そして最良の質を保っている。完成を機にSDの別冊が編まれ、多くの人に配布された。表紙はこの計画で最も有名になったロバート・インディアナの真っ赤な「LOVE」の彫刻で、その明快なメッセージは今でも色褪せていない。

その後もSDとの関係は続き、九六年二月には、ドイツのデュッセルドルフ近郊にある特異な美術館インゼル・ホンブロイヒのまとまった記事を書き下ろし、八月にはアメリカのテキサスにあるチナティ美術財団美術館、およびニューメキシコにあるライトニング・フィールドの訪問記を綴っている。

これらの記事を振り返ってみると、SDとは長いあいだ安定した関係が続き、書いている私にも勢いがあったように思う。自分が見てきた素晴らしいアート空間をなんとか日本に紹介したい、現代美術の本当の面白さを知ってもらいたい、という一途な思いに引きずられていたのだろう。SDという雑誌の特異さはそのスタンスにあった。建築雑誌という以上の何かだったのだ。それは建築空間のスピリット、さらにはライフスタイルについての思考実験の場だったのではなかろうか。

巷で光の事件を探す

面出 薫

SD別冊23『照明探偵団』(一九九三・一〇)

一九九〇年の八月八日に「LPA (Lighting Planners Associates)」という建築照明デザイン事務所を設立したと同時に、「照明探偵団」という非営利の実践的照明文化研究会を立ち上げた。設立当初から私たちの仕事は朝から深夜まで本当に忙しかったが、それでも照明デザイナーの仕事は机上では完成しない、夜な夜な街に出て色々な光の事件に出合い一喜一憂することが大切だと考えた。

つまり「照明探偵団」は「LPA」という照明デザイン事務所のミッションでありジョブコンセプトを示す別名であったのだろう。私たちは見事な照明デザインの成果を社会に示すだけでなく、照明が文化であることを啓蒙していく役割を担って出発した。設立時に六名だった仲間が直ぐに一〇名になり、二六年も継続した挙句に今は国内外合わせて八〇〇名を超える団員数になっている。

その礎を築いたのがSD別冊二三号『照明探偵団』である。この一冊がなかったら今の照明探偵団はなかっただろう、と思わせるほど重要であり内容にも気迫がこもっている。出版会の長谷川愛子さんや伊藤公文さんと相談し、全九一年五月から毎月SD本誌に連載させていただいた全二〇回をまとめたものがこの別冊である。照明探偵の「光の事件簿」を紹介するだけでなく、光を文化するための視点を膨らませていただくために、川添登さんと伊東豊雄さんに巻頭寄稿していただいた。

川添さんは当時、日本でも少しずつ盛んになってきた所謂「ライトアップ」に批判的でもあったので、是非にと寄稿をお願いした。そのタイトルは「都市の照明と日本の文化／ブルーノ・タウトと今和次郎によせて」。多くの蘊蓄の末に「照明探偵団の仕事は、照明という切り口によって、新しい都市の論理、風景の論理をつかみとる一つの基礎になるだろう」と結んでいる。また常に私達に最高の刺激を与えてくれる伊東豊雄さんからは、「浮かび上がるアジア的光の空間」というタイトルで、アジア的なる都市と光の魅力について語っていただいた。その中にも「照明探偵団がネオンと同時に、コンビニエンス・ストアや街中の自動販売機に目を向けたのは慧眼である」という過分の評価をいただいた。更には照明探偵団の名付け親的存在の藤森照信さんにも街歩きを一緒にしていただき、「丸の内から佃島へ／建築探偵団・照明探偵団夜間合同探偵記」を収録した。

全二〇回の照明探偵レポートは、それぞれに魅力的なトピックではあるが、（一）世紀末の辻行灯（増殖する自動販売機）、（五）法律がつくるあかり（群れなす航空障害灯）、（八）ブルーモーメント（薄暮に美しい街）、（一七）ついてて良かった（二四時間の不夜城コンビニ）などは、照明探偵が発見した光の事件としては秀逸ではなかろうか。普段見落としていることが大袈裟に光の事件として騒がれることにより新たな文化的議論になる。痛快なことである。二三年前に発刊したこの別冊が今でも私の照明デザインのバイブルになっている。

演劇人との真のコラボレーションをめざして

伊東正示

SD別冊24『演劇のための空間』（一九九四・四）

本号が発刊された一九九四年頃は、八〇〇席規模という新しいタイプの演劇劇場が次々に誕生した時代だった。八〇年代後半に銀座セゾン劇場やシアターコクーンなどの民間劇場が建設され、九〇年代に入ってからは水戸芸術館や東京芸術劇場などの公立劇場がオープンした。

そんな時代背景の中で、本号をまとめるにあたっては「劇場」ではなく、「演劇のための空間」であることに大きな意味を込めている。

当時、実際に演劇が上演される場は、建築家が演劇の上演を目的として設計した劇場ばかりではなかった。むしろ、演劇人は自分たちの作品の上演にふさわしい空間を選び取って、上演空間を創り出すことも演劇の創造行為の一部であると捉えていた。それは六〇年代の演劇運動が小劇場演劇と名付けられたように、上演される空間に大きな意味があったということであり、「小劇場」と呼ばれる演劇空間が日本の演劇界や文化状況に与えた衝撃は大きかった。赤テントや黒テントのような仮設劇場の非日常性や倉庫や地下室を改造した制約だらけの空間の中に無限の劇世界を出現させるという小劇場のマジックは、とうてい近代建築の劇場では実現できない性質のものだった。

建築家にはそんな小劇場の魅力を知ってほしいし、劇場の設計をするのであれば、演出家や舞台美術家たちがどのような空間を求め、どのような演劇空間を創り出してきたのかを知ってほしいということを意識して事例を選定し、構成をした。

章立ての中に「仮設・野外」「転用」という小劇場の流れを意識した章を設けたことで、演劇界の人びとからの評価をいただき、建築家は演劇のことがわかっていないという批判を薄める効果もあったように思う。また、「可変」で紹介したスパイラルホールは、九〇年代以降に展開されたブラックボックス型ホールの先駆的な事例であったし、吉祥寺シアターや座・高円寺という公設小劇場の展開に繋がっている。また、京都府民ホール・アルティや青山円形劇場の空間可変機構は、その後の劇場技術の発展に繋がっている。本号は、六〇年代からの劇空間の創造を二一世紀に繋げることに、少しは役立ったのではないだろうか。

今回、佐藤信氏のインタビューを読み返してみたが、建築家と演劇人との劇場、あるいは演劇のための空間に対する意識の違いを改めて感じさせられた。佐藤氏の発言からは、建築家は技術者として機能をとりまとめることに主眼を置くのではなく、アーティストとしての信念を持ち、自分が信じる演劇のための最適な空間を提示せよ、というメッセージが読みとれる。演劇人は、建築家が思いを込めた空間と対峙しながら創造行為を行うことにより、建築家と演劇人の真のコラボレーションが生まれるのだ。

本書の発刊から二〇年以上の月日が流れたが、演劇人からの叱咤激励に建築家は答えを提示することができたのだろうか。続編をまとめてみたいと思う。

前例のない高層実験集合住宅の五分の一世紀

SD別冊25『近未来型集合住宅NEXT21——環境共生をめざした実験のすべて』(一九九四・八)

内田祥哉

NEXT21が竣工した一九九三年は、いわゆるバブルの最盛期で、時代の進歩に追いつかない建物は、この時期に建て直され、日本建築の平均寿命は三〇年に満たないといわれていた。当時の日本建築の耐久性は、物理的耐久性よりも、利用の変化に耐えるものでなければならないと言われた。当時公団(現UR)でも、間仕切の移動可能な住宅を売り出していたが、水回りは固定するのが常識だった。それに対し吾々は、配管を伴う水回りの部屋の移動が出来なければ、百年の利用の変化には耐えられまいと考えていた。

実は、配管類を伴う間仕切移動を可能にした実験的設計を、吾々は武蔵大学の建物で経験していた。一九八八年に竣工した科学情報センターは、化学の実験室と教室を含んでおり、配線配管はもとより、教室に必要な遮音も満足する間仕切りの可動性を用意していた。この設計には、近角真一所長率いる集工舎建築都市デザイン研究所のほかに深尾精一東京都立大学（現首都大学東京）教授にも参加してもらい、木村俊彦構造設計事務所の骨組みに載せて、完成度の高い可動間仕切りのシステムを実現した。NEXT21の設計は、このメンバーで参加することになったが、しかし、初期の意図がNEXT21の存続期間中維持できるかどうか、極めて心配だった。それを安心させたのが、近角所長で、次々と新たに参加する改造設計担当者を説得し、今日まで初期のシステムが維持されている。それには、設計者を説得できる論理の整合性が在ったことは言うまでも無いが、決して諦めない近角所長の粘り強い説得努力によるものだった。

それより先、関西での仕事と云うことから、関西在住の人材との協力を得なければならなかったが、それには大阪ガスから、京都大学の巽和夫教授との協力が提案された。巽教授の持論である住宅生産の二段階供給の考え方は、まさに吾々の実現したいフレキシブルな建築システムとしっくり合ったため、二人三脚は理想的なリズムで出発した。竣工後、バブルがはじけると、会社として手間暇の掛かる研究を背負ったNEXT21は、何度か実験中止の岐路に立たされたようだが、いずれの時も、巽教授の説得が功を奏したに違いなかった。今では国際的にも知名度が高まり、受賞数も増えたが、これまでの経緯は巽教授の支え無しには考えられない。

実験は、現在第四フェーズであるが、各フェーズでの実験計画の立案は勿論、過去に前例のない高層集合住宅の外壁移動実験（一九九七年）は、現地に密着した高田光雄教授の指導と努力のたまもので、度重なる住居プランの変更計画も、地元大阪府との折衝もスムーズにおこなわれた。

竣工後二〇年を経て、エネルギー事情は大きく変わった。ガス・電気の供給母体の区別が撤廃され、総合的計画が可能になったし、当時、巨大と言われた燃料電池は、自動車への積載が、数年後に迫っている。照明はLED化し、空調、上下水の利用についても節流が進み、住宅のエネルギー事情は一変したと言ってよい。

こうした、最近の技術革新にも、NEXT21は問題なく対応出来たと言って良いであろう。この間の大阪ガスの担当部門による並々ならぬ努力のたまものである。だが未だ五分の一世紀、今後更に五分の四世紀、社会の変化に対応出来るかどうか、今後予想されるエネルギー事情の根本的変革の中で、ＮＥＸＴ21がどのような役割を果たすことが出来るか、期待を込めて、実験を見守りたい。

本書は、ＮＥＸＴ21の将来を検証するための詳細な記録である。

テクノロジーが加工する世界風景

宇野　求

ＳＤ9504
特集＝テクノスケープ――テクノロジーの風景

本号は、二〇世紀の技術がもたらした地球上の建築・都市・環境の大改造と風景の変容についてまとめた特集号で、二一世紀まで数年という時点の出版。外部の若手建築家を組み込んだ編集体制がとられ、当時のＳＤ編集部が総力を挙げて編集にあたった一冊である。建築土木の国際的な専門メディアとコンタクトして先端の動向を探り世界の最新情報を収集するとともに、鹿島建設の資料室にある膨大な文献情報を整理厳選していった。二〇世紀を切り拓いた建築家ル・コルビュジエによる「住宅は住むための機械である」を念頭に、地球上のさまざまな地点に配備され二〇世紀の現代都市をドライブさせる巨大な機械と構造物、自然改変の風景を眺めて、二一世紀の世界風景を予見しようと試みた。

特集の巻頭文に「マイクロ・エレクトロニクスの高度な発達にともなう情報処理、情報流通の爆発的発展によって急激に世界の秩序に変化が生じているが、マイクロ・エレクトロニクスが可能にしている〈テクノロジー〉の最前線では、現象として、ものには極小化と極大化の双方の傾向が現われている」と書いた。その後、情報技術が大きく進展して、世界はさらに姿を変えてきた。振り返ってみると、一九九五年前後から急増するパソコンによって、世界は新たな展開と変容を見せてきたことが分かる。Windows 95が発売され、同じ頃ＷＷＷブラウザーが普及し始めた。二〇〇一年になるとiTunesが配信され、続いてiPod、 iPhone、iPadなどポータブルな情報端末機器が爆発的に普及。Googleのアンドロイドを搭載したスマートフォン、タブレットが加わり、インターネット上で大量のデータとアプリケーションが世界に流通するようになった。いままでは、膨大な数の個人と巨大で複雑な情報と物流のネットワークが直結連動して世界は大きく動いている。

都市計画・土木・建築分野について言えば、事業企画、設計、施工、運営のすべてのプロセスがデジタル化され、計画、設計、建設のあり方も大きく変わった。テクノロジーの進化によって、住宅規模から巨大都市の開発と再生までのスピードを加速、量と規模が劇的に拡大した。中国をはじめとするアジア諸都市、中東諸都市ほか、世界各地に数々のメガシティと巨大構造物が新たに立ち現れ、また自然エネルギープラント、交通インフラ、EV（電気自動車）の開発など、世界中で大規模な新産業基盤と新都市基盤の建設が続いている。

一方、二一世紀になり、世界各地で同時多発的に紛争やテロが起き、ハリケーン、震災、津波などの巨大な自然災害も頻発、原子力発電所の巨大事故が起きるなど、新たな事態も生じた。同時に、無数のコンピュータに蓄えられた膨大なデジタルデータを集めた「ビッグデータ」を解析し、これら困難な状況に挑み備えようとする研究開発も行なわれている。マクロ・スコープとミクロ・スコープの事象が多元的に錯綜して、テクノロジーが生み出すより複雑でより巨大な世界風景が現れつつあるように思える。振り返ってみれば、SD一九九五年四月号は、二一世紀のテクノスケープを予見したと言えるのではないか。問題は、これからである。

リージョナルからグローバルへ
——テクノロジーが街へやってきた

中江 哲

SD9608 特集=マイケル・ホプキンス

マイケル・ホプキンス（一九三五年生）は、本国イギリスでは同世代のノーマン・フォスター（一九三五年生）やリチャード・ロジャース（一九三三年生）と並び称される存在であるが、本特集号出版時は、日本ではまだ知名度は低く、欧米のデザイン・ディテールを集めた『コネクションズ』（アラン・J・ブルックス＋クリス・グレック共著、難波和彦＋佐々木睦朗監訳、鹿島出版会、一九九四）での紹介が唯一だったであろう。

その理由は、後者二人に比し、プロジェクトの規模が小さく、活動場所も英国内に限られていた（海外の仕事が質の低下につながることを懸念していた）こともあるが、なによりも、彼が好むかたち（シンメトリーと円形プラン）や素材（煉瓦、石、木）、「現代の技術により歴史や伝統を表現する」というスタイルが、海を越えて伝わりにくかったものと思われる。

彼の思想は、本特集号のために書き下ろされた言葉「伝統的な素材のための新しい語法の開発、例えば煉瓦は今なお有効な素材であるが、どうすれば現代的な手法でこの材料を扱うことが可能か。建築家として建物のデザインに携わるなら、それは絶対にあきらめてはならないチャレンジなのである」（九頁）に端的に表われている。

「技術と伝統」に軸足を置き、商業主義とは一線を画する姿勢は、チャールズ皇太子が一九八四年におこなった有名な現代建築批判でも例外的に好意的に取り上げられ、その影響はともかく、一九九〇年代にはグラインドボーン・オペラハウス、ローズクリケット競技場という英国伝統を体現する施設や、バッキンガム宮殿チケットオフィス、イギリス国税局新庁舎、国会議員会館など王室や政府の施設を次々に手がけた。私はこの時期にホプキンス事務所に在籍したが、彼の着実な活動を目の当たりにし、ぜひＳＤ誌で紹介してもらいたいと考えたのである。

二〇〇〇年代になるとグローバリズムの波は、彼に英国内にとどまることを許さず、北米、中東、日本に活動を広げ、北米ではイエール、プリンストン、ハーバードなどのキャンパス計画で従来のスタイルをより発展させるデザインを展開している。一方、中東ドバイではワールドトレードセンター、東京では新丸ビル、日比谷プロジェクトという超大型プロジェクトでデザインアーキテクトとして起用されている。

プロジェクトエリアを限定し、最後まで関わることにこだわるリージョナルな建築家が、巨大資本によるグローバリズムにどう対処するか、現代では避けては通れない命題であるが、ホプキンスはじつに自然体で接しているように思われる。「テクノロジーが街にやってきた」（九九頁）と自称するホプキンスの面目躍如である。

振り返ると、彼の活動が英国内から世界に広がる、まさにそのターニングポイントに本特集号が出版されたことになり、まことに感慨深い。

建築家を惑わす椅子たち

相川幸二

SD9606　特集＝建築家の椅子一一一脚

それまでは椅子に対して特別に関心があったわけではない。SD編集部員となってから、建築誌に掲載されるインテリア写真の中によく目にする椅子があった。マッキントッシュの「ラダーバックチェア」やウェグナーの「Yチェア」。その空間に合う椅子があり、施主にも建築家にも好みの椅子があるのだと気づき、以来、インテリア写真の中にある椅子を何気なく確認するようになった自分がいた。その数年後のある日、椅子コレクターとしても知られる光藤俊夫さんと出会い、いつか実現したいと思っていた椅子特集の企画を相談したところ、大いに賛同いただき標記の特集号の刊行へと結びついた。

この特集号では、椅子については一家言お持ちの羽原粛郎さん、河合俊和さんと、当時から椅子コレクターとして名を馳せていた織田憲嗣さんにも編集協力いただいた。織田さんには驚異ともいえる自身所有の椅子約一五〇脚の撮影をセットしていただいた。その中から皆で検討を重ねて一一一脚を選んだ。前記四人の他にも椅子に詳しい大廣保行さん、島崎信さんにお願いし、解説文の執筆や年表の作成をしていただいた。解説文では、客観的記述に留まらず、より主観的に自分の好みも含め誕生までのバックグラウンドなども加えたので、読者には椅子の知識をさらに深めてもらえたと思う。また、何といっても巻頭の宮脇檀さんと光藤さんの対談が出色で、いま読んでも面白く示唆に富む。両氏の椅子への深い愛情を感じ取れるはずだ。オフレコも多く速記者が思わず吹き出したことも思い出す。

また、山口昌男、林昌二、藤門弘、池田武邦、村井修、山口勝弘、羽原粛郎、織田憲嗣さんのエッセイは特集内容に厚みを加えていただけた。有川幸雄さんのワシリーチェアの表紙写真もすばらしく、とても気に入っている。編集という意味では労力も時間もかかった号だが、とても楽しい日々だった。著者の方々と編集部の情熱が結集した特集となった。「椅子とは何か」を感じ取れる珠玉の一冊といいたい。ただ、残念なのが素晴らしい著者たちの中で既に他界した方が数名いることだ。宮脇さんもその一人で、軽妙洒脱の中にも鋭い批評眼を持った語り口をもう一度聞きたいと思うのは私だけだろうか。

シャッターを切れないままに佇む聖なる空間

堀内広治

SD9610 特集＝中世の光と空間
――フランス中南部のロマネスク建築

グラン・プロジェの撮影でパリに長期滞在中の週末、気分転換で訪れたロワール河畔の小さな礼拝堂がロマネスク様式の建築との最初の出合いであった。それが、その後一〇年に及ぶフランス、スペインへと続くロマネスク教会建築巡礼への扉が開かれた瞬間になるとは思いもしなかった。

最初に撮影に訪れたのは、南仏のアルルを中心とするプロバンス地方に点在する教会群の中でもプロバンスの三姉妹の異名を持つセナンク、シルヴァカンヌ、ル・トロネの修道院だった。特にル・トロネ修道院は、多くの建築家をひきつけてやまないシトー派独特の清楚で厳格なロマネスク教会最高傑作の一つである。深い谷に埋もれるようにひっそりと建つ慎ましやかな外観、現地で採取された赤みを帯びた飾り気の無い石組み、小さな開口部からの入射光が醸し出すハイコントラストの内部、中庭の傾斜地に連続するダブルアーチを有する段差のある回廊。時の経つのも忘れ、無心にシャッターを切っていた。

その後五年間をかけフランスで二〇〇カ所の修道院を巡った。ブルゴーニュのシャペーズ、オーヴェルニュのオルシヴァル、ラングドックのカニグー、ペリゴールのモワサック等々、珠玉の修道院を挙げれば切りがないが、ル・トロネだけは特別な思いが残った聖なる地である。この地をモデルに書かれたというフェルナン・プイヨン著『粗い石』(文和書房)を傍らに何度訪れたことか。この書に曰く、建設中の修道院では修道士たちが石を積む毎に祈りをささげ、労働への感謝を表したとのこと。現地に赴いて、目の前に聖なる空間が静かに佇んでいるにもかかわらず、不思議なことではあるが、一度もシャッターを切らない、いや切れないことを何度か体験した。日々の仕事で被写体である建築に対峙している身として、シャッターを切れないという状態をどう解すべきか、いまだに答えを見いだせないでいる。『粗い石』の感化かもしれないし、私の力量不足かもしれない。写真家として被写体を前にシャッターを切れないようではまだまだ修行が足りない、という如何にもの口実を作って、ロマネスク巡礼はこれからも暫くは続きそうだ。ル・トロネは逃げも隠れもしない。

「越境するアーバン・トライブ」再読

五十嵐太郎

SD9804　特集＝次世代のマルチ・アーキテクトたち

これは筆者にとって雑誌に寄稿した初の巻頭論文だったので、忘れがたい印象をもっている。またそれまで、会ったことがないフランク・ゲーリーやジャン・ヌーヴェルの建築論を書いていたが、すでに知っている同世代の建築家を対象に書いたことでも重要だった。正直、いま読み返すと、個別のデザインの分析は甘いように思われるが、このタイミングで「越境するアーバン・トライブ」を発表したことには大きな意味があった。なぜなら、これを契機に芋づる式に、いろいろな雑誌に原稿を書くことになったからだ。SDを読んで、まず博報堂の『広告』のスーパーフラット特集の仕事がきた。今度はそれを見て『美術手帖』→『カーサブルータス』→ギャラリーの連続シンポジウム「リノベーション・スタディーズ」とつながり、活動が一般誌や別分野の媒体に広がったのだ。すなわち、メディアが新しい状況を言語化する人物を探していたのである。

実際、筆者も建築史の研究者になろうとしていたのが、道を間違え（?）、仕事が同時代の建築批評に大きくシフトした。おそらく当時、ポストバブルの時代に出現した一九六〇年代生まれの若手（当時）建築家を語る立場の人物がいなかった。SD一九九八年四月号は、こうした世代を初めて集団として可視化させた特集を組み、その潮流は筆者も関わったギャラリー・間の一五周年記念展「空間から状況へ」（二〇〇〇年）になだれ込んだ。ところで、この号は、飯島洋一が「『崩壊』の後で——ユニット派批判」

（『住宅特集』二〇〇〇年八月号）を発表したことで歴史に残るものになった。「ゴシック」や「印象派」など、新しいスタイルはしばしば悪口を通じて、明快に認識される。そう、彼らは「ユニット派」と命名された。飯島によれば、阪神・淡路大震災を経験し、ニヒリズムから強い理念や作家性を忌避して、狭い日常性と戯れるユニット派は何も生まない。だが、この解釈はあまりに違和感があった。

ゆえに、筆者は「ユニット派あるいは非作家性の若手建築家をめぐって」（『10＋1』二二号、二〇〇〇年／『終わりの建築／始まりの建築』ＩＮＡＸ出版に収録）を執筆し、アトリエ・ワンやみかんぐみなどがもつ都市へのポジティブな立場、ユニット派の建築家のそれぞれの個性、細部がつくる豊かなデザインを無視した飯島の論を批判した。バブル期に死の建築などを論じていた批評家にとって理解できない世代が登場したこと。この断絶は興味深い。さて、一九七〇年代の建築家はがらっと変わって、石上純也や藤本壮介のように、個人名を掲げ、再び強い作家性をもつ建築家が出現している。とはいえ、かつて槇文彦に「平和な時代の野武士達」と言われた伊東豊雄は、一九七〇年代生まれを「無風ニッポンのサザナミケンチクカ達」と呼んでいる。伊東からはまだナイーブに見えるらしい。そして二〇一六年、一九八〇年代生まれの建築家が「パラレル・プロジェクションズ」展を企画し、僕らは競争しないと宣言した（『新建築』二〇一六年一二月号）。ユニット派の非作家性が思い出される。歴史は繰り返しているのかもしれない。

ディテールの普遍性を炙り出す

ＳＤ9809　特集＝ディテールが創る風景
──細部に宿る美と技巧

高森和志

鹿島建設の建築設計本部に入社して六年目に鹿島出版会に出向し、その翌年に担当したのが標記の特集号である。ひとつ前に担当した特集「次世代のマルチ・アーキテクトたち」がブレイク手前の建築家を対象としていたのとは反対に、経験豊富な熟達の建築家に登場してもらう企画をと考え、その切り口をディテールに求めた。ディテールには建築家個人の思いが結晶化するという一面はあるとしても、時代性や趣味趣向を超えた普遍的な何かがきっとあるはずだ、その輪郭線を炙り出したいと思った。建築家と建築作品の選定はその意図に沿って行ったし、あえてカラー写真を排除してモノクロ写真のみとしたのも、線の太さや文字の大きさを統一して図面をトレースし直したのも、同様の意図によった。

冒頭の対談での宮崎浩さんの「素材の光り方や質感も含めてディテールだ」、赤坂喜顕さんの「ディテールは、ある原理を知ればあとは応用だ」といった言葉には大いに刺激を受け、自分の世界観が拡張するようにも深化するようにも思えた。巻末の小川晋一さんによる一万分の一のマスタープランと一〇分の一のディテールを等価に表現する「トランススケール・マトリックス」の描写からは、ディテールについての新たな視座を与えられた。ほかの誌面を含め、静謐な表面の裏に潜む、大きく、強い熱量を読者に届けられたのではないかと自負している。

なぜオランダでは都市デザインの仕組みが生まれたのか

吉良森子

SD9902
特集＝ダッチ・モデル――建築・都市・ランドスケープ

一九九二年、ベン・ファン・ベルケル（現UN studio）で働き始めた私が最初に放り込まれたプロジェクトはアムステルダムのアイ港計画だった。OMAのリーダーシップの下、オランダの若手建築家たちが東西四キロメートルにわたるウォーターフロントを一挙に計画するという巨大なアーバンデザインのプロジェクト。与えられた機能を基に、建物のボリュームや道路をエリアごとに提案していく。もともと街歩きが好きで建築学科に進学し、建築設計、都市計画どちらに進もうか迷っていた私は、オランダでは建築家が単体の建物だけでなく、都市を設計することができることを知って興奮した。「民主的」で「透明な」現代社会では、将来の街並みに対するビジョンやイメージを都市計画に取り込むことは、主観的かつ複雑すぎて、用途地区と最大高さと建ぺい率と容積率以上の踏み込んだ都市デザインは不可能なのだと思っていた私は、なぜオランダではできるのか知りたいと思った。

九六年に独立した後、SDでオランダの都市計画の特集をしないか、と資料をつくって提案した。都市計画の面白さを共有する人がどれくらいいるのか未知数で、オランダ建築が世界中で話題になる前だったということもあって企画が通るまで時間がかかったが、都市計画だけでなく、建築、ランドスケープデザインも含めた特集号をつくることとなった。

オランダの都市デザインと建築の伝統を生んだ、地勢的、社会的、文化的背景を広く、深く掘り下げて伝えたい。若手オランダ人建築家、日本人留学生や駐在員に声をかけて「オランダ・キーワード・グループ」をつくって、ホワイトボードを前に皆でブレインストームを繰り返した。私たちが行き着いたキーワードは五つ、インフラ、コントロール、対等性、合意形成、合理主義。干拓の歴史から宗教、生活習慣、ヨハン・クライフのトータルフットボールまで、それぞれのキーワードを具体的かつ視覚的に表すイメージを満載したキーワード・ページと、レム・コールハース、アードリアン・グーズをはじめとする五人のキーパーソンのインタビューと歴史家やエコノミストなどの専門家のエッセイを骨格として、その間にできあがったばかり、あるいは今まさに進行中の建築、都市計画、ランドスケーププロジェクトを挟み込んで行くという構成になった。

私にとっては出版に関わる初めての仕事で、SD編集部の寺田真理子さん(現Y-GSAスタジオ・マネージャー)に叱咤されながら、一冊の雑誌をつくるってこんなに大変なのか、と思ったことを良く覚えている。その過程で、日本の建築、都市、ランドスケープはどういう仕組みで生まれてきたのか、改めて考えたいと思うようになり、二〇〇〇年にNAiオランダ建築博物館で寺田さんと「トータルスケープ——日本の建築・都市・ランドスケープ展」をキュレーションすることとなる。風景や街並みにとってかけがえのない建物を設計したい、という建築家としての私の思いはSDのオランダ特集とNAiでの展覧会で確かなものになった。

社会性と批評性から生まれる新しいデザインと素材の可能性

寺田真理子

SD9905　特集＝挑発するマテリアリティ

この特集は、SDの連載コラム「海外建築情報リミックス」のコアメンバーだった太田浩史さんの発案で、今井公太郎さん、丸橋浩さん、三好隆之さんの四人と筆者が中心となって企画が始まり、さらに曽我部昌史さんと横溝真さんが加わって編集したものである。その背景には、一九九三年にオランダで生まれた「droog design」という、新しいプロダクト・デザイン集団の登場がある。「ユーモアかつウィットに富み、そしてシニカル」というユニークなコンセプトは、素材の使い方やデザインそのものに表れていた。その批評性のあるデザインは世界の多くの人たちに受け容れられ、私たちをも興奮させた。

特集を組むにあたってこだわった視点は、さまざまな工業化製品に使われている新しい素材の「物質性」である。単なる物質としての性質に留まらず、社会における批評性をもち得る操作が加えられてデザインへと形を変えていく素材のあり方に着目した。そして社会のニーズから素材がどのように開発、生産、製品化されて流通システムに乗るのか、そのプロセスにも着目した。それを知るために、生産の現場に足を運び、企業やデザイナーにインタビューを行い、デザインに込められたヴィジョンや思想を追った。不特定多数のマスを対象とした、消費社会におけるデザインの意味は、単品生産の建築のそれとは異なり、さまざまな発見があった。リサーチと取材による膨大な情報量をもとに一冊の特集にまとめるにあたって、新しいデザインの方向性を決める素材への操作性に焦点を当てた。そして「軽量化」「単一化」「表面操作」「意味の変換」「ミクロの複雑系」という切り口から、五四種類のプロダクト・デザインを分類していった。さらに素材そのものの性質を丁寧に紹介すべく、松田達さんを中心に松本淳さんと瀬山真樹夫さんと共に、当時五 - 七万という種類の人工素材をその性質から分類して、事典ともいえる「素材地図」を制作した。

この特集を通して、素材の応用の仕方次第でデザインのあり方や概念が変わること、そしてデザインが新しい価値観をもたらし、日常生活をも変えてしまうほどの大きな意味と社会的な影響力をもち得ることを学んだ。それは、私にとってデザインの「社会性」「批評性」を考える上でとても貴重な経験であった。

なお、一〇年後に同じメンバーによって続編が企画され、『SD2009』に掲載されている。

リノベーションブームを先駆ける

高木伸哉

SD9910 特集＝東京リノベーション

「リノベーション」という言葉がこれほど市民権を得るとは思わなかった。今ではバラエティ番組でも使われている。九〇年代、このテーマをメディアとして取り上げ事例を紹介したのは、SDのこの特集がおそらく最初であっただろう。

はじまりはSD一九九七年四月号特集「拡張するデジタル・デザイン」。監修者・田島則行さんと知り合い、彼のスタジオを目にしたときだ。サイバースペースの話に劣らず刺激的だったのが、建築家、アーティストたちが大きなフロアを自ら改築しシェアしていたことだ。好き勝手に職場をつくり、年に何度か開放して自分たちのメッセージを発信する。こういった場所は増える、次はスタジオ自体を紹介しよう、という話題で終わった特集だった。当時そんな場所づくりのことを編集部ではあえてリノベーションと呼んでいた。和文の建築用語としては、改築、改修、リフォームが一般的で、コンバージョンも使われていたが、どれも違和感があった。機能や状況の一大転換を端的に示す語感が欲しかったのだ。建築用語であるrenovationはその頃欧米でもあまり用いられていなかったが、和文のリノベーションは、イノベーションを感じさせる価値の転換と訴求力があり、私たちはそれにこだわった。

二年後、ついにリノベーション企画を持ち込んできたクリエイターが現れた。デザイナーであり、マーケッターである粕谷姫中さんだ。海外のアトリエをリサーチしてワークスペースの提案をしていた彼女は、クリエイターによるセルフビルドの空間づくりに注目していた。ニューヨークのソーホーだけじゃない、他でもない東京で始まっていることを伝えるべく、事例を紹介してくれた。ソーホーをはじめ倉庫を改装するロフト文化は、既に七〇、八〇年代の東京にも伝わっていた。高度成長が終わり倉庫産業の構造変化が余儀なくされたころ、湾岸では倉庫がスタジオ、ショールーム、ギャラリーに転用されたのだ。それはひとつの文化スタイルと言えるもので、背後には感度の高い仕掛け人がいた。しかしやがて訪れるバブル経済に呑まれ、広く波及することはなかった。ところがこの特集に登場する九〇年代のリノベーションは少し様子が違う。多くのクリエイター、デザイナーが同時多発的にリノベーションでアトリエをつくりはじめたのだ。大きくて自由に使える倉庫を転用し、活動拠点を自己表現やメッセージ発信の場ととらえていた。また複数のクリエイターがシェアすることでよりアクティブさを増してもいた。

取材を通じて気づいたことがあった。ひとつはリノベーションできる物件情報が価値を持つこと。誌面では空き倉庫情報も載せつつ、インターネットを使えば不動産仲介ができるのにという話題も出た。もうひとつは、リノベーションする人、される建物が多様化するだろうということ。バブル後の資産有効活用策として広がりをもつ気配があった。事実、物販や飲食店のリノベーションが数を増し、店舗オーナー自ら企画を始めている。倉庫ばかりではなく、銭湯やガソリンスタンドなど産業構造が変わりゆく建築はみなリノベーションの対象になっていた。ガソリンスタンドは特に興味があった。どのエリアにも点在し、廃業が増えていたからだ。雑誌『A』のメンバー馬場正尊さんたちにリノベーション案を考えてもらったほどだ。間もなく東京中にリノベーションが増殖する。この二〇世紀末は、リノベーションのカンブリア紀と言えるのではないだろうか。今のリノベーションプロジェクトの多くの起源がここにある。

時代を切り拓きつづけたSD

陣内秀信

SD0004　特集=歴史的都市を読む

自分の学生時代、若いころは、SDをはじめ、建築雑誌の全盛時代で、そこからどん欲に知識や刺激を吸収することができた。SDの創刊は私が建築を学びはじめる四年前の一九六五年だから、その最初の時期にリアルタイムに接することはなかったが、バックナンバーを通して、その輝きにつねに触れていたのを懐かしく思い出す。

創刊号が、「イタリアの都市と広場」を特集し、そこに磯崎新氏の刺激的論考、そして私が後にイタリア留学に際して大変お世話になる田島学先生の魅力溢れるヴェネツィア論が掲載されていたことは、自分の進む道に大きな影響を与えてくれたように思う。

この機会に、創刊から自分がもっとも影響を受けた若いころのSDにもう一度、目を通してみて、その時代の先端を突っ走った軌跡のすごさに、改めて驚かされた。編集長・平良敬一氏の下、辣腕の若手編集者が顔をそろえ、さまざまなジャンルで活躍する錚々たる顧問の方々の名前が連なる。特集テーマをみると、今なお輝くテーマが目白押しだ。「スペインの建築と美術」では、美術史家の神吉敬三氏らが登場し、イスラーム文化との交流に光があてられている。まさに、私自身が今、取り組んでいるテーマのひとつだ。「東京――未来への指標」では、高山英華氏と経済学者・都留重人氏の対談、そして建築史家・内藤昌氏の「江戸と江戸城」が光る。SDの編集方針は、ジャンルをクロスさせ、社会に大きく開き、現実を見据えていること、歴史から発想を学び、ヴァナキュラーな文化にも関心を向けること、などが強烈に貫かれていたように思う。まさに近年話題を集めるテーマとしての「京都――保存と開発」や、サウンドスケープを先取りする「音と生活空間」が早くも特集されているのに驚かされる。

七二年に長谷川愛子氏が編集長になってからも、その魅力的な編集方針は受け継がれ、広い視野から建築を問いつづけた。作家論が徐々に多くなったとは思うが、歴史や文明批判、ヴァナキュラーな都市への眼差しも重視され、井口勝文氏の連載「史的都市形態論――トスカナのチェントロ」、畑聰一氏の特集「キクラデスの集落」など、私自身が大きな影響を受けた企画も多かった。

そんなSDに、幸い自分自身も何度もお世話になった。研究室で着手したイスラーム都市調査の最初の成果として、「マラケシュ物語――迷宮の中のパラダイス」(一九九一年四月号)を発表できたし、今年の四月には、特集「歴史的都市を読む」としてスペイン、トルコ、中国に関する調査の成果を大々的に紹介させてもらえた。つねに時代を読み、建築界を大きな視野からリードしてきたSDが休刊になるのは、いかにも寂しい。だが、その輝かしい足跡はいつまでも建築を発想する原点として生きつづけるに違いない。

（初出＝SD0012「SDグラフィティ　36年の想い出」）

建築が消えたのだからSDの休刊はいさぎよい

磯崎　新

SD6501 - 0012

SDの創刊号に「イタリアの広場」を寄稿させてもらった。当時の編集長・平良敬一さんのはからいだった。その前年、私はグランド・ツアーのつもりで、世界の各地を旅したが、そのころ私は都市デザイナーと自称していたこともあって、建築を都市と同時にとらえる視点を捜していた。広場という都市の空洞としての部屋がその絶好の主題だと思った。とはいっても、これをアカデミックに研究するつもりはないので、表現手段としてはエッセイしかない。平良さんがそんな意向を見抜いて、私としてははじめての長いエッセイを大きくとりあげてくれた（『空間へ』鹿島出版会刊に収録されている）。

以来SDと姉妹雑誌『都市住宅』が私の仕事の主たる発表の場となった。建築物を設計するだけでなく、そのときに考えたり、建物からはみ出たものを文章にする。こんな妙な領域がいつしか私の日常的な思考をかたちづくる舞台となっていった。SDが単なる建築業界の記録とか、営業的な広告や自己宣伝の場になることを避けつづけて、建築を広い文化の中核に据える、という強い意志に支えられてきたことに私はつねに鼓舞されてきたように思う。私の建築業界から逸脱したような活動の型は、そんななかから組みたてられたようだと今になって改めて感じている。いいかえると、私はSDに育てられて、建築を文化の広いパースペクティヴで考えるようになったといえるだろう。

おかげでSDとつき合いはじめて一〇年ぐらいすると、外部の文化領域の活動に引きだされることになった。『へるめす』（岩波書店）の同人になったり、『批評空間』（太田出版）のアドバイザリー・ボードにいたりした。こんなとき、私は建築家のタイトルをはずさずにそれぞれが目指した広い文化領域にかかわることに努めた。つまり建築を自ら背負うことを強いてきた。その理由は、いつでも建築プロパーにもどればいい、SDのように建築側から文化に接近する意志を持ちつづける発表の舞台がある、と思っていた。

SDが休刊になる前に、『へるめす』も『批評空間』も終刊した(『批評空間』は今改めて再刊を準備している)。二〇〇〇年の区切りが心理的に作用しているに違いない。そして今多くの雑誌が、眼が悪くなるので私の嫌いなウェッブのなかに逃げ込もうとしている。辺境が文化をあらたに生みだすという昔の理論が正しければ、そこに違った文化が生まれるだろうが、ここに入りこむには、建築家というタイトルをはずさねばならない。つまり、文学や建築をつくりあげていたメディアが消滅したのだ。

とすればSDの休刊はいさぎよい。建築のなくなった世界とこれ以上つき合うこともないじゃないか、といっているようだ。

三六年の記録が残った。二〇世紀の末に、文化としての建築の最後が記録されたといっていい。この次はどこで捜したらいいか? ウェッブの内にも外にもまだ建築がみつかったとは聞いていていない。

(初出=SD0012「SDグラフィティ 36年の想い出」)

SDレビュー

SDレビューの創生の頃

槇 文彦

SDレビュー 1982 - 2011

ヒルサイドテラスの第一期が完成してから四〇年、そしてSDレビューが今年で三〇周年を迎え、あらためて月日が経つことの早さを感じる。

SDレビューの発端は、次のようなヒルサイドテラスのオーナーの朝倉さんとの会話から始まる。ちょうど第一期が完成した一九六九年から一〇年後、第三期が完成した。その頃、この代官山の地域もかつての静かな屋敷町から次第に周辺の開発による変貌が進みつつある時期でもあった。そしてヒルサイドテラスもそれなりに新しい低層住宅、店舗の複合施設としての社会的認知も確立しつつあったが、やはり単に住宅と店舗だけではあまり特徴がないのではないか。小さくてもここを将来様々な文化活動の拠点としていくことによって、コミュニティに新しい性格と魅力を与えることができるのではないかということで両者の意見が一致した。その最初の活動の一つとして考えられたのがSDレビューの始まりであった。その頃、アメリカでは*Progressive Architecture*という今はもうないが有力な建築雑誌が若い建築家の登竜門として年に一回コンペを開催し、アメリカ建築界の一つのイベントになっていた。その特徴は単なるアイディアコンペではなく、住宅であれ、より大きな施設であれ、建築家が実現過程にある自分の作品によって応募し、それを審査員が評価するというシステムであった。私がまだ若くアメリカにいた六〇年代では、このP/A Awardsを通して当時まだ住宅作家であったポール・ルドルフ等が注目を浴びるきっかけをつくることになったことを今もよく覚えている。

この八〇年代の初めの日本はちょうどオイルショックの後とあって、何か閉塞感が建築界、特に若い世代に強かった。それではP/A Awards日本版をということで*Progressive Architecture*のようにやはり、自分の建築雑誌を通して継続的にやってもらうのがよいだろうということで、当時親しくしていたSD編集長であった長谷川愛子さんに話をし、そこからオーナーの鹿島昭一氏の賛同を得て、このSDレビューが発足することになったのである。

当初はまだ規約その他、手さぐりのことも多くあったが、実現するプロジェクトだけを審査の対象とすることを応募資格としたことは今でも変わっていない。また審査員も世代に幅をもたせるということで元倉眞琴さんに当時最年少の審査員として入ってもらったりした。建築界の反応もよく、多くの若い世代から応募があり、言い出しっぺとして安堵したことを今でもよく覚えている。開催場所も今のようなヒルサイドフォーラムがまだなく、第一期のギャラリーと第三期のミーティングルームで初めてのレビューが行われた。その後SDレビューはP/A Awardsのように途絶えることなく、若い建築家たちの登竜門として、その三〇周年を迎えることができたのを大変嬉しく思っている。

その持続性の一つとしての要件は〝実現するプロジェクト〟という枠さえ守れれば、誰でも気軽に参加できることであったと思う。しかしもう一つ大事なことは、こうしたコンテストが若い人たちに夢を与えてくれるからではないかと思う。私自身八〇歳を超えた今日でもしばしば様々なコンペに参加しているのも、その成否は別として、普段の仕事と異なった夢を与えてくれるからである。建築家とは永遠に夢を見続ける動物なのである。そしてそれは不特定多数の人々との対話の機会でもあるのだ。今日まで三〇年間、SDレビューに参加した入選者、審査員たちの顔ぶれを見ればわかるように、そこから日本建築界の一断面が鮮やかに浮び上がってくるのである。

（初出＝『SDレビューの30年』二〇一一）

SDレビューの誕生から

元倉眞琴

SDレビュー 1982 - 2011

SDレビューは、槇文彦さんとヒルサイドテラスのオーナーの朝倉さんたちが、ヒルサイドテラスの活性化のために何かしようと話し合ったところから始まった。槇さんの提案は、実現される前の建築の作品のコンクールで、その入選作品展をヒルサイドテラスで行い、SD誌はその特集を組むという企画だった。

これはアメリカの建築雑誌*Progressive Architecture*のP/A Awardsをヒントにしたものだった。鹿島出版会への呼びかけから、SDレビューの命名、審査員の選定まで、すべて槇さんが行った。私はヒルサイドテラスに事務所をもつOBということで、SDレビューの立ち上げに協力することになった。

作品が集まるかどうか心配されたが、六四点の応募があり、一七点を入選作品に選び、プレゼンテーションを求めた。展覧会場はヒルサイドテラスA棟の小さいギャラリーを使って行われた。仮設の展示台やリースのパネルや照明器具で設え、展示やライティングの調整もSD編集部のスタッフや私たちで行った。文化祭の会場づくりのようだった。やがて応募数も増え、展示の内容も年々迫力のあるものになっていった。

初期の頃、印象的だったのは鈴木了二さんや小宮山昭さん、関西在住建築家の吉田保夫さんの作品である。どれもそのままアート作品のオブジェとして通用するもので、展覧会のポテンシャルを高めてくれた。また東孝光さん、高松伸さん、安藤忠雄さんたちは、毎回入選してしまうため、三回連続入選者にはそろそろ卒業してもらおうかということが冗談まじりの話題にもなった。

一九九二年、ヒルサイドテラスのF棟が完成し、ヒルサイドフォーラムできちっとした展示ができるようになった。展示構成を私の事務所、ライティングは初期のライティング・プランナーズ・アソシエイツ（LPA）からぼんぼり光環境計画に引き継がれ、今のルーティンができあがった。

当初、ある程度の実績のある建築家や組織設計事務所が、実現するプロジェクトを競うというものをイメージしていた。先に述べた安藤さんたち建築家がこぞって参加してくれたことはねらい通りであった。やがて多くの若い建築家がSDレビューを契機に建築界にデビューするようになってから、若手建築家の登竜門の場として見られるようになってきた。当初のねらいからずれてきたことと、SD誌が休刊状態になったことから、SDレビューの役割は終わったのではないかとの議論があった。しかし、すでにSDレビューは日本の建築デザイン界の中で重要な役割を担ってしまっていて、簡単に止めるわけにはいかないことをあらためて認識することになり、今日に至っている。

（初出＝『SDレビューの30年』二〇一一）

建築がもっとも公共性を帯びる場所

SDレビュー入選1982・1984、審査1988

鈴木了二

一時も場所を離れることができない、それが建築の宿命である。

これが絵や彫刻ならば、どこにでも持って行ける。そのことが、何の関係もなく別々に作られた作品群を一か所に集めて比較することを可能にする。

言うまでもなくそのために用意された場所が展覧会である。私たちが作品を見に、いちいち作家のアトリエを訪問するわけにはいかない以上、展覧会という場所でしか作品たちに出合えない。だから言い換えると、私たちが出掛ける代わりに、作品たちが展覧会にやって来る。孤独なアトリエのなかでひっそりと時を過ごしていた作品たちが、一時のあいだ同じ場所に出合い、同じ時間を共にするのである。

展覧会に一度でも出品すれば分かることだが、そこに持ち出されると、作品は、なんとなくピリッとした、よそゆきの顔になるのだ。それぞれ固有の世界を持っている作品が、並列化されることによっていわば公共性を帯びるのである。よそゆきの顔とは、公共性のなかで覚醒する作品の隠された側面にほかならない。

それは、比較される作品が同じ作家であるかないかは関係ない。展覧会にはある種の浄化作用が備わっているのである。それぞれの作品が制作のプロセスで身に付けた、濃密で親密だが、しかし一方では暑苦しくもある、オリのような臭みを一挙に還元する力である。

ばらばらな出自を持つ作品群をひとつの空間が覆い尽くすことによってその力が生じるのか、あるいは、それぞれの匂いが相互に打ち消しあうからか、お互いが相手に対する批評の役割を持つことになるのか、いずれにしても浄化する力が展覧会の効用に違いない。

ところで、場所に拘束された建築の場合には、原理上なかなかそういう機会はできにくいだろう。少なくとも現実に建ち上がった建物を、場所から引きはがして一か所に並べることはできないのだ。

またたからこそ、場所を抜きにしては意味をなさないという建築の特質があるとも言えるのだが、ということは建築が、展覧会の持つ浄化作用のなかに浸されるような経験を得ることは極めて少ないということでもある。

その点からすると、建築ほど野生的なものもない。それぞれは孤立化しており、出合うのは人の想像力の中でしかないからだ。

そう考えてくると、SDレビューという建築展は、建築を展覧会の浄化作用のなかに通すことのできる、極めて希少かつ貴重な機会であると言わなければならない。建築雑誌や建築家の作品集などを彩る写真がその役割を担っていると思ったらそれは違う。作家が自分の仕事場で自ら手掛けたドローイングや模型は、写真家という批評のフィルターをすでに通したものである写真とはまったく異なるのだ。

それらは明らかに建築の何事かであり、それも野生に放たれる以前の、ということは場所に拘束される以前の、断片的ではあるが、自由な活動の雛型なのである。

したがって見方によっては、それらの試行の破片は展覧会という特別な場所で、実際の建築よりも、はるかに公共性の圏域に向けて開かれている、とも言える。

もちろん公共性という圏域が、同時に、日々商業性によって侵犯される場所でもあることを十分に承知したうえでの話ではある。（初出＝『ＳＤレビューの25年』二〇〇六）

未だ見ぬ建築の可能性を求めて

石田敏明

ＳＤレビュー入選1984・1985・1990・1991、審査1999・2000

ＳＤレビューは新進の建築家が近未来に現出するであろう計画案に対して、その構想力、デザイン力、思考力、新しさなどの可否が問われる場であると思う。審査員も著名な建築家で構成されているから、応募に際してはとても緊張するし、運良く入選すればお墨付きを貰ったようで、背中を押されるような力にもなる。僕が最初に応募したのは、それまで八年間勤務していた設計事務所から独立してやっと手に入れた最初の住宅のプロジェクトだった。その時の案は幸運にも入選したわけだが、さらに展覧会で賞を競うことになる。そのため展覧会ではプレゼンテーションが重要であり、入選者はかなりのパワーを掛けてプレゼンテーションすることになる。だからＳＤレビューの展覧会は建築模型の素材やグラフィックの技術、映像の効果など、新しい表現方法を競う場でもあり、新しい空間イメージの試みの場でもあった。このことはその後のさまざまな建築展に少なからず影響を与えたように思う。また展覧会には建築界の人たちが集まるため、新しい建築デザインの動向を観察する場でもある。他方、新奇さやプレゼンテーション偏重の傾向は計画案と実現された建築とのギャップを生み出し、計画案を現実化する際の技術の未熟さが露わになったケースもあったのではないかと思う。

そうだとしても、かつてイギリスで話題になったアンビルト・アーキテクチュアのような建築のイメージを拡張する試みは必要であるし、未だ見ぬ建築の可能性を評価し、批評する場としてＳＤレビューは建築界に位置づけられると思う。ＳＤレビューの二五年はこの間のさまざまな建築デザインの提案と現実の軌跡を確認することに他ならない。（初出＝『ＳＤレビューの25年』二〇〇六）

SDレビューを振り返って

工藤和美

SDレビュー入選1987・1988、審査2007・2008

SDレビューの第一回展覧会のことを今でも覚えています。学部生だった私はスイスへの研修留学からちょうど帰国したばかりで、ぎりぎりで見に行きました。安藤忠雄さんの「六甲の集合住宅」の模型やドローイングを見ながら、チューリッヒで体験したばかりの斜面地集合住宅の豊かな空間を重ね合わせ、建築が面白くなり始めた頃の貴重な刺激でした。完成してすぐに六甲に見に行った記憶があります。

その後、大学院に進学して、原研究室の仲間とシーラカンスを設立してからも、SDレビューは一つの目標でした。多くの若手建築家というか駆け出しの建築学生にとっても、貴重な展覧の場として位置づけられていました。今でもその位置づけは変わらないと思います。違いがあるとすれば、最近のプレゼンテーションの模型やドローイングが大きくなったことと、美しく精巧な展示が多くてレベルがさらに高くなっているということでしょうか。私が出展させていただいた頃は、パネルや模型のサイズに関して規定があって、限られた中で新しいプレゼンテーションを示すことに熱を上げていたように思います。

恒例のオープニングパーティは、代官山という場所柄もあって、学生や若手にとっては少し背伸びした大人の空気が流れるひと時でした。著名な建築家に会え、話をできる晴れの場でもあります。今でもその空気は変わらず、SDレビューのOB、OGが集い、槇文彦氏を筆頭に審査員の方々からあいさつがあります。じかに話を聞けて感動しているといった喜びの声も聞こえてきます。私自身、代官山ヒルサイドテラスの徒歩圏にアトリエがあったことから、SDレビューの時期になるとスタッフとともにランチタイムに合わせて展覧会にはよく足を運びました。

その後、二〇〇七年、二〇〇八年と、審査員に加えていただき、あらためてSDレビューの歴史と変わらぬ熱気に触れる、楽しい時間を共有させていただきました。今でも二〇〇－三〇〇点もの応募に支えられているすごさと、何といっても三〇年続いていること。その三〇年の歳月の中で、たくさんの建築家が育ちSDレビューという共通体験をもっているという素晴らしい事実。私個人にとっては、日々過ごす我が家が第五回の入賞作ということもあって、家族の成長と家の変化がSDレビューの歴史と重なっています。そしてSDレビューに期待することは、これから建築家として活躍が期待される方々の大いなる目標であり続けることです。

（初出＝『SDレビューの30年』二〇一一）

潮流の先にある建築思想

小川晋一

SDレビュー入選1989・1990・1991・1992、審査1999・2000

私はSDレビューに、一九八九年、九〇年、九一年、九二年と四回応募し、運良く四年連続して入選することができました。そもそも、ニューヨークでの仕事の体験から日本へ帰ってきて、まだ事務所をはじめたばかりの私にとって毎年おこなわれているSDレビューは、別世界の人たちの仕事のように思えていました。その内容は、私が大学生時代から知っているSD誌のイメージそのもので、次世代を予感させ、思想があり、品格のあるものでした。私もいつかは、このような仕事ができればと憧れながら、応募の機会をうかがっていました。

最初に応募したのが一九八九年、私の初期の代表作ともなった「キュビストの家」でした。翌九〇年に応募したのが「ミニマリストの家」で、その当時、世の中はポスト・モダニズム、デコンストラクティビズムの全盛期で、このようなテイストの作品は、世の中の主流からは外れていました。今でこそガラスを多用した建物や、ミニマリスティックな作品が多くあるものの、その当時は評価されないジャンルと言えるものでした。SDレビューは来たるべき次の時代の建築の流れを予感させ、先進的な思想をもつリアルな建築のコンセプチュアル・デザイン・レビューとして、今日においても重要な位置にあると思っています。

建築界にとってSDレビューは、若手建築家の登竜門として、また建築の思想性を問う公平に開かれた貴重な設計競技として、他に類を見ない非常に重要な存在だと言えます。

実際の建築が社会の中で総合的なバランスを保ちながらも、思想をもった建築であることの重要性と、このSDレビューでの入選を通して、現在活躍している建築家が非常に多いことからも、SDレビューの重要性は証明されています。

SD誌の復刊を期待するとともに、このSDレビューを通して、思想をもった次世代の未知なる建築を世に送り出し続けて欲しいものだと願います。

（初出＝『SDレビューの25年』二〇〇六）

P/A AwardsからSDレビューへ

新井清一

SDレビュー入選 1991・1992・1997・1999

SDレビューに関することを語るには、私の過ごしてきた環境のことを多少記述しなければならない。自叙伝風な書き出しとなってしまうが、このことがSDレビューに関わる根源の一部でもあり、また必要不可欠であると思えていたからである。

七〇年代後半、および八〇年代、約十数年間ロスアンジェルスを拠点とするモルフォーシスで過ごした。年間における一つのイベントとして、*Progressive Architecture*誌の主宰するP/A Awardsへの参加は、オフィス自体として大きな意味をもっていたように思う。その意味を四点掲げてみることによりこの賞の目指すところ、行われる意味がより鮮明に浮かび上がると思える。

はじめに、毎年の開催の継続、長年における伝統ゆえの重みがあること、第二に、建築家、または建築事務所の実施計画である（つまり、単なる仮想計画ではない）こと。第三に、アワード・セレモニーは伝統あるニューヨークのセントラルパークサウスに位置するプラザホテルのバンケットルーム内で厳かに行われる。そして第四に、選出されることの意味が建築界の、そしてオフィス自体の名誉となることとして根づいている点であろう。モルフォーシスはこのP/A Awards受賞者の常連であった。

九〇年に帰国し、自身のアライ・アーキテクツを立ち上げた後、前述の傾向を持ち合わせているSDレビューを知り、参加してきた。ＳＤレビューの特徴はプレゼンテーションの方法、展示、模型表現のクオリティも重視されるなどそのプレゼンテーションそのものが各自趣向をこらしており、独自の方向性を提案しているように思えていた。そこで、ヒルサイドテラスという環境の中、ギャラリー的な展示を意識し、模型の素材も独特なモデリングペーストの塗り込み、また透明性を必要とする計画においては型抜レジン成形モデルなどを試みてみた。これらは展示自体が作品であるため現在でもオフィスの片隅に置いてある。幸いにも早々一九九一年、九二年、九七年、そして九九年、朝倉賞（塚本邸、杖立橋）を含む通算四回の受賞に至っている。そのうち三プロジェクトは竣工に至った。

現在はＳＤレビューは新人の登竜門として一般的認識があるが、実績のある建築家、事務所であろうと同じリングの上で建築に対する熱意を戦わせる場であってもよいと思う。

（初出＝『ＳＤレビューの30年』二〇一一）

ＳＤレビュー——夢と現実のせめぎ合いの中での励まし

安田幸一

ＳＤレビュー入選1993・1994・1997、審査2015・2016

私が渡米した一九八七年夏は、日本のバブル経済が始まった直後であった。アメリカ経済は全くその逆で極度の不振に喘いでいて、次々と店舗やデパートまでが休業し、地方銀行までもが倒産するなど街の風景が一変していった。日本での安定した経済が当然と思っていた自分の常識がことごとく覆り、大きなショックを受けた。こんな風景が日本にも起こるとは、そのとき全く想像できなかった。

そんな時勢であったので、所員三人しかいなかったバーナード・チュミのニューヨーク事務所では実際に建つ建築の仕事が全くなく、海外のコンペに参加することが日常業務であった。年間に何案コンペを提出したかわからないくらいの忙しい日々を過ごしていた。一方、バブル絶頂期であった日本から送ってもらう分厚い建築雑誌を見ていると、見たこともないような形の住宅や大規模プロジェクトが次々と実現していた。まるで別世界であった。こちらは野心的なアイディアで入賞はするものの二年間全く実現に至らず、ついに帰国を決断した。コンペでどんなプロジェクトでも実現していたら帰国していなかったかもしれない。

まる四年間のアメリカ生活の後九一年に東京へ戻ってみると、今度は日本のバブルが終焉を迎え、社会の転換期にさしかかっていた。そういう時代背景と意識の中で、初めてSDレビューに応募したのは九三年。八〇年代初頭に入選した先輩たちがすでに建築界での中心的な存在になっていた頃であり、SDレビューが若手登竜門であることを実態としてみんなが周知していた。SDレビューの展覧会はとても魅力的であった。本当に「こんな建築が実現するんだ⁉」というような驚嘆の気持ちで見ていた。その中で模型表現がとても新鮮で、その後の建築のプレゼンテーションの主役になったのもSDレビューの功績が大きいと思う。夢と現実の狭間、その境界線を見る楽しさに浸っていた。

初めて応募した「桜田門警備派出所」は、場所柄もあって難産であった。途中、何度も建たないのではないかと危惧した。実施設計を二度行い、ようやく実現へと走り出したときである。実際に建つ建築に関わることができた幸せに浸りながら、喜々としてSDレビューへの応募図面をつくったのを覚えている。切り貼りした原稿にカラーコピーを何度も重ねて、昼景、夕景、夜景の三つの立面図を作成した。今であればあっという間にできてしまう図面を一日コピーの機械の前に立ってつくった。その後、二つ目の「フライング・チューブ」は実施設計途中で頓挫。三つ目の「ポーラ美術館」は、これも大難産でその実現には一〇年という年月を要した。SDレビューへの応募は、自分の産みの苦しみと建つ喜びを両方味わう区切りとなり、大きな励ましとなった。今後のSDレビューの益々の発展に期待したい。（初出＝『SDレビューの30年』二〇一一）

未出現の出現

遠藤秀平

SDレビュー入選 1994・1995

SDレビューは学部を終えた頃に始まっている。当時これから建築される計画が雑誌上で一堂に紹介されることはなく、展覧会形式での発表は鮮明な記憶として残っている。出展者は多士済々で小さな住宅から公共建築まで幅広く紹介されていて、建築家のオリンピックといった華々しさが感じられて懐かしい。特にプレゼンテーションに関してはモデルやドローイングなど院生になっていたがずいぶんと惹かれるものがあり、自分の志向を確認することでもあったようだ。振り返ってみると、そこに発信されるイメージはずいぶん元気があったように覚えている。それは、時代の要請なのか審査員の志向なのか、よくも悪くも選ばれし「つわもの建築」であった。無事実現を迎え誌面で完成した姿を確認し、より迫力を増したもの、またイメージを減少させたものさまざまであるが、いずれもSDレビューでの印象が判断基準として機能していたように思う。

このステージに参加を志したのは独立してからである。九〇年代前半あまり仕事に恵まれず小さな公共施設に取り組んでいた頃である。自らの取り組みの可能性を確認するために毎年応募を試みてはいたがいつも涙を流していた。やがて年中行事となり涙も涸れた頃に入選のファックスが事務所に入り、出先でそれを聞いて奇妙な印象を受けたことをありありと覚えている。その次の年にも入選し、連続展示の機会を得た。幸いふたつとも実現し、SDレビュー展の展示と実物との差異を自ら確認することができたことも収穫であった。

SDレビューにはいくつかの盛り上がりがある。応募時点で作品に期待を込めた自己満足、入選の採否を待つ数週間、搬入と設置を終え達成感に満たされる時、そして再び誌面を通し客観的に宴の記録を眺める時である、これらはやがていくつかの実作の進行とともに感じる建築の麻薬であったことに気づく。時すでに遅く、身体に染み付いたこの感覚は抜けそうになく、竣工を迎えるごとに、あの夏の気分が甦ってくるようだ。

今後もSDレビューに期待することとして、まだ見ぬ建築の可能性を見せる「つわもの建築」のスタジアムであってほしい。　（初出＝『SDレビューの25年』二〇〇六）

風

SDレビュー入選1995・1998、審査2012・2013

手塚貴晴

一九九四年ロンドンからスーツケースふたつで帰国した我々夫婦は、東京を跳び越して福岡へと移住した。我々を待っていたのは何もない生活。ベッド代わりにダンボール。帰国していきなりの独立であるから同僚もいない。契約もしていない「副島病院」が唯一の仕事。もしこの蜘蛛の糸が切れたらどうしよう、実に無計画なスタートであった。

手塚貴晴は雑誌SDに囲まれて育った。父親が鹿島建設設計部にいたため、SDは創刊号から全て揃っていた。そのため独立したらSDレビューに応募することは、大学に進むが如く当然の成り行きであった。とはいえ入選することは簡単なことではない。コピー機さえもない事務所で、コンビニで作ったコピーを鋏で切り貼りをして提出した。実に幼稚なプレゼである。よく通ったものだと思う。

SDレビュー入選の連絡が来た時は今でも忘れられない。夫婦で抱き合って一〇分ぐらい奇声を上げ続けた。確か手塚由比は泣いていたのではないかと思う。「これで建築家になれるかもしれない」。長く不安な一年の中で始めて見えた光であった。

模型を福岡から東京に運ぶことになった。車さえも当時は買えなかったからレンタカー。しかも一番安い軽自動車。おりしも台風シーズン。強風にグラグラ煽られながら運んだ。運転すること二〇時間。フラフラのまま車から降りると突然の突風。模型が飛んだ……。模型はバラバラに全壊。とはいえ今さら作り直すわけにはいかないから、ビショビショの部材を強引につぎはぎした。審査会での妹島和世さんのコメントは今でも忘れない。「模型がちょっと汚いわね!」反論のしようもなかった。

結局、その年は入選だけで入賞は果たせなかったが、我々は幸せであった。妹島和世さんにも坂本一成さんにも会えた。槇文彦さんと握手もできた。そうあの瞬間に我々の建築家人生は動き出したのかもしれない。SDレビューに望むことはひとつ。若い人を育ててください。そしてそのためにSDレビューのパーティーにいろいろな建築家を集める手段を考えて下さい。出会いが建築家を育てます。

（初出＝『ＳＤレビューの25年』二〇〇五）

希望と勇気を与えてくれた賞

藤本壮介

ＳＤレビュー入選 1995・1997・2000・2001・2002・2003

ＳＤレビューに最初に応募したのは一九九五年だから、もう一〇年以上前になる。大学を卒業して一年半の間、どこにも所属せず、文字通り何もしていなかった僕だが、それでも建築を考えることをやめたことはなかった。最初の実施の仕事（といっても実家の仕事だったが）で応募したＳＤレビューで入選できたことで、僕は何とか社会というものに接続を許された気がした。その当時の心細いながらも無限の可能性に高揚していた気持ちは、何にも代え難いものであった。

一九九七年にも入選した後、二〇〇〇年から二〇〇三年間では、事務所で出したものも含めて毎年ＳＤレビューに参加していた。そのようにして季節の行事のようになりつつあったＳＤレビューに対して、当初の新鮮な気持ちを、毎回同じようには持てなくなっているのではないかと感じたとき、何かわからないが次のどこかへと向かう時期だと感じた。その年、安中の環境アートフォーラムという実施コンペで一等に選んでもらったことで決心がついた。それを機に、ＳＤレビューに応募するのをやめた。

だからＳＤレビューは、僕が建築家として走りはじめた当初から伴走してくれていた、本当に大きな存在である。しかし時期が来れば、僕たちは自分の道を行かなくてはならない。

ＳＤレビューに望むことは、ただひたすらに、最高の審査員を揃え、最高の展覧会を企画し、最高のカタログを出版するということ。そうすることで、僕たちにとってそうだったように、建築を志す全ての人に希望と勇気を与え続けてほしい。（初出＝『ＳＤレビューの25年』二〇〇六）

SDレビューの思い出

西沢立衛

SDレビュー入選 1997・2001

僕が設計事務所に勤めていた九〇年代前半、SDレビューのオープニング・パーティーは非常に楽しみな、年一回の大きなイベントだった。夕方頃になると、事務所のみんなで駒沢通りを上って、代官山ヒルサイドテラスの会場まで歩いて行ったのをよく覚えている。恵比寿・代官山界隈にいた人間としては、SDレビューは一年に一度のお祭りという魅力があった。

しかしそういう近所の人間でなくても、当時SDレビューという存在には、なにかある新鮮さ、鮮やかさ、というものが常に感じられた。野心的な建築家がSDレビューによって多く登場してきたという事実があったし、逆にそこを通れば建築的社会に存在することができるという、そういう期待があった。若い建築家であれば必ず挑みたくなるような、なにか無名の若者のチャレンジを呼ぶような瑞々しい魅力があった。建築家が自作を社会に問いかけるということの魅力を、SDレビューはある意味で非常にシンプルに実感させてくれたのだと思う。自分の先輩が入選して出展するのを見たときには、先輩が世に出ていく真にその瞬間を目撃した気になったし、いずれ自分も出展できるのだろうかと思いもした。

SDレビューに初入選した時は本当に幸せで、その後、鹿島賞を頂いたときはそれ以上だった。ある意味でその後のどんな賞よりもうれしかったような気がする。社会にいきなり出ていくことのわけのわからない喜び、興奮があったのだろうと思う。SDレビューには是非、このような新しさ、瑞々しさを維持し続けてほしいと思う。

（初出＝『SDレビューの25年』二〇〇六）

SDレビュー審査員を体験して

芦原太郎

SDレビュー審査 1999・2000

SDレビューの醍醐味は筍掘りのように、社会にわずかに顔を出したところをいち早く掘り出してフレッシュで純粋な建築への志を美味しく味わうところにあるような気がする。実現を前提としたプロジェクトを対象としている点が特徴で、単なるアイディアとは違ったリアリティがあるし、力の入ったプレゼンテーションからは実作よりも建築家の思いがより鮮明に浮き彫りにされてくる。

私にとってSDレビューは建築家としての青春時代を思い起こさせてくれる。一九八二年にSDレビューはスタートし、同世代の仲間たちがデビューを飾っているのをまぶしげに見ながら、私は一九八五年に独立して事務所を構えた。思い返せば、私が初めて建築雑誌に載せていただいたのがSD誌で、学生時代にローマで働いて帰ってきたときであったし、その後「国内建築ノート」という連載欄をグルッポ・スペッキオという大学院同級生グループで担当させていただいた。また「アンダー四〇」という若手建築家のSD特集号の機会には、同世代の建築家との出会いがあり、それ以来今日まで様々な付き合いが続いている。

私を含めて多くの建築家たちは若い頃からSDレビューをはじめ様々な形で社会との接点をもたせていただきSDに育てて貰ったように思う。

私もいつかはSDレビューに応募しようと思いながら月日が経ってしまい、入選したこともないのに一九九九年から二〇〇〇年まで審査員にさせていただいたときは、何か青春を取り戻したようで嬉しかったことを思い出す。

ふと気づくと私も六〇歳の還暦を迎え、若さゆえの純粋さや新しい創造に向けた情熱をまぶしく思いながらも、経験に裏打ちされた安心感と安定感もまた大切であると考えている。現実の社会に揉まれるうちに、建築家としての老化が始まると創造に向けての心の灯が消えてしまうことも見受けられる。

SDレビューの今後は今まで通り若手建築家の登竜門であるとともに、ふと歳を感じたシニア建築家の若返りの良薬になることもできたら面白いと思う。クリエイティブな建築家は歳を感じさせないものであり、大先生から若手まで同じ基準で純粋に志の高さを図るSDレビューはどうだろう、いつの日か若者の中で一緒に入選している白分を夢見ながら。（初出＝『SDレビューの30年』二〇一二）

SDレビューが後押しするもの

原田真宏

SDレビュー入選2000・2003

SDレビューに応募したのは二回。最初は二〇〇〇年で、大学院を修了後、勤めていた隈研吾さんのアトリエを辞め、文化庁の奨学金を得てスペインに行くための準備をしていた頃です。次が二〇〇三年。スペインでの研修生活を終え帰国し、さてこれから自身の建築活動を始めようか、と考えた時期になります。どちらも建築家のキャリアの中での、次のステージへの準備期間に当たります。SDレビューに入選したという経歴によって奨学金もとり易くなったと

思いますし、デビュー作で鹿島賞を戴いたことは建築家としての仕事のスタートに弾みを付けてもくれました。

このように私の例を出すまでもなく、SDレビューは次のステージへのチケットのような存在なのでしょう。キャリアの節目ごとにこういったわかりやすい目標となる「賞」があるのはこの業界の特徴で、これはとても良いことだと思います。

ただし登竜門であるSDレビューはその他の建築賞と異なり、完成した建築物への審査ではなく、建設を前提とした「案」の審査である点に特徴があります。「案」として特化した魅力のあるデザインが評価されるわけですから、当然、チケットを手に入れたい若手達は目新しい「案」の創造に集中していきます。

近代以降の建築には「建築の本質は形而上の世界に存在していて、実際にそれが建設され具象化することは二次的なことである」といった遺伝子が含まれています。これは建築の「本質」を、その「案」に置く考え方で、SDレビューは図らずもこの傾向を強化する方向に働いてきたという側面があり、この賞の大きさ故に日本の建築デザインに「ある偏向／特徴付け」を与えてきたように思われます。

スペイン滞在時、よく友人の建築関係者から日本の若手建築家達の強い「抽象性志向」（抽象化ではなく）について質問されたものですが、彼らお好みの「禅」的な洗練を求める日本の文化傾向以外にも「いや、日本にはSDレビューという賞があってね……」と説明していたことを思い出します。

「案」を建築の本質に置くという方向が間違っているという訳ではありませんが、それに加えて、実際に実現される建築の「質」を本質と捉える考え方への評価軸も、若手の登竜門であるSDレビューで確立されていくことを望みます。日本の建築潮流そのものへの影響力の大きいSDレビューが少しだけ「質」志向を高めるだけで、日本の都市環境の「質」も格段と高まることでしょうから。

（初出＝『SDレビューの25年』二〇〇五）

もうひとつの設計環境

SDレビュー入選2005

長谷川 豪

SDレビューは、若手建築家の登竜門的な位置づけを与えられながら、二五年間も継続してきた。建物の種類も、設計者の実績も問われないという自由な条件なので、まったく無名の新人が面白いプロジェクトを発表していることもあり、そういうときは観ているほうもワクワクする。国内外のスター建築家達を集めた展覧会より刺激的だったりすることもある。

自分のことを言えば、独立したてで一人で進めていたプロジェクトをパブリックな場所に出して、いろいろな人の意見を訊いてみたいという気持ちで、SDレビューに応募した。SDレビューはあくまでも計画段階のプロジェクトを対象としているため、計画中あるいは建設中の現在進行形のプロジェクトが発表されることになる。つまり、まだ設計者が思考中のプロジェクトなのである。だからこそ僕は、計画内容だけでなく、そこで設計者がどのような思考を巡らせているのかについても問われるように感じていた。また同時に、計画段階で多くの人に見てもらうことが、自分にとってもそのプロジェクトにとっても有意義だと思っていた。建築の内部空間が外部環境につながることで豊穣になるのと同じように、閉じていた自分の思考が外に開かれることで豊かになったり修正されたりすることを期待していたのかもしれない。

　そう考えてくると、SDレビューは実務の設計とはちょっと違う、もうひとつの設計環境のようだ。建物の規模や用途を問わずに、さらには設計者の実績や年齢を問わずに、さまざまなプロジェクトを建てることができて、そこで思考を展開できる、とても恵まれた設計環境だ。しかも多いに注目されている。若手建築家たちにとっては願ってもない環境なのであり、多かれ少なかれその環境の質の高さがプロジェクトの質の高さを引き出してきたのだと思う。このような素晴らしい環境がこれからもずっと継続していくことを願っている。

（初出＝『SDレビューの25年』二〇〇六）

SDレビュー三〇年に考える

SDレビュー審査2006・2007・2008・2009・2010

伊東豊雄

SDレビューは三〇年にわたって若手建築家がデビューする登竜門の役割を果たしてきた。登竜門たり得たのは、その対象が実現を前提にした作品に限られていたからに他ならない。建築を実現させることは、単にアイディアを描くことからは得られない大きな意味をもつ。

　なぜなら建築を実現させるという行為は、個人の中で完結するのではなく、様々な外部との関係をクリアーせざるを得ないからである。いかに小さな作品でも、クライアント、自治体、施工者等との絶え間ないコミュニケーションを経験して初めて建築は建ち上がっていくからである。言い換えれば、社会の仕組みを理解しない限り、コミュニケーションは成立しないのである。

　しかし考えさせられるのは、応募作品の大半が戸建て住宅であることだ。日本の建築家たちは、SDレビューもまだ存在していなかった私たちの若かった時代から、戸建て住宅によってデビューするのが常だった。一つの小住宅に思いっきりの理念やビジョンをつめ込んで世に問うてきた。多くの場合、それらは若々しいエネルギーに満ちた魅力をもってはいても、かなり個性の強い特殊解である。

それは、若い建築家が日本の社会で公共の仕事に参加できないことの裏返し現象ともいえる。建築家が社会に組み込まれないというフラストレーションが、アイディアに満ちた小住宅を生むポテンシャルであり続けたのである。この事実を私たちは喜ぶべきなのか、それとも悲しむべきなのか。

審査に携わっていて、近年の不況によって若い人には、ますます小住宅以外の建築に関わる道が閉ざされているように思われる。そんな時期に「東日本大震災」が勃発した。この震災は、日本の若手建築家の置かれた特異な状況を果たして変えることになるのだろうか。

私は今こそ若い建築家たちが、日本の社会から期待される存在に変わる最大のチャンスではないかと思う。家も家族も失った被災地の人々に対して、建築家は従来のようにアイディア満載の特殊解を主張できる状況にはないからである。この機にこそ建築家は、これらの人々に対して、思いやりに満ちた、真の優しさに溢れた一般解を提案するべきではないのか。（初出＝『ＳＤレビューの30年』二〇一一）

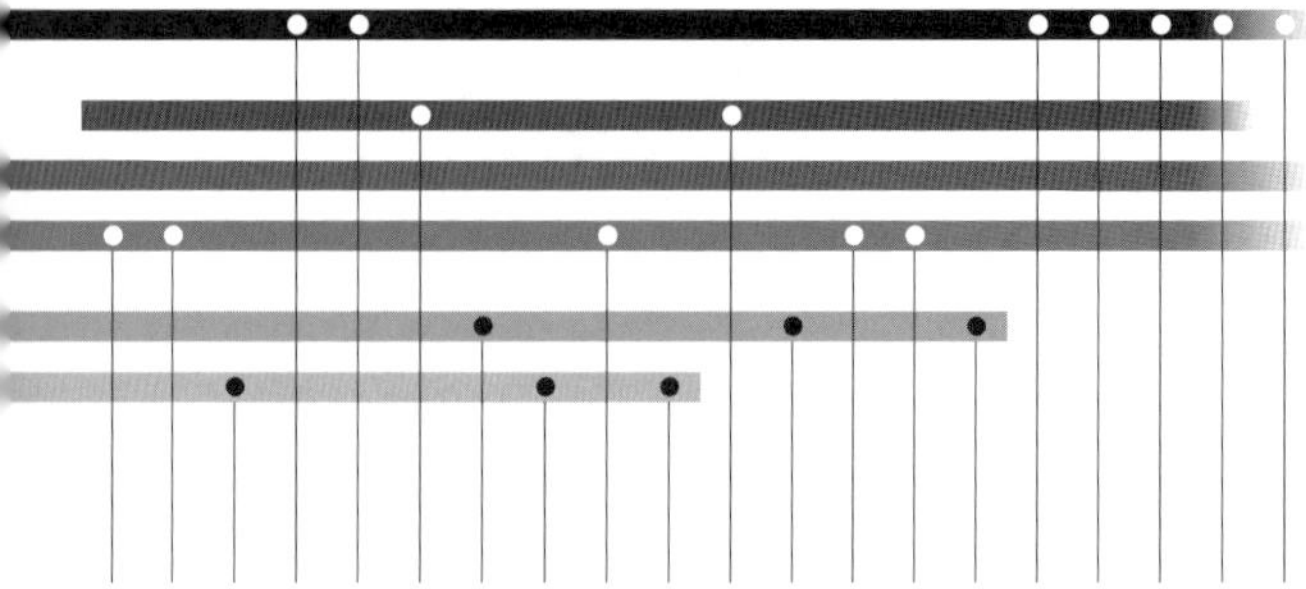

鹿島出版会　1963-2017

1949	昭和24年	技術研究所出版部発足、土木建築の専門書・技術書を刊行
1957	昭和32年	鹿島研究所発足、外交・国際問題に関する出版物を刊行
1963	昭和38年	3月、株式会社鹿島研究所出版会発足（港区芝田村町：浜ゴムビル）
		鹿島守之助が社長、鹿島昭一が副社長に就任
1964	昭和39年	9月、本社、鹿島建設赤坂別館に移転（港区氷川町）
1965	昭和40年	『SD』創刊（編集長・平良敬一　6501-7112）
		SD選書刊行開始（269巻、-現在）
1966	昭和41年	SDグラフィック刊行開始（全5巻、-1968年）
		『SD』ADC賞
1968	昭和43年	『ヨーロッパ・静止した時間』毎日芸術賞
		『都市住宅』創刊（編集長・植田実　6805-7603）
1970	昭和45年	『建築家 吉田鉄郎の手紙』造本装幀コンクール銅賞
1971	昭和46年	『都市住宅』ADC賞
1972	昭和47年	『SD』編集長に長谷川愛子就任（7201-8303）
1973	昭和48年	『南蛮屏風』東独ライプチヒ書籍協会賞
1975	昭和50年	2月、社名を株式会社鹿島出版会に改称
1976	昭和51年	2月、鹿島昭一が社長就任
		『都市住宅』編集長に吉田昌弘就任（7605-8612）
1977	昭和52年	『倉俣史朗の仕事』講談社出版文化賞ブックデザイン賞
1979	昭和54年	シルバーシリーズ刊行開始（全31巻、-1988年）

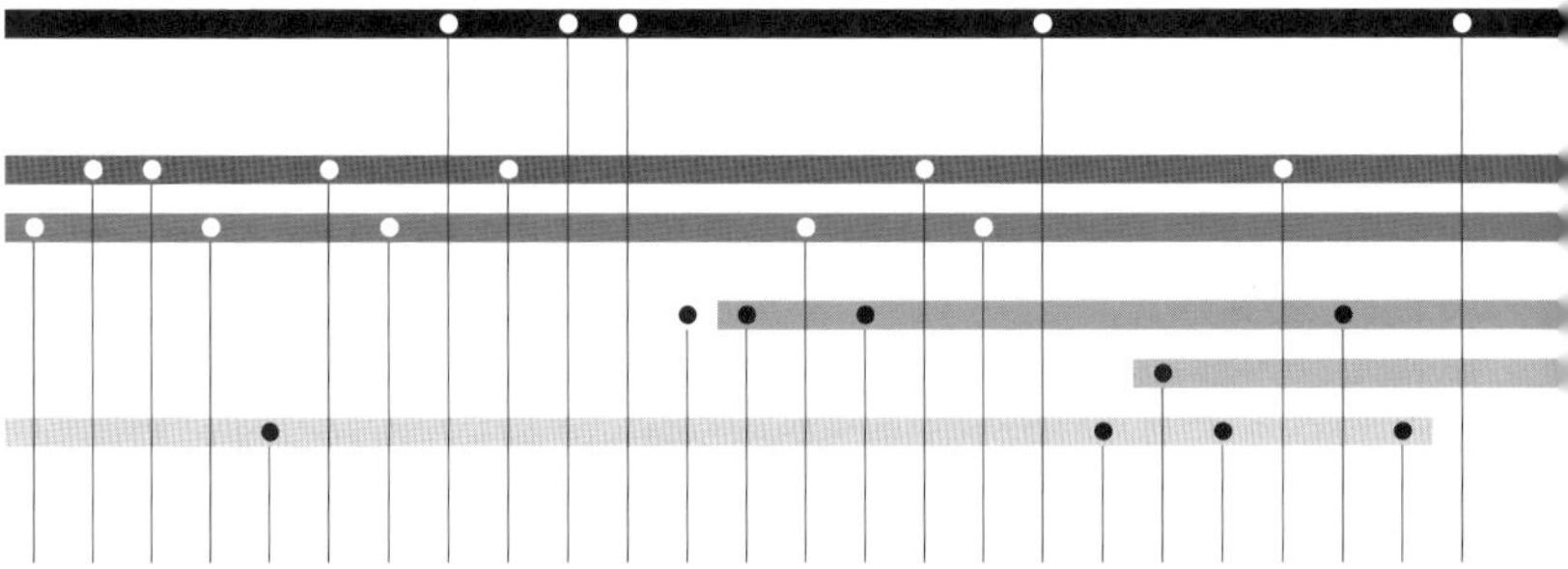

1980 昭和55年
2月、鹿島昭一が会長（-2000年）、河相全次郎が社長（-1986年）に就任
10月、第1回SDレビュー展、以降毎年開催（-現在／ヒルサイドテラス）

1982 昭和57年
『SD』編集長に伊藤公文就任（8304-9212）

1983 昭和58年
『まちづくりと歩行空間』国際交通安全学会賞

1985 昭和60年
SDレビュー大阪展開始（-2011年／都住創、大阪芸術大学）

1986 昭和61年
『都市住宅』、12月号をもって休刊

1987 昭和62年
SDレビュー金沢展開始（-1991年／金沢工業大学）

1990 平成2年
株式会社鹿島出版会、日本建築学会文化賞
SDライブラリー刊行開始（全22巻、-1997年）

1991 平成3年
『都市圏 発展の構図』国際交通安全学会賞

1993 平成5年
『SD』編集長に相川幸二就任（9301-0012）

1998 平成10年
『白い机』日本翻訳出版文化賞

2000 平成12年
『SD』、12月号をもって休刊

2001 平成13年
年刊『SD』刊行開始（-現在）

2004 平成16年
12月、本社、霞が関ビルに移転（千代田区霞が関）

2007 平成19年
12月、本社、クレイン赤坂ビルに移転（港区赤坂）

2008 平成20年
『中部国際空港のユニバーサルデザイン』交通図書賞奨励賞

2009 平成21年
10月、本社、八重洲鹿島ビル別館に移転（中央区八重洲）

2010 平成22年
『ランドスケープの近代』日本造園学会特別賞

2011 平成23年
『日比谷公園』今和次郎賞、日本造園学会特別賞

2012 平成24年
SDレビュー京都展開始（-現在／京都工芸繊維大学）

2014 平成26年
『法隆寺建築の設計技術』日本建築学会賞（論文）

2015 平成27年
『サインシステム計画学』国際交通安全学会賞

2016 平成28年
『京都と近代』日本建築学会賞（論文）
『建築家・松村正恒ともうひとつのモダニズム』日本建築学会著作賞

造本設計データ

判型	四六判正寸［天地188mm×左右128mm］
総頁数	420ページ
製本	並製本、角背、背タイトバック、本文アジロ無線綴じ、見返しあり、厚表紙
ジャケット	ミルトGAスピリット〈スーパーホワイト〉　四六判　Y目　135kg （特種東海製紙・ダイオーペーパープロダクツ） オフセット・特色1色（マットスミ）＋P.P.マット貼り加工 ＋艶あり黒箔押し加工［GLEAM metallic foils］（村田金箔）
帯	ミルトGAスピリット〈スーパーホワイト〉四六判　Y目　110kg オフセット・特色1色刷（マットスミ）＋マットニス引き加工
表紙	ミルトGAスピリット〈スーパーホワイト〉四六判　Y目　220kg オフセット・特色1色刷（マットスミ）
見返し	ミルトGAスピリット〈スーパーホワイト〉四六判　Y目　110kg
本文	A［百書百冊ページ］：オペラホワイトマックス　四六判　Y目　57kg（日本製紙） B［略歴ページ］：三菱嵩高書籍用紙55A　四六判　Y目　70.5kg（三菱製紙） オフセット・特色1色刷（マットスミ）

使用書体

グレコDB［字形調整］（フォントワークス）
秀英初号明朝（大日本印刷）
モトヤゴシック5（モトヤ）
モトヤゴシック6（モトヤ）
新聞特太ゴシック体［YSEG］（写研）

リュウミンR-KL（モリサワ）
本明朝M〈標準がな〉（リョービ）
本明朝M〈新がな〉（リョービ）
本明朝B（リョービ）
ゴシックMⅡ〈標準がな〉（リョービ）
ゴシックMⅡ〈新がな〉（リョービ）
こぶりなゴシックW3（字游工房）
こぶりなゴシックW6（字游工房）

Garamond Premier Pro Medium Caption
Garamond Premier Pro Medium
Adobe Garamond Pro Regular
Adobe Garamond Pro Semibold
Adobe Garamond Pro Semibld Italic
Univers 45 Light
Univers 55 Roman
FF Dingbats Symbols One

百書《ひゃくしょ》百冊《ひゃくさつ》　鹿島出版会の本と雑誌

発行　二〇一七年一二月二五日　第一刷発行

編者　伊《い》藤《とう》公文《こうぶん》

発行者　坪内文生

発行所　鹿島出版会
〒一〇四―〇〇二八　東京都中央区八重洲二―五―一四
電話　〇三(六二〇二)五二〇〇　振替〇〇一六〇―二―一八〇八八三

印刷　三美印刷

製本　牧製本

ISBN 978-4-306-04657-3　C3052

本書の内容に関するご意見・ご感想は左記までお寄せください。
URL: http://www.kajima-publishing.co.jp　e-mail: info@kajima-publishing.co.jp

ただいた工藤強勝氏に、本書の装丁・本文フォーマットをお願いできたことは、ひときわ感慨深い。

こうして多くの方々に支えられて成った本書が、建築・環境分野の出版を少しでも活気づける一助になれば、それにまさる幸いはない。

編者

企画・編集：伊藤公文
デザイン：工藤強勝＋舟山貴士（デザイン実験室）
書評選定協力：飯塚忠夫　北村知佳子
編集・制作：川嶋 勝　阿部沙佳　奥山良樹（鹿島出版会）
校閲：高田 明

編集を終えて

数年前、鹿島出版会の活動を一般的な社史のかたちにまとめ、デジタルデータとして残しておくことが企図され、実行に移された。それは社内資料として保管され、あるいは歴史的な資料として参照される性質のものである。

それと並行して半世紀余りの活動を何らかのかたちで表し、世に出す本として発行しようという意向があった。鹿島出版会の刊行物の大半は土木、建築に関連する専門書に分類されるもので、間口は狭いが奥行きは深く、半世紀を超えるとなれば多くの蓄積がある。それらの扱いについて幾通りかの案を経て本書のかたちに落ち着いた。

とは言え、結果としては活動を総覧するにはほど遠く、そのわずかを抽出したものに過ぎない。それでもなお本書に納められた文章群は、既刊の本と雑誌に収められた思考、論証、提案、情報の思わざる多様なありさまを示し、また、印刷媒体、特に専門分野のそれはインターネット上の膨大な情報に抗しえないとされる現在、印刷媒体が持つ本来の力を強く伝えるだろうと、編集を終えた今は思っている。

はるか遠い昔の事柄を思い起こして文章をしたためるという厄介ごとを引き受けていただいた方々、数十年前の原稿を再掲載する無謀を認めていただいた著者および出版社に対し、深甚の感謝を表します。

また、私が『ＳＤ』誌の編集に携わっていたときにアートディレクションを行ってい

著者略歴

本書中の著者、訳者ほかを五十音順に掲載。
記載内容は、鹿島出版会刊行の本と雑誌に関連する事項から主要なものを選択し、
下記の項目別に年代順に記している。文責は編集者。

［**項目**］
■ 雑誌掲載の建築、写真撮影等
◆ 雑誌掲載の論文、座談会、インタビュー等
▼ SDレビュー入選（及び招待）
● 単行本

［**凡例**］
SD 月刊SD（SD0006は2000年6月号を示す）
SDE SD別冊
『SD』 年刊SD（『SD2016』は2016年の年刊を示す）
TJ 月刊都市住宅
TJQ 都市住宅別冊/臨時増刊
SDR SDレビュー
SS 単行本 シルバーシリーズ
SDL 単行本 SDライブラリー

アアルト、アルヴァ　Alvar Aalto（1898-1976）■SD7701＋7702特集「アルヴァ・アアルト」●武藤章著『アルヴァ・アアルト』SD選書1969年、ヨーラン・シルツ編『アルヴァ・アアルト　エッセイとスケッチ』1981年（新装版2009年）、ヨーラン・シルツ著『白い机①：若い時―アルヴァ・アアルトの青年時代と芸術思想』1989年、同『白い机②：モダン・タイムス―アルヴァ・アアルトと機能主義の出会い』1992年、同『白い机③：円熟期―アルヴァ・アアルトの栄光と憂うつ』1998年→p.152、296、310

相川幸二（1954-）1978-2000年SD編集部、SD9301-0012編集長、2000年以降書籍編集→p.286、339、**350**

青井哲人（1970-）◆『SD2013』特集「SD丸々1日討論―日本現代建築における歴史認識をめぐって」●『明治神宮以前・以後―近代神社をめぐる環境形成の構造転換』2015年→**p.188**

阿久井喜孝（1930-）◆TJ6807「〈流動する空間〉という言葉の意味するもの」、TJ6901「白い神々の島〈シクラデス〉」、SDE-7304「続・地中海建築―中近東・バルカン編」（「東地中海の民家と集落」他）、TJ7605特集「実測軍艦島」、TJ7610「実測軍艦島2―海」、TJ7611「実測軍艦島3―湖」、TJ7705「実測軍艦島4―水」、TJ7711「実測軍艦島5―緑」●共編『［復刻］実測・軍艦島高密度居住空間の構成』2011年→**p.298**

上松佑二（1942-）●共訳『ガウディ―芸術的・宗教的ヴィジョン』R.デシャルヌ他共著1993年→p.164

芦原太郎（1950-）SDR審査員1999-2000▩SD8710「Under 40 JAPAN」、SD0012「コミュニケーション・ワークスペース―芦原太郎建築事務所リノベーション」◈SD7410対談「イタリア建築家ヴァッレの日常生活」（芦原義信＋芦原太郎）、SD7507-7705連載「国内建築ノート」➡p.247、326、337、**377**

芦原信孝（1940-）▩SD7211特集「設計組織の国際化への道程―アメリカにおけるカジマ・アソシエーツの場合」、SD7411特集「インテリア・アーキテクチュアの世界―カジマ・アソシエイツ・ニューヨーク・オフィス」、SD7608「東京銀行ニューヨーク支店」◈SD6812「サイモン・ロディア・タワー」、SD6912「BRADBURY BUILDING」、SD7001「ローチ事務所のこと」、SD7705「あたりまえということ」（特集「ケンブリッジ・セブン・アソシエイツ」）、SD7807「建築家ポルシェクのこと」、SD8310「名建築は残ったが…」（特集「建築と都市空間の保存と再生」）➡**p.302**

東孝光（1933-2015）▩TJ6807特集「七日間のユリシーズ」、TJ6908「東孝光建築研究室―共同作業論」、TJ7009「赤塚邸」他、TJ7712「裂け目の手法について」「藤ヶ丘の家」、TJ7804「WAT HOUSE」「新しい住居集合の形式を求めて」、TJ7902「ピアノの家」、TJQ1-7109「加納邸」、TJQ2-7206「酛島工房」他、TJQ4-7307「荒木邸」、TJQ5-7312「陳邸」、TJQ8-7412「平邸」◈SD8201「〈紫煙荘〉と現代」、TJ8201「創造的葛藤への第一歩」、TJ8404インタビュー（特集「平面をめぐるディスクール」）▼SDR入選1982、1983、1987●『都市住居の空間構成』SD選書1986年、『住まいと子どもの居場所100章』1987年、『都市・住宅論』SD選書1998年➡**p.145**、259、280、364

新井清一（1950-）◈TJ8606「渡航手続および修了後の就職」「SCI-ARC」（特集「留学への誘い」）▼SDR入選1991、1992、1997、1999➡**p.370**

新居千秋（1948-）▩SD8710「Under 40 JAPAN」◈TJ8606「概説ポートフォリオ」（特集「留学への誘い」）、TJ7705「イギリスの都市づくりの理論的変遷」▼SDR入選1985、1989➡p.333、337

荒俣宏（1947-）◈SD8511「陸のサンゴ礁」（特集「象設計集団」）●共著『東京路上博物誌』1987年➡p.141

在塚礼子（1948-）◈TJ7211「機能のぬけ出た集住体―老人ホーム」、TJ7312「老後住宅再検討」➡**p.150**

アレグザンダー、クリストファー　Christopher Alexander（1936-）▩SD8503「盈進学園」◈SD6810特集「C.アレグザンダーのシステムの思想」▼SDR入選1982●共著『コミュニティとプライバシイ』SD選書1967年、『オレゴン大学の実験』SD選書1977年、『形の合成に関するノート』1978年、共著『パタン・ランゲージ―環境設計の手引』1984年、『まちづくりの新しい理論』SD選書1989年、『パタンランゲージによる住宅の建設』SDL1991年（SD選書2013年）、『時を超えた建設の道』1993年、『形の合成に関するノート／都市はツリーではない』SD選書2013年、『ザ・ネイチャー・オブ・オーダー ―建築の美学と世界の本質―生命の現象』2013年➡p.019、080、081、135、167、230、260

安藤忠雄（1941-）SDR審査員1988-1989▩TJQ4-7307「富島邸＋都市ゲリラ住居」、TJQ6-7405「立見邸＋平岡邸」、TJQ11-7510「山口邸（双生観）」、TJ7702「住吉の長屋」他、SD8106特集「安藤忠雄」（「住吉の長屋」他）、SD8909特集「安藤忠雄1981-1989」（「光の教会」他）、SD9206特集「安藤忠雄アンビルト・プロジェクト」（対談「永遠なるも

の移ろいゆくもの」伊東豊雄＋安藤忠雄、「JR京都駅」他）、SD0010「ベネトン・アート・スクール―ファッブリカ」他◆SDE13-8101「モスクワのグム百貨店」、SD9101対談「発信する建築へ」（安藤忠雄＋富永譲）、『SD2002』座談会「これからどないなるんや」（安藤忠雄＋鈴木博之＋内藤廣）▼SDR入選1982、1983◉『サントリーミュージアム天保山』1995年、古山正雄著『壁の探求―安藤忠雄論』1994年、『直島コンテンポラリーアートミュージアム』1996年、共著『安藤忠雄　建築家と建築作品』2017年→p.172、286、**288**、337、364、368

安藤正雄（1948-）◆SD9710「ガラス建築―そのロマンス、ネイチャー、ファンタジーとテクノロジー」◉共訳『建物はどのように働いているか』E.アレン著1982年→**p.143**

飯島洋一（1959-）◆SD8801「アンニュイとラ・ニュイ」（特集「高松伸」）、SD8804「建築の自画像」（特集「早川邦彦」）、SD8905-9005連載「光のドラマトゥルギー20世紀の建築」（全12回）、SD9308-9502シリーズ「現代建築の新世代―カオスのヴェールの隙間から」（全8回）、SD9605「混在するイメージ」（「鈴木了二の最新作」）、SD9611「時間のない世界」（特集「栗生明」）、SD9701「光の恐怖」（特集「葉祥栄」）、SD9711「透明な死」（特集「隈研吾」）、SD9801「SDレビューの軌跡」、SD9909「ベルリンはどこへ行くのか」→p.328、**338**、352

五十嵐太郎（1967-）◆SD9804「越境するアーバン・トライブ」（特集「次世代のマルチ・アーキテクトたち―ユニット活動による新たな設計環境」）◉共編『レム・コールハースは何を変えたのか』2014年→**p.213**、**216**、235、**352**

生田勉（1912-1980）▦TJ8201「自邸」◆SD7108「マンフォードを語る」◉訳『都市の文化』L.マンフォード著1974年→**p.017**

池内紀（1940-）◆SD7808 NICE SPACE「夢の不沈艦」（メルクの修道院）、SD8104 NICE SPACE「図書館、女体、あるいは宇宙」（ホーフブルク・旧宮廷図書館）、SD8407「海の底の宝石箱」、SD8604「装飾―描きだされた〈死〉」、SD8708対談「表現主義再考―時代精神の予感」（池内紀＋三宅理一）◉編著『西洋温泉事情』1989年、共訳『幻想のオリエント』S.コッペルカム著1991年、『架空旅行記』1995年→**p.141**

池原義郎（1928-2017）◆SD7612 NICE SPACE「視覚のリズム」（グエル公園）◉共訳『ガウディ―芸術的・宗教的ヴィジョン』R.デシャルヌ他共著1993年→p.164

池辺陽（1920-1979）▦TJ8201「No.17（池辺自邸）」、TJ8401「No.63Z」、TJ8501「No.94号邸」◆SD6802「建築と建築家」、TJ6805-6905連載「住居都市着工まで」（全6回）、TJ7001「〈公共〉と〈私〉」、SD7012座談会「環境破壊の借金は返せるか」（半谷高久＋池辺陽＋川上秀光）◉監修『住宅産業講座―住宅産業の製品開発』1971年→**p.056**

石井和紘（1944-2015）▦TJQ10-7507「54の窓」、SD7907「香川県直島町文教地区」、SD8904特集「石井和紘―54の作品」、SD9002「数寄屋邑」、SD9702「宮城県慶長使節船ミュージアム」◆TJ7206「過疎と過密の間7―自立と孤立と―直島とぼくたち」、TJ7211特集「トータル・インスティテューション」、SD7306「オープン・スクールに関するノート」（特集「槇文彦の学校建築2題」）、SD7604「磯崎新理解の手引き―海外版〈丹下健三との比較〉」、SD7902「スーパー・ローラーコースター《コロッサス》―乾ききったのり越え」、SD8201「堀口捨己の茶室研究にみる利休と利休以降の人々のへだたり」、SD8208対談「アメリカの若い建築家たちは今…」（竹山実＋石井和紘）、SD8610イン

タビュー「[幕間] パーソナルな視野からの自然な集積がポスト・モダンをかたち作る」◉『イエール建築通勤留学』1977年、共訳『ラスベガス』R.ヴェンチューリ他共著SD選書1978年、共訳『住宅とその世界』C.ムーア他共著1978年、共訳『建築デザインの基本』C.ムーア他共著1980年、『建築家の発想―私の師匠たち』SD選書1982年、『数寄屋の思考』1985年、『私の建築辞書』1988年➡p.086、120

石上申八郎（1947-）TJQ8-10編集協力▦SD9112シリーズ「抽象の諸相3」(「日立恋ヶ窪寮」他)、SDE26-9503特集「アパートメントのインテリア」(「インテリアの時代」「竹下通りのスタジオ」他)、SD0002「西六郷の小住宅」◈SD7504「徳重恵美子のロープ」、SD7708 NICE SPACE「オルフェウスの誘い」(リラの僧院)、SD8503「ニース―アール・デコ―旅への誘い」、SD8508「モダニスト百花繚乱」(特集「モダニズム建築の王国オランダ」) ◉訳『リカルド・ボフィール』R.ボフィール他共著1987年➡**p.328**

石田敏明（1950-）▦SD8710特集「Under 40 JAPAN」、SD9209シリーズ「抽象の諸相6」(「富士裾野の山荘」他)、SD9601「有明フェリー長洲港ターミナル」、SD9703インタビュー（特集「ミニマル・スペース・アーキテクチュア」）▼SDR入選1984、1985、1990、1991➡**p.367**

石元泰博（1921-2012）▦SD6503「東京にて」、SD6506「京都の人びと」、SD6512「堀口捨己の茶室・栖桐居」、SD6602「ある街の文体」、SD6607「ソニービル」「都城市民会館」、SD6608「国立京都国際会館」、SD6610「名舟御陣乗太鼓」「大分図書館」、SD6702「シカゴ建築1967」、SD6705「遊び戯れ」、SD6708「ゆかり文化幼稚園」、SD6712「顔のない世界・地下空間」、SD6803「福岡相互銀行大分支店」、SD6810「鹿島建設本社ビル」、SD6907「親和銀行本店」、SD7206「福岡相互銀行本店」、SDE5-7401「最高裁判所庁舎」、SD7604特集「磯崎新の全作品」、SD8109特集「岡田新一」、SD8401特集「磯崎新1976-1984」、SD8606「東京・有楽町」、SD9110特集「磯崎新1985-1991-1」、SD9111特集「磯崎新1985-1991-2」、SD9304「海の博物館」、以上全て撮影◈SD6702「[像] 石元泰博」➡p.024、255

磯崎新（1931-）▦SD6610「大分図書館」「岩田学園」、SD6803「福岡相互銀行大分支店」、SD7206特集「磯崎新はどこに行く？」、SD7604特集「磯崎新の全作品」(「群馬県立近代美術館」他)、SD8401特集「磯崎新1976-1984」(「つくばセンタービル」他)、SD8510「Discotheque マジカル・アート・コンプレックス《パラディアム》」、SD9110特集「磯崎新1985-1991-1」(「水戸芸術館」他)、SD9111特集「磯崎新1985-1991-2」(「ティームディズニービルディング」他) ◈SD6501「イタリアの広場」、SD6508「立体格子―ニューヨークのイメージ」、TJ6805-7112表紙シリーズ「弁証法的空間批評」(全44回)、TJ7201-7601表紙シリーズ「マニエリスムの相の下に」(全49回)、TJ6910都市住宅展へ「きみの母を犯し、父を刺せ」、TJ7102-7304連載「近代建築入門」磯崎新＋原広司（全12回)、TJ7109「スーパー・スタジオあるいは、洪水の跡」、SD7305「死の祭儀―ウィーンのハンス・ホライン」、SD7409「仕立て屋ズーム」、SD7601「破砕した断片をつなぐ眼」(特集「白井晟一」)、TJ7602特集「弁証法的空間批評からマニエリスムの相の下にまで」、SD7703-7809連載「イマジナリー・アーキテクチュア」(全10回)、SD8202「パンクの嫁入り道具」、SDE19-8801「万物成佛―桀久庵憲司論」、SD9101対談「田園文化圏の創造をめざして―〈くまもとアートポリス〉の挑戦」(細

川護煕＋磯崎新）◉『空間へ―根源へと遡行する思考』」1997年（初版美術出版社1971年）、『建築の解体――一九六八年の建築情況』1997年（初版美術出版社1975年）、『建築および建築外的思考―磯崎新対談』1976年、『建築の一九三〇年代―系譜と脈絡／磯崎新対談』1978年、『手法が―カウンター・アーキテクチュア』1997年（「手法が」1979年＋「建築の修辞」1979年）、『ポスト・モダンの時代と建築／磯崎新対談』1985年、『見立ての手法―日本的空間の読解』1990年、『イメージゲーム―異文化との遭遇』1990年、『始源のもどき―ジャパネスキゼーション』1996年、『造物主議論―デミウルゴモルフィスム』1996年、『人体の影―アントロポモルフィスム』2000年、『神の似姿―テオモルフィスム』2001年、共著『ビルディングの終わり、アーキテクチュアの始まり―10 years after Any』2010年、共著『Any―建築と哲学をめぐるセッション1991-2008』2010年➞p.053、115、118、153、159、181、190、253、**255**、258、260、305、359、**360**

伊藤公文（1947-）1976-2000年SD編集部、SD8304-9212編集長◈TJ7211「トータル・インスティテューションの領域」、SD8007「西にフランク・ゲーリーあり」、SD8108「語るオブジェ」（特集「環境芸術としての建築―SITEの場合」）、SD8508「孵化せよ、モダニストの末裔たち」（特集「モダニズム建築の王国オランダ」）◉共訳『ラスベガス』R.ヴェンチューリ他共著SD選書1978年、訳『建築の多様性と対立性』R.ヴェンチューリ著SD選書1982年➞p.086、117、308、325、328、330、338、**339**、341、343

伊藤ていじ（1922-2010）◈TJ6903「吹抜が薄暗かったとき」、SD7008「馬の前の荷車―万博建築以前」、TJ7311「明治以後のポピュラー・アーキテクチュア」、SD7606「スケールの大きな環境」（特集「ロバート・ザイオン」）、SD8011 Serial Essay ニッポン「コンプレックスの国」◉『民家は生きてきた』2013年（初版美術出版社1963年）、『日本デザイン論』SD選書1966年、『日本の工匠』SD選書1967年、共著『永富家の人びと』1968年、『重要文化財永富家』1968年➞p.011、**015**、274、326

伊東豊雄（1941-）SDR審査員2006-2010▩TJ7111特集「URBAN ROBOT」、TJ7701「中野本町の家」、SD7806「PMTビル名古屋支店」他、TJ8204「笠間の家」、TJ8501「花小金井の家」、TJ8502「Silver Hut」、SD8609特集「伊東豊雄―風の変様体」（「半透明の皮膜に覆われた空間」他）◈SD8010「私の中の菊竹清訓の作品」、TJ8405インタビュー（特集「平面をめぐるディスクール」）、TJ8603「SILVER CITYへの夢」、SD8904「過激なエンターテインメント―石井和紘論」、SDE23-9301「浮かび上がるアジア的光の空間」、SD9805「カーロとリベラの家にみる他者的身体」、SD0006「際立つウィット」（特集「クライン・ダイサム・アーキテクツ」）、『SD2012』インタビュー「自然性への志向から建築の本義を問い直す」◉鈴木明他編『つくる図書館をつくる―伊東豊雄と多摩美術大学の実験』2007年➞**p.180**、**271**、326、337、343、353、**380**

伊東正示（1952-）◈SDE24-9404特集「演劇のための空間」➞**p.344**

稲川直樹（1953-）◈SD8306「ミラノ、コモの合理主義」、SD8612「蘇生したラディカル・モダニズム―万国博ドイツ・パビリオン再建」、SD9011「ミニマリズムとモビーダのあいだで―バルセロナ・デザインの現在」◉訳『イタリア・ルネサンスの建築』C.L.フロンメル著2011年➞p.217

稲葉武司（1938-2016）◈TJ7104-7109連載「環境デザイン理論のサブノート」（全6回）◉共訳『機能主義理論の系譜』E.R.デザーゴ著1972年（SD選書2011年）、共訳『構造

と空間の感覚』F.ウィルソン著SD選書1976年、共訳『形の合成に関するノート／都市はツリーではない』C.アレグザンダー著1978年（SD選書2013年）➞p.048

井上充夫（1918-2002）◈SD8206 NICE SPACE「架構体の原型」（ストーンヘンジ）◉『日本建築の空間』SD選書1969年、『建築美の世界』SS1981年（SD選書2014年）、『建築美論の歩み—鑑賞・分析・比較』1991年➞**p.100**

井上章一（1955-）◈SD8807座談会「昭和初期モダニズムの遺したもの」（藤森照信＋藤岡洋保＋井上章一）➞**p.205**

今川憲英（1947-）◈SD8701特集「木造建築の現在」（「ナッテラーへのメッセージ、ナッテラーからのメッセージ」他）、SD8901特集「続・木造建築の現在」（対談「木造はあらゆる空間構造に対応できる」今川憲英＋安村基）、SD9102特集「架構と空間のいろ」、SD9410「鉄筋コンクリートの構造デザインと建築」（特集「トロハの遺した構造と空間」）、SD9702「素材が生きる『木の空間』に向けて」➞**p.138、334**

今村創平（1966-）◉訳『20世紀建築の発明—建築史家と読み解かれたモダニズム』A.ヴィドラー著2012年➞p.224

入江正之（1946-）◈SD8809「アントニオ・ガウディと19～20世紀初頭に渡るカタルーニャ建築思潮序説」◉共訳『ガウディ—芸術的・宗教的ヴィジョン』R.デシャルヌ他共著1993年➞p.164

岩村和夫（1948-）▦SD8710特集「Under 40 JAPAN」、SD9901「世田谷区深沢環境共生住宅」◈SD8412 NICE SPACE「駅前大聖堂—ケルナー・ドーム」（ケルンの大聖堂）、TJ8606「ドイツ建築教育事情」▼SDR入選1982◉訳『自然な構造体』F.オットー著SD選書1986年、『建築環境論』SD選書1990年➞p.138

上田篤（1930-）◈TJ7008特集「コミュニティ研究7—都心と人間の再生」、TJ7201特集「義理の共同体」◉共編『都市の開発と保存』SD選書1973年、共編『人間の土地』1974年、共編『町家—共同研究』1975年、『京町家—コミュニティ研究』1976年、共著『数寄町家—文化研究』1978年、共訳『日本のすまい—内と外』E.S.モース著1979年、『タウンハウス—町家の再生』SS1979年、『鎮守の森』1984年、『日本人の心と建築の歴史』2005年、共著『蹴裂伝説と国づくり』2011年、共編著『路地研究—もうひとつの都市の広場』2013年➞p.219

植田実（1935-）1968-1976年TJ編集部、TJ6805-7603創刊・編集長◈SD7712「六角家の方へ」、SD7912 Serial Essay モニュメント「記憶のない場所」、SD8109 Serial Essay PARIS「7日目」、SD8404「博覧会場—庭園へと向かう都市」、TJ8502「藤井博巳《宮島邸》」、SD8606「《都市住宅》で出会った写真家たち」、SD9101「熊本の勝ち—アートポリス実現」、SD9104「箱のなかの風景」（特集「横河健」）、SD9204「典型への収斂・典型からの回避」（特集「前川國男の遺した空間」）、SD9208「エピソード風ポートレート」（特集「齋藤裕」）、SD9404「保存という転換点」（特集「木島安史の世界」）、SD9411「『出発』と『到着』の造形」、SD9607対談「モダニスト土浦亀城とバウハウス・デザインの系譜」（植田実＋藤森照信）➞**p.086、192**、243、248、**254、257**、260、**266**、268、270、271、273、280、285、287、289、301、323、326

ヴェンチューリ、ロバート　Robert Venturi（1925-）▦SD9708特集「R.ヴェンチューリ＋D.スコット・ブラウン—90年代の作品」◉共著『ラスベガス』SD選書1978年、D.ゲ

バード他共著『図面で見るアメリカの建築家—ジェファソンからヴェンチューリまで』1980年、『建築の多様性と対立性』SD選書1982年、共著『建築とデコラティブアーツ—ナイーブな建築家の二人旅』1991年、F.シュワルツ編著『母の家—ヴェンチューリのデザインの進化を追跡する』1994年、『建築のイコノグラフィーとエレクトロニクス』1999年➜p.086、116、117、195

鵜沢隆（1950-）◈SD8306特集「近代建築の遺産—イタリア合理主義」（「イタリア合理主義の終焉」他）、SD8402 NICE SPACE「停止した様式」（マラパルテ邸）、SD8410「2001年のトリノに向けて」、SD9906「豊饒なる寡黙」（特集「小川晋一」）◉訳『ジュゼッペ・テラーニ』B.ゼーヴィ著SD選書1983年、訳『ブーム—イタリアの企業・デザイン・社会』L.ゴッビ他共著1993年➜p.169

内井昭蔵（1933-2002）▩TJ6906「内井昭藏建築設計事務所の環境装置論」、TJ7012「環境形成の触媒としての住宅」、SD7103「コミュニティ建築への記録—桜台コートビレジのコミュニティ」、TJ7201「宮崎台ビレジ」◈TJ6907「住環境と斜面の空間特性についての考察」、TJ7003「情報装置としての住宅」、SD7201「建築に拠点性を—具体的個人の精神をゆり動かす〈もの〉としての力」、TJ7801「今日の低層集合住宅の課題」、SD8010「私の中の菊竹清訓の作品」➜p.276

内田祥哉（1925-）SD6501-6812編集顧問▩SD7103「佐賀県立博物館」、TJ8201「自邸」、SDE25 9408「近未来型集合住宅NEXT21」◈SDE-6611座談会「変貌する独立住宅」（林昌二＋近藤正一＋内田祥哉＋加藤秀俊）、SD7605 Serial Essay 機械「設計の機械化はしても、機械的設計は困る」、SD8211「リエージュ大学の新キャンパスについて」、SD8901インタビュー「木材流通機構の改善が設計者側からの要望」◉共著『建築・室内・人間工学』1969年、共編『建築家・吉田鉄郎の手紙』1969年、共著『建築構法計画』1983年、『内田祥哉　窓と建築ゼミナール』2017年➜p.242、248、285、**345**

宇野求（1954-）▩SD8710特集「Under 40 JAPAN」◈SD8101-8201連載「国内建築ノート」、SD9310「透明なクラシシズム」（特集「リカルド・ボフィール」）、SD9501「山本理顕の丘」、SD9504特集「テクノスケープ—テクノロジーの風景」（「テクノロジーの風景—人工世界の現在」他）、SD9607「都市型ハウジングシステムのニュー・バージョン」（特集「スタジオ建築計画の集住考」）、『SD2007』座談会「建築家はフォークボールを投げられるか」（原広司＋伊東豊雄＋宇野求）▼SDR入選1982◉共著『東京計画2001』2001年、『ストリートスマートな建築へ』2008年➜**p.347**

梅宮弘光（1958-）TJ8306-8612編集部、その後-1987年SD編集部◉共訳『デザインのモダニズム』P.グリーンハルジュ編1997年➜**p.323**

榮久庵祥二（1938-）◉訳『機械化の文化史』S.ギーディオン著1977年（新装版2008年）、『都市の道具』SD選書1986年、監訳『現代デザイン事典』M.アルホフ他編2012年➜p.065

延藤安弘（1940-）◈TJ8205-8305連載「絵本にみる住まいと町づくり」（全13回）、TJ8405「家としての『まち』町としての『いえ』—ロンドンのコベント・ガーデンとオダム・プロジェクト」、TJ8509「パルスのある集住体—〈都住創〉1975-1985」◉監訳『低層集合住宅のレイアウト』G.L.C.編1980年、共著『タウンハウスの実践と展開』1983年、『集まって住むことは楽しいナ』1988年、共訳『居心地のよい集合住宅』カナダ・バンクーバー市都市計画局編1988年、共著『コーポラティブ・ハウジング』1988年、

共訳『世界の高齢者住宅』J.D.ホグランド著1989年→p.150

遠藤秀平（1960-）▦SD9812「HALFTECURE PROJECT―メタルシート・ストラクチュアによる遠藤秀平の近作」◈SD9912「千年紀末の沈黙」▼SDR入選1994、1995◉『遠藤秀平／ビーンズドーム―スローテクチャー Mプロジェクト』2007年→**p.372**

近江榮（1925-2005）◈SD9104「成熟を追跡したい建築家」（特集「横河健」）◉共著『建築を教えるものと学ぶもの』1980年、『建築設計競技―コンペティションの系譜と展望』1986年、共編『近代和風建築』1988年、監修『建築家・吉田鉄郎の『日本の住宅』』吉田鉄郎著SD選書2002年、監修『建築家・吉田鉄郎の『日本の庭園』』吉田鉄郎著SD選書2005年→p.140、147、196

大川三雄（1950-）◈TJ8511特集「空間としての住宅・時間のなかの住宅」、SD9607「吉田鉄郎―モダニズムの前衛と後衛」、SD0009特集「木造モダニズム 1930s-50s」◉共著『近代和風建築』1988年、共編『図説・近代日本住宅史』2001年（新版2008年）、共訳『建築家・吉田鉄郎の『日本の住宅』』SD選書2002年、共訳『建築家・吉田鉄郎の『日本の庭園』』SD選書2005年、共著『再生名建築―時を超えるデザイン』2009年→p.196

大澤聡（1978-）→**p.235**

太田佳代子◉共訳『ピーター・ライス自伝』P.ライス著1997年、訳『キッチンウェア』『テーブルウェア』『光と照明器具』『ホームオフィス』J.マイヤソン他共著1994年→p.186

大野秀敏（1949-）▦SD8710特集「Under 40 JAPAN」、SD9212シリーズ「抽象の諸相8」（「NBK関工園事務棟・ホール棟」他）、SD9503「図式とリアリズム」（「YKK滑川寮」他）◈SD9203特集「香港―超級都市」、SD9507「誠実さが生み出す上質な味わい―郡山市立美術館印象記」▼SDR入選1985、1986◉共訳『古代ギリシアのサイトプランニング』C.A.ドクシアディス著1978年、共編著『シュリンキング・ニッポン―縮小する都市の未来戦略』2008年、共著『見えがくれする都市―江戸から東京へ』SD選書1980年→p.104、**155**、302、337

岡田新一（1928-2014）▦SD6810「鹿島建設本社ビル」、SD6905特集「岡田新一―デザインにおけるシステムの意味」、SD7201特集「岡田新一―建築の肉体化への道程」、SD7312特集「岡田新一―建築と生活との関係」、SDE5-7401「空間と象徴―最高裁判所庁舎における建築構想の展開」、SD8109特集「岡田新一―抽象と細密」◈SD6701-7912連載「海外建築情報」、SDE3-7201「ヴォキャブラリーの振幅」（「空間と技術―日建設計・林グループの軌跡」）、SD7507 NICE SPACE「静謐な空間への導き」（森林火葬場）、SD7907 Serial Essay モニュメント「塔についての断章」、SD9601座談会「継続する都市づくりをめざして」（岡田新一＋八束はじめ＋堀池秀人）◉編『SD海外建築情報』SD選書1972-1975年、訳『コミュニティとプライバシイ』S.シャマイエフ他共著SD選書1967年→p.019、086

岡野一宇（1944-）◉共訳『人間のための街路』B.ルドフスキー著1973年→p.038

岡部明子（1963-）▼SDR入選2013→**p.225**

岡部憲明（1947-）SDR審査員2000-2001◈SD8501「オヴ・アロプ・アンド・パートナーズ―組織と技術者たち」「不定形な技術のデザインへ向けて―レンゾ・ピアノの方法」、SD9411「空港の挑戦」◉『空間の旅―可能性のデザイン』2014年、監訳『ピーター・ライス自伝』P.ライス著1997年→p.186

小川晋一（1955-）SDR審査員1999-2000▩SD8710特集「Under 40 JAPAN」、SD9703「GLASS HOUSE」他、SD9906特集「小川晋一—Transbody/Super traffic」◈SD9703インタビュー（特集「ミニマル・スペース・アーキテクチュア」）、SD9809「トランススケール・マトリックス」▼SDR入選1989、1990、1991、1992→p.354、369

小川守之（1946-）▩TJ8204「白金台の家」、TJ8508「鎌倉のアトリエ」◈SD7603 NICE SPACE「物自体への執着」（グラスゴー美術学校）、TJ7705「イギリスのハウジング私見」、TJ7908「ラルフ・アースキン—非建築家の視点」、SDE26-9503「ロンドン・ミニマリズムの諸相」、SD9710「ガラスをテーマにした集合住宅の可能性」▼SDR入選1986◉訳『ジェームズ・スターリング』J.スターリング著2000年→p.089、117

奥出直人（1954-）→p.149、169

奥野卓司（1950-）◉訳『さあ横になって食べよう』B.ルドフスキー著1985年（SD選書1999年）→p.133

奥山信一（1961-）◈SD9711「『統一の美』との格闘を演じた建築家谷口吉郎—谷口吉生展」◉編『アフォリズム・篠原一男の空間言説』2004年→p.036

小倉忠夫（1929-）→p.027

小倉善明（1937-）▩SDE9-7704特集「三井物産ビルの記録」、SDE16-8501特集「大正海上本社ビルの記録」◈SDE13-8101「アトリウムへの回帰」、SD8308「新宿NSビルにおける光のコンセプト」、SD9810「オフィスの変化をデザインする」→p.281

押野見邦英（1941-）▩SD7811「八重洲ブックセンター」◈TJ6810「合評—アメリカの住宅における現代性」、SD8501「喧嘩と静穏」（特集「ハイテック・スタイル」）、SD8603「ソフトとハードに使い分けられたアルミの表情を読む」▼SDR入選1982◉『インテリア・ウォッチング』1985年、共訳『形の合成に関するノート／都市はツリーではない』C.アレグザンダー著SD選書2013年→p.081、260

貝島桃代（1969-）◈SD9802特集「都市へ向かう透明性—スイス・ドイツ語圏の建築」◉共著『メイド・イン・トーキョー』2001年→p.194、230

片木篤（1954-）◈SD7803「アルド・ロッシ—建築思想とモデナ共同基地」、SD8304「マイケル・グレイヴスとヒューマニズム建築の伝統」、SD8402特集「アーツ・アンド・クラフツと世紀末のイギリス建築」、SD8404「〈自然〉と〈人工〉の相克—ジーキルとラッチェンスの庭園」、SD9604「建築の〈メタモルフォーシス〉—オーストラリアン・バンガローの系譜」◉『テクノスケープ—都市基盤の技術とデザイン』1995年、共編『近代日本の郊外住宅地』2000年、『アーツ・アンド・クラフツの建築』SD選書2006年、訳『日本の都市から学ぶこと』B.シェルトン著2014年▼SDR入選1993→p.125、128、192

加藤邦男（1935-）◈SD8706「建築家・森田慶一—日本における近代建築の自覚のはじまり」◉共訳『西欧の芸術—ロマネスク』H.フォシヨン著1969年（SD選書1976年）、共訳『西欧の芸術—ゴシック』H.フォシヨン著1972年（SD選書1976年）、訳『実存・空間・建築』C.ノルベルグ＝シュルツ著SD選書1973年、『ヴァレリーの建築論』1979年、共著『近代建築遺産の継承』2004年→p.033

加藤秀俊（1930-）◉『都市と娯楽』SD選書1969年、監訳『都市とマンパワー』E.ギンスバーグ他編1973年、共訳『みっともない人体』B.ルドフスキー著1979年→p.031

加藤政洋（1972-）→p.239

角野幸博（1955-）◉共編『近代日本の郊外住宅地』2000年、共著『路地研究―もうひとつの都市の広場』2013年→p.192

神沢栄三（1930-1998）◉共訳『西欧の芸術―ロマネスク』1969年（SD選書1976年）、共訳『西欧の芸術―ゴシック』H.フォシヨン著1972年（SD選書1976年）→p.033

神谷宏治（1928-2014）◈SD6601「シカゴの塔状都市マリナシティ」、SD7508座談会「沖縄国際海洋博覧会に取り組んで」（高山英華＋菊竹清訓＋神谷宏治＋南條道昌）、SD7711「風土・歴史・創造」（特集「現代フィリピンの建築家―レアンドロ・V.ロクシン」）、SD8206「沈潜する情念と知性の洗練」（特集「I.M.ペイ・アンド・パートナーズ」）◉共著『コーポラティブ・ハウジング』1988年、共編著『丹下健三を語る―初期から1970年代までの軌跡』2013年→p.228

川崎清（1932-）▩SD7008「和気町公民館」、TJ7505「亀岡市古世団地」、SD9709「JR西日本美川駅」◉共著『設計とその表現』1990年、共著『仕組まれた意匠―京都空間の研究』1991年→p.155

川澄明男（1923-2007）▩SD6502特集「スペインの建築と美術」、SD6504「カテドラル・クローズアップ」、SD6806「三井霞が関ビル」、SD6906「ロスアンゼルスのカジマビル」、SD6908「マウナケア・ビーチ・ホテル」、SD7201「最高裁判所」、以上全て撮影◉共著『アルハンブラ』SDグラフィック1966年→p.010

川添登（1926-2015）◈SD6611「文化理論と文明理論」、SD6607「道具論―GKグループのデザイン志向」、SD6803「一評論家のみた建築界」、SD6901「都市の崩壊と建築家の思想」、SD6903「反価値としてのカプセル」、SD8004 Serial Essay ニッポン「一文明一国家一民族」◉『移動空間論』SD選書1968年→p.031、086、343

川床優（1950-）◈SD8605「コマーシャル・インテリアの形成」、SD8801「映像としての建築―織陣Ⅲ」、SD9306「焦点の喪失」（特集「家具のオデッセイ―大橋晃朗の全仕事」）→p.331

川向正人（1950-）◈TJ7412「歴史的環境の保存・再生のために」、SD8005特集「ウィーン古典派建築」、SD8103「ベルリン―K.F.シンケル」、SD8201「分離派前後」（特集「堀口捨己」）、SD8209「共生のデザイン―世紀末から戦間期までのウィーンの都市と建築」、SD8703-8802連載「建築、その仮面の時代」（全10回）、SD8710「言語の深き森の奥から」（特集「Under 40 JAPAN―40才前の建築家101人」）、SD9109特集「東北ナイススペース」◉訳『現代建築の潮流』V.M.ラムプニャーニ著1985年、訳『住まいのコンセプト』C.ノルベルグ＝シュルツ著1988年、『現代建築の軌跡』2005年→p.337

神吉敬三（1932-1996）◈SD6502「スペイン的空間感情の特性」◉共著『アルハンブラ』SDグラフィック1966年→p.010、359

菊竹清訓（1928-2011）▩SD6901特集「メタボリズムの新たなる展開」（「萩市民館」他）、SD8010特集「メタボリスト菊竹清訓」◈SD6703座談会「新しい都市景観の創造へ」（芦原義信＋川上秀光＋菊竹清訓）、TJ7102「モデルノロヂオの方法論」（今和次郎＋菊竹清訓）、TJ7112対談「文化人類学におけるフィールド・ワークの意味」（石毛直道＋菊竹清訓）、TJ7202特集「共有空間」、TJ8201「スカイハウスに住んで」◉『海上都市』SD選書1973年、『江戸東京博物館』1989年、編著『建築を考える―設計をめぐるディスクール』1991年、編著『建築を考える―建築デザインへのアプローチ』1992年、編著『建

築を考える—21世紀の建築像』1993年、『博物館の未来』1993年→p.271、295

木島安史（1937-1992）SDR審査員1986-1987▩SD8901「熊本県立東稜高校体育館」、SD9404特集「堂夢の時感—半過去から半未来へ—木島安史の世界」◈SD7008「エチオピアの石窟建築—現象的なラリベラ教会」、SDE-7304「環地中海世界の古代都市」他、TJ7406「熊本の洋館和館から保存運動へ」「名前のない神殿」、TJ7412「発掘された文化都市熊本その後」◉共訳『バックミンスター・フラーのダイマキシオンの世界』R.B.フラー他共著1978年（新装版2008年）、『半過去の建築から』SS1982年→**p.147**、179、273

北沢猛（1953-2009）◈SDE11-7801「横浜＝都市計画の実践的手法」、TJ8408「図説・日本の都市デザイン」、SDE22-9203「都市デザイン横浜—その発想と展開」→**p.312**

北嶋俊治（1946-）▩SDE20-9007「槇事務所のディテールTEPIA」、SD9009特集「裸のデザイン」、SDE21-9011「鹿島KIビル」、SD9203特集「香港—超級都市」、SD9301特集「槇文彦1987-1992」、SD0001特集「槇文彦1993-1999」、以上全て撮影→p.340

北原理雄（1947-）◈TJ8106「いま再び〈媒介領域〉について」、TJ8301「斜面ハウジングのデザイン」◉訳『アーバン・ゲーム』M.ケンツレン著SD選書1973年、訳『都市の景観』G.カレン著SD選書1975年、『現代の低層集合住宅』1978年、訳『知覚環境の計画』K.リンチ著1979年、共著『実現されたユートピア』SS1980年、編『日本の低層集合住宅』1982年、共編『集合住宅ファイル・ブック』1979年、訳『人間の街　公共空間のデザイン』2014年→p.043、230

北山恒（1950-）▩SD8710「Under 40 JAPAN」、SD8805「ワークショップ—Nine Works by WORKSHOP」（「ハートランド穴ぐら」他）◈TJ8507特集「パートナーシップの可能性—アモルフ＆ワークショップ」→p.327、337

木原啓吉（1931-2014）◈SD8312 NICE SPACE「インドネシアの仏教遺跡ボロブドールを訪ねて」→**p.093**

吉良森子（1965-）◈SDE26-9503「ライフスタイルの多様化に住空間は追いつけるか」、SD9902特集「ダッチ・モデル—建築・都市・ランドスケープ」→**p.354**

桐敷真次郎（1926-）◈SDE-7304「中近東の古代住宅」、SD9404「奇想の建築家木島安史」→**p.065、164**

工藤和美（1960-）SDR審査員2007-2008▩SD9807特集「シーラカンス：12年の活動と次なる展開に向けて」▼SDR入選1987、1988、2013→**p.368**

工藤強勝（1948-）SD8501-9012アートディレクション、SD9101-9103表紙デザイン▩『デザイナーズ・チェア・コレクションズ』2005年、『言葉と建築』2006年、『評伝ミース・ファン・デル・ローエ』2006年、『［新版］アメリカ大都市の死と生』2010年、『内藤廣と若者たち』2011年、『白井晟一の手と目』2011年、『サインシステム計画学』2013年、『柳澤孝彦の建築』2014年、『進化する都市』2015年、『メディアとしてのコンクリート』2016年、『小さなリズム』2016年、『［新版］明日の田園都市』2016年、以上全て装幀→**p.324**

隈研吾（1954-）SDR審査員1993、2011-2013▩SD8710特集「Under 40 JAPAN」、SD9203特集「隈研吾の近作」、SD9401シリーズ「現代建築の新世代—カオスのヴェールの隙間から7」、SD9711特集「隈研吾—デジタル・ガーデニング」◈SD7706-8612連載「国内建築ノート」、SD7906「槇文彦の世界—あるいはゼノンのパラドクス」、

SD8510「周縁の空間工作者達」、TJ8609特集「ニューヨークルネッサンス—メトロポリスの'80年代的様相」、SD8904「大いなる終焉」(特集「石井和紘—54の作品」)、『SD2008』対談「コンテンツとデザインの時代へ」(隈研吾+廣瀬通孝)、『SD2012』インタビュー「現代のテクノロジーはフォルク性といかに緊張関係を結ぶか」▼SDR入選1987、1992、招待2005●『グッドバイ・ポストモダン—11人のアメリカ建築家』1989年、S.ウダール+港千尋共著『小さなリズム—人類学者による「隈研吾」論』2016年→p.304、326、328、337、378

倉方俊輔(1971-)→p.215

倉俣史朗(1934-1991)■SD7101「倉俣史朗の仕事」、SD7404「四季ファブリックのショールーム」、SD8202「メンフィス—ニュー・インターナショナル・スタイル」◆SD7903「記憶の回廊」(特集「芸術家としてのマッキントッシュ」)、SD8605インタビュー特集「内部からの風景—日本のインテリア・デザイン」●『倉俣史朗の仕事』1976年、鈴木紀慶編著『1971→1991—倉俣史朗を読む』2011年→p.051、332

栗生明(1947-)SDR審査員1993-1994、2009-2010■SD8812「カーニバル・ショーケース」、SD9611特集「栗生明」◆TJ8601座談会「[批評]の季節から[提案]の季節へ(日本の住宅'80年代—状況と表現)」(難波和彦+栗生明+竹山聖)、TJ8612特集「〈仮設〉感覚」、『SD2003』座談会「個性を体現するディテール」(栗生明+佐々木葉二+三谷徹)▼SDR入選1987、1989、招待2003●『環境健康都市宣言!!』2007年→p.201

黒石いずみ(1953-)●訳『時間のなかの建築』M.ムスタファヴィ他共著1999年、訳『アダムの家』J.リクワート著SDL1995年→p.175、190

黒川紀章(1934-2007)■SD7804特集「黒川紀章」、SD8906特集「黒川紀章1978-1989」◆SD6508「ジェコブズ女史のこと」、SD6511写真構成「異根都市」、SD6903「Oh! サイボーグの掟」、SD7910 Serial Essay モニュメント「消えるモニュメント」●訳『アメリカ大都市の死と生』J.ジェイコブズSD選書1969年(SD選書1977年)、『建築論—日本的空間へ』1982年、『意味の生成へ』1990年→p.209、251

黒沢隆(1941-2014)■TJ6805「山崎邸」「個室群住居論」、TJ7111「わたしの部屋・ヒロコの部屋」「武田先生の個室群住居」(特集「個の意識と個室の概念」)、TJ7708「ホシカワ・キュービクルズ」、TJQ6-7405「赤沢山荘」◆TJ7104-7612連載「都市住宅技術資料集成」(全20回)、TJQ1-7109「個人・コミュニティ・家庭」、TJ7603「個室群住居」、TJ7707「都市性と低層集合住宅」「住戸型と密度」、TJ7708「個室の計画学—10年の歩み」、TJ8303「集合住宅の逆説—賃貸編」、TJ8510+8511特集「空間としての住宅・時間のなかの住宅」●『集合住宅原論の試み』1998年、『個室の計画学』SD選書2016年、『CONCEPTUAL日本建築』2016年→p.267、273、306

黒田潤三(1968-)●共著『メイド・イン・トーキョー』2001年→p.194

神代雄一郎(1922-2000)◆SD6610「アメリカ2万粁」、SD6702「シカゴの有名な建築」、SD6906「九間論(ここのまろん)」、SD7201「沖の島記—過疎とは何か」、SD7208「津軽・十三にみるもうひとつの〈過疎〉」、SD7212「過疎—建築家に何ができるか—開発センター探訪」、SD7401対談「日本の現代建築と木—大江宏の作品をめぐって」(大江宏+神代雄一郎)、SDE7-7511「日本のコミュニティその1—コミュニティとその結合」、SD7511「シェーカー村訪問記」、SD7602「いろいろなコミュニティ—引田にお

けるハマとオカ」◉編『現代建築を創る人々』SD選書1967年、監修『現代建築事典』W.ペーント編SD選書1972年、共訳『木のこころ—木匠回想記』G.ナカシマ著SD選書1983年、『間（ま）・日本建築の意匠』SD選書1999年→p.188

香山壽夫（1937-）SDR審査員1996-1997▩SD7108「九州芸術工科大学第1期」、SD7506「東京大学工学部六号館増築」、SD8409特集「香山壽夫の建築三書」、SD9803特集「香山壽夫のドローイングと空間」、SD0010「東京大学工学部1号館」◆SD7004「University of Pensylvania—コミュニティとしての大学」、TJ7309特集「都市の居住単位」、SD7704特集「アメリカの建築と荒野のイメージ」、SD8101「アンドレア・パラディオ—透明な幾何学」、SD8311「アメリカン・ボザール再考」、SDE28-9602「大学の空間」、SD9610「ロマネスク—特にシトー修道院の建築について」、SD9708「建築の意味—R.ヴェンチューリ論」▼SDR招待2003◉訳『アメリカの建築とアーバニズム』V.スカーリー著SD選書1973年、共訳『建築造形原理の展開（建築史の基礎概念）』P.フランクル著1979年（SD選書2005年）、共訳『反合理主義者たち—建築とデザインにおけるアールヌーヴォー』N.ペブスナー他共編1976年→p.062、**075**、100、**185**、**261**

輿水進（1948-）▩SD8508特集「モダニズム建築の王国オランダ」、SDE18-8702「環境デザイン—建築と自然の共生/日本設計の歩み」、SD9109特集「東北ナイススペース」、SDE25-9408「近未来型集合住宅NEXT21」、以上全て撮影→p.329

小玉祐一郎（1946-）▩TJ8501「太田の家」◆SD9901「環境共生とデザイン」、『SD2004』「サステイナブル・デザインは新しい段階に入ったか」→**p.114**

ル・コルビュジエ　Le Corbusier（1887-1965）◉『今日の装飾芸術』SD選書1966年、『ユルバニスム』SD選書1967年、『建築をめざして』SD選書1967年、『輝く都市』SD選書1968年、『アテネ憲章』SD選書1976年、『モデュロール』SD選書1976年、共著『人間の家』SD選書1977年、『三つの人間機構』SD選書1978年、『四つの交通路』SD選書1978年、『東方への旅』SD選書1979年、『エスプリ・ヌーヴォ —近代建築名鑑』SD選書1980年、『プレシジョン』SD選書1984年、『建築十字軍—アカデミーの黄昏』SD選書2011年（改訂・復刊）、P.ブードン著『ル・コルビュジエのペサック集合住宅』1976年、C.ジェンクス著『ル・コルビュジエ』SD選書1978年、J.H.ベイカー著『ル・コルビュジエの建築—その形態分析』1991年、W.J.R.カーティス著『ル・コルビュジエ—理念と形態』1992年、B.コロミーナ著『マスメディアとしての近代建築—アドルフ・ロースとル・コルビュジエ』1996年、高階秀爾＋三宅理一＋鈴木博之＋太田泰人編『ル・コルビュジエと日本』1999年、富永譲著『ル・コルビュジエ　建築の詩』2003年、A.ツォニス著『ル・コルビュジエ——機械とメタファーの詩学』2007年、藤木忠善著『ル・コルビュジエの国立西洋美術館』2011年→p.017、024、049、056、068、082、087、098、115、118、150、158、175、176、191、199、233、310、347

坂牛卓（1959-）▼SDR入選1988、2017◉共著『篠原一男経由東京発東京論』2011年、共編『αスペース—塚本由晴・坂牛卓のエスキスチェック』2010年、監訳『人間主義の建築』J.スコット著2011年、監訳『言葉と建築』A.フォーティー著2012年、共著『図解—建築プレゼンのグラフィックデザイン』2015年、共訳『メディアとしてのコンクリート』A.フォーティー著2016年→p.199、**224**

佐々木睦朗（1946-）SDR審査員2003-2004◆SD9704「構造のシミュレーション」◉共

同監訳『コネクションズ』A.J.ブルックス他共著1994年、共同監訳『スーパーシェッズ』C.ウィルキンソン著1995年、共同監訳『ビルディング・エンベロプ』A.J.ブルックス他共著1995年、共著『Space Structure 木村俊彦の設計理念』2000年→p.180、349

佐々木葉二（1947-）◆SD9806座談会「ランドスケープ・アーキテクトが創る風景」（佐々木葉二＋古谷誠章＋三谷徹＋宮城俊作）◎共訳『庭の意味論』M.フランシス他共著1996年、共訳『見えない庭』P.ウォーカー他共著1997年、共著『ランドスケープの近代』2010年→p.183、213

澤村明（1961-）◎訳『ミース再考—その今日的意味』K.フランプトン他共著SS1991年（SD選書2006年）、訳『評伝ミース・ファン・デル・ローエ』F.シュルツ著1987年、共訳『近代建築の系譜』W.J.R.カーティス著SDL1990年、共訳『建築とデコラティブアーツ』R.ヴェンチューリ他共著1991年→p.143

澤柳大五郎（1911-1995）◆SD6501「シノピア—埋れた素描」、SD6505「ギリシア神話と陶器画」◎『ギリシャ神話と壺絵』SD選書1966年→p.014

椎名英三（1945-）◆SD0011「透明への誘惑とその処方」（特集「宮崎浩の“透明なスペース”」）→**p.279**

椎名政夫（1928-）SD6501-6812編集顧問■SD7203「東京相互銀行」◆SD7403対談「W.プラットナーの作品をめぐって」（内堀繁生＋椎名政夫）、SD7510 NICE SPACE「クランブルックと彫刻」、SD9703「ラファエル・ヴィニオリと私—プロジェクトに参加して」（特集「東京国際フォーラム」）→p.242、**249**、253

重村力（1946-）■SD9601「倉敷市立玉島北中学校」◆TJ7302特集「木賃アパート—様式としての都市居住」、TJ7609「（マニラ）トンド地区印象」、『SD2015』インタビュー（特集「建築家のプロジェクトデザイン」）◎共著『アジアのまち再生—社会遺産を力に』2017年→**p.284**

篠原修（1945-）◎『日本の水景—持続する僕の風景』1997年、共同監修〈景観学研究叢書〉（『景観水理学序論—落水表情の造形』2002年、『構造物の視覚的力学—橋はなぜ動くように見えるか』2003年、『テクノスケープ—同化と異化の景観論』2003年、『鉄道と煉瓦—その歴史とデザイン』2004年）、東京大学景観学研究室編『GROUNDSCAPE—篠原修の風景デザイン』2006年、『内藤廣と東大景観研の十五年』2013年、共編『北のセントラル・ステーション』2016年→p.201、203

篠原一男（1925-2006）■TJ6807「新たな虚構と現実」「山城隆一さんの家」他、SD7901特集「篠原一男」、SD9101「熊本北警察署」◆SD6705「遊びを知らぬ空間」、SD8304 Serial Essay 椅子「ビニール製の唇」、SD9306「『桑沢』から『造形大』への間に」（特集「家具のオデッセイ—大橋晃朗の全仕事」）、SD9802往復書簡「篠原一男＋ヘルツォーク&ド・ムロン」◎『住宅論』SD選書1970年、『続住宅論』SD選書1975年、共著『篠原一男経由東京発東京論』2001年、監修『アフォリズム・篠原一男の空間言説』2004年→p.036、053、**308**

清水裕之（1952-）◎『劇場の構図』SD選書1985年、『21世紀の地域劇場—パブリックシアターの理念—空間・組織・運営への提案』1999年→p.131

下村純一（1952-）◆SD8210「虚空との出会い」（特集「エーリック・グンナール・アスプルンド」）、SD8411 NICE SPACE「君は鉄を見たか」（ノートル・ダム・ド・トラヴァ

イユ教会＋サン・トーギュスタン教会)、SD8503「ロンドン―蒼ざめた白い貌」(特集「グローバル・アール・デコ」)、SD8809「現代の写し絵」(特集「アントニオ・ガウディとその師弟たち」)、SD9407-9509連載「時分の花―ディテール写真館」(全12回)、SD9710「ガラス空間が手づくりだった頃」(特集「ガラス建築」)、SD9908「階段をめぐる、カメラ・アイ」(特集「階段」)、以上撮影を含む◎『写真的建築論』2008年→**p.152**

白井晟一(1905-1983)■SD6907特集「白井晟一とその根源的世界を志向する建築」(「親和銀行本店」他)、SD7601特集「白井晟一」(「懐霄館」「ノア・ビル」他)、SD9109、SD0009「稲住温泉離れ」◆SD7706「カルロ・スカルパの特輯に寄せて」、SD7812「Memorandum　日本にいた私の知らないブルーノ・タウトについて」◎白井原多著『白井晟一の手と目』2011年→p.297、315

新宮晋(1937-)■SD7712「風と水の造形―新宮晋の世界」、SD9805「風のメッセージ・雲、宇宙への窓、風の万華鏡、はてしない空」◆SD7909 Serial Essay モニュメント「万人のために」→**p.306**

進士五十八(1944-)◆SD8404「ヴェルサイユの前後と上下」◎『日比谷公園――〇〇年の矜持に学ぶ』2011年、監修『井上剛宏作庭集』2014年→**p.183、212**

陣内秀信(1947-)SDR審査員2009◆TJ7607特集「都市の思想の転換点としての保存―イタリア都市・歴史的街区の再生」、TJ7905-8103連載「都市を読む」(全11回)、TJ8408「図説・日本の都市デザイン」、SD9104「マラケシュ物語―迷宮の中のパラダイス」、SD0004特集「歴史的都市を読む―フィールドワークによる都市解析」、『SD2008』特集「発信するイタリアの小都市」◎『イタリア都市再生の論理』SD選書1978年、『ヴェネツィア―都市のコンテクストを読む』SD選書1986年、共著『江戸東京のみかた調べかた』1989年、編『中国の水郷都市―蘇州と周辺の水の文化』1993年、共編『北京―都市空間を読む』1998年、共編『舟運都市―水辺からの都市再生』2008年、共編『アンダルシアの都市と田園』2013年→p.093、301、**358**

菅谷孝子◎共訳『ガウディ―芸術的・宗教的ヴィジョン』R.デシャルヌ他共著1993年→p.164

スカルパ、カルロ　Carlo Scarpa (1906-1978)■SD7706特集「カルロ・スカルパ」、SD9201特集「カルロ・スカルパ図面集―その詩的創造の秘密」◎A.F.マルチャノ著『カルロ・スカルパ』SD選書1989年→p.191、315

杉浦康平(1932-)SD6501-6812編集顧問及び表紙・本文デザイン、TJ6805-7012表紙デザイン◆SD6507写真構成「SILENCER」、SD6511写真構成「異根都市」(黒川紀章＋杉浦康平)、SD6801「浮遊の思想・原広司」(原広司＋杉浦康平)、SD0008インタビュー「デザインプロセスに潜む構造」◎『時間のヒダ、空間のシワ…［時間地図］の試み―杉浦康平ダイアグラム・コレクション』2014年→p.022、109、242、247、248、250、**252**、255、258、260、263、279、285

鈴木隆之(1961-)◆SD9012「"状態派"の出現」、SD9110「歴史の解体」(特集「磯崎新1985-1991-Ⅰ」)▼SDR入選2006→**p.156**

鈴木博之(1945-2014)SDR審査員1986-1987◆TJ7211「トータリティ獲得のために」、TJQ5-7312「コンドル・岩崎家高輪別邸に見る大邸宅時代」、TJ7402「〈財産〉共有のために」、SD8401「主題のない物語―つくばセンタービル」、SD8402「ヴィクト

リア朝から20世紀へ」、SD8504「複数の手法・複数の表現—長谷川逸子の小住宅群」、SD9301「ポスト・ヒロイック時代の建築—槇文彦の現在」◉訳『天上の館』J.サマーソン著SD選書1972年、訳『イギリス建築の新傾向』R.ランダウ著SD選書1974年、訳『図集世界の建築』A.ステアリン著1979年、共訳『美術・建築・デザインの研究』N.ペヴスナー著1980年、『建築は兵士ではない』SS1980年、監訳『世界建築事典』N.ペヴスナー他共著1984年、『建築の七つの力』1984年、共編『ル・コルビュジエと日本』1999年、監訳『グラウンド・ゼロから—災害都市再創造のケーススタディ』J.オックマン編2008年→p.128、193、304、326

鈴木恂（1935-）SDR審査員1982-1983■TJ6805「KAH石亀邸」、TJ7103特集「THIS IS MAKOTO SUZUKI—鈴木恂の住宅1970年まで」、TJ7710特集「鈴木恂の住宅1971-77」、TJ8412特集「鈴木恂—住居の構想」◆SD6708「メキシコの現代建築と都市」、TJ6901「実測小論」、SD9204「東京文化会館の図像分析」、SD9803「過程の輝き」（特集「香山壽夫のドローイングと空間」）、SD9805「メキシコのふたつの家」（特集「カーロとリベラの家」）◉〈建築家の住宅論〉シリーズ『鈴木恂』2000年→**p.264**、282

鈴木了二（1944-）SDR審査員1988■TJ8601-8611（隔月）表紙、TJ8605特集「現場から・アトリエから—鈴木了二の新作と住宅模型展」、SD8707「麻布EDGE」他、SD8802「絶対現場1987」、SD9205「成城山耕雲寺」、SD9605「佐木島プロジェクト」他◆TJ8603「鉄について知っている2、3の事柄、あるいは鉄の精神史のための覚え書」、SD8606「作家論—永久相互反応装置」、『SD2002』インタビュー「模型とは『理念性』が存在として立ち現われてきたもの」▼SDR入選1982、1984、招待2005◉〈建築家の住宅論〉シリーズ『鈴木了二』2001年→p.364、**365**

扇田昭彦（1940-2015）→**p.131**

象設計集団（1971-）■TJQ11-7510「ドーモ・セラカント」「ドーモ・アラベスカ」、SD8511特集「象設計集団」、SD9402「冬山河風景区親水公園」▼SDR招待1982→p.330、337

平良敬一（1926-）1962年-1974年鹿島出版会、SD創刊・編集長SD6501-7112、1968年『都市住宅』創刊◆SD6501「ヴェネツィアの印象」、SD6901「菊竹清訓の近作について」、SD6905座談会「都市の論理と建築の論理」（原広司＋林泰義＋藤井正一郎＋宮内嘉久＋平良敬一」、SD7101座談会「地域共同体への現代の視座」（伊藤ていじ＋神代雄一郎＋平良敬一）、SD7101「新しい構え—共同体と環境への視座をもとめて」、SD7105「環境計画思想の原像を索めて」、SD7107「都市計画批判の哲学へ」、SD7108「非都市化革命のイメージ」、SD7109「場所はイデオロギーに浸されている」、SD7110「ふたたび非都市化革命について」、SD7111「超論理主義への配慮」、SD7112「意味の奪回」、SD7203「なぜルフェーヴルの思想か?」◉共著『アルハンブラ』1966年、共訳『人間のための街路』B.ルドフスキー著1973年→p.010、038、**242**、245、247、248、251、252、254、258、262、263、278、285、359、360

平昌司（1938-）SD6501-7409編集部→p.242、251、252、**263**、278

高木伸哉（1965-）SD9105-0012編集部→**p.357**

高階秀爾（1932-）SD6501-6812編集顧問◆SD6501「イタリア美術の空間意識」、SD6504「ゴシック空間の象徴性」、SD6511「ルネサンスの理想都市」、SD6602「現代造形精神の

動向」、SD6607「人形・仮面・人間」、SD6608「新しい技術と造形」、SD6612「世紀末芸術の空間意識」、SD6902-6905連載「現代芸術の思想家たち」（全4回）、SD7501-7512連載「絵画の魅力を求めて」（全12回）、SD7811「アカデミーの功罪─国立美術学校（エコール・デ・ボザール）の歴史と理念」◎『芸術空間の系譜』SD選書1967年、監修『受胎告知』1977年、監訳『美術館とは何か』D.ジロディ他共著1993年、共編『ル・コルビュジエと日本』1999年→**p.010**、**014**、**033**、053、242、**244**、248、251

高島平吾（1939-）◎訳『ヴィクトリアン・エンジニアリング─土木と機械の時代』L.T.C.ロールト著1989年、訳『レイモンド・ローウィ』P.ジョダード著1994年、訳『エットーレ・ソットサス』J.バーニー著1994年、訳『欲望のオブジェ─デザインと社会1750-1980』A.フォーティー著1992年（新装版2010年）→p.161

高瀬隼彦（1930-）SD6501-6812編集顧問■SD6602「リトル・トーキョー再開発計画」、SD7211特集「設計組織の国際化への道程─アメリカにおけるカジマ・アソシエーツの場合」、SD7406「ロスアンゼルス郊外のインダストリアル・ビルディング─カジマ・アソシエーツの近作4題」◆SD6509「ミノル・ヤマサキの近作2題」、SD7311「特集に寄せて」（特集「ジョン・ポートマン」）、SD7605「バランスとプロポーション─ダン・ヒサカの建築」、SD8003「ポール・ケノンとCRS」、SD8009「シーザー・ペリ─ポスト・グルーエン」、SD8206「I.M.ペイとの対話」→p.242

高田勇（1931-2012）◎共訳『西欧の芸術─ロマネスク』1969年（SD選書1976年）、共訳『西欧の芸術─ゴシック』H.フォシヨン著1972年（SD選書1976年）→p.033

高森和志（1969-）SD9705-9904編集部→**p.353**

瀧口範子◆SD9001「カオス論議にみるいら立ちと開き直り」◎共訳『ピーター・ライス自伝』P.ライス著1997年→p.186

多木陽介（1962-）◎編訳『石造りのように柔軟な─北イタリア山村地帯の建築技術と生活の戦略』A.ボッコ他共著2015年→p.236

竹内大（1939-）◎共訳『サリヴァン自伝』L.H.サリヴァン著2012年→p.075

武沢秀一（1947-）◆SD7503特集「空間的リズムの体験─ロマネスク・ゴシック編」◎訳『インターナショナル・スタイル』H.R.ヒッチコック他共著SD選書1978年、共訳『反合理主義者たち─建築とデザインにおけるアールヌーヴォー』N.ペブスナー他共編1976年、共訳『建築造形原理の展開（建築史の基礎概念）』P.フランクル著1979年（SD選書2005年）▼SDR入選1982→p.062、099

竹原あき子（1940-）◆SD8907-9012連載「エディトリアルデザインの現場から─戸田ツトムの仕事を解読する」（全11回）、SD9905「限りなくタブーに挑む」（特集「挑発するマテリアリティ」）◎『立ちどまってデザイン』1987年、『ハイテク時代のデザイン』1989年→p.149、**161**

竹山聖（1954-）SDR審査員1987-1988■SD8709「ノンシャランなフォルマリズム─小林克弘＋竹山聖によるコンペ応募案」、SD8710特集「Under 40 JAPAN」、SD9406シリーズ「現代建築の新世代─カオスのヴェールの隙間から5」、SD9601「健康の森」◆SD7706-8612連載「国内建築ノート」、SDE12-7901「円形住居考」、SD8106「厳格な形式の内に宿るやさしきたおやかなものたちの世界─こころみとしての安藤忠雄論」、TJ8404＋8405特集「平面をめぐるディスクール」、TJ8507特集「パートナーシッ

プの可能性―アモルフ&ワークショップ」、TJ8612「86年は将来記憶さるべき年となるだろう」▼SDR入選1982、1983→**p.135**、**326**、327

田所辰之助（1962-）◈SD0009特集「木造モダニズム 1930s-50s―素材を転換させた日本の発想」◉共訳『建築家・吉田鉄郎の『日本の住宅』』SD選書2002年、共訳『建築家・吉田鉄郎の『日本の庭園』』吉田鉄郎著SD選書2005年→p.196

多田道太郎（1924-2007）◉共訳『みっともない人体』B.ルドフスキー著1979年、監修『さあ横になって食べよう』B.ルドフスキー著SD選書1985年→p.133、243

田中正大（1926-）◉『日本の庭園』SD選書1967年、『日本の公園』SD選書1974年→p.029

田中宏明（1940-）▩TJ7110特集「負化へのエスキス」、TJ8204「住宅作品―伊東豊雄＋大橋晃朗＋小川守之他」、SD8509特集「現代スウェーデン・デザイン」、SD8607特集「ルイジ・コラーニ―曲面の美学」、SD8902特集「オーストラリアの都市と建築」、以上全て撮影→**p.270**

田中雅美（1954-）**田中智子**（1954-）◈SD9812「外部空間あるいは庭の考察」（アアルトの空間構成―有機的建築手法の考察）、SD9912「北欧モダンの恒星―建築家エリック・ブリュッグマン」◉共訳『白い机①：若い時―アルヴァ・アアルトの青年時代と芸術思想』G.シルツ著1989年、共訳『白い机②：モダン・タイムス―アルヴァ・アアルトと機能主義の出会い』1992年、共訳『白い机③：円熟期―アルヴァ・アアルトの栄光と憂鬱』1998年→p.152

田中充子（1946-）◉共著『蹴裂伝説と国づくり』2011年→p.219

田辺員人（1926-）SD6501-6812編集顧問◈SD6503「東京開発論抄」、SD6506「京都計画抄論」、SD6512「ナゴヤ・パターンの追求」、SD6703「首都制度抄」、SD7007「九州芸術工科大学の設立の趣旨」→p.242

田辺輝男（1936-）SD6501-6512表紙デザイン、以降表紙デザイン協力▩『帝国ホテル』SDグラフィック、『カッパドキヤ』SDグラフィック、SD選書（創刊時）他、以上全て装幀→p.252、263

田原桂一（1951-2017）▩SD8101-8112連載「パリ」（全12回）、SD8407特集「世紀末建築」、SD9106特集「田原桂一の光のかたち」、以上全て撮影→**p.322**

玉井一匡（1945-）▩TJ8212「中野パインヒルズ」、TJ8409「田上町立竹の友幼稚園」◈TJ8407「チャールズ・ムーア―シーランチ・コンドミニアム」◉共訳『住宅とその世界』C.ムーア他共著1978年、共訳『建築デザインの基本』C.ムーア他共著1980年→**p.259**

丹下健三（1913-2005）▩SD7010特集「丹下チーム―海外のプロジェクト」、SD8001特集「丹下健三」（「広島平和記念公園と平和記念施設」「代々木国立屋内総合競技場」他）、SD8309特集「丹下健三」（「サウジアラビア王国国王宮殿」他）、SD8704特集「丹下健三」（「OUBセンター」他）、SD9105特集「丹下健三」（「東京都新庁舎」他）、SD9509特集「丹下健三」（「新宿パークタワー」他）、SDE29-9601「フジテレビ本社ビル」◈SD6510インタビュー「現代とメイジャー・スペース」◉槇文彦＋神谷宏治共編『丹下健三を語る―初期から1970年代までの軌跡』2013年、豊川斎赫著『丹下健三と都市』SD選書2017年→p.036、053、059、082、163、204、228、255、309

丹下憲孝（1958-）◆SDE29-9601座談会「21世紀にふさわしい開かれた本社ビルとは」（特集「フジテレビ本社ビルの記録」）→p.309

近角真一（1947-）◆TJ7301座談会「集住体におけるつきあいの場」（鈴木博之＋原田鎮郎＋近角真一）、SDE25-9408「近未来型集合住宅NEXT21」→p.276、346

塚本平一郎（1950-）SD7904-8104編集部→p.310、316

塚本由晴（1965-）SDR審査員2013-2014◆SD9802特集「都市へ向かう透明性―スイス・ドイツ語圏の建築」、『SD2007』「ヴォイド・メタボリズム試論」、『SD2012』インタビュー「建築を生き生きさせる歴史的・社会的知性の系譜」、『SD2013』特集「丸々一日討論―日本現代建築における歴史認識をめぐって」●共著『メイド・イン・トーキョー』2001年、共編『αスペース―塚本由晴・坂牛卓のエスキスチェック』2011年→p.194、231

手塚貴晴（1964-）SDR審査員2012-2013●共訳『都市、この小さな惑星の』R.ロジャース他共著2002年▼SDR入選1995、1998→p.374

寺田真理子（1968-）SD9004-9908編集部●共編著『Creative Neighborhoods―住環境が新しい社会をつくる』2017年、共編著『チッタ・ウニカ―文化を仕掛ける都市ヴェネツィアに学ぶ』2014年→p.355、356

土居義岳（1956-）◆SD9701「葉祥栄にとってのリアリティ」、SD9807「世界はエーテルで満ちている―シーラカンスにおけるスペースブロックの概念」→p.175、194、199

登坂誠（1960-）●共著『ランドスケープの近代』2010年→p.213

富岡義人（1963-）●訳『都市と建築の解剖学』J.H.ベイカー著1995年、共訳『ルイス・カーン―光と空間』U.ビュッティカー著1996年、訳『ライト＝マンフォード往復書簡集』B.B.ファイファー他共編2005年、訳『褐色の三十年―アメリカ近代芸術の黎明』L.マンフォード著SD選書2013年、共著『建築の「かたち」と「デザイン」』2009年→p.198

富永譲（1943-）SDR審査員2007-2008■SD9010特集「富永譲」（対談「発信する建築へ」（安藤忠雄＋富永譲）「建築―時間に関する覚え書き」）◆SD7507-7805連載「近代住宅の再発見」（全24回、富永譲＋長尾重武）、SD8201「比例の芳香」（特集「堀口捨己」）、TJ8502座談会「〈批評〉をめぐるクリティーク」（藤井博巳＋富永譲＋三宅理一）、SD8601「複数の物語―枠のないファサード」（特集「槇文彦1979-1986」）、SD8601-8802連載「ル・コルビュジエ手の冒険―スケッチに見る建築の生成過程」（全12回）、TJ8603「柔らかい身体と対極にあるもの」、SD9204「熊本県立美術館―壁をめぐる旅の空間―前川國男の『建築的散策路』」▼SDR入選1983●〈建築家の住宅論〉シリーズ『富永譲』1997年、『ル・コルビュジエ　建築の詩』2003年、『SD2014』特集「時空への旅の教え―ル・コルビュジエの「東方への旅」を巡って」、『富永譲―建築の構成から風景の生成へ』2015年→p.068、090、158、170、176、228、326

豊田博之（1946-2000）■SD7706特集「カルロ・スカルパ」（「ヴェネツィアで出会った師＝カルロ・スカルパ」）、SD7805特集「アフラ＋トビア・スカルパ」（「スカルパ父子にみる継承と離反について」）、SD8101特集「アンドレア・パラディオ」（「ヴェネツィアで出会ったもう一人の師―アンドレア・パラディオ」）、SD8604特集「バロック建築」（「空間―横溢する幾何学」）、SD9201特集「カルロ・スカルパ図面集」（「氷結した微震動」）、SD9705特集「アフラ＋トビア・スカルパと「ベネトン」」（「現代の建築家とパ

トロン」)、以上全て撮影を含む◎『豊田博之1946-2000』2008年→p.315

豊田正弘(1958-)TJ8308-8612編集部、SD8701-8909編集部→**p.327、333**

内藤廣(1950-)SDR審 査 員1995-1996▩TJ8501「TOM」、SD8710特 集「Under 40 JAPAN」、SD9304「海の博物館」、SD9312シリーズ「現代建築の新世代—カオスのヴェールの隙間から3」◆TJ8407「象設計集団—ドーモ・セラカント」、TJ8504「黒沢隆—ホシカワ・キュービクルズ」、TJ8601「それは何に向かって放たれた言葉なのか……」(石山修武「ランドシップⅠ—イリス」+高松伸「ARK」)、SD9702「李祖原(台湾)」他(特集「アジアを熱くする新世代建築家たち」)、SD9009「BREAK THROUGH」(特集「裸のデザイン」)▼SDR招待2003◎『建土築木1—構築物の風景』2006年、『建土築木2—川のある風景』2006年、東京大学景観研究室編『内藤廣と若者たち』2011年、篠原修著『内藤廣と東大景観研の十五年』2013年→p.203、294、337

中井紘一→p.046

中江哲(1962-)SD編集部SD8707-8904→**p.348**

中尾寛(1961-)◆SD9109「抽象の諸相2—デビット・チッパーフィールド」、SD9112「抽象の諸相3—石上申八郎」、SD9209「抽象の諸相6—石田敏明」▼SDR入選1992→**p.172**

長尾重武(1944-)◆SD7507-7805連載「近代住宅の再発見」(全24回、富永讓+長尾重武)、SD8101「パラディオのヴィッラ—プラトン的イデアの幾何学」、SD8411「アキッレ・カスティリオーニ—自在な遊戯精神」、SD8604「軸線—あるいは引裂かれた中心について」他(特集「バロック建築」)、SD0004対談「フィールドワークから見えてくるもの」(長尾重武+陣内秀信)◎訳『近代建築』V.スカーリー著SD選書1972年、訳『アメリカ住宅論』V.スカーリー著SD選書1978年、訳『イタリア・ルネッサンスの建築』P.マレー著SDL1991年、『パラディオへの招待』SD選書1994年→**p.096、217**

中川理(1955-)◆SD9508座談会「『公共性』と『表現』をめぐって」(中川理+花田佳明+青木淳」(特集「まちのパブリックスペース—小さな公共建築たち」)◎共著『再生名建築—時を超えるデザイン』2009年、『京都と近代—せめぎ合う都市空間の歴史』2015年→p.239

長島孝一(1936-)**長島キャサリン**(1938-)▩TJ8402「逗子新宿の家」◆TJ7509「アーバン・デザインのテーマの変遷とその背景」、SD7607座談会「ドクシアディスを語る」(長島孝一+長島キャサリン+戸沼幸市+土井崇司+平良敬一)、SDE22-9203「区の魅力づくり」(特集「都市デザイン横浜」)▼SDR入選1982、1986、1991、1995◎訳『古代ギリシアのサイトプランニング』C.A.ドクシアディス著1978年、『風土と市民とまちづくり—ちいさなマチ逗子のものがたり』2016年→**p.162、299**

中谷礼仁(1965-)◆SD9804座談会「制度と建築、そしてユニット活動の展望」(曽我部昌史+長田直之+中村潔+大西若人+田路貴浩+中谷礼仁)◎『セヴェラルネス—事物連鎖と人間』2005年(新版2011年)→**p.206**

中原佑介(1931-2011)◆SD6509「光・芸術・文明」、SD6801「触覚の復権」、SD6805座談会「変わった? 何が」(粟津潔+中原佑介+原宏司)、SD6807「観念としての芸術」、SD7004「引出し論—倉俣史朗の家具」、SD7103「〈影〉と骨折り損—高松次郎が板囲いに描いた〈影〉をめぐって」、SD7108「文化と文明—マンフォードの芸術論」、

SD7305「ホラインと死の思想」、SD7602 NICE SPACE「テゥルグ＝ジュの空」（ブランクーシの空間）、SD7603「それを通して」（特集「宮脇愛子—透明狂気」）→**p.053**

中村研一（1958-）◆SD9007-9101連載「伝統的日本建築の表現手法による空間の表徴」（全5回）、SD9203「スーパーモダニズム—その虚構性と重層性」（特集「香港—超級都市」）◎訳『ル・コルビュジエ—理念と形態』W.カーティス著1992年、訳『不条理な建築—「天才」はいかにプラクティカル・アートをゆがめてきたか』J.シルバー著2011年→p.158

中村敏男（1931-2016）1963-1970年鹿島出版会、SD編集部を経て書籍編集◆TJ6805-6904連載「住宅建築のつくる歴史」（全12回）、SD6702写真構成「シカゴ建築1967」解説、SD6804「無視された建築家モンタネル」、SD6805「ニューブルータリズムの悲しき結末抄」、SD6807「建築家と建築史」、SD6810「現代建築の理論的断面」、SD6909「望まれる近代建築史の改訂—ベーレンスをめぐって」、SD6910「巨匠の死—グロピウスとミースの死をめぐって」→p.242、251、295

中村良夫（1938-）◆SD9504座談会「景観の現在」（中村良夫＋三谷徹＋宇野求）◎共訳『道路の線形と環境設計』H.ローレンツ著1976年、共同監修〈景観学研究叢書〉（『景観水理学序論—落水表情の造形』2002年、『構造物の視覚的力学—橋はなぜ動くように見えるか』2003年、『テクノスケープ—同化と異化の景観論』2003年、『鉄道と煉瓦—その歴史とデザイン』2004年）→**p.219**

中山繁信（1942-）■SD9709「野岩鉄道川治温泉駅」◆TJ7112「デザイン・サーヴェイ必携」（特集「フィールド・ワーク入門」）→**p.274**

奈良原一高（1931-）■SD6601撮影「捕われた光—窓」、SD6606撮影「インドの門」◆SD6601「［像］奈良原一高」、SD7512 Serial Essay 東京「東京に帰る」、SD8010 Serial Essay ニッポン「夢想するリアリスト」◎『ヨーロッパ・静止した時間』1967年→p.022

南後由和（1979-）→**p.194**

南條史生（1949-）◆SD9103特集「現代美術のための空間」、SD9211特集「アートがつくる公共空間」、SD9406特集「アートがつくるワークプレイス」、SDE27-9501「パブリック・アートの現在形—新宿アイランド・アート計画」、SD9608「光と空間の夢を訪ねて—ドナルド・ジャッドのチナティ財団とウォルター・デ・マリアのライトニング・フィールド」、SDE30-9707「横浜のパブリックアート」◎『美術から都市へ—インディペンデント・キュレーター 15年の軌跡』1997年→**p.165**、**341**

難波和彦（1947-）■TJ8402「池辺邸増築」、SD9210シリーズ「抽象の諸相7」◆TJ7211「真の工業化理論が集住体にもたらすもの」、TJ8409「〈仕掛け〉のパラダイム」、TJ8501「テクストとしての〈仕掛け〉」、SD8501「ハイテック・マトリックス」、TJ8505「建築の記号性」、TJ8603「［仕掛け］としてのメタルワーク」他、『SD2004』特集「サステイナブル住宅はデザイン可能か」◎監訳『まちづくりの新しい理論』SD選書C.アレグザンダー著1989年、共同監訳『コネクションズ』A.J.ブルックス他共著1994年、共同監訳『スーパーシェッズ』C.ウィルキンソン著1995年、共同監訳『ビルディング・エンベロプ』A.J.ブルックス他共著1995年、監訳『エコテック—21世紀の建築』C.スレッサー著1999年、監訳『レム・コールハース｜OMA 驚異の構築』2015年、『メタル建築史—もうひとつの近代建築史』SD選書2016年→**p.167**、180、**181**、**209**、349

西川幸治（1930-）◆TJ7106「歴史における都市の自衛と規律」●共編『日本の市街古図西日本』1972年、共編『日本の市街古図東日本』1973年、共編『近畿の市街古図』1978年、共編『中国・四国の市街古図』1979年、共編『中部の市街古図』1979年、訳『理想都市―その建築的展開』H.ロウズナウ＋理想都市研究会共著1979年→p.081

西澤信彌（1934-）◆SD7707 Serial Essay 装飾「クリムトの場合」●訳『人間の家』ル・コルビュジエ他共著SD選書1977年→p.068

西澤文隆（1915-1986）◆TJ7303＋7305特集「集住体と集緑体」、TJ8201「建築家の自邸―宿泊所・仕事場・遊び場」、SD7709 NICE SPACE「始源の世界―印度」（エローラの石窟群）、SD7907 NICE SPACE「ヒンズーの世界」（グワリオル）、SD7908対談「韓国文化と日本文化」（西澤文隆＋金寿根）、SD8102 NICE SPACE「千変万化」（蘇州の庭園）、SD8201「数寄屋論―堀口捨己・村野藤吾・吉田五十八の建築と庭を見て」、SD8308「光について」●『西澤文隆の仕事（1）透ける、（2）すまう、（3）つくる』1988年→p.126、**133**、145

西沢立衛（1966-）■SD9710「熊野古道なかへち美術館」◆SD0006「アストリッドとマークのデザイン」、『SD2012』インタビュー「部位の概念を切り開く空間経験に近づくこと」▼SDR入選1997、2001→**p.376**

長谷川愛子（1931-2015）1964-1983年SD編集部、SD7201-8303編集長、1983年以降雑誌部長→p.242、245、247、248、251、252、262、285、296、304、308、343、359、363

長谷川章（1954-）◆SD8708特集「ドイツ表現主義の建築」、SD9207「レヒネル・エデンのケチケメート市庁舎」、SD9405特集「東ドイツの近代建築」、SD9705-9712連載「ポーランドのドイツアヴァンギャルド」（全5回）●訳『表現主義の建築』W.ペーント著SD選書1988年→**p.335**

長谷川逸子（1941-）SDR審査員2002-2003■TJQ12-7602「鴨居の家」、SD8504特集「長谷川逸子」、SD9101「藤沢市湘南台文化センター」（対談「建築の公共性・社会性」多木浩二＋長谷川逸子）、SD9511特集「長谷川逸子1985-1995」（対談「形式としての建築から公共としての建築へ」多木浩二＋長谷川逸子）◆TJ8405インタビュー（特集「平面をめぐるディスクール」）●『住宅・集合住宅1972-2014』2014年、『長谷川逸子 ITSUKO HASEGAWA Section 1・2・3』2015年→p.337

長谷川豪（1977-）◆『SD2007』「都市環境に開かれた住宅」■『SD2012』特集「構築へ向かうエレメント―構法と建築家の言葉」▼SDR入選2005→**p.379**

長谷川堯（1937-）◆SD6807「想像力の射出するとき」、SD7101・7102・7103「非都市もしくは田園の目撃―日本をめぐるタウトとレーモンドの創造の軌跡」、TJ7401対談「年間テーマへのアプローチ」（水谷頴介＋長谷川堯、特集「保存の経済学」）、SD7404「クラさんのアキカンに寄せて」、TJ7405「列柱回廊金銀行」、TJ7406座談会「熊大建築科―〈家の〉固有性を論ず」（木島安史＋福原昌明＋北野隆＋長谷川堯）、TJ7409座談会「明治村繁盛記」（谷口吉郎＋菊池重郎＋長谷川堯）、SD7712 Serial Essay 装飾「目が装飾を手でつかむ」●『神殿か獄舎か』SD選書2007年（初版相模書房1972年）、『建築の現在』SD選書1975年、共著『建築光幻学―透光不透視の世界』1977年、長谷川堯建築家論考集『建築の出自』2008年、同『建築の多感』2008年、『村野藤吾の建築　昭和・戦前』2011年→**p.038**、215、**250**、302

長谷川太郎（1930-）◉共訳『西欧の芸術—ロマネスク』1969年（SD選書1976年）、共訳『西欧の芸術—ゴシック』H.フォシヨン著1972年（SD選書1976年）→p.033

長谷川正允（1954-）◈SD8502 NICE SPACE「島との出会い」（カプリ島）、SD9502「辺境の二重性」（特集「南イタリアのバロック建築」）、SD9512「Villa Romana—ローマのヴィッラと庭園」◉訳『ボッロミーニ』G.C.アルガン著SD選書1992年→p.169

畑聰一（1943-）▩TJ7802「wR76」◈SD7302特集「キクラデスの集落—畑聰一のフィールドノートより」、SD8506「パティオ考—個の原理と集合の型について」「斜面に刻まれた生活のリズム—アルファマ」→**p.282**、359

花田佳明（1956-）▩SD9508座談会「『公共性』と『表現』をめぐって」（中川理＋花田佳明＋青木淳」（特集「まちのパブリックスペース—小さな公共建築たち」）◉『建築家・松村正恒ともうひとつのモダニズム』2011年→**p.198**

羽田久嗣（1946-）▩TJ7405撮影「現存する丸の内の建築18選」、TJQ7-7409撮影「土屋さんのうち」他→**p.291**

羽原肅郎（1935-）TJQ1-10編集協力、SD7505-8409デザインエディター▩装幀『美術・建築・デザインの研究』1980年、装幀『my sky hole』1996年◈TJQ1-7109「水無瀬の町家—再び訪れるために」、TJQ5-7312「突然の出合い」（向井周太郎＋羽原肅郎）、SD9306「朋友としての大橋晃朗」、SD9606「椅子ではない椅子」、SD9811「原点あるいは原理をめざしそして超正統へ」（特集「『白』と『透明』の詩」）→p.266、**295**、308、**315**、324、350

濱惠介（1944-）◈SD7608特集「広場と道の空間構成—ヨーロッパの歴史的都市空間を訪ねて」→**p.043**

早川正夫（1926-）SD6501-6812編集顧問◈SD8201特集「堀口捨己—建築と庭園の空間構成」解説、SD8207「秀吉の黄金の茶室—持運び可能な数寄の舞台」→**p.029**、242

林昌二（1928-2011）SD6506-6812編集顧問、SDR審査員1998-1999▩SD6612「パレスサイド・ビルディング」、SD7105「ポーラ五反田ビル」、SDE3-7201特集「空間と技術—日建設計・林グループの軌跡」、SD7511「山之内製薬ビル」、SDE9-7704特集「三井物産ビルの記録」、SDE16-8501特集「大正海上本社ビルの記録」◈SD7102「優れた建築の条件」（大沢商会本社ビル）、SD7311「アメリカの世紀—複合・多重・大空間の意味」、SD7408「建築をつくるものは、その社会であって建築家は手を貸すだけに過ぎない」、SD8006対談「建築家夫妻の対話」（林昌二＋林雅子、特集「林雅子」）、SD8205 Serial Essay 2001年のスペース・デザイン「〈ちゃぶ台〉は復活しているか」、SDE21-9011対談「オフィスビルをつくる」（林昌二＋鹿島昭一、特集「鹿島KIビル」）◉監修『建築実施設計例資料第1集-第5集』1971-1975年→**p.051**、**248**、253、281、326、350

原広司（1936-）SDR審査員1987-1991▩TJ6805「Induction-house '68」、TJ7010特集「ACT2」、TJQ11-7510「原邸」「粟津邸」「住居に都市を埋蔵する」、SD7209特集「原広司がやってくる」、SD9401特集「原広司」◈SD6801「浮遊の思想・原広司」（原広司＋杉浦康平）、SD6902「現代のかたちの感覚」、SD6910座談会「関係論争」（宇佐見圭司＋高松次郎＋寺山修司＋原広司）、TJ7102-7304連載「近代建築入門」（磯崎新＋原広司、全12回）、SDE4-7310「住居集合論1—地中海地域の領域論的考察」、SDE6-7508「住居集合論2—中南米地域の領域論的考察」、SDE8-7704「住居集合論3—東欧・中東地域

の形態論的考察」、SDE10-7806「住居集合論4―インド・ネパール集落の構造論的考察」、SDE12-7901「住居集合論5―西アフリカ地域集落の構造的考察」、TJ8404インタビュー(特集「平面をめぐるディスクール」)、TJ8505インタビュー「構成の廃棄―意識としての建築―多層構造論」、SD9807「可能態としてのシーラカンス―シーラカンスは21世紀の爽やかな風になれるのか」、『SD2004』「小都市の空間的多様性―集落の相補正・呼応性・相互作用性」●校閲『第一機械時代の理論とデザイン』R.バンハム著1976年→**p.024**、053、099、253、260、**285**、293、301、368

原弘(1903-1986)◆SD6601「グラフィックデザイナーの世代―《ペルソナ》展」、SD6809「あたらしい書体―TYPOS」、SD6812「メキシコ・オリンピックのデザイン・ポリシー」→**p.022**

原田真宏(1973-)◆『SD2007』「都市に建築を計画すると言うこと＝原理を手法に現象をデザインする」(特集「住宅でつくる都市」)▼SDR入選2000、2003→**p.378**

坂茂(1957-)■SD8710「Under 40 JAPAN」、SD9205シリーズ「抽象の諸相5」◆SD8606「非・建築写真家ジュディス・ターナー」、TJ8606「クーパー・ユニオン」(特集「留学への誘い」)▼SDR入選1985、1988→p.333、337

樋口清(1918-)●訳『ベリングビーとファシュタ』D.パス著1978年、訳『ユルバニスム』ル・コルビュジエ著1967年、共訳『アスプルンドの建築』S.レーデ著1982年→p.024

樋口貴彦(1976-)→**p.236**

彦坂裕(1952-)■SD8803「TOKYO TOWER PROJECT―40才前の建築家40人の描く40本の東京の塔」◆SD8101「パラディアン・ドリームの破産」、SD8103「考古学とイマジネーション―歴史の解釈と再構成」他(特集「新古典主義」)、SD8404特集「庭園―虚構仕掛のワンダーランド」、SD9210「誘惑のデザインの地平」(特集「ホテル―ホスピタリティ・デザイン」)、SD0011特集「ヒューマン・センター・デザインの可能性」●『二子玉川アーバニズム―玉川高島屋SC界隈の創造と実験』1999年、共著『集合住宅ファイル・ブック』1979年→**p.320**、326

日野水信(1948-)■SD7903「熱い期待と驚き」(特集「芸術家としてのマッキントッシュ」)●共訳『反合理主義者たち―建築とデザインにおけるアールヌーヴォー』N.ペブスナー他編1976年→p.062

平田翰那(1938-2011)1997年6月-2000年6月鹿島出版会社長■SD7509「生きているオープン・スペース」(特集「造景計画―カリフォルニアの場合」)、SD7512「おしつけがましくない建築」(特集「三たび、なぜジョゴラか」)、SD8608「sweet memories」(特集「4たび、なぜジョゴラか」)●訳『パタン・ランゲージ―環境設計の手引』C.アレグザンダー著1984年、訳『時を超えた建設の道』C.アレグザンダー著1993年→p.135、167

藤井博巳(1933-)■TJ6808「Project Q」、TJ7110特集「負化へのエスキス」、TJQ4-7307「宮島邸」、TJQ9-7503特集「負化へのエスキス②」、TJQ11-7510「等々力邸」、TJ8007「宮田邸」◆SD7203「建築に？」(続・いま建築に何が問われているか)、SD7208 Serial Essay 発見「非在の視点が開示するもの」、SD7903 NICE SPACE「ニュアンスによる意味の宙吊り」(カサ・デル・ファッショ)、SD9002対談「空間の中性化をめぐって」(藤井博巳＋荒川修作)●共著『現代建築の位相』1986年、共著『空相の現代建築』1987年、共訳『古典主義建築』A.ツォニス著SDL1997年→**p.269**、270、273

藤田延幸（1948-）◉共訳『サリヴァン自伝』L.H.サリヴァン著2012年➞p.075

藤谷陽悦（1953-2012）◉共編『再生名建築―時を超えるデザイン』2009年、共編『図説・近代日本住宅史』2001年（新版2008年）、共編『近代日本の郊外住宅地』2000年➞p.192

藤本壮介（1971-）◆『SD2007』「曖昧さの秩序のための序章」（特集「住宅でつくる都市」）、『SD2012』インタビュー「モノが躍動し、現象と拮抗する状態をつくり出したい」▼SDR入選1995、1997、2000、2001、2002➞p.353、**375**

藤本昌也（1937-）■TJ7307＋7308「広島基町再開発事業」（特集「高層団地前編＋後編」）、TJ7801「茨城県営会神原団地」他（特集「低層集合住宅を考える4―実践編」）、SD7802「茨城県営六番池団地」「大地性の復権―街づくりの理念と方法を求めて」他（特集「集落は何を語るか」）、TJ8008「広島市営鈴ケ峰第2団地」他（特集「パブリック・ハウジングの可能性①藤本昌也に見る戦略と手法」）◆TJ7706「住居形態からの考察」、TJ7908「アースキンと私」➞**p.313**

藤森照信（1946-）SDR審査員2003-2004■SD9908「天竜市立秋野不矩美術館」◆SD9607対談「モダニスト土浦亀城とバウハウス・デザインの系譜」（植田実＋藤森照信）、SD8807座談会「昭和初期モダニズムの遺したもの」（藤森照信＋藤岡洋保＋井上章一）、TJ7404「ホームズ写真から鬼神論へのラフ・エチュード」、SDE23-9301対談「丸の内から佃島へ」（藤森照信＋面出薫）、『SD2005』「丹下健三の思索と建築」◉共著『東京路上博物誌』1987年➞p.141、**196**、302、343

藤山愛一郎（1897-1985）◉訳『口紅から機関車まで―インダストリアル・デザイナーの個人的記録』R.ローウイ著SS1981年（初版学風書院刊1953年）➞p.107

古舘克明（1947-2003）■SD8504特集「長谷川逸子」、SD8511特集「象設計集団」、SD8710「Under 40 JAPAN―40才前の建築家101人」、SD8801特集「高松伸」、SD8806特集「沖縄チャンプル」、SD9003特集「オーストリアの現代建築」、SD9101特集「くまもとアートポリス」、以上全て撮影➞p.337

古山正雄（1947-）◆SD9107シリーズ「抽象の諸相1―岸和郎」、SD9202シリーズ「抽象の諸相4―根岸一之」◉『壁の探究―安藤忠雄論』1994年➞p.172

邉見浩久（1959-）◉共著『篠原一男経由東京発東京論』2001年、監訳『人間主義の建築』J.スコット著2011年、監訳『言葉と建築』A.フォーティー著2012年、共訳『メディアとしてのコンクリート』A.フォーティー著2016年➞p.199

穂積信夫（1927-）SD6501-6812編集顧問、SDR審査員1993■TJ6808「自邸」、SD7610「三陸の中学―田野畑中学校・校舎・寄宿舎」◆SD6501「エーロ・サーリネンのディア・カンパニー」、SD6805「フォード財団本部ビル」、SD7811「白のエレガンス」（八重洲ブックセンター）◉『エーロ・サーリネン』SD選書1996年➞p.185、242、**246**、248

堀内広治（1952-）1982年-SDR展出品模型撮影■SD8908撮影「パリのビッグ・プロジェクト」◉共著『フランスのロマネスク教会』2001年、共著『スペインのロマネスク教会』2004年➞**p.297**、**351**

堀内正和（1911-2001）➞**p.011**

堀江悟郎（1917-1999）◉訳『環境としての建築―建築デザインと環境技術』R.バンハム著1981年（SD選書2013年）➞p.114

堀口捨己（1895-1984）■SD6512「栖桐居」、SD7303「有楽苑」、SD8201特集「堀口捨

己一建築と庭園の空間構成」、SD0009「八勝館御幸の間」◉『利休の茶』1970年（復刻版1978年、初版岩波書店1951年）、『利休の茶室』1968年（復刻版1977年、初版岩波書店1949年）、『庭と空間構成の伝統』1965年（縮刷版1977年）、『堀口捨己作品・家と庭の空間構成』1974年（縮刷版1978年）、『茶室研究』1969年（復刻版1977年）、『書院造りと数寄屋造りの研究』1978年、『建築論叢』1978年、『堀口捨己歌集』1980年→p.090、188

梵寿綱（1934-）→**p.062**

前川國男（1905-1986）▩SD6607「埼玉会館」、SD8910「神奈川県立音楽堂」「熊本県立劇場コンサートホール」他（特集「音楽のための空間」）◈SD8807内田祥士「前川國男の建築」（特集「昭和初期モダニズム」）、SD9204特集「前川國男の遺した空間一主要作品をテクストとして空間を分析する」、SD9607松隈洋「前川國男一モダニズムの両義性を巡って」◉訳『今日の装飾芸術』ル・コルビュジエ著SD選書1966年→p.017

前田忠直（1944-）◈『SD2002』「解読すること一ホーニックマン邸」、座談会「思考の痕跡」（香山壽夫＋前田忠直＋北川原温）◉共訳『建築の世界一意味と場所』C.ノルベルグ＝シュルツ著1991年、編訳『ルイス・カーン建築論集』L.カーン著SDL1992年（SD選書2008年）、『ルイス・カーン研究一建築へのオデュッセイア』1994年→p.159、170

槇文彦（1928-）SDR審査員1982-1986、2000-2002、同アドバイザー2006-▩SD6707「立正大学熊谷新校舎」、SD7306「国際聖マリア学院」「加藤学園初等学校」、TJ7804特集「代官山集合住居計画1969-78」、SD7906特集「槇文彦＋槇総合計画事務所」、SD8601特集「槇文彦1979-1986」、SDE20-9007「槇事務所のディテールTEPIA」、SD9301特集「槇文彦1987-1992」、SD0001特集「槇文彦1993-1999」◈SD6707「［像］槇文彦」、SD6903「カプセルでは王様である」、SD7203「どの領域か一永遠の矛盾の環の中で」、TJ7311特集「ポピュラー・アーキテクチュア？」、SDE11-7801座談会「横浜市企画調整局10年のあゆみ」（大高正人＋槇文彦＋蓑原敬＋田村明）、TJ8408座談会「日本の都市デザインの現在」（槇文彦＋田村明＋藤本昌也）、TJ8606インタビュー「留学から遊学へ」、SD8707「〈建築を行う〉建築家ジャンカルロ・デ・カルロ」、SD9711対談「建築の透明性」（槇文彦＋隈研吾）◉共著『見えがくれする都市一江戸から東京へ』SD選書1980年、編著『ヒルサイドテラス／ウエストの世界一都市・建築・空間とその生活』2006年、共編著『丹下健三を語る一初期から1970年代までの軌跡』2013年、『槇文彦＋槇総合計画事務所2015一時・姿・空間一場所の構築を目指して』2015年→**p.019**、**078**、104、192、228、302、333、353、**362**、364、368、374

松岡正剛（1944-）→p.053、154、**203**

松隈洋（1957-）◈SD9607「前川國男一モダニズムの両義性を巡って」、SD9812「モダニスムの広がりとペリアンの日本一シャルロット・ペリアン展の向こうに見えるもの」→**p.190**

松島道也（1926-2001）◉訳『パルテノンの建築家たち』R.カーペンター著SD選書1977年→p.072

松葉一清（1953-）◈TJ8601「深まる［住宅］の二極分化《塚田邸》六角鬼丈＋《鏡之間》毛綱毅曠」、SD8908「ミッテランが企てた都市のイコンの創造」、SDE27-9501「アートの力を利した一体感の演出」、SDE30-9707「パブリックとアートの溝を埋める試み一ヨコハマの挑戦」◉『近代主義を超えて一現代建築の動向』1983年、共著『近代建

築ガイドブック西日本編』1984年、『ポスト・モダンの座標』1987年、『現代建築ポストモダン以後』1991年、『東京現代建築ガイド1』1992年、『東京現代建築ガイドII』1999年、共著『デザイン／近代建築史―1851年から現代まで』2013年、共著『ドバイ〈超〉超高層都市』2015年、共著『安藤忠雄　建築家と建築作品』2017年→**p.140**

松畑強（1961-）◈SD9409特集「思考と建築・都市―アメリカ東海岸の新たな動向」（「アメリカの現代建築へのいくつかの仮説的背景」他）、SD9701「建築のリアリティ」（特集「葉祥栄」）、SD9703「近代日本の『ミニマル』的概念について」◉訳『マスメディアとしての近代建築』B.コロミーナ著1996年、訳『ポストヒューマニズムの建築』K.M.ヘイズ著1997年、『建築とリアル』1998年→p.176

松本哲夫（1929-）SD6501-6812編集顧問◈SD6604「ノルの家具―そのデザインポリシー」、SD7112「現代デザインへの警鐘としての前衛」（特集「剣持勇とその創り得ぬものへのまなざし」）、SD8303 Serial Essay 椅子「椅子と椅子の間」、SD8605インタビュー「剣持勇（松本哲夫）」（特集「内部からの風景―日本のインテリア・デザイン」）→p.242、**245**、248、253

三井所清典（1939-）▩SD7603「はた織りの家―小畑邸」◉SD6607「建築の工業化に伴う新しい材料の開発」→**p.121**

ミース・ファン・デル・ローエ、ルートビィヒ　Ludwig Mies Van Der Rohe（1886-1969）◉D.スペース著『ミース・ファン・デル・ローエ』SD選書1988年、K.フランプトン他共著『ミース再考―その今日的意味』SDL1992年（SD選書2006年）、F.シュルツ著『評伝ミース・ファン・デル・ローエ』2006年、高山正實著『ミース・ファン・デル・ローエ―真理を求めて』2006年→p.087、143、214

水越裕（1958-）SD8505-8706編集部→**p.330**

溝口明則（1951-）◉『数と建築―古代建築技術を支えた数の世界』2007年、『法隆寺建築の設計技術』2012年→p.205

三谷徹（1960-）◈SD8808「アメリカン・ランドスケープの新しい波」、SD9504座談会「景観の現在」（中村良夫＋三谷徹＋宇野求）、SD9806座談会「ランドスケープ・アーキテクトが創る風景」（佐々木葉二＋古谷誠章＋三谷徹＋宮城俊作）、『SD2003』「移ろいゆく世界の細部」（特集「風景を生むディテール」）◉訳『アースワークの地平』J.バーズレイ著1993年、訳『モダンランドスケープアーキテクチュア』M.トライブ著2007年、共著『ランドスケープの近代』2010年▼SDR入選1996→p.165、213

南泰裕（1967-）◈『SD2004』「交通と都市規模についてのノート」◉『トラヴァース』2006年、共編『レム・コールハースは何を変えたのか』2014年→p.235

宮川泰夫（1943-）◉訳『メガロポリスを超えて』J.ゴットマン他共著1993年→p.162

宮城俊作（1957-）SDR審査員2001-2002◈SD8808「ガーデン・デザインの復権」、SD9611「風景を誘う建築」（特集「栗生明」）、SD9806座談会「ランドスケープ・アーキテクトが創る風景」（佐々木葉二＋古谷誠章＋三谷徹＋宮城俊作）◉共著『ランドスケープの近代』2010年、共訳『見えない庭』P.ウォーカー他共著1997年→p.213

三宅理一（1948-）SDR審査員1989-1990◈TJ7606-7809連載「フランスの町並みをたずねて」（全11回）、TJ7612特集「都市の再考―ボザールの新風」、SD7811特集「エコール・デ・ボザール」、SD8104「ジャン＝ジャック・ルクー―ヘルメティシズム（錬金術）

の建築家」、SD8205特集「イスタンブールの都市と建築」、SD8407特集「世紀末建築」、SD8503「モスクワ―スターリン・デコの都市」、SD8802「僧院のコスモロジー」、SD9205シリーズ「抽象の諸相5―坂茂」◉訳『現代建築・第三の世代』P.ドゥルー著1975年、訳『リゾート集合住宅の計画と設計』G.キャンディリス著1976年、『フランス建築事情』SS1979年、訳『アルド・ロッシ自伝』SD選書1984年、共編著『現代建築を担う海外の建築家101人』1985年、共編『現代建築の位相』1986年、共編『空相の現代建築』1987年、『江戸の外交都市―朝鮮通信使と町づくり』1990年、共編『次世代街区への提案』1998年、共編『ル・コルビュジエと日本』1999年、共編『文化資源とガバナンス』2004年、監修『境界線（ボーダー）から考える都市と建築』2017年→p.301

都田徹（1941-）◈SD7309「Our Office」（特集「環境計画―SDDAの場合」）、SD7509「カリフォルニアのランドスケープ・アーキテクチャー」、SD7606「週休3日制とデザイン」（特集「ロバート・ザイオン」）◉共著『アメリカン・ランドスケープの思想』1991年、訳『ランドスケープアーキテクチュア―環境計画とランドスケープデザイン』J.O.サイモンズ他共著2010年→p.212、**289**

宮本雅明（1951-2010）◉訳『オレゴン大学の実験』C.アレグザンダー著SD選書1977年→p.081

宮本隆司（1947-）TJQ5-8編集協力▦TJ7304「住居の地理学」、TJ7307＋7308「広島基町再開発事業」、TJ7501「駅前スコープ1975」、TJQ6-7405「プーライエ」、TJQ10-7507「カラス城」、TJQ11-7510「原邸」、SD8602「ナチスドイツのウィーン要塞」、SD8606「建築の黙示録」、SD8703「北京・円明園西洋楼」、SD8907「Under Construction 1989―変容する東京の現在」、以上全て撮影→p.174、**287**、**293**

宮脇檀（1936-1998）▦TJ6811「プラザ・ハウス」、SD7008「秋田相互銀行盛岡支店」、TJQ2-7206「ぶるう・ぼっくす」「かんの・ぼっくす」「まつかわ・ぼっくす」、TJQ5-7312「混構造論」「岡本ボックス」他、TJ7712「続・混構造論」「高畠ボックス」、TJ8211「内部的外部空間または外部的内部空間」「幡谷ボックス」、TJ8508特集「街並の設計手法―戸建住宅地の場合」（「高幡鹿島台ガーデン54」）◈TJ7112「創る基盤としてのデザイン・サーヴェイ」、TJQ8-7412「住宅白書」、TJ8201「時代の投影としての建築家の自邸」、TJ8404インタビュー（特集「平面をめぐるディスクール」）、SD9606対談「時代をまとった愛しき椅子たち」（光藤俊夫＋宮脇檀）→p.274、279、301、326、350

向井覚（1921-2008）◉共著『ベル・システムの建築』1966年、『建築標準設計のシステム』1971年、共編『建築家・吉田鉄郎の手紙』1969年、共訳『建築家・吉田鉄郎の『日本の住宅』』SD選書2002年→p.196

向秀男（1923-1992）→**p.107**

武藤章（1931-1985）▦TJ8201「自邸」◈SD6611「アアルトの建築」、SD7510「オタニエミのチャペル」、SD7701＋7702「アルヴァ・アアルトのデザイン・ヴォキャブラリー」、SD8210「アスプルンド―その生の建築」◉共訳『アスプルンドの建築』S.レーデ著1982年、『アルヴァ・アアルト』SD選書1969年、訳『近代建築の歴史』L.ベネヴォロ著1978-1979年、訳『タピオラ田園都市』H.V.ヘルツェン他共著1973年→p.096

村井修（1928-2016）▦SD6705「千葉県文化会館」、SD6801「電通本社」、SD6907「親和銀行長崎大波止支店」、SD7007「新宿一番館＋二番館」、SD7008「秋田相互銀行盛

岡支店」、SD7401「香川県立丸亀武道館」「香川県立文化会館」、SD7601特集「白井晟一」、SD7610「田野畑中学校」、SDE9-7704「三井物産ビル」、SD7908特集「金寿根」、SD8001・SD8309・SD8704・SD9105・SD9509特集「丹下健三」、SD8006特集「林雅子」、SD8204特集「公共空間の彫刻」、SDE17-8505「新国技館」、SD9208特集「齋藤裕」、SDE29-9601「フジテレビ本社ビル」、以上全て撮影◆SD7806 NICE SPACE「直線と曲線の感覚」(中城城址)、SD9606「いま、ジョージ・ナカシマのこと」➞p.280、297、309、350

村野藤吾（1891-1984）▩SD6611「千代田生命ビル」◆TJ7305対談「緑・人・自然村」(村野藤吾＋西澤文隆)◉『様式の上にあれ―村野藤吾著作選』SD選書2008年、『村野藤吾著作集 全一巻』2008年、長谷川堯著『村野藤吾の建築　昭和・戦前』2011年➞p.140、206、215

村松貞次郎（1924-1997）◉『建築・土木―お雇い外国人15』1976年、共編『近代和風建築』1988年、『日本建築家山脈』2005年（初版1965年）➞p.147

室伏次郎（1940-）▩TJQ3-7212「上の家下の家」、TJ8105特集「アルテック―室伏次郎の住宅」(「板橋本町の家」他)、TJ8503特集「室伏次郎―壁の存在様式」(「吉祥寺の家」「住宅をめぐるモノローグ」他)、SD9601「県立天草工業高等学校実習棟」◆TJ7608「壁の住まい―組積造の空間と素材の蘇生」、TJ7701「作品から言葉への距離」、TJ8404インタビュー（特集「平面をめぐるディスクール」）▼SDR入選1992➞**p.318**

面出薫（1950-）▩SD8308「新宿NSビルの照明計画」、SD9808特集「光のデザイン・ヴォキャブラリー―LPAの仕事1990-1998」◆SD8602「詩情とハイテック」（特集「インゴ・マウラーのライティング・デザイン」)、SD9108-9304連載「照明探偵団」(全20回)、SDE23-9301「照明探偵団」◉『世界照明探偵団―光の事件を探せ！』2004年、共編『光のゼミナール―武蔵野美術大学空間演出デザイン学科面出薫ゼミ10年間の記録』2013年➞**p.342**、365

元倉眞琴（1946-2017）SDR審査員1982、2006-2007、1982年-SDR東京展会場構成▩TJ7105特集「DECORATION, URBAN DECORATION & DO IT YOURSELF」、SD9601「県営竜蛇平団地」、SD9607特集「スタジオ建築計画の集住考」◆TJ7003「LIVING DISTRICT」、TJ7106-7209連載「アーバン・ファサード」(全11回)、TJ7311「ポピュラー・アーキテクチュアの培養液」▼SDR入選1985、1987➞p.318、363、**364**

森徹（1950-）SD8105-8304編集部▩SD9709「M in Mプロジェクト―博物館動物園駅の進化と再生」◉共編『新世紀末感覚』1988▼SDR入選1993➞**p.319**

森島清太（1949-2008）◆SD8410 NICE SPACE「廣告雲集―ダウンタウンの風景」(香港)◉共編『現代建築を担う海外の建築家101人』1985年、訳『都市と建築のパブリックスペース―ヘルツベルハーの建築講義録』H.ヘルツベルハー著1995年➞p.178

森田伸子（1949-）TJ7311-7807編集部、その後-2000年書籍編集◆SD9207「温泉地マリアーンスケー・ラーズニェ」(特集「東ヨーロッパのナイススペース」)➞**p.294**、**301**

八木幸二（1944-）◆SD8701「バタック族の木造住宅」、SD8907「フリンジの魅力」(東方廻廊イラン・トルコ―辺境の建築)、SD9803「ドローイングによる建築意匠講義」(特集「香山壽夫のドローイングと空間」)◉共訳『絵で見る住宅様式史』M.M.フォーレイ著SS1981年➞**p.111**

安田幸一（1958-）SDR審査員2015-2016◉共著『篠原一男経由東京発東京論』2001年▼SDR入選1993、1994、1997➡**p.371**

八束はじめ（1948-）SDR審査員1984-1985▩SD8710特集「Under 40 JAPAN」、SD9003「フォリー・13-2」◈SD7710「表象の海に建築を浮かべよ—フォルマリズム、リアリズム、コンテクスチュアリズム」（特集「現代建築の新思潮」）、SD7803「読解（レクチュール）のために」（特集「現代建築の新思潮2」）、SD8103「ポスト・モダニズムと新古典主義」他、SD8306「イタリア合理主義の周辺」、SD8405「ロスアンジェルス・モダーン—その移植と変容」他、SD8603「迷路の中の建築家—アイゼンマン、デリダ、ゲーデル」、SD9101「賽は投げられた—〈くまもとアートポリス〉の現況」、SD9601「くまもとアートポリスの近況」➡p.240、**305**

山形浩生（1964-）◈SD9901-9912連載「エントロピーの森—都市のインフラストラクチュア」（写真ハイナー・シリング、全12回）◉訳『建築と断絶』B.チュミ著1996年、訳『［新版］アメリカ大都市の死と生』J.ジェイコブズ著2010年、訳『［新訳］明日の田園都市』E.ハワード著2016年➡p.209

山口昌男（1931-2013）◈SD8503対談「アール・デコ—祝祭の20年代」（山口昌男＋松永安光）、SD9606「椅子の現象学」➡**p.153**、350

山崎亮（1973-）◉『ソーシャルデザイン・アトラス』2012年➡p.225

山田脩二（1939-）▩SD6703「パレス・ゾーンの現況」、SD6706「建設すすむ超高層—霞が関ビル」、SD6805「思想開発株式会社」、SD6909「1969・2・27船橋ヘルスセンターにて」、SD6910「関係論争—MAGAZINE THEATER」、SD7006「世界貿易センタービル」「神戸港と神戸商工貿易センタービル」、SD7008「インスタント・シティの幻想と現実〈万国博〉」、SD7009「品川宿界隈1970」、SD7012「病める地球、もう重体」、SD7102「大沢商会本社ビル」、SD7203「日本村／今」、SD7212「上からみるな！」、SD7306「学校は遊びの場である」、SD8610「山田脩二のスイス」、SD9101「藤沢市湘南台文化センター」、SD8511「安佐町農協町民センター」他（特集「象設計集団」）、以上全て撮影◈SD8003 Serial Essay ニッポン「酔中ニッポン記」➡p.264、**277**

山本学治（1923-1977）SD6501-6812編集顧問◈SD6501-6511連載「自然な形態について」（全6回）、SD6709「アメリカのコンクリート建築よ、どこへ行く」、SDE3-7201「現代の技術と形への願望（特集「空間と技術—日建設計・林グループの軌跡」）◉共訳『機能主義理論の系譜』E.R.デザーゴ著SD選書、訳『現代建築12章』C.J.ルドルフ著SD選書1965年、共訳『構造と空間の感覚』F.ウィルソン著SD選書1976年、共著『子どものための野外活動施設』1978年、『素材と造形の歴史』SD選書1966年、山本学治建築論集①『歴史と風土の中で』SD選書2007年、同②『造型と構造と』SD選書2007年、同③『創造するこころ』SD選書2007年➡p.015、048、242、248

山本理顕（1945-）SDR審査員1983-1984▩TJ8211「藤井邸」、TJ8312「新倉邸」、TJ8512「佐藤邸」「小俣邸」、SD9501特集「山本理顕／山本理顕設計工場Inter-Junction City（「岩出山町立統合中学校」他）◈TJ8404インタビュー（特集「平面をめぐるディスクール」）、『SD2001』対談「転換期の実感—建築／建築家は何処へ向かうのか」（伊東豊雄＋山本理顕）▼SDR入選1985➡p.318

湯川利和（1934-1998）◉共訳『まもりやすい住空間』O.ニューマン著1976年、共訳『子

どものための生活空間』A.ポロウィ著訳1978年、訳『人間のための住環境デザイン』C.C.マーカス他共著1989年、共訳『世界の高齢者住宅』J.D.ホグランド著1989年、訳『高齢者住宅の企画と設計』M.ヴァリンス著1991年→p.150

湯澤正信（1949-2015）▩SD8710特集「Under 40 JAPAN」◆SD7511 NICE SPACE「一瞬のロジック」（ヴィラ・ジュリア）、SD8101「ヴィッラ・フォスカリ―軸上のイメージの展開」、SD8108 NICE SPACE「幻想と合理」（ピサの斜塔とドゥオーモ広場）、SD8207「観念としての構想」（特集「幻の日本建築」）→**p.048**、**159**

湯本長伯（1949-）→**p.178**

横山正（1939-）▩SD9908「新津市美術館」◆SD7706対談「カルロ・スカルパを語る」（磯崎新＋横山正）、SD7811「首都の世紀―都市と建築のあいだ」（特集「エコール・デ・ボザール」）、SD8508-8607連載「〈建築としての家具―ザノッタ社のデザイン〉から」（全6回）●訳『近代都市計画の起源』L.ベネヴォロ著SD選書1976年、共訳『庭のたのしみ―西洋の庭園二千年』A.S.ジェイムス他共著1984年（SS1993年）、編『時計塔』1986年、訳『巨匠エットレ・ソットサス』M.カルボーニ編2000年→**p.072**、099、125

吉阪隆正（1917-1980）▩SD7106「アテネ・フランセ」、TJ8201「自邸」◆SD6603「チャンディガール構想の発端」、SD7504 Serial Essay 東京「東京という名の実験室」、SD7905 NICE SPACE「カルカソンヌとアルビ派下町」、SD7909 NICE SPACE「天壇の五色」●訳『建築をめざして』ル・コルビュジエ著SD選書1967年、共著『住まいの原型Ⅱ』SD選書1973年、訳『モデュロール』ル・コルビュジエ著SD選書1976年、訳『アテネ憲章』ル・コルビュジエ著SD選書1976年→p.056、316

吉田研介（1938-）▩TJ6908「プロジェクト四本柱の家」、TJ7111「ヴィラ・クーペ」「個室の設計」、TJQ10-7507「ヴィラ・セダン」、TJQ11-7510「チキンハウス」、TJ8504「亀井邸」「ビラ・テントームシ」◆TJQ1-7109「個室群住居考」●〈建築家の住宅論〉シリーズ『吉田研介』1998年→**p.267**、**273**、328

吉田鐵也（1941-2006）●共訳『子どものための遊び環境』R.ムーア著1995年、共訳『庭の意味論』M.フランシス他共著1996年→p.183

吉田鉄郎（1894-1956）●『建築家・吉田鉄郎の手紙』1969年、訳『北欧の建築』S.H.ラスムッセンSD選書1978年、『建築家・吉田鉄郎の『日本の住宅』』SD選書向井覚他共訳2003年、『建築家・吉田鉄郎の『日本の建築』』SD選書薬師寺厚訳2003年、『建築家・吉田鉄郎の『日本の庭園』』SD選書大川三雄他共訳2005年→p.196

吉田昌弘　1968-1986年TJ編集部、TJ7605-8612編集長、その後-2000年書籍編集→p.301、323

吉村貞司（1908-1986）●『日本美の特質』SD選書1967年、『日本の空間構造』SD選書1982年→p.027

ライト、フランク・ロイド　Frank Lloyd Wright（1867-1959）●『建築について』SD選書谷川正巳訳1980年、谷川正己著『フランク・ロイド・ライト』SD選書1966年、同『ライトと日本』SD選書1977年、同『タリアセンへの道』SD選書1978年、E.ターフエル著『知られざるフランク・ロイド・ライト』1992年、K.ニュート著『フランク・ロイド・ライトと日本文化』1997年、D.ラーキン他共著『巨匠フランク・ロイド・ライト』1999年、B.B.ファイファー他共著『ライト=マンフォード往復書簡集』2005年、堀静夫著『位相

の建築—バートランド・ゴールドバーグとフランク・ロイド・ライト』2016年→p.018、046、116、198

ルドフスキー、バーナード Bernard Rudofsky（1905-1988）▩SD8605「光と影の詩—バーナード・ルドルフスキーの別荘」◉『人間のための街路』1973年、『建築家なしの建築』TJQ集住体モノグラフィ 1976年（SD選書1984年）、『みっともない人体』1979年、『驚異の工匠たち』1981年、『キモノ・マインド』SD選書1983年、『さあ横になって食べよう』SD選書1999年→p.038、046、089、111、133、230、267

レーモンド、アントニン Antonin Raymond（1888-1976）◉『私と日本建築』SD選書1967年、『自伝アントニン・レーモンド』2007年、三沢浩著『アントニン・レーモンドの建築』SD選書2007年、『アントニン・レーモンド建築詳細図譜［復刻版］』2014年（初版国際建築協会1938年）→p.231

六鹿正治（1948-）◆TJ7803「UDCの全貌」、SD8003「CRS—チームによる建築」、SDE27-9501「建築家のアート計画」（特集「パブリック・アートの現在形—新宿アイランド・アート計画」）◉訳『アーバンデザインの手法』J.バーネット著1977年、訳『建築鑑賞入門』W.W.コーディル他共著SD選書1979年、訳『街並をつくる道路』G.マクラスキー著1984年、訳『チームによる建築』W.W.コーディル著1987年、訳『アーキテクト—建築家とは何か』R.ルイス著SDL1990年→p.078、**104**、311、342

若山滋（1947-）◉『風土に生きる建築』SD選書1983年、『インテンシブ・シティ—都市の集約と民営化』2006年→p.121

渡辺邦夫（1939-）SDR審査員1996-1997◆SD9304「海の博物館の構造デザイン」◉共著『Space Structure 木村俊彦の設計理念』2000年→**p.186**

渡辺武信（1938-）▩TJQ4-7307「渡辺邸」◆SD7108「進歩の神話を超えて—ルイス・マンフォードからの今日的継承」、SD8301「落日をつくり出した男—ラジオ・シティ・ミュージック・ホールとその主《ロキシー》の夢」、SD9908「シネマの中の階段—ドラマの喚起装置」◉『大きな都市小さな部屋』SD選書1974年、訳『建築家なしの建築』B.ルドフスキー著TJQ集住体モノグラフィ 1975年（SD選書1984年）、訳『驚異の工匠たち』B.ルドフスキー著1981年、共著『住まいの収納100章』1987年、訳『摩天楼—アメリカの夢の尖塔』P.ゴールドバーガー著1988年、共訳『バックミンスター・フラー』M.ポーリー著1994年▼SDR入選1984→p.046、111、118

渡辺真理（1950-）SDR審査員2011-2012▩SD9001「KNM（コルテ松涛）」、SD9612「タウンセンター H」◆SD8104「アメリカ中西部のスリックな美女たち—グナー・バーカーツの建築」、SD8405「ケース・スタディ・ハウス—カリフォルニアの見果てぬ夢」、SD8405「L.A.モダニズムの軌跡」、SD8510「ニューヨークの長い夜」、SD8803「90年代の主役はケンチクカか？」、TJ8606「アメリカ建築教育事情」◉訳『コラージュ・シティ』C.ロウ他共著1992年（SD選書2008年）、共著『美術館は生まれ変わる—21世紀の現代美術館』2000年（新版2008年）▼SDR入選1996→p.156、333

渡邉泰彦（1942-）◉訳『ジェイコブズ対モーゼス—ニューヨーク都市計画をめぐる闘い』A.フリント著2011年、訳『フェリックス・ロハティン自伝—ニューヨーク財政危機を救った投資銀行家』F.ロハティン著2012年→p.216